Wörlen · Kokemoor | Arbeitsrecht

Arbeitsrecht

Von
Dr. iur. Rainer Wörlen (†)
ehemals Professor an der Hochschule Schmalkalden

und
Dr. iur. Axel Kokemoor
Professor an der Hochschule Fulda

13., völlig überarbeitete und verbesserte Auflage 2019

Verlag Franz Vahlen

Zitiervorschlag: *Wörlen/Kokemoor* ArbR Rn.

www.vahlen.de

ISBN Print 978 3 8006 5857 2
ISBN E-Book 978 3 8006 5862 6

© 2019 Verlag Franz Vahlen GmbH
Wilhelmstraße 9, 80801 München
Druck: Druckhaus Nomos
In den Lissen 12, 76547 Sinzheim

Satz: R. John + W. John GbR, Köln
Umschlaggestaltung: Martina Busch, Grafikdesign, Homburg Saar

Gedruckt auf säurefreiem, alterungsbeständigem Papier
(hergestellt aus chlorfrei gebleichtem Zellstoff)

»Die Jurisprudenz fangt an mir sehr zu gefallen. So ist's doch mit allem wie mit dem Merseburger Biere, das erstemal schauert man, und hat man's eine Woche getruncken, so kann man's nicht mehr lassen.«

(Johann Wolfgang von Goethe*)

---

* Brief *Goethes* an Susanna Katharina von Klettenberg vom 26.8.1770, in: *Goethe*, Sämtliche Werke, II. Abteilung: Briefe, Tagebücher und Gespräche, Band I (28) (Hrsg.: Große), Frankfurt a.M. 1997, 219. Das Zitat war dem Buch bereits bis zur 5. Auflage von 2002 vorangestellt. Nachdem inzwischen wieder Merseburger Bier gebraut wird, ist es zurück auf seinem angestammten Platz. Zu weiteren Details s. *Kokemoor*, Vom Merseburger Bier und der Wiederentdeckung der Teleologie im arbeitsrechtlichen Befristungsrecht, GS Wörlen, 2013, 492 ff.

Vorwort

Das vorliegende Lernbuch wendet sich in erster Linie an Studierende der Wirtschafts- und Sozialwissenschaften, deren Studienplan »Arbeitsrecht« aufweist. Es soll und kann aber auch juristischen Studienanfängern an Universitäten und (Fach-)Hochschulen als **Einstieg** dienen sowie für eine komprimierte Wiederholung vor Prüfungen ausgesprochen hilfreich sein.

Charakteristisch für das »Arbeitsrecht« – wie auch die anderen von *Rainer Wörlen* begründeten »Lernbücher« – ist sein didaktisches Konzept des »Lernens im Dialog«, das mit Spaß am Lernen den *aktiven* Einstieg in ein Rechtsgebiet erleichtert. Es hat sich seit vielen Jahren bewährt und lässt ihn in dieser (»seiner«) Buchreihe weiterleben. Die Zielsetzung wurde von ihm in dem nachfolgend abgedruckten Vorwort zur ersten Auflage eingehend beschrieben. **Den Studierenden, die mit diesem Buch arbeiten, sei die Lektüre des folgenden Auszugs aus seinem »Vorwort zur ersten Auflage – zugleich eine Arbeitsanleitung« wärmstens auch zur Arbeitserleichterung empfohlen!** Der Umfang eines noch überschaubaren Grundrisses für juristische Studienanfänger und »nichtjuristische« Studierende, die »Arbeitsrecht wider Willen« auf dem Lehrveranstaltungsplan haben, wurde beibehalten. Nach dem Motto »Was den einen zu viel ist, ist den anderen zu wenig« ist Ersteren zu raten, das nicht zu lesen, was Sie nicht interessiert, und den anderen, sich genüsslich in die »Literatur zur Vertiefung« zu versenken.

Arbeitsrechtliche Klausuren sind regelmäßig als Fallgutachten zu lösen (vgl. dazu allgemein die »Anleitung...« von *Wörlen/Schindler*, S. XXXI). Einen Einstieg in den Prüfungsaufbau geben deshalb kurze Prüfungsschemata. Um **Klausurlösungen zu üben**, empfiehlt sich die Lektüre von *Gruber* (vgl. Literatur S. XXIX), *Kokemoor/Kreissl* und *Hamann/Siemes/Kokemoor* (vgl. Literatur S. XXIX). Aus den beiden erstgenannten Büchern sind **Fälle wörtlich übernommen**. Dazu wird angegeben, wo der jeweilige Lösungsvorschlag zu finden ist. *Gruber*-Fälle sind mit »Klausurfall 1a« (ff.) und *Kokemoor/Kreissl*-Fälle mit »Klausurfall 2a« (ff.) bezeichnet. **Vorschlag:** Versuchen Sie **erst**, diese **Fälle in einem Gutachten zu lösen**, und vergleichen Sie Ihre Ergebnisse dann mit den Lösungsvorschlägen in den angegebenen Büchern! Für diejenigen, die Arbeitsrecht nur als »Nebenfach« studieren und die juristische Falllösungstechnik nicht beherrschen müssen, finden sich in den Fußnoten knappe erste Hinweise zur Lösung.

Inhaltlich berücksichtigt die **Neuauflage** (Stand: Juli 2019) insbesondere den Koalitionsvertrag zwischen CDU, CSU und SPD für die 19. Legislaturperiode, die EU-DSGVO und das Gesetz zur Anpassung des Datenschutzrechts an die Verordnung (EU) 2016/679 und zur Umsetzung der Richtlinie (EU) 2016/680 (Datenschutz-Anpassungs- und -Umsetzungsgesetz EU – DSAnpUG-EU) v. 30.6.2017, BGBl. 2017 I 2097, die Zweite Verordnung zur Anpassung der Höhe des Mindestlohns (Zweite Mindestlohnanpassungsverordnung – MiLoV2) v. 13.11.2018, BGBl. 2018 I 1876, das Gesetz zur Weiterentwicklung des Teilzeitrechts – Einführung einer Brückenteilzeit v. 11.12.2018, BGBl. 2018 I 2384, das Gesetz zur Stärkung der Chancen für Qualifizierung und für mehr Schutz in der Arbeitslosenversicherung (Qualifizierungschancengesetz) v. 18.12.2018, BGBl. 2018 I 2651, das Brexit-Steuerbegleitgesetz v. 25.3.2019,

BGBl. 2019 I 357, das Gesetz zur Umsetzung der Richtlinie (EU) 2016/943 zum Schutz von Geschäftsgeheimnissen vor rechtswidrigem Erwerb sowie rechtswidriger Nutzung und Offenlegung v. 18.4. 2019, BGBl. 2019 I 466 (Art. 1 = GeschGehG) sowie den Richtlinienvorschlag für Vorschriften zum Schutz von Hinweisgebern (Verfahren 2018/0106/COD) und den Entwurf eines Gesetzes zur Modernisierung und Stärkung der beruflichen Bildung (BT-Drs. 19/10815).

Eingearbeitet wurden ferner zahlreiche neue Entscheidungen des BAG und des EuGH, insbesondere zum Urlaubsrecht und mit Religionsbezug. Einer Anregung aus der Leserschaft folgend, enthält das Buch nun auch knappe Einführungen zum **kirchlichen Arbeitsrecht** (→ Rn. 43) sowie zum **Arbeitnehmer-Datenschutz** (→ Rn. 66). Die Ausführungen zu **Testverfahren** im Personalbereich und zum **Zeugnisrecht** (→ Rn. 209 ff.) wurden grundlegend überarbeitet.

Konstruktiv-kritische Anregungen und »Fehlermeldungen« nehme ich dankbar und gern entgegen. Meine Anschrift lautet: Hochschule Fulda, Leipziger Straße 123, 36037 Fulda, Fax: 0661/9640 452, E-Mail: axel.kokemoor@sk.hs-fulda.de.

Fulda, im Juli 2019 *Axel Kokemoor*

Auszug aus dem Vorwort zur 1. Auflage
– zugleich eine Arbeitsanleitung –

... Im Übrigen gilt für das *didaktische Konzept* und das Lernen mit diesem Buch dasselbe wie für alle meine anderen Bücher:

»Einführungen«, »Grundzüge« und dergleichen haben gemeinsam, dass sie niemals vollständig sein können. So ist es nicht Ziel dieses Buchs, die Vielzahl der auf dem Markt befindlichen, zum Teil vorzüglichen und viel umfassenderen Einführungswerke nur um eine andersartige Stoffauswahl zu ergänzen. (Auf einige dieser Werke wird bisweilen unter der Überschrift »Literatur zur Vertiefung« ebenso verwiesen wie auf spezielle Lehrbücher.)

Der *Zweck dieses Werks* ist vor allem ein »didaktisch-pädagogischer«: *Den Studierenden soll der Stoff nicht nur in einem vortragsähnlichen Monolog nahegebracht werden, sondern – wie es in der praxis- und anwendungsbezogenen Lehre an Fachhochschulen üblich ist – in Form eines »Lehrgesprächs«.* Ihnen soll anhand von zur Thematik hinführenden Fragen oft Gelegenheit gegeben werden, sich *zunächst eigene Gedanken* zu machen, bevor sie die Antworten lesen, die den Stoff lehrbuchartig darbieten.

Bei der Darstellung des Stoffs wird weitgehend die sogenannte »Fall-Methode« angewandt: »Das Recht« wird in der Praxis des täglichen Lebens von Rechtsfällen (Rechtsstreitigkeiten) beherrscht; so liegt es nahe, eine praxis- und anwendungsbezogene Lehre am »Fall« zu orientieren. Ein solcher Fall endet regelmäßig mit einer Frage, und zu dieser Frage sollten die Studierenden bei der Durcharbeitung dieses Buchs wiederum – *auch ohne besondere Aufforderung* – zunächst eigene Überlegungen anstellen, bevor sie weiterlesen.

Erfolgreiches Lernen bedeutet schließlich nicht nur **Lesen** und **Nachdenken**, sondern immer und immer wieder: **Wiederholen!** Um den Studierenden Gelegenheit zu geben zu überprüfen, was von dem zuvor im Lehrgespräch Erarbeiteten (bzw. hier Gelesenen) im Gedächtnis haften geblieben ist, werden ihnen am Ende von Teilabschnitten Stoffgliederungsübersichten, Merksätze und Prüfungsschemata dargeboten. Sollte man bei der Lektüre dieser Übersichten feststellen, dass man der Zusammenfassung nicht ohne Schwierigkeiten folgen kann, sollte man tunlichst zurückblättern, um den Stoff nachzuarbeiten! Gegebenenfalls mache man sich Notizen, um einem »Problem« anhand von vertiefender Literatur nachzugehen [...]

Schließlich soll dieses Buch bei der Stoffvermittlung auch ein wenig an die zivilrechtliche, gutachtliche Denkweise heranführen, deren Beherrschung für die Anfertigung von Prüfungsklausuren geboten ist. Bisweilen wird der Stoff, den ein Übungsfall vermitteln soll, daher in gutachtlicher Form »klausurmäßig« aufbereitet.

Zur Perfektionierung ihrer Klausurtechnik sollten die Studierenden meine (in demselben Verlag erschienene) »*Anleitung zur Lösung von Zivilrechtsfällen*« (vgl. Literatur) durcharbeiten.

Auszug aus dem Vorwort zur 1. Auflage

Es ist kein Zufall, dass in diesem Vorwort so häufig vom »*Arbeiten*« (*Durch*arbeiten, *Nach*arbeiten – auch *Vor*arbeiten kann nicht schaden!) die Rede ist. Es soll ja zugleich eine *Arbeits*anleitung sein.

»Ohne Arbeit kein Erfolg!« oder »Ohne Fleiß kein Preis!« sind nicht etwa Allgemeinplätze, sondern reine Wahrheit, »nichts als die Wahrheit!«. Das *Arbeiten* (Synonym: Studieren!) kann dieses Buch, wie auch andere, nicht ersetzen. Es kann und soll die Arbeit aber erleichtern und auflockern!

Bevor Sie mit der Lektüre beginnen, noch ein letzter Ratschlag, der, obwohl eigentlich selbstverständlich, nicht oft genug wiederholt werden kann: **Lesen Sie jede zitierte Vorschrift (= §!) sorgfältig durch!** Wenn Sie dieses Buch durcharbeiten, ist die ständige Benutzung (Lektüre) »des Gesetzes« unerlässlich. Ausreichend und empfehlenswert ist die preiswerte (10,90 EUR) Anschaffung **der neuesten Auflage (im »Arbeitsrecht« besonders wichtig, da ca. jedes halbe Jahr eine Neuauflage aufgrund von Gesetzesänderungen erscheint!) von Nr. 5006 der »Beck-Texte im dtv«** (Arbeitsgesetze – derzeit[1]: 94. Aufl. 2019). Den Hinweis »*Lesen!*« werden Sie im Text dieses Buchs immer wieder finden! Wenn ich die Wichtigkeit der Gesetzeslektüre in meiner »Anleitung zur Lösung von Zivilrechtsfällen« noch mit dem Satz »Die halbe Juristenwahrheit steht im Gesetz« unterstrichen habe, so möchte/muss ich dem noch hinzufügen: »*Die Hälfte aller Fehler in juristischen Anfängerklausuren könnte vermieden werden, wenn die Bearbeiter die zitierten Vorschriften (genauer) lesen würden.*«

Köln, im April 1992 *Rainer Wörlen*

---

1 Nicht 1992, sondern Juli 2019.

Inhaltsverzeichnis

Vorwort	VII
Auszug aus dem Vorwort zur 1. Auflage – zugleich eine Arbeitsanleitung –	IX
Verzeichnis der Übersichten	XIX
Nützliche Internetadressen	XXI
Abkürzungsverzeichnis	XXIII
Literaturverzeichnis	XXIX

1. Teil. Einführung 1
    I. Begriff und Bedeutung des Arbeitsrechts 1
    II. System des Arbeitsrechts 2
    III. Entstehung(sgeschichte) des Arbeitsrechts 4
    IV. Rechtliche Grundlagen und Rechtsquellen des Arbeitsrechts 6
        Exkurs: Das Arbeitsrecht nach der »Wieder- und
                Rechtsvereinigung« 6
        1. Gesetze 8
        2. Rechtsverordnungen 9
        3. Satzungen und Kollektivvereinbarungen 9
        4. Gewohnheitsrecht 10
        5. Richterrecht 10
        6. Arbeitsrecht »international« 11
            a) Zwischenstaatliches Arbeitsrecht und völkerrechtliche
               Vereinbarungen 11
            b) Recht der Europäischen Union 11
            c) Kollisionsrecht 13

2. Teil. Individuelles Arbeitsrecht 17
1. Kapitel. Arbeitnehmer und Arbeitgeber 17
    I. Arbeitnehmerbegriff 17
        1. Privatrechtlicher Vertrag 19
            Exkurs: Kirchliches Arbeitsrecht 20
        2. Leistung von Diensten gegen Entgelt 21
        3. Persönliche Abhängigkeit (Unselbstständigkeit) 22
            a) Weisungsgebundenheit 23
            b) Fremdbestimmtheit 24
            c) Hilfsmerkmale 25
                aa) Konzentrierung der Arbeitskraft 25
                bb) Bezeichnung der Tätigkeit 25
                cc) Art der Vergütungszahlung 26

Inhaltsverzeichnis

dd) Abführung von Lohnsteuer und Sozialversicherungsbeiträgen	26
4. Arbeitnehmerähnliche Personen	26
5. Arbeiter und Angestellte	27
II. Arbeitgebereigenschaft	28
III. Unternehmer und Verbraucher	28
2. Kapitel. Entstehung des Arbeitsverhältnisses	**33**
I. Abschluss des Arbeitsvertrags	33
1. Anwendbarkeit der Regelungen des bürgerlichen Rechts	33
2. Vertragsanbahnung	37
a) Nebenpflichten	37
b) Ersatz der Vorstellungskosten	37
c) Fragerecht des Arbeitgebers und Beantwortungspflicht des Arbeitnehmers, Datenschutz	37
II. Mängel des Arbeitsvertrags und ihre Folgen	39
1. Kündigung des Arbeitsvertrags	39
2. Zulässigkeit von Fragen des Arbeitgebers	40
a) Gewerkschaftszugehörigkeit	40
b) Bisher ausgeübte berufliche Tätigkeiten, bisheriges Gehalt, Vermögensverhältnisse	41
c) Vorstrafen	41
d) Fragebogen	42
Exkurs: Testverfahren im Personalbereich	43
e) Schwangerschaft und Gesundheitszustand	44
3. Kündigungsschutz	49
4. Anfechtung des Arbeitsvertrags	50
a) Anfechtung wegen arglistiger Täuschung	51
b) Anfechtung wegen Irrtums über verkehrswesentliche Eigenschaften	51
5. Nichtigkeit des Arbeitsvertrages aus anderen Gründen	52
a) Fehlende Vertretungsmacht bei Handeln im Namen des Arbeitgebers	52
b) Faktisches Arbeitsverhältnis	53
aa) Voraussetzungen	53
bb) Rechtsfolgen	53
c) Fehlende oder beschränkte Geschäftsfähigkeit	53
d) Nichtigkeit wegen Verstoßes gegen die §§ 125, 134 oder 138 BGB	54
3. Kapitel. Pflichten und Rechte des Arbeitnehmers	**58**
I. Arbeitspflicht	58
1. Art der Arbeit	58
2. Ort der Arbeit	58
Exkurs: Arbeitnehmerüberlassung	59
3. Arbeitszeit	60
II. Befreiung von der Arbeitspflicht (Lohn ohne Arbeit)	63
1. Weder vom Arbeitgeber noch vom Arbeitnehmer zu vertretende Unmöglichkeit oder Unzumutbarkeit	63
2. Vorübergehende Verhinderung des Arbeitnehmers	65

       3. Vom Arbeitgeber zu vertretende Unmöglichkeit 66
       4. Krankheit des Arbeitnehmers 68
          a) Entgeltfortzahlung bei unverschuldeter Krankheit 68
          b) Verschuldensmaßstab in Einzelfällen 69
          c) Dauer der Entgeltfortzahlung 70
          d) Höhe der Entgeltfortzahlung....................... 70
       5. Annahmeverzug des Arbeitgebers 71
       6. Urlaub 72
          a) Rechtsnatur und Mindestdauer 72
          b) Zeitpunkt, Übertragbarkeit und Abgeltung 73
          c) Wartezeit und Teilurlaub, Ausschluss von Doppel-
             ansprüchen 75
          d) Urlaubsentgelt, Urlaubsgeld 76
       7. Mutterschutz und Elternzeit 77
       8. Pflegezeit, Familienpflegezeit und pflegebedingte
          Kurzzeitverhinderung 77
       9. Arbeitsausfall aus betrieblichen Gründen (Betriebsstörungen) .. 79
      10. Rechtmäßiger Arbeitskampf 79
 III. Nebenpflichten des Arbeitnehmers 81
       1. Allgemeine Treuepflicht 81
       2. Mitteilungspflichten 81
       3. Verschwiegenheitspflicht 81
       4. Unterlassung von Wettbewerbstätigkeiten 82
       5. Unterlassung von Schmiergeldannahme 82
 IV. Pflichtverletzungen des Arbeitnehmers und ihre Rechtsfolgen .. 83
       1. Verletzung der Arbeitspflicht 83
          a) Nichtleistung der Arbeit 84
          b) Schlechtleistung der Arbeit 84
          c) Beschränkte Haftung des Arbeitnehmers gegenüber dem
             Arbeitgeber 85
             aa) Problemstellung 85
             bb) Die Entwicklung der Rechtsprechung zur Haftungs-
                 beschränkung des Arbeitnehmers 87
                 Exkurs: Der Große Senat des BAG 88
             cc) Regelung der Haftungsbeschränkung 90
          d) Schädigung Dritter durch den Arbeitnehmer 92
          e) Mankohaftung 94
          f) Abmahnung und Betriebsbuße 95
             aa) Abmahnung 95
             bb) Betriebsbuße 96
       2. Verletzung von Nebenpflichten 96
  V. Haftung für Arbeitsunfall 98
       1. Ausschluss der Schadensersatzpflicht (des Arbeitgebers)
          nach § 104 SGB VII 99
       2. Ausschluss der Schadensersatzpflicht (des Arbeitnehmers)
          nach § 105 SGB VII 101

4. Kapitel. Pflichten und Rechte des Arbeitgebers 105
  I. Entgeltzahlungspflicht 105

1. Gesetzlicher Mindestlohn	105
2. Arten des Entgelts	106
a) Geld- oder Sachbezüge	106
b) Zeitentgelt und Akkordlohn	106
c) Sondervergütungen	107
3. Ort und Zeit der Entgeltzahlung	109
a) Ort	109
b) Zeit	110
4. Entgeltschutz	110
II. Befreiung von der Entgeltzahlungspflicht	110
III. Nebenpflichten des Arbeitgebers	111
1. Fürsorgepflicht	111
a) Pflicht zum Schutz von Leben und Gesundheit des Arbeitnehmers	111
b) Pflicht zum Schutz von persönlichen Belangen des Arbeitnehmers	111
c) Pflicht zur Sorge für eingebrachte Sachen und das Vermögen des Arbeitnehmers	112
2. Beschäftigungspflicht	113
3. Pflicht zur Urlaubsgewährung	113
4. Pflicht zur betrieblichen Altersversorgung	113
5. Pflicht zur Zeugniserteilung	114
Exkurs: Das Arbeitszeugnis	114
I. Gesetzliche Grundlagen und allgemeine Grundsätze	114
1. Gesetzliche Grundlagen	114
2. Allgemeine Grundsätze	114
II. Zeugnisarten	115
1. Einfaches Zeugnis	115
2. Qualifiziertes Zeugnis	115
III. Mindestformerfordernisse	115
IV. Inhalt	116
1. Art des Arbeitsverhältnisses	116
2. Dauer des Arbeitsverhältnisses	116
3. Beurteilung von Leistung und Verhalten	117
a) Wahrheitspflicht und verständiges Wohlwollen	117
b) Beurteilung der Leistung	118
c) Beurteilung des Verhaltens	118
V. Zeugnissprache	119
1. Entwicklung und Problematik	119
2. Zeugnisfloskeln zur Leistung	119
3. Zeugnisfloskeln zum Verhalten	121
4. Beendigungsformel	122
5. Dankesformel und Schlussformel	123
6. Resümee	123
VI. Rechtsfolgen bei unrichtiger Zeugniserteilung	123
1. Haftung gegenüber dem Arbeitnehmer	124
a) Vertragliche Pflichtverletzung (§ 280 I BGB)	124
b) Verletzung des Persönlichkeitsrechts (§ 823 I BGB)	124

c) Sittenwidrige Schädigung (§ 826 BGB)	124
d) Schmerzensgeld (§ 253 II BGB, Art. 1, 2 GG)	124
e) Schadensersatz wegen Verzögerung der Leistung (§§ 280 I und II, 286 BGB)	124
2. Haftung gegenüber dem neuen Arbeitgeber	125
a) Rechtsgeschäftliche Haftung	125
b) Sittenwidrige Schädigung (§ 826 BGB)	125
6. Weitere Pflichten bei Beendigung des Arbeitsverhältnisses ...	125
7. Gleichbehandlungspflicht	126
IV. Pflichtverletzungen des Arbeitgebers und ihre Rechtsfolgen	127
1. Verletzung der Entgeltzahlungspflicht	127
2. Verletzung von Nebenpflichten	128
a) Allgemeines	128
b) Beschäftigungspflicht	128
V. Haftung für Arbeitsunfall	128

5. Kapitel. Beendigung des Arbeitsverhältnisses 131

I. Beendigungsgründe	131
1. Schuldverhältnisse allgemein	131
2. Arbeitsverhältnis	131
II. Kündigung	133
1. Außerordentliche Kündigung	134
a) Kündigungserklärung	134
b) Kündigungsgrund	135
c) Kündigungserklärungsfrist	137
2. Ordentliche Kündigung	137
a) Kündigungserklärung	138
b) Kündigungsfristen	138
aa) Gesetzliche Kündigungsfristen	139
bb) Vertraglich vereinbarte Kündigungsfristen, Probezeit ..	139
c) Anhörung des Betriebsrats	140
d) Sonstige Unwirksamkeitsgründe	140
III. Allgemeiner Kündigungsschutz	141
1. Anwendbarkeit des KSchG	141
a) Mindestanzahl von Arbeitnehmern	142
b) Arbeitsverhältnis von mehr als sechs Monaten Dauer	142
2. Soziale Rechtfertigung der ordentlichen Kündigung	143
a) Personenbedingte Kündigungsgründe	143
b) Verhaltensbedingte Gründe	143
c) Betriebsbedingte Gründe	144
3. Sozialwidrigkeit von Kündigungen im Einzelfall	145
a) Prognoseprinzip	145
b) Ultima-ratio-Prinzip	145
c) Interessenabwägung und Sozialauswahl	146
aa) Interessenabwägung	146
bb) Sozialauswahl	146
IV. Betriebsübergang	147
V. Besonderer Kündigungsschutz	148
VI. Rechtsschutz des Arbeitnehmers	149

VII. Weiterbeschäftigungsanspruch	149
VIII. Aufhebungsvertrag	150
IX. Abwicklungsvertrag und Abfindungsanspruch nach Kündigung	151
Exkurs (Zur »Wiederholung«)	154

3. Teil. Kollektives Arbeitsrecht ... 157

1. Kapitel. Koalitionsrecht ... 158
I. Begriff und Bedeutung der Koalition	158
II. Gewerkschaften und Arbeitgeberverbände	158
1. Gewerkschaften	158
2. Arbeitgeberverbände	160

2. Kapitel. Tarifvertragsrecht ... 162
I. Voraussetzungen für das Vorliegen eines wirksamen Tarifvertrags	163
1. Vertragsabschluss	163
2. Tariffähigkeit und Tarifzuständigkeit der Vertragsparteien	163
3. Inhalt des Tarifvertrags, Grenzen der Tarifautonomie	165
a) Schuldrechtlicher Teil	165
b) Normativer Teil	165
c) Aufbau von Tarifverträgen	166
d) Grenzen der Tarifautonomie	166
II. Individualrechtliche Ansprüche aus Tarifverträgen	167
1. Bindung der Arbeitsvertragsparteien an den Tarifvertrag	167
2. Vorgehende abweichende Regelungen	169

3. Kapitel. Arbeitskampfrecht ... 172
I. Grundgedanken	172
II. Streik	173
1. Begriff	173
2. Rechtmäßigkeit des Streiks	173
a) Ablauf des Tarifvertrags	173
b) Durchsetzung wirtschaftlicher Ziele	174
c) Gewerkschaftlicher Streik	174
d) Beachtung des Verhältnismäßigkeitsgrundsatzes	174
e) Warnstreik	174
3. Rechtsfolgen des Streiks	175
a) Rechtmäßiger Streik	175
b) Rechtswidriger Streik	175
III. Aussperrung	176
1. Abwehraussperrung	177
a) Rechtmäßigkeit	177
b) Rechtsfolgen	177
2. Angriffsaussperrung	177
IV. Betriebsstilllegung, Streikbruchprämien	177
V. Boykott, Flashmob	178
VI. Sonderproblem: Auswirkungen eines Schwerpunkt- bzw. Fernstreiks	180

1. Annahmeverzug des Arbeitgebers?	180
2. Vom Arbeitgeber zu tragendes Betriebsrisiko?	181
a) Voraussetzungen	182
b) Rechtsfolgen	182
c) Anwendung der Betriebsrisikolehre	183
3. Verteilung des Arbeitskampfrisikos	183
4. Arbeitslosengeld für den streikenden Arbeitnehmer?	184

4. Kapitel. Betriebsverfassungsrecht 187
  I. Überblick und Entwicklung 187
  II. Geltungsbereich des Betriebsverfassungsgesetzes 188
    1. Sachlicher Geltungsbereich 188
    2. Persönlicher Geltungsbereich 188
  III. Organe der Betriebsverfassung 189
    1. Betriebsrat 189
      a) Wahlberechtigung, Wählbarkeit, Zusammensetzung und Amtszeit 189
      b) Wahlverfahren 189
      c) Organisation und Geschäftsführung 190
    2. Rechtsstellung des Betriebsrats und seiner Mitglieder 190
    3. Aufgaben des Betriebsrats 193
      a) Allgemeine Aufgaben 193
      b) Volle Mitbestimmung in sozialen Angelegenheiten 193
      c) Grenzen des Mitbestimmungsrechts 194
      d) Einigung des Betriebsrats mit dem Arbeitgeber 195
    4. Betriebsversammlung 196
    5. Gesamt- und Konzernbetriebsrat 197
  IV. Ausübungsformen der Mitbestimmung 198
    1. Betriebsabsprache 198
    2. Betriebsvereinbarung 198

4. Teil. Arbeitsgerichtsbarkeit 201
  I. Allgemeines 201
  II. Zuständigkeit der Arbeitsgerichte 201
    1. Rechtswegzuständigkeit 201
    2. Örtliche Zuständigkeit 201
  III. Aufbau, Instanzen und Besetzung der Arbeitsgerichte 202
  IV. Verfahrensarten 203
    1. Urteilverfahren 203
    2. Beschlussverfahren 204
  V. Mediation 204

Sachregister 209

Verzeichnis der Übersichten

1:	Bedeutung und System des Arbeitsrechts	4
2:	Rechtliche Grundlagen des Arbeitsrechts	15
3:	Arbeitnehmer und Arbeitgeber	31
4:	Muster eines Arbeitsvertrags	36
5:	Entstehung des Arbeitsverhältnisses	55
6:	Arbeitnehmerüberlassung	60
7:	Befreiung von der Arbeitspflicht (Lohn ohne Arbeit)	80
8:	Pflichten des Arbeitnehmers	97
9:	Störungen des Arbeitsverhältnisses	102
10:	Pflichten des Arbeitgebers	129
11:	Beendigung des Arbeitsverhältnisses	153
12:	Einordnung des kollektiven Arbeitsrechts/Koalitionsrecht/ Einige Fakten und Zahlen zu den Koalitionen	161
13:	Tarifvertragsrecht	171
14:	Mittel des Arbeitskampfs	179
15:	Lohnfortzahlung beim Streik/Lehre vom Betriebsrisiko	185
16:	Betriebsverfassungsrecht/Betriebsrat	192
17:	Aufgaben und Beteiligungsrechte des Betriebsrats	197
18:	Ausübungsformen der Mitbestimmung	199
19:	Arbeitsgerichtsbarkeit	206
20:	Arbeitsgerichtsinstanzen	207

Nützliche Internetadressen

www.gesetze-im-internet.de	BMJ, juris GmbH: Aktuelle Gesetzestexte
www.bgbl.de	Bundesgesetzblatt online (kostenloser Bürgerzugang)
www.bundesanzeiger.de	Bundesanzeiger (unter anderem Bekanntmachungen über Allgemeinverbindlicherklärungen von Tarifverträgen)
www.bundestag.de/dokumente	Deutscher Bundestag: Datenbanken (unter anderem BT-Drucksachen)
www.bundesarbeitsgericht.de	Bundesarbeitsgericht: Entscheidungen im Volltext, Pressemitteilungen
www.bundessozialgericht.de	Bundessozialgericht: Entscheidungen im Volltext, Pressemitteilungen
www.eur-lex.europa.eu	EurLex – Portal zum Recht der Europäischen Union (unter anderem Richtlinien und Verordnungen)
www.curia.europa.eu	Europäischer Gerichtshof (unter anderem Urteile)
www.bmas.bund.de	Bundesministerium für Arbeit und Soziales
www.arbeitsagentur.de	Bundesagentur für Arbeit
www.arbeitgeber.de	Bundesvereinigung der Deutschen Arbeitgeberverbände
www.bdi.eu	Bundesverband der deutschen Industrie e.V.
www.dgb.de	Deutscher Gewerkschaftsbund
www.cgb.info	Christlicher Gewerkschaftsbund Deutschlands
www.dbb.de	dbb beamtenbund und tarifunion
www.iab.de	Institut für Arbeitsmarkt- und Berufsforschung der Bundesagentur für Arbeit
www.iwkoeln.de	Institut der Deutschen Wirtschaft Köln
www.boeckler.de/index_wsi.htm	Wirtschafts- und Sozialwissenschaftliches Institut (WSI) der Hans-Böckler-Stiftung
www.hugo-sinzheimer-institut.de	Hugo Sinzheimer Institut für Arbeitsrecht als Teil der Hans-Böckler-Stiftung
www.iaaeu.de/de/juristische-abteilung/newsletter	Zeitschriften-, Rechtsprechungs- und Gesetzgebungsauswertung des Instituts für Arbeitsrecht und Arbeitsbeziehungen in der Europäischen Union (IAAEU), Universität Trier
www.arbrb.de/news.html	Newsletter Arbeitsrecht des Verlags Dr. Otto Schmidt in Kooperation mit dem Institut für Deutsches und Europäisches Arbeits- und Sozialrecht (IDEAS) an der Universität Köln

Abkürzungsverzeichnis

aA	anderer Ansicht
AAG	Gesetz über den Ausgleich der Arbeitgeberaufwendungen für Entgeltfortzahlung (Aufwendungsausgleichsgesetz)
abgedr.	abgedruckt
ABl.	Amtsblatt
Abs.	Absatz
Abschn.	Abschnitt
AL	AD LEGENDUM (juristische Ausbildungszeitschrift)
aE	am Ende
AEntG	Gesetz über zwingenden Arbeitsbedingungen für grenzüberschreitend entsandte und für regelmäßig im Inland beschäftigte Arbeitnehmer und Arbeitnehmerinnen (Arbeitnehmer-Entsendegesetz)
AEUV	Vertrag über die Arbeitsweise der Europäischen Union
AFG	Arbeitsförderungsgesetz
AGB	Allgemeine Geschäftsbedingungen; Arbeitsgesetzbuch der DDR
AGG	Allgemeines Gleichbehandlungsgesetz
AiB	Arbeitsrecht im Betrieb (Zeitschrift)
allgemein	allg.
AP	Arbeitsrechtliche Praxis – Nachschlagewerk d. BAG
ArbR	Arbeitsrecht
ArbG	Arbeitsgericht/Arbeitsgesetze
ArbGG	Arbeitsgerichtsgesetz
ArbRAktuell	Arbeitsrecht Aktuell (Zeitschrift)
ArbSchG	Gesetz über die Durchführung von Maßnahmen des Arbeitsschutzes zur Verbesserung der Sicherheit und des Gesundheitsschutzes der Beschäftigten bei der Arbeit (Arbeitsschutzgesetz)
ArbStättV	Arbeitsstättenverordnung
ArbZG	Arbeitszeitgesetz
Art.	Artikel
AuA	Arbeit und Arbeitsrecht (Zeitschrift)
Aufl.	Auflage
AuR	Arbeit und Recht – Zeitschrift für Arbeitsrechtspraxis
ausdr.	ausdrücklich
ausf.	ausführlich
AÜG	Gesetz zur Regelung der gewerbsmäßigen Arbeitnehmerüberlassung (Arbeitnehmerüberlassungsgesetz)
AVAVG	Gesetz über Arbeitsvermittlung und Arbeitslosenversicherung
AZO	Arbeitszeitordnung
BAG	Bundesarbeitsgericht
BAGE	Amtliche Sammlung der Entscheidungen des Bundesarbeitsgerichts
BAG GrS	BAG Großer Senat
BB	Betriebs-Berater (Zeitschrift)
BBiG	Berufsbildungsgesetz
Bd.	Band
BDA	Bundesvereinigung d. Dt. Arbeitgeberverbände
BDI	Bundesverband d. Dt. Industrie
BDSG	Bundesdatenschutzgesetz
BEA	Bescheinigungen Elektronisch Annehmen (Bundesagentur für Arbeit)
BEEG	Bundeselterngeld- und Elternzeitgesetz
BetrAVG	Gesetz zur Verbesserung d. betrieblichen Altersversorgung (Betriebsrentengesetz)
BetrVG	Betriebsverfassungsgesetz

Abkürzungsverzeichnis

BGB	Bürgerliches Gesetzbuch
BGBl.	Bundesgesetzblatt
BGH	Bundesgerichtshof
BMAS	Bundesministerium für Arbeit und Soziales
BR	Betriebsrat/-räte/Bundesrat
BSG	Bundessozialgericht
BSGE	Amtliche Sammlung der Entscheidungen des Bundessozialgerichts
BT	Bundestag
Buchst.	Buchstabe
BUrlG	Mindesturlaubsgesetz für Arbeitnehmer (Bundesurlaubsgesetz)
BVerfG	Bundesverfassungsgericht
BVerfGE	Entscheidungen des Bundesverfassungsgerichts
bzw.	beziehungsweise
ca.	circa
CGB	Christlicher Gewerkschaftsbund Deutschlands
CGM	Christliche Gewerkschaft Metall
CGZP	Tarifgemeinschaft Christlicher Gewerkschaften für Zeitarbeit und Personalserviceagenturen
DAG	Deutsche Angestellten-Gewerkschaft (jetzt: ver.di)
DB	Der Betrieb (Zeitschrift)
DBB	Deutscher Beamtenbund
DDR	Deutsche Demokratische Republik
DGB	Deutscher Gewerkschaftsbund
dh	das heißt
DHV	Deutscher Handels- und Industrieangestellten-Verband
dies.	dieselbe/n
DPG	Deutsche Postgewerkschaft (jetzt: ver.di)
Drs.	Drucksache
dt./dtsch.	deutsch/e/r/s
dto.	dito (lat., it., frz.:»besagt« = dasselbe, ebenso)
dtv	Deutscher Taschenbuch-Verlag
DuD	Datenschutz und Datensicherheit (Zeitschrift)
DVP	Deutsche Verwaltungspraxis (Zeitschrift)
EFZG	Entgeltfortzahlungsgesetz
EGBGB	Einführungsgesetz zum Bürgerlichen Gesetzbuch
EGMR	Europäischer Gerichtshof für Menschenrechte
Einf.	Einführung
EntgTranspG	Gesetz zur Förderung der Entgelttransparenz zwischen Frauen und Männern (Entgelttransparenzgesetz)
ErfK	Erfurter Kommentar zum Arbeitsrecht
EStG	Einkommensteuergesetz
etc.	et cetera
EU	Europäische Union
EU-DSGVO	Datenschutz-Grundverordnung der EU (VO (EU) 2016/679 des Europäischen Parlaments und des Rates zum Schutz natürlicher Personen bei der Verarbeitung personenbezogener Daten, zum freien Datenverkehr und zur Aufhebung der Richtlinie 95/46/EG v. 27.4.2016)
EuGH	Gerichtshof der Europäischen Union
EuGHE	Entscheidungen des EuGH
EuGRC	Charta der Grundrechte der Europäischen Union
EUV	Vertrag über die Europäische Union
EuZA	Europäische Zeitschrift für Arbeitsrecht
EVertr.	Einigungsvertrag (Vertrag zwischen Bundesrepublik und DDR über die Herstellung der Einheit Deutschlands)
evtl.	eventuell

EzA	Entscheidungssammlung zum Arbeitsrecht
f.	folgende (Seite)/für
FA	Fachanwalt Arbeitsrecht (Zeitschrift)
FDGB	Freier Deutscher Gewerkschaftsbund (der DDR)
ff.	fortfolgende
Fn.	Fußnote
FPersG	Gesetz über das Fahrpersonal von Kraftfahrzeugen und Straßenbahnen (Fahrpersonalgesetz)
FPfZG	Gesetz über die Familienpflegezeit (Familienpflegezeitgesetz)
frz.	französisch
FS	Festschrift
G	Gesetz
GDL	Gewerkschaft der Lokomotivführer
gem.	gemäß
GeschGehG	Gesetz zum Schutz von Geschäftsgeheimnissen
Gew.	Gewerkschaft
GewO	Gewerbeordnung
GG	Grundgesetz
ggf.	gegebenenfalls
GKG	Gerichtskostengesetz
grds.	grundsätzlich
grdl.	grundlegend
GrS	Großer Senat
GS	Gedächtnisschrift
HandwerksO	Gesetz zur Ordnung des Handwerks (Handwerksordnung)
HBV	Gewerkschaft Handel, Banken und Versicherungen (jetzt: ver.di)
HIV	Human Immunodeficiency Virus
Hrsg.	Herausgeber
hrsg.	herausgegeben
HS	Halbsatz
IAO	Internationale Arbeitsorganisation
idF	in der Fassung
idR	in der Regel
idS	in diesem Sinne
iE	im Einzelnen
IG	Industriegewerkschaft
ILO	International Labour Organization
inkl.	inklusive
insbes.	insbesondere
InsO	Insolvenzordnung
iS	im Sinne
iSd	im Sinne der/des
iSv	im Sinne von
it.	italienisch
iVm	in Verbindung mit
JA	Juristische Arbeitsblätter (Zeitschrift)
JArbSchG	Gesetz zum Schutze der arbeitenden Jugend (Jugendarbeitsschutzgesetz)
jM	juris – Die Monatszeitschrift
JR	Juristische Rundschau (Zeitschrift)
JURA	Juristische Ausbildung (Zeitschrift)
jurisPR-ArbR	juris PraxisReport Arbeitsrecht (Informationsdienst/Zeitschrift)
JuS	Juristische Schulung (Zeitschrift)

Abkürzungsverzeichnis

JZ	Juristenzeitung
Kap.	Kapitel
KP	Kommunistische Partei
krit.	kritisch
KSchG	Kündigungsschutzgesetz
KWG	Gesetz über das Kreditwesen (Kreditwesengesetz)
LAG	Landesarbeitsgericht(e)
lat.	lateinisch
LG	Landgericht
Lit.	Literatur
mAnm	mit Anmerkung
Mdj.	Minderjährige/r
MedR	Medizinrecht (Zeitschrift)
MiLoG	Gesetz zur Regelung eines allgemeinen Mindestlohns (Mindestlohngesetz)
MiLoV	Verordnung zur Anpassung der Höhe des Mindestlohns (Mindestlohnanpassungsverordnung)
Mio.	Millionen
MitbestG	Gesetz über die Mitbestimmung der Arbeitnehmer (Mitbestimmungsgesetz)
MLPD	Marxistisch-Leninistische Partei Deutschlands
MTM	Methods Time Management
MuSchG	Gesetz zum Schutz von Müttern bei der Arbeit, in der Ausbildung und im Studium (Mutterschutzgesetz)
MüKo	Münchener Kommentar
mwN	mit weiteren Nachweisen
NachwG	Gesetz über den Nachweis der für ein Arbeitsverhältnis geltenden wesentlichen Bedingungen (Nachweisgesetz)
nF	neue Fassung
NJ	Neue Justiz (Zeitschrift)
NJW	Neue Juristische Wochenschrift (Zeitschrift)
NPD	Nationaldemokratische Partei Deutschlands
Nr.	Nummer
NZA	Neue Zeitschrift für Arbeitsrecht
NZS	Neue Zeitschrift für Sozialrecht
OLG	Oberlandesgericht
ÖTV	Gewerkschaft Öffentliche Dienste, Transport und Verkehr (jetzt: ver.di)
P&R	Personalpraxis und Recht (Zeitschrift)
PersVG	Personalvertretungsgesetz
PflegeZG	Gesetz über die Pflegezeit (Pflegezeitgesetz)
rd.	rund
RdA	Recht der Arbeit (Zeitschrift)
Refa	Reichsausschuss für Arbeitszeitermittlung
ReformG	Reformgesetz
RG	Reichsgericht
RGBl.	Reichsgesetzblatt
RGZ	Amtliche Sammlung der Entscheidungen des Reichsgerichts in Zivilsachen
rkr.	rechtskräftig
Rn.	Randnummer/n
Rom I-VO	Verordnung (EU) über das auf vertragliche Schuldverhältnisse anzuwendende Recht

Rs.	Rechtssache
Rspr.	Rechtsprechung
RÜ	Rechtsprechungsübersicht (Zeitschrift)
RVO	Reichsversicherungsordnung
S.	Satz/Seite
s.	siehe
SAE	Sammlung arbeitsrechtlicher Entscheidungen
SGB	Sozialgesetzbuch
SGb	Die Sozialgerichtsbarkeit (Zeitschrift)
SGG	Sozialgerichtsgesetz
sog.	sogenannte/r/s
Sp.	Spalte
SprAuG	Gesetz über Sprecherausschüsse der leitenden Angestellten (Sprecherausschussgesetz)
SR	Soziales Recht (Zeitschrift)
StGB	Strafgesetzbuch
str.	streitig
stRspr	ständige Rechtsprechung
TV	Tarifvertrag/Television
TVG	Tarifvertragsgesetz
TzBfG	Gesetz über Teilzeitarbeit und befristete Arbeitsverträge (Teilzeit- und Befristungsgesetz)
u.	unten
uÄ	und Ähnliches
UmwG	Umwandlungsgesetz
usw.	und so weiter
uU	unter Umständen
v.	vom/von
va	vor allem
ver.di	Vereinigte Dienstleistungsgewerkschaft e.V.
vgl.	vergleiche
Vorbem.	Vorbemerkung
VVaG	Versicherungsverein auf Gegenseitigkeit
WDR	Westdeutscher Rundfunk
WissZeitVG	Wissenschaftszeitvertragsgesetz
WRV	Weimarer Reichsverfassung
zB	zum Beispiel
ZESAR	Zeitschrift für europäisches Sozial- und Arbeitsrecht
ZfA	Zeitschrift für Arbeitsrecht
ZInsO	Zeitschrift zum Insolvenzrecht
ZIP	Zeitschrift für Wirtschaftsrecht
zit.	zitiert
ZPO	Zivilprozessordnung
ZTR	Zeitschrift für Tarifrecht
zugl.	zugleich

Literaturverzeichnis

Alpmann und Schmidt, (Juristische Lehrgänge) Arbeitsrecht (von *Marschollek*), 22. Aufl. 2019 (zit.: *Alpmann und Schmidt* ArbR I); Kollektives Arbeitsrecht (von *Marschollek*), 5. Aufl. 2015 (zit.: *Alpmann und Schmidt* ArbR II)

Boemke, B., Studienbuch Arbeitsrecht, 2. Aufl. 2004 (zit.: *Boemke* ArbR)

Boecken, W./Düwell, F.J./Diller, M./Hanau, H. (Hrsg.), NomosKommentar Gesamtes Arbeitsrecht, 3 Bände, 2016 (NK-ArbR/*Bearbeiter*)

Brox, H./Rüthers, B./Henssler, M., Arbeitsrecht, 19. Aufl. 2016 (zit.: *Brox/Rüthers/Henssler* ArbR)

Creifelds*, Rechtswörterbuch, 22. Aufl. 2016 (zit.: *Creifelds* Recht-WB)

Däubler, W.*, Arbeitsrecht – Ratgeber für Beruf, Praxis und Studium, 12. Aufl. 2017 (zit.: *Däubler* Ratgeber)

Däubler, W./Hjort, J.P./Schubert, M./Wolmerath, M. (Hrsg.), Arbeitsrecht, Individualarbeitsrecht mit kollektivrechtlichen Bezügen, Handkommentar, 4. Aufl. 2017 (zit.: HK-ArbR/*Bearbeiter*)

Däubler, W./Bertzbach, M. (Hrsg.), Allgemeines Gleichbehandlungsgesetz (AGG), Handkommentar, 4. Aufl. 2018 (zit.: HK-AGG/*Bearbeiter*)

Dütz, W./Thüsing, G., Arbeitsrecht, 21. Aufl. 2016 (zit.: *Dütz/Thüsing* ArbR)

Eisenmann, H./Quittnat, T./Tavakoli, A.*, Rechtsfälle aus dem Wirtschaftsprivatrecht, 10. Aufl. 2015 (zit.: *Eisenmann/Quittnat/Tavakoli* Fälle WirtschaftsPrivR)

Gruber, J.*, Standardfälle Arbeitsrecht, 10. Aufl. 2018 (zit.: *Gruber* Standardfälle ArbR)

Haag, O.*, Arbeitsrecht für Dummies, 4. Aufl. 2019 (zit.: *Haag* ArbR)

Hamann, W., Fremdpersonal im Unternehmen, 5. Aufl. 2017 (zit.: *Hamann* Fremdpersonal)

Hamann, W./Siemes, C./Kokemoor, A.*, Arbeitsrecht II – Tarifvertragsrecht, Betriebsverfassungsrecht, Sozialversicherungsrecht, 5. Aufl. 2016 (zit.: *Hamann/Siemes/Kokemoor* ArbR II)

Hanau, P./Adomeit, K., Arbeitsrecht, 14. Aufl. 2007 (zit.: *Hanau/Adomeit* ArbR)

Henssler, M./Willemsen, H.J./Kalb, H.-J. (Hrsg.), Arbeitsrecht Kommentar, 8. Aufl. 2018 (zit.: Henssler/Willemsen/Kalb/*Bearbeiter*)

Hirdina, R., Grundzüge des Arbeitsrechts, 4. Aufl. 2014

Hromadka, W./Maschmann, F., Arbeitsrecht, Band 1 (Individualarbeitsrecht), 7. Aufl. 2018 (zit.: *Hromadka/Maschmann* ArbR I)

Hromadka, W./Maschmann, F., Arbeitsrecht, Band 2 (Kollektivarbeitsrecht + Arbeitsstreitigkeiten), 7. Aufl. 2017 (zit.: *Hromadka/Maschmann* ArbR II)

Junker, A., Grundkurs Arbeitsrecht, 18. Aufl. 2019 (zit.: *Junker* GK ArbR)

Junker, A., Fälle zum Arbeitsrecht, 4. Aufl. 2018 (zit.: *Junker* Fälle ArbR)

Kokemoor, A.*, Sozialrecht, 8. Aufl. 2018 (zit.: *Kokemoor* SozR)

Kokemoor, A./Kreissl, S.*, Arbeitsrecht I – Individualarbeitsrecht, 5. Aufl. 2015 (zit.: *Kokemoor/Kreissl* ArbR I)

Küfner-Schmitt, I.*, Arbeitsrecht, 15. Aufl. 2018

Küttner, W., Personalbuch 2019 – Arbeitsrecht – Lohnsteuerrecht – Sozialversicherungsrecht, 26. Aufl. 2019 (zit.: *Bearbeiter* in Küttner Personalbuch 2019)

Löwisch, M./Caspers, G./Klumpp, S., Arbeitsrecht, 11. Aufl. 2017 (zit.: *Löwisch/Caspers/Klumpp* ArbR)

Müller-Glöge, R./Preis, U./Schmidt, I. (Hrsg.), Erfurter Kommentar zum Arbeitsrecht, 19. Aufl. 2019 (zit.: ErfK/*Bearbeiter*)

Palandt (Begr.), Bürgerliches Gesetzbuch, Kommentar, 78. Aufl. 2019 (zit.: Palandt/*Bearbeiter*)

Preis, U., Arbeitsrecht – Praxis-Lehrbuch zum Individualarbeitsrecht, 5. Aufl. 2017 (zit.: *Preis* ArbR I)

Literaturverzeichnis

Preis, U., Arbeitsrecht – Praxis-Lehrbuch zum Kollektivarbeitsrecht, 4. Aufl. 2017 (zit.: *Preis* ArbR II)

Pallasch, U., Arbeitsrecht, 2010 (zit.: *Pallasch* ArbR)

Reichold, H., Arbeitsrecht, 6. Aufl. 2019 (zit.: *Reichold* ArbR)

Richardi, R./Wlotzke, O./Wißmann, H./Oetker, H. (Hrsg.), Münchener Handbuch zum Arbeitsrecht, 2 Bände, 3. Aufl. 2009 (zit.: MHdB ArbR/*Bearbeiter*)

Rixecker, R./Säcker, F. J./Oetker, H. (Hrsg.), Münchener Kommentar zum Bürgerlichen Gesetzbuch, Band 4: Schuldrecht, Besonderer Teil II (§§ 611–704, EZFG, TzBfG, KSchG), 7. Aufl. 2016 (zit.: MüKoBGB/*Bearbeiter*)

Schade, F./Pfaff, S., Fälle zum Arbeitsrecht, 3. Aufl. 2019 (zit.: *Schade/Pfaff* ArbR)

Schaub, G./Ahrend, M./Koch, U./Linck, R./Treber, J./Vogelsang, H., Arbeitsrechts-Handbuch, 17. Aufl. 2017 (zit.: *Bearbeiter* in Schaub ArbR-HdB)

Schaub, G./Schrader, P./Straube, G./Vogelsang, H., Arbeitsrechtliches Formular- und Verfahrenshandbuch, 12. Aufl. 2017 (zit.: *Bearbeiter* in Schaub ArbRFV-HdB)

Schüren, P./Hamann, W. (Hrsg.), Arbeitnehmerüberlassungsgesetz, Kommentar, 5. Aufl. 2018

Schulz, G.-R./Gerauer, A./Jarvers, S., Alles über Arbeitszeugnisse, 9. Aufl. 2015 (zit.: *Schulz/Gerauer/Jarvers* Arbeitszeugnisse)

Senne, P.*, Arbeitsrecht – Das Arbeitsverhältnis in der betrieblichen Praxis, 10. Aufl. 2018 (zit.: *Senne* ArbR)

Waltermann, R., Arbeitsrecht, 19. Aufl. 2018 (zit.: *Waltermann* ArbR)

Wörlen, R./Kokemoor, A.*, Handelsrecht mit Gesellschaftsrecht, 13. Aufl. 2018 (zit.: *Wörlen/Kokemoor* HandelsR)

Wörlen, R./Kokemoor, A.*, Sachenrecht mit Kreditsicherungsrecht, 10. Aufl. 2017 (zit.: *Wörlen/Kokemoor* SachenR)

Wörlen, R./Metzler-Müller, K.*, BGB AT – Einführung in das Recht und Allgemeiner Teil des BGB, 14. Aufl. 2016 (zit.: *Wörlen/Metzler-Müller* BGB AT)

Wörlen, R./Metzler-Müller, K.*, Schuldrecht AT, 13. Aufl. 2018 (zit.: *Wörlen/Metzler-Müller* SchuldR AT)

Wörlen, R./Metzler-Müller, K.*, Schuldrecht BT, 13. Aufl. 2018 (zit.: *Wörlen/Metzler-Müller* SchuldR BT)

Wörlen, R./Schindler, S.*, Anleitung zur Lösung von Zivilrechtsfällen – Methodische Hinweise und Musterklausuren, 9. Aufl. 2009 (zit.: *Wörlen/Schindler* Anleitung ZivR)

Zöllner, W./Loritz, K.-G./Hergenröder, C. W., Arbeitsrecht, 7. Aufl. 2015 (zit.: *Zöllner/Loritz/Hergenröder* ArbR)

* Für Anfänger besonders geeignete Werke.

1. Teil. Einführung

I. Begriff und Bedeutung des Arbeitsrechts

Unter »Arbeitsrecht« versteht man die Summe aller Rechtsregeln, die sich mit der in abhängiger Tätigkeit geleisteten Arbeit beschäftigen.[2] Das Arbeitsrecht ist damit das für die Rechtsbeziehungen *zwischen Arbeitgeber und Arbeitnehmer geltende Recht*[3] und gilt für den überwiegenden Teil aller Erwerbspersonen in der Bundesrepublik.

1

Die Bevölkerungszahl betrug in der Bundesrepublik zum 31.12.2017 nach den Fortschreibungen des Statistischen Bundesamts 82.792.351 (also knapp 82,8 Mio.).[4]

2

Um die Zahl aller Erwerbspersonen in Relation zur Gesamtbevölkerung zu setzen, werden zur Vereinfachung gerundete Zahlen zugrunde gelegt. Als *Erwerbspersonen* gelten diejenigen, die aufgrund ihrer körperlichen oder geistigen Fähigkeiten in der Lage sein könnten, eine Erwerbstätigkeit auszuüben (= Erwerbstätige und Erwerbslose).

■[5] Haben Sie eine Vorstellung darüber, wie groß das Erwerbspersonenpotential 2018 ungefähr war? Überlegen Sie, bevor Sie weiterlesen!

3

▶ Das Erwerbspersonenpotential unter den etwa 82,8 Mio. Einwohnern lag bei 47,5 Mio. Menschen, von denen etwa 2,3 Mio. arbeitslos gemeldet waren. Im Jahresdurchschnitt 2018 lag die *Arbeitslosenquote* bei 5,2%.

Von den ca. 44,8 Mio. *Erwerbstätigen* leisteten 40,6 Mio. abhängige Arbeit, die übrigen 4,2 Mio. sind Selbstständige oder mithelfende Familienangehörige.

Zieht man von den 40,6 Mio. insbesondere[6] die etwa 2 Mio. Beamten[7], Richter und Soldaten ab, so verbleiben ca. 38 Mio. *Arbeitnehmerinnen und Arbeitnehmer*, für die das Arbeitsrecht gilt.[8]

Arbeitnehmer beziehen ihren Lebensunterhalt dadurch, dass sie aufgrund eines *privatrechtlichen Vertrages* im Dienste eines Anderen, des *Arbeitgebers*, arbeiten. Von diesem sind sie einerseits *weisungsabhängig* und bekommen andererseits für ihre Dienste ein entsprechendes Entgelt, den Arbeitslohn bzw. ein Gehalt. Der Erfolg ihrer Arbeit kommt unmittelbar dem Arbeitgeber zugute. Arbeitnehmer arbeiten also für fremde Rechnung. Sie leistet deshalb, wie man das auch nennt, *fremdbestimmte Arbeit* in *persönlicher Abhängigkeit* (s. § 611a I BGB). Der Arbeitgeber trägt das unmittelbare wirtschaftliche Risiko der Arbeit seiner Arbeitnehmer. In einer industriegeprägten Gesellschaft wie der der Bundesrepublik Deutschland kommt hinzu, dass sich die Eingliederung von Arbeitnehmern in den Arbeitsprozess und ihre Bezahlung

4

---

2 *Linck* in Schaub ArbR-HdB § 1 Rn. 1.
3 MHdB ArbR/*Richardi* § 1 Rn. 1. Zum Begriff des Arbeitnehmers ausf. → Rn. 35 ff.
4 Statistisches Bundesamt, https://www-genesis.destatis.de.
5 » ■ « bedeutet immer, auch wenn das nicht ausdrücklich erwähnt wird: »Achtung, erst selbst nachdenken, bevor Sie weiterlesen!«. Der Pfeil (» ▶ «) weist auf die Antwort hin.
6 Zu berücksichtigen sind weiterhin va *arbeitsmarktpolitische Maßnahmen*.
7 → **Rn. 40 ff.**
8 Zahlen nach Statistisches Bundesamt, https://www-genesis.destatis.de; Bundesagentur für Arbeit, Arbeitsmarkt 2018, abzurufen unter https://statistik.arbeitsagentur.de/nn_451672/Statischer-Content/Rubriken/Amtliche-Nachrichten-BA/Arbeitsmarkt-Jahreszahlen-AMA.html.

1. Teil. Einführung

grundsätzlich nach marktwirtschaftlichen Regeln richten, und dass die Arbeitgeber als Eigentümer der Produktionsmittel die maßgebenden wirtschaftlichen Entscheidungen treffen. Dies führt häufig zu Interessengegensätzen. Aufgabe des Arbeitsrechts ist es vor allem, einen Interessenausgleich herzustellen, wobei die Interessen der Arbeitnehmer angesichts ihrer *strukturellen Unterlegenheit*[9] besonders zu berücksichtigen sind. In welcher Form das Arbeitsrecht, das namentlich als *Arbeitnehmerschutzrecht* entstanden ist, diese Aufgabe im Wesentlichen erfüllt, wird Ihnen nach der Lektüre dieses Grundrisses nicht mehr fremd sein.

II. System des Arbeitsrechts

5   Das Arbeitsrecht gliedert sich in zwei große Bereiche: Zum ersten Bereich, dem »individuellen Arbeitsrecht« (auch: **Individualarbeitsrecht**), gehören das Arbeitsvertragsrecht und das Arbeitsschutzrecht. Im Mittelpunkt dieser arbeitsrechtlichen Regelungen stehen Arbeitnehmer und Arbeitgeber als individuelle Bezugspersonen.

Zum zweiten Bereich des Arbeitsrechts gehören die Teilrechtsgebiete Koalitionsrecht, Tarifvertragsrecht, Arbeitskampfrecht, Betriebsverfassungs- und Mitbestimmungsrecht. Gemeinsam ist diesen Teilrechtsgebieten, dass sie sich mit dem Arbeitnehmer nicht als Individuum beschäftigen, sondern ihn als Mitglied eines Kollektivs, zB einer Gewerkschaft oder der gesamten Arbeitnehmerschaft eines Betriebs oder eines Unternehmens, betrachten. Man nennt diesen Teil des Arbeitsrechts daher »kollektives Arbeitsrecht«. In diesem Bereich des Arbeitsrechts entscheidet die Gemeinschaft, das Kollektiv, dem der Arbeitnehmer angehört, für ihn mit.

6   Das **kollektive Arbeitsrecht** und das Individualarbeitsrecht dürfen allerdings nicht völlig isoliert als getrennte und beziehungslos nebeneinanderstehende Bereiche des Arbeitsrechts betrachtet werden. Ähnlich wie man innerhalb des Bürgerlichen Rechts bei der Beschäftigung mit einem Buch des BGB immer wieder einmal auf die Regelungen eines anderen Buchs zurück- oder vorgreifen muss, muss man auch hier immer wieder einmal auf das kollektive Arbeitsrecht Bezug nehmen, wenn man das Individualarbeitsrecht behandelt. Umgekehrt gilt das genauso.

7   Der Schwerpunkt der arbeitsrechtlichen Regelungen liegt insgesamt beim **Privatrecht**: Wenn Sie sich an die Einordnung des Bürgerlichen Rechts in unser Rechtssystem erinnern[10], sollten Sie noch wissen, dass das Arbeitsrecht grundsätzlich dem Privatrecht zugeordnet wird.

■ *Zur Wiederholung:* Versuchen Sie, mit eigenen Worten das Wesen des Privatrechts zu umschreiben, den zweiten großen Rechtsbereich zu benennen, dem das Privatrecht gegenübergestellt wird, und auch das Wesen dieses Rechtsbereichs nach Ihrem Wissen zu definieren!

▶ Das Privatrecht regelt die Rechtsbeziehungen zwischen Rechtssubjekten, insbesondere Bürgern und von ihnen gebildeten Vereinigungen auf der Ebene der Gleichordnung. Sofern Träger öffentlicher Gewalt als Fiskus[11] handeln, sind sie

---

[9] BVerfG Beschl. v. 23.11.2006 – 1 BvR 1909/06, NJW 2007, 286 Tz. 49 f. mwN; BVerfG Beschl. v. 6.6.2018 – 1 BvR 1375/14, NZA 2018, 774 Tz. 47 mwN.
[10] Vgl. *Wörlen/Metzler-Müller* BGB AT Rn. 18.
[11] *Wörlen/Metzler-Müller* BGB AT Rn. 16.

den Regeln des Privatrechts gleichermaßen und gleichgeordnet unterworfen wie jeder Bürger.

Vom Privatrecht ist das Öffentliche Recht zu unterscheiden. Darunter versteht man allgemein das Recht der staatlichen Organisationen, der Beziehungen des einzelnen Bürgers zum Staat (und zu anderen Trägern öffentlicher Gewalt) im Über- bzw. Unterordnungsverhältnis sowie der Beziehungen zwischen verschiedenen Trägern öffentlicher Gewalt.

Sofern Sie das noch nicht oder nicht mehr gewusst haben, sollten Sie hierzu noch etwas (nach)lesen.[12]

Für das Arbeitsvertragsrecht ist die Zuordnung zum Privatrecht uneingeschränkt richtig. Grundlage des Arbeitsvertragsrechts sind vor allem Vorschriften des BGB.

8

Demgegenüber ist das Arbeitsschutzrecht Teil des öffentlichen Rechts, weil hier die Arbeitsbehörden zu seiner Durchsetzung als Träger hoheitlicher Gewalt im Über-Unterordnungsverhältnis tätig werden. Auch das kollektive Arbeitsrecht weist öffentlich-rechtliche Elemente auf. Es wird aber wegen seiner privatrechtlich ausgerichteten Gesamtstruktur und seiner Gleichordnungsbasis systematisch grundsätzlich dem Privatrecht und nicht dem öffentlichen Recht zugeordnet.

Lesen Sie zur Wiederholung die folgende Übersicht 1.

---

[12] »Minimum«: *Wörlen/Metzler-Müller* BGB AT Rn. 12–18.

1. Teil. Einführung

Übersicht 1

9

Bedeutung und System des Arbeitsrechts (»ArbR«)
I. Bedeutung
– Unter »ArbR« versteht man alle Rechtsregeln, die für die in persönlicher Abhängigkeit geleistete Arbeit gelten. – *Aufgabe* des »ArbR« ist es vor allem, einen *Interessenausgleich zwischen Arbeitgeber und Arbeitnehmer* herzustellen, wobei die Interessen der strukturell unterlegenen *Arbeitnehmer* besonders zu berücksichtigen sind.
II. System
Das »ArbR« gliedert sich in zwei große Bereiche:
1. Individuelles »ArbR« ▪ Mittelpunkt: Person des Arbeitnehmers → Arbeitsvertragsrecht; Arbeitsschutzrecht. **und** 2. Kollektives »ArbR« ▪ Rechte und Pflichten des Arbeitnehmers als Mitglied eines Kollektivs, zB Gewerkschaft oder Arbeitnehmerschaft eines Betriebs. → Koalitions-, Tarifvertrags-, Arbeitskampf-, Mitbestimmungs- und Betriebsverfassungsrecht.
1. + 2. können nicht völlig isoliert betrachtet werden, sondern sind als Einheit zu sehen.
Der Schwerpunkt der arbeitsrechtlichen Regelungen liegt insgesamt im Privatrecht; obwohl im »ArbR« auch einige öffentlich-rechtliche Vorschriften gelten, wird »ArbR« daher im System unserer Rechtsordnung zum Privatrecht und nicht zum Öffentlichen Recht gerechnet.

III. Entstehung(sgeschichte) des Arbeitsrechts

10 Das Arbeitsrecht ist ein relativ junges Rechtsgebiet, das sich im Wesentlichen unmittelbar mit der Ausbreitung unselbstständiger Beschäftigung gegen Entgelt, dh, mit der beginnenden Industrialisierung herausgebildet hat.[13]

Da die kulturelle Entwicklung der Menschen unter anderem vom Prinzip der Arbeitsteilung geprägt ist, lassen sich gleichwohl frühe arbeitsrechtliche Wurzeln finden.[14]

11 Während das Römische Recht[15] für das Verständnis des Arbeitsrechts im modernen Sinn kaum Impulse geben konnte, da die unselbstständige Arbeit vornehmlich »un-

---

13 *Dütz/Thüsing* ArbR Rn. 8.
14 Vgl. *Waltermann* ArbR Rn. 23 ff.
15 Dazu ggf. *Wörlen/Metzler-Müller* BGB AT Rn. 33.

entgeltlich« von im Eigentum des Herrn stehenden Sklaven[16] (= »Sachen« iSd Sachenrechts[17]) verrichtet wurde, hatte das Germanische Recht durchaus Einfluss auf die Entwicklung des Arbeitsrechts. Zwar kennt man hier in älterer Zeit nur Arbeitsverhältnisse aufgrund familienrechtlicher Abhängigkeit (Frauen und Kinder), leiherechtlicher (lehnsrechtlicher) Bindung oder persönlicher Abhängigkeit (Unfreiheit), doch entstanden schon im Mittelalter freie Arbeitsverhältnisse, bei denen der Arbeiter sich gegen Entgelt (Naturalien oder Geld) einem Herrn zu Diensten verpflichtete. Neben dem gewerblichen Arbeitsvertrag, vor allem dem Gesellenvertrag, entstand der Gesindevertrag.[18] Diese Verträge begründeten eine Gemeinschaft zwischen Dienstherrn und Dienstverpflichtetem, verbunden mit einer wechselseitigen Fürsorge- bzw. Treuepflicht; Begriffe, die sich im modernen Arbeitsrecht wiederfinden[19] und von großer Bedeutung sind. Der eigentliche Beginn der Geschichte des Arbeitsrechts als Rechtsordnung der unselbstständigen Arbeit setzt indessen erst mit der Epoche der Industrialisierung im 19. Jahrhundert ein.[20] Eine Vielzahl von Erfindungen hatte eine wachsende Mechanisierung von Produktionsprozessen zur Folge und führte zwangsläufig zur völligen Umgestaltung des Wirtschaftslebens. Selbstständig Arbeitende mussten ihre Arbeit mangels Rentabilität aufgeben und in Städte und Fabriken abwandern, die sich rasch einem Überangebot von Arbeitskräften gegenüber sahen. Die daraus resultierenden, teilweise katastrophalen sozialen Verhältnisse forderten Maßnahmen, die zur Entwicklung arbeitsrechtlicher, insbesondere arbeitsschutzrechtlicher Regelungen führten. »Das Arbeitsrecht« ist, wie bereits erwähnt[21], als Arbeitnehmerschutzrecht entstanden. So wurde 1839 in Preußen das Regulativ über die Kinderarbeit[22] erlassen, das die Arbeit von Kindern unter 9 Jahren verbot sowie die Arbeit von Jugendlichen unter 16 Jahren auf 10 Stunden pro Tag begrenzte. Es lässt sich als erstes deutsches Arbeitsschutzgesetz bezeichnen.

Weitere Meilensteine der arbeitsrechtlichen Entwicklung waren sodann die Gewerbeordnung vom 21.6.1869 mit einer Reihe nachfolgender Novellierungen und die Einführung der gesetzlichen Sozialversicherung (»Kaiserliche Botschaft« von 1881; Krankenversicherungsgesetz von 1883; Unfallversicherungsgesetz von 1884 sowie Invaliditäts- und Altersversorgungsgesetz von 1889, die 1911 zur Reichsversicherungsordnung[23] zusammengefasst wurden) bis hin zum Gesetz über Arbeitsvermittlung und Arbeitslosenversicherung (1927).[24]

Parallel dazu hat sich das kollektive Arbeitsrecht entwickelt. Es kam zur Bildung von Arbeitnehmervereinigungen, die helfen sollten, der wirtschaftlichen Überlegenheit der Arbeitgeber (und Arbeitgeberverbände) entgegenzuwirken. Vorbild der hieraus entstandenen *Gewerkschaften* waren die schon seit 1824 existierenden englischen »trade unions«.[25]

---

16 *Wörlen/Metzler-Müller* BGB AT Rn. 85.
17 S. dazu *Wörlen/Kokemoor* SachenR Rn. 7 ff.
18 *Conrad*, Deutsche Rechtsgeschichte, Bd. I: Frühzeit und Mittelalter, 2. Aufl. 1962, 424.
19 → **Rn. 133 ff.** und → **Rn. 207 ff.**
20 Vgl. zB *Dütz/Thüsing* ArbR Rn. 8.
21 → **Rn. 4**.
22 Genauer: »*Preußisches Regulativ für die jugendlichen Arbeiter in Bergwerken und Fabriken*« …
23 RVO – vgl. heute: SGB V, VI und VII.
24 AVAVG = heute: SGB III.
25 Wörtliche Übersetzung: »*Handelsvereinigungen*«.

1. Teil. Einführung

14 Nach vorübergehendem Stillstand dieser Entwicklung während des nationalsozialistischen Regimes, das sich durch die staatliche Reglementierung des Arbeitslebens »auszeichnete«, setzte sich die Entwicklung des Arbeitsrechts nach 1945 in der Bundesrepublik dort fort, wo sie 1933 unterbrochen wurde. Im Grundgesetz vom 23.5.1949 finden sich hierzu Leitgedanken in den Art. 3, 9 III, 12 und (mittelbar) 20, auf die an späterer Stelle nochmals kurz eingegangen wird.

15 In der DDR hatte sich das Arbeitsrecht aufgrund unterschiedlicher Ideologien zwangsläufig in eine andere Richtung begeben, deren Ziele in diesem Grundriss[26] jedoch nicht verfolgt werden sollen bzw. müssen, da sie spätestens seit dem 3.10.1990 obsolet geworden sind.[27] Wir werden in aller Kürze im folgenden Abschnitt über die Rechtsgrundlagen (Rechtsquellen) des Arbeitsrechts darauf eingehen.

IV. Rechtliche Grundlagen und Rechtsquellen des Arbeitsrechts

16 Für das Arbeitsrecht gibt es, wie zB mit dem BGB seit dem 1.1.1900 für das Bürgerliche Recht, in der Bundesrepublik Deutschland kein einheitliches Gesetzbuch. Die seit der Weimarer Republik immer wieder laut gewordene Forderung nach einem einheitlichen Gesetzeswerk konnte in der Bundesrepublik vor und nach der Wiedervereinigung bis heute noch nicht erfüllt werden. Bestrebungen sind seit langem im Gang. Zuletzt diskutiert wurde ein Entwurf der Kölner Professoren *Henssler* und *Preis*, der im Auftrag der Bertelsmann Stiftung erarbeitet wurde.[28] So basiert das Arbeitsrecht auf einer Vielzahl von gesetzlichen oder gesetzesähnlichen Sonderregelungen (inklusive Gewohnheitsrecht) sowie auf von der Rspr. der Arbeitsgerichte, insbesondere des BAG, entwickelten Grundsätzen.

17 **Exkurs: Das Arbeitsrecht nach der »Wieder- und Rechtsvereinigung«**

Bis zum Tage der deutschen Wiedervereinigung am 3.10.1990 galt dieser letzte Satz für die »alte Bundesrepublik« uneingeschränkt. Er gilt auch für das wiedervereinigte Deutschland uneingeschränkt weiter. Was in der DDR galt, ist weitgehend »Rechtsgeschichte«.[29]

18 An dieser Stelle ist darauf hinzuweisen, dass die soeben (unter III., → Rn. 10 ff., 15) skizzierte Entwicklungsgeschichte des Arbeitsrechts in der DDR dahin führte, dass es dort zu einer Gesamtkodifikation[30] des Arbeitsrechts in Gestalt des »Arbeitsgesetzbuchs« (AGB) vom 16.7.1977 kam:

In 16 Kapiteln und 289 Paragrafen waren unter anderem die Grundzüge des sozialistischen Arbeitsrechts, nämlich das Arbeitsvertragsrecht einschließlich des

---

26 Vgl. zum Unterschied zwischen Lehrbüchern, Grundrissen und Monographien *Wörlen/Metzler-Müller* BGB AT Rn. 64–67.
27 Bei Interesse: *Hanau/Adomeit* ArbR Rn. 1–10.
28 *Henssler/Preis* NZA 2007, Beilage zu Heft 21; s. *Preis* in Düwell/Mohr/Schultheiß/Weyand, Beschäftigungsfördernd? Sozialverträglich? Zukunftsfähig? Entwurf für ein Arbeitsvertragsgesetz, 2008, 11 ff.; *Neumann* DB 2008, 60 f.; s. ferner die »Literatur zur Vertiefung« nach → **Rn. 34**.
29 Für Interessierte sei verwiesen auf *Walker*, Arbeitsrecht in den neuen Bundesländern, 1991.
30 Zum Begriff »Kodifizierung« bzw. »Kodifikation« vgl. *Wörlen/Metzler-Müller* BGB AT Rn. 5, 31.

IV. Rechtliche Grundlagen und Rechtsquellen des Arbeitsrechts

Arbeitsschutzrechts, die Haftung für Leistungsstörungen im Arbeitsverhältnis sowie das Verfahren in arbeitsrechtlichen Streitfällen geregelt.

Der Grund dafür, dass es der DDR damals im Gegensatz zur Bundesrepublik gelungen war, ein einheitliches und zudem knappes »AGB« zu kodifizieren, lag einfach darin, dass das Staats- und Wirtschaftssystem der DDR einen Interessenwiderstreit zwischen Arbeitnehmer und Arbeitgeber, wie er eingangs[31] erwähnt wurde, nicht erlaubte.

Während das Arbeitsrecht der Bundesrepublik sich an der sozialen Marktwirtschaft ausrichtete, beruhte das Arbeitsrecht der DDR auf dem System der sozialistischen Planwirtschaft.

Da es Aufgabe einer einheitlichen deutschen Arbeitsrechtskodifikation ist, den nunmehr im gesamten Bundesgebiet existierenden Interessenwiderspruch zu berücksichtigen, konnte das alte sozialistische AGB bei der angestrebten Rechtsvereinheitlichung kaum Impulse geben.

Exkurs Ende

Da derzeit nicht abzusehen ist, ob der Gesetzgeber der Forderung des Art. 30 I Nr. 1 und 2 EVertr, eine einheitliche Neukodifikation des Arbeitsvertrags- und des Arbeitszeitrechts sowie des Frauenarbeitsschutzes zu schaffen, nachkommen wird, müssen wir uns damit abfinden, dass die Regelungen des deutschen Arbeitsrechts breit gestreut sind. **19**

»Das deutsche Arbeitsrecht kann sich sehen lassen, ist aber schwer zu finden!«[32]

Ihnen als Studierenden wird die »Rechtsfindung« nach Lektüre des folgenden Abschnitts hoffentlich erleichtert sein! Eine Vielzahl von Gesetzen für das Arbeitsrecht enthält die Ausgabe »Arbeitsgesetze« (ArbG) aus der Reihe »Beck-Texte im dtv« (Nr. 5006)[33], deren neueste Auflage Sie (neben einem BGB-Text) zum Studium dieses Grundrisses unbedingt als Begleitlektüre benutzen müssen!

Hinsichtlich der **Rangfolge der Rechtsquellen** gilt im Arbeitsrecht grundsätzlich dasselbe wie in allen anderen Rechtsgebieten: Als überstaatliches Recht geht das unmittelbar anwendbare (europäische) Unionsrecht (AEUV, EuGRC, EU-DSGVO usw.) dem nationalen Recht vor. Im nationalen Recht bricht Bundesrecht gem. Art. 31 GG Landesrecht (einschließlich der Landesverfassungen!), was nicht nur für Gesetze und Rechtsverordnungen des Bundes gilt, sondern auch den gewohnheitsrechtlich anerkannten arbeitsrechtlichen Gleichbehandlungsgrundsatz sowie die höchstrichterliche Rechtsprechung (zB zum Arbeitskampfrecht) betrifft.[34] Eine Besonderheit des Ar-

---

31 → **Rn. 4**.
32 *Hanau*, Fischer-Lexikon Recht (1971) (nur noch in Bibliotheken oder Antiquariaten vorhanden), Stichwort »Arbeitsrecht«.
33 **Im Folgenden immer »dtv-ArbG Nr.«**. Dort sollten Sie unbedingt die interessante und hilfreiche **Einführung** von *Richardi* lesen! Sie kann – genau wie das **Stichwortverzeichnis** – in einer schwierigen Klausur uU zur letzten Rettung werden …
34 **Art. 29 V der Verfassung des Landes Hessen**, der die **Aussperrung** generell für rechtswidrig erklärt, verstößt zumindest teilweise gegen höherrangiges Bundesrecht (= höchstrichterliche Rechtsprechung des BAG) und ist insoweit nichtig, s. BAG Urt. v. 26.4.1988 – 1 AZR 399/86, BAGE 58, 138 = NJW 1989, 186.

1. Teil. Einführung

beitsrechts bilden die (untergesetzlichen) Kollektivvereinbarungen (Tarifverträge und Betriebsvereinbarungen), die ungünstigeren Individualvereinbarungen (zB in Arbeitsverträgen) ebenso vorgehen wie Gesetze.

20 Die Vorschriften und Regelungen des Arbeitsrechts lassen sich vereinfacht in sechs Gruppen aufteilen:

1. Gesetze
2. Rechtsverordnungen
3. Satzungen und Gesamtvereinbarungen (Kollektivvereinbarungen)
4. Gewohnheitsrecht
5. Richterrecht (Rechtsprechungsgrundsätze; richterliche Rechtsfortbildung)
6. Internationales Arbeitsrecht

Obwohl wir uns im Rahmen dieses auf einige Grundbegriffe des Arbeitsrechts beschränkten Grundrisses nur mit einem Bruchteil dieser Vorschriften näher beschäftigen können, wollen wir Ihnen die wichtigsten davon zumindest nennen.

1. Gesetze

21 a) Hier ist zunächst das *Grundgesetz*[35] zu erwähnen, das in seinem Katalog der Grundrechte das Arbeitsrecht vor allem in drei Artikeln mittelbar oder unmittelbar anspricht.

Mittelbar wird das Arbeitsrecht unter anderem durch Art. 3 GG tangiert, der unter anderem den allgemeinen Gleichheitssatz und die Gleichberechtigung von Frauen und Männern festschreibt (Art. 3 GG ganz lesen!). Auch Art. 1 I GG (Schutz der Menschenwürde) sowie Art. 2 I iVm Art. 1 I GG (Allgemeines Persönlichkeitsrecht; Recht auf informationelle Selbstbestimmung) und Art. 4 I, II (Gewissens- und Religionsfreiheit) haben mittelbare Auswirkungen im Arbeitsrecht, indem sie die Persönlichkeit des Arbeitnehmers insbesondere auch gegen die Übertragung unzumutbarer Arbeiten[36] oder die Untersagung des Tragens eines Kopftuchs[37] durch den Arbeitgeber schützen.

Unmittelbar ist das Arbeitsrecht in Art. 9 III GG geregelt, der die Vereinigungs- bzw. »Koalitionsfreiheit« gewährleistet, sowie in Art. 12 GG angesprochen, der die »Berufsfreiheit« garantiert (lesen Sie Art. 9 und 12 GG).

Vor allem bei der verfassungskonformen Auslegung der arbeitsrechtlichen Gesetze durch die Arbeitsgerichte und sowie bei der Rechtsfortbildung durch das BAG spie-

---

35 dtv-ArbG Nr. 1.
36 So ist zB ein gläubiger **Moslem** berechtigt sich zu weigern, in einem Getränkemarkt **Alkohol** zu verkaufen; bei fehlender anderweitiger Beschäftigungsmöglichkeit kann der Arbeitgeber aber kündigen, BAG Urt. v. 24.2.2011 – 2 AZR 636/09, NJW 2011, 3319.
37 Das **BVerfG** (BVerfG Beschl. v. 18.10.2016 – 1 BvR 354/11, Rn. 57 ff., NJW 2017, 381) hält ein **Kopftuchverbot** daher grds. für **unzulässig**, der **EuGH** (EuGH Urt. v. 14.3.2017, C-157/15, ECLI:EU:C:2017:203 = NJW 2017, 1087 – Achbita und C-188/15, ECLI:EU:C:2017:204 = NJW 2017, 1089 – Bougnaoui) jedoch ein Verbot sämtlicher religiöser Zeichen am Arbeitsplatz für grds. **zulässig**. Das **BAG** (BAG Beschl. v. 30.1.2019 – 10 AZR 299/18 (A)) hat im Hinblick auf diesen Widerspruch dem EuGH erneut zur Vorabentscheidung vorgelegt.

IV. Rechtliche Grundlagen und Rechtsquellen des Arbeitsrechts

len Grundrechtsfragen eine wichtige Rolle, mit denen sich nachfolgend nicht selten auch das BVerfG zu befassen hat.[38]

b) Das *wichtigste Gesetz für das »Arbeitsvertragsrecht«* sollten Sie kennen! 22

- Überlegen Sie, in welchem Gesetzeswerk und in welchen Vorschriften der Arbeitsvertrag geregelt ist!
▶ Die Antwort gibt Fußnote[39]!

Weitere *Beispiele* finden Sie auf Übersicht 2 (→ Rn. 34). Im Einzelnen werden wir auf einige dieser Vorschriften noch ausführlich zu sprechen kommen.

2. Rechtsverordnungen

Rechtsverordnungen sind allgemeinverbindliche Anordnungen für eine unbestimmte Vielzahl von Personen, die nicht im förmlichen Gesetzgebungsverfahren[40] ergehen, sondern aufgrund gesetzlicher Ermächtigung (Art. 80 I GG) von Organen der vollziehenden Gewalt (Bundes-, Landesregierung, staatliche Verwaltungsbehörden, aber auch Selbstverwaltungskörperschaften) gesetzt werden.[41] 23

Rechtsverordnungen sind also *keine formellen* Gesetze, wohl aber *Gesetze im materiellen Sinn*,[42] da es sich um allgemeinverbindliche *Rechtsnormen* handelt. *Beispiele* für arbeitsrechtliche Rechtsverordnungen finden Sie ebenfalls auf Übersicht 2 (→ Rn. 34).

3. Satzungen und Kollektivvereinbarungen

a) »Satzung« (auch: Statut) ist der Oberbegriff für die schriftlich niedergelegte Grundordnung (Verfassung) eines rechtlichen Zusammenschlusses, im Privatrecht zB beim Verein.[43] Im öffentlichen Recht versteht man darunter das von bestimmten Körperschaften, zB Gemeinden, Kreisen und Hochschulen sowie Sozialversicherungsträgern, im Rahmen ihrer Zuständigkeit zur Regelung ihrer eigenen Angelegenheiten gesetzte Recht.[44] Im arbeitsrechtlichen Kontext bedeutsam sind die als Satzungsrecht erlassenen Unfallverhütungsvorschriften der Berufsgenossenschaften (= Träger der gesetzlichen Unfallversicherung als Teil der Sozialversicherung). 24

b) »Kollektivvereinbarungen« (Gesamtvereinbarungen) sind Mittel des »kollektiven Arbeitsrechts« zur Gestaltung von Arbeitsbedingungen. Während sich beim Abschluss eines Einzelarbeitsvertrags *ein* Arbeitnehmer und *ein* Arbeitgeber gegenüberstehen, setzt die kollektive Gestaltung von Arbeitsbedingungen voraus, dass wenigstens die Angehörigen einer Seite – nämlich die Arbeitnehmer, die einem bestimmten Betrieb, einer bestimmten Berufssparte oder einem bestimmten Wirtschaftszweig an-

---

38 S. zB BVerfG Urt. v. 11.7.2017 – 1 BvR 1571/15, NZA 2017, 915 (Tarifeinheitsgesetz); BVerfG Beschl. v. 6.6.2018 – 1 BvL 7/14 und 1 BvR 1375/14, NZA 2018, 774 (Vorbeschäftigung bei sachgrundloser Befristung); ausführlich zur Gesetzesbindung und verfassungskonformen Auslegung im Arbeits- und Verfassungsrecht *Höpfner* RdA 2018, 321.
39 Das **BGB** (dtv-ArbG Nr. 11) (vgl. *Wörlen/Metzler-Müller* SchuldR BT Rn. 263 ff., 268) regelt in den **§§ 611, 611a – § 630** den Arbeitsvertrag als Unterfall des Dienstvertrags.
40 Dazu *Wörlen/Metzler-Müller* BGB AT Rn. 7 ff.
41 *Creifelds* Recht-WB Rechtsverordnung (1).
42 Vgl. *Wörlen/Metzler-Müller* BGB AT Rn. 6.
43 *Wörlen/Metzler-Müller* BGB AT Rn. 73 ff.
44 Vgl. *Creifelds* Recht-WB »Satzung«.

1. Teil. Einführung

gehören – ganz oder zum Teil zusammengeschlossen sind und mit der anderen Seite um die für die Angehörigen des Zusammenschlusses geltenden Arbeitsbedingungen ringen. Das Ergebnis dieser Auseinandersetzung ist, wenn sich die Beteiligten einigen, eine Kollektivvereinbarung (= Tarifvertrag, Betriebs- oder Dienstvereinbarung, s. § 26 I 1 BDSG[45]). Kollektivvereinbarungen werden wie Verträge geschlossen, enthalten aber auch einen *normativen Teil*, in dem sie unmittelbar und zwingend für andere Personen als die Vertragsschließenden gelten (also vergleichbar einer Rechtsnorm in einem Gesetz!). Sie werden deshalb auch *Normenverträge* genannt.[46]

4. Gewohnheitsrecht

25 Unter Gewohnheitsrecht versteht man ungeschriebene Grundsätze oder Normen des objektiven Rechts[47], die sich durch langjährige Übung entwickelt haben und mündlich überliefert wurden. Gewohnheitsrechtliche Normen haben Gesetzesqualität. Im Kernbereich des Arbeitsrechts, das, wie gesagt, vom Interessenwiderstreit zwischen Arbeitnehmern und Arbeitgebern geprägt ist, konnte es aufgrund dieser Interessengegensätze nur schwer zur Entwicklung von das Gewohnheitsrecht charakterisierenden allgemeinen Rechtsüberzeugungen kommen. Immerhin aber ist für die Arbeitnehmerhaftung, die durch geschriebenes Recht lückenhaft geregelt ist, gewohnheitsrechtlich anerkannt, dass die strenge und umfassende Haftung für jede zu vertretende Pflichtverletzung abzulehnen ist, da sie der allgemeinen Rechtsüberzeugung nicht mehr entspricht.[48] Auch der *arbeitsrechtliche Gleichbehandlungsgrundsatz*,[49] nach dem der Arbeitgeber einzelne Arbeitnehmer nicht willkürlich von generalisierenden Maßnahmen oder Vergünstigungen ausschließen darf, wird als Gewohnheitsrecht qualifiziert.[50]

5. Richterrecht

26 Mangels einer einheitlichen, umfassenden Arbeitsrechtskodifikation kommt dem Richterrecht für das Arbeitsrecht eine größere Bedeutung (als dem Gewohnheitsrecht) zu. Zwar wäre es nicht korrekt, das »Richterrecht« als »Rechtsquelle« zu bezeichnen[51], denn durch die richterliche Rechtsfortbildung werden keine verbindlichen Rechtsnormen geschaffen. Doch man kann es getrost unter den »Rechtsgrundlagen« des Arbeitsrechts mit aufführen. Zu den wichtigsten Entwicklungen der Rspr. zählen praktisch das gesamte Arbeitskampfrecht, der arbeitsrechtliche Gleichbehandlungsgrundsatz und die Grundsätze zur Haftung des Arbeitnehmers für betrieblich bedingte Tätigkeiten.[52] Oftmals hat sich das rechtsschöpferische Richterrecht als wegweisend für die arbeitsrechtliche Gesetzgebung erwiesen. Letzteres gilt zB für die Regelung des Ar-

---

45 **dtv-ArbG Nr. 56.**
46 S. zB *Junker* GK ArbR Rn. 502, 715; *Hromadka/Maschmann* ArbR II § 10 Rn. 5, § 13 Rn. 8, § 16 Rn. 402.
47 *Wörlen/Metzler-Müller* BGB AT Rn. 10, 13.
48 Vgl. *Otto* ArbR Rn. 148; str.
49 → **Rn. 198, 238.**
50 *Junker* GK ArbR Rn. 52; ErfK/*Preis* BGB § 611a Rn. 574; *Hromadka/Maschmann* ArbR I § 7 Rn. 161 f.
51 Vgl. *Brox/Rüthers/Henssler* ArbR Rn. 22.
52 Zu den Einzelheiten → **Rn. 151 ff.**

IV. Rechtliche Grundlagen und Rechtsquellen des Arbeitsrechts

beitsvertrags in § 611a BGB[53] sowie das Recht der befristeten Arbeitsverhältnisse im TzBfG[54].[55]

6. Arbeitsrecht »international«

Weltweite Wirtschaftsbeziehungen und das Zusammenwachsen des europäischen Marktes werfen auch im Arbeitsrecht Probleme auf, die sich nur auf internationaler Ebene unter Berücksichtigung übernationalen (supranationalen) und »internationalen« Rechts lösen lassen. 27

a) Zwischenstaatliches Arbeitsrecht und völkerrechtliche Vereinbarungen
Zum zwischenstaatlichen Arbeitsrecht gehören vor allem allgemeine völkerrechtliche Verträge und Abkommen auf multilateraler (mehrseitiger) oder bilateraler (zweiseitiger) Ebene. Zu Ersteren zählen zB die Europäische Konvention zum Schutz der Menschenrechte und Grundfreiheiten vom 4.11.1950 (die in ihrem Art. 11 I allen Menschen das Recht garantiert, sich friedlich frei zu versammeln und frei mit anderen zusammenzuschließen sowie das Recht, zum Schutz ihrer Interessen Gewerkschaften zu bilden und ihnen beizutreten), die Europäische Sozialcharta von 1961 (mit Bestimmungen über Koalitionsfreiheit und Arbeitskampfgarantien für Arbeitgeber und Arbeitnehmer) sowie verschiedene Übereinkommen der Internationalen Arbeitsorganisation (IAO)/International Labour Organisation (ILO). Die ILO ist eine von der UNO getragene Einrichtung zur Überwachung und Durchsetzung von Arbeitsschutzmaßnahmen in vielen Ländern, insbesondere Entwicklungsländern, der Welt. Ausführende Behörde der ILO ist das Internationale Arbeitsamt (International Labour Office) in Genf. 28

Auf Einzelheiten kann im Rahmen dieses kurzen Grundrisses nicht eingegangen werden (Interessierte seien auf die »Literatur zur Vertiefung« verwiesen). 29

Sie sollten nur wissen, dass es zwischenstaatliches Arbeitsrecht gibt, und sich merken, dass völkerrechtliche Verträge erst durch Ratifikation (= Anerkennung von [völkerrechtlichen] Verträgen) gem. Art. 59 II GG Bestandteil des innerstaatlichen Rechts werden. Nur allgemeine Regeln des Völkerrechts gelten nach Art. 25 GG als unmittelbarer Bestandteil des Bundesrechts und gehen den Gesetzen vor.

b) Recht der Europäischen Union
Eine besondere Position nimmt das Recht der Europäischen Union ein, das auch als *Unionsrecht* bezeichnet wird.[56] Es hat – im Unterschied zu klassischen völkerrechtlichen Verträgen – eine eigenständige supranationale (überstaatliche) Rechtsordnung für die Mitgliedstaaten der EU geschaffen. 30

---

53 dtv-ArbG Nr. 11.
54 dtv-ArbG Nr. 16.
55 Zu den **Grenzen der richterlichen Rechtsfortbildung** s. BVerfG Beschl. v. 6.6.2018 – 1 BvL 7/14 und 1 BvR 1375/14 = NZA 2018, 774 (Vorbeschäftigungsverbot bei sachgrundloser Befristung).
56 Vgl. zu den Begrifflichkeiten und Eigenarten des Unionsrechts zB *Schäfer*, Studienbuch Europarecht – Das Wirtschaftsrecht der EG, 3. Aufl. 2006, § 3 und § 7 I.

1. Teil. Einführung

Im Unionsrecht unterscheidet man zwischen *Primärrecht*, zu dem die Gründungs- und Änderungsverträge (insbes. EUV, AEUV) gehören, sowie *Sekundärrecht*, das die von den Unionsorganen erlassenen Rechtsnormen umfasst.[57]

Je nachdem, ob das Unionsrecht nur die Mitgliedstaaten gegenüber der EU bindet oder aber auch im innerstaatlichen Raum alle staatlichen Hoheitsträger gegenüber dem Bürger verpflichtet (oder sogar im Verhältnis der Bürger untereinander gilt!), unterscheidet man zwischen *mittelbarer* und *unmittelbarer Geltung* des Unionsrechts.[58]

31 Die unmittelbar geltenden Vorschriften des Unionsrechts gehen dem nationalen Recht im Rang vor. Dies betrifft neben Vorschriften des Primärrechts (insbesondere Art. 45 AEUV – Freizügigkeit der Arbeitnehmer und Art. 157 AEUV – Gleiches Entgelt für Männer und Frauen) vor allem die Verordnungen der EU (s. Art. 288 II AEUV) wie etwa die EU-DSGVO[59], die die Bürger und Unternehmen unmittelbar berechtigen oder verpflichten. Besonders breiten Raum nehmen im europäischen Arbeitsrecht die Richtlinien der EU ein. Sie entfalten allerdings grundsätzlich keine unmittelbare Wirkung für den Bürger, da Richtlinien in das nationale Recht durch den nationalen Gesetzgeber umgesetzt werden müssen (s. Art. 288 III AEUV). Von großer Bedeutung ist auch die Rspr. des EuGH, vor allem im Rahmen von Vorabentscheidungsverfahren nach Art. 267 AEUV.[60] Der EuGH verlangt, dass auf Richtlinienrecht beruhendes nationales Recht in den Mitgliedstaaten unionsrechtskonform auszulegen ist. Verstößt es gegen Unionsgrundrechte (Art. 6 I EUV iVm der EuGRC), müssen es die nationalen Rechtsanwender gegebenenfalls unangewendet lassen.[61] In jüngster Zeit sorgten in Deutschland Entscheidungen zum Urlaubsrecht[62], zum kirchlichen Arbeitsrecht[63], zum Betriebsübergang[64], zur Altersdiskriminierung[65] sowie zu Kopftuchverboten[66] für Aufsehen.

---

57 S. zB *Hakenberg*, Europarecht, 8. Aufl. 2018, 4. Teil; s. ferner *Doerfert/Oberrath/Schäfer*, Europarecht, 4. Aufl. 2016, Rn. 32 ff., mit Prüfungsabläufen und Beispielsfällen; *Herdegen*, Europarecht, 20. Aufl. 2018, § 8; *Hobe*, Europarecht, 9. Aufl. 2017, § 10.
58 S. zum Ganzen *Dütz/Thüsing* ArbR Rn. 23 ff.; *Hromadka/Maschmann* ArbR I § 2 Rn. 11 ff.
59 Dazu → **Rn. 66**.
60 S. dazu zB ErfK/*Wißmann* AEUV Art. 267 Rn. 1 ff. Zu aktuellen Entscheidungen s. zB *Schmitz* NZA-RR 2019, 233.
61 Vgl. EuGH Urt. v. 22.11.2005 – C-144/04, ECLI:EU:C:2005:709 = NJW 2005, 3695 – Mangold; EuGH Urt. v. 19.1.2010 – C-555/07, ECLI:EU:C:2010:21 = NJW 2010, 427 – Kücükdeveci.
62 S. EuGH Urt. v. 20.1.2009, C-350/06 und C-520/06, ECLI:EU:C:2009:18 = NJW 2009, 495 – Schultz-Hoff; EuGH Urt. v. 6.11.2018, C-569/16 und C-570/16, ECLI:EU:C:2018:871 = NZA 2018, 1467 – Bauer und Willmeroth; EuGH Urt. v. 6.11.2018, C-619/16, ECLI:EU:C:2018:872 = NJW 2019, 36 – Kreuziger; 6.11.2018, C-684/16, ECLI:EU:C:2018:874 = NZA 2018, 1474 – Shimizu.
63 EuGH Urt. v. 17.4.2018, C-414/16, ECLI:EU:C:2018:257 = NJW 2018, 1869 – Egenberger; EuGH Urt. v. 11.9.2018, C-68/17, ECLI:EU:C:2018:696 = NJW 2018, 3086 – IR (»Chefarztentscheidung«).
64 EuGH Urt. v. 7.8.2018, C-472/16, ECLI:EU:C:2018:646 = NZA 2018, 1123 – Sigüenza; näher dazu *Junker* EuZA 2019, 45.
65 S. zB EuGH Urt. v. 19.1.2010 – C-555/07, ECLI:EU:C:2010:21 = NJW 2010, 427 – Kücükdeveci sowie dazu BVerfG Beschl. v. 6.7.2010 – 2 BvR 2661/06, NJW 2010, 3422 – Honeywell mAnm *Kokemoor/Balleis* jurisPR-ArbR 45/2010 Anm. 6.
66 EuGH Urt. v. 14.3.2017, C-157/15, ECLI:EU:C:2017:203 = NJW 2017, 1087 – Achbita und C-188/15, ECLI:EU:C:2017:204 = NJW 2017, 1089 – Bougnaoui. Mehr dazu bei → **Rn. 21**.

c) Kollisionsrecht

Das zwischenstaatliche Arbeitsrecht und völkerrechtliche Vereinbarungen sowie das (europäische) Unionsrecht sind im eigentlichen Sinne »international«. Fehlt es aber an materiell internationalen Normen, stellt sich die Frage, welches nationale Recht auf ein Arbeitsverhältnis mit Auslandsberührung anzuwenden ist. Sie wird im nationalen Recht der betroffenen Staaten durch das jeweilige »internationale Arbeitsrecht« als Teil des »internationalen Privatrechts (IPR)« beantwortet. Es enthält sog. Kollisionsrecht und bestimmt, vereinfacht ausgedrückt, welches nationale Recht in einem Rechtsfall mit Auslandsberührung gelten soll. In den EU-Staaten ist das Internationale Arbeitsrecht inzwischen einheitlich in der »Rom I-VO« (Verordnung über das auf vertragliche Schuldverhältnisse anzuwendende Recht)[68] geregelt.

32

Beispiel: Ein türkischer Monteur (Arbeitnehmer) wird von seinem deutschen Arbeitgeber (Bauunternehmen) zeitweise nicht – wie bislang stets – in Deutschland eingesetzt, sondern zu Montagearbeiten für die Dauer von sechs Monaten nach Großbritannien entsandt. Er verstaucht sich den Fuß, wird für drei Wochen krankgeschrieben und möchte für die drei Wochen Entgeltfortzahlung.

33

Die Frage, die das IPR (vgl. Art. 8 Rom I-VO – Individualarbeitsverträge) zu beantworten hat, ist: »Nach welchem Recht (türkisches, britisches, deutsches?) ist ein Anspruch auf Entgeltfortzahlung während der Krankheitszeit zu beurteilen?«

Gemäß Art. 8 I 1 iVm Art. 3 I Rom I-VO richtet sich dies grundsätzlich nach dem von den Parteien gewählten Recht. Die freie Rechtswahl darf aber nicht dazu führen, dass der Arbeitnehmer dem Schutz des zwingenden Rechts entzogen wird, das ohne Rechtswahl anzuwenden wäre (Art. 8 I 2 Rom I-VO). Das ohne Rechtswahl anzuwendende Recht bestimmt sich nach Art. 8 II–IV Rom I-VO (ganz lesen!). Die Lösung unserer Frage findet sich in Art. 8 II Rom I-VO. Maßgeblich ist danach regelmäßig das Recht des Staates, in dem der Arbeitnehmer *gewöhnlich seine Arbeit verrichtet*[69] und an dem sich durch eine vorübergehende Entsendung in einen anderen Staat nichts ändert (Art. 8 II Rom I-VO). Da hier keine (bzw. jedenfalls keine vom deutschen Recht abweichende) Rechtswahl getroffen wurde, ist (und bleibt) also deutsches Recht – einschließlich § 3 I EFZG – anwendbar.[70]

---

67 S. bei Interesse zu aktuellen Tendenzen des EuGH und deren Auswirkungen auf das nationale Recht (Arbeitnehmerbegriff, Datenschutz und andere Fragen) zB *Oberthür*, RdA 2018, 286; zu Religionsfreiheit und Kirchenautonomie *Schlachter*, EuZA 2018, 173; *Reichold/Beer*, NZA 2018, 681; *Sprenger*, EuZA 2019, 99; zum Verhältnis von EuGH, EGMR, BVerfG und BAG *Junker* EuZA 2018, 304; *Kirchhof* ZfA 2019, 163.
68 **dtv-ArbG Nr. 11a.**
69 Instruktiv dazu EuGH Urt. v. 15.3.2011 – C-29/10 mit Rn. 46 zur Rom I-VO, ECLI:EU:C:2011:151 = NZA 2011, 625 – Koelzsch; EuGH Urt. v. 15.12.2011 – C-384/10, ECLI:EU:C:2011:842 = NZA 2012, 227 – Voogsgeerd.
70 Mehr dazu zB bei *Dütz/Thüsing* ArbR Rn. 19 ff.; *Pallasch* ArbR § 3 I 3.

1. Teil. Einführung

33a Zur Übung und Vertiefung:

> **Klausurfall 1a (vgl. Vorwort!): Der betrunkene Fernfahrer**
> ▶ Standort: Internationales Arbeitsrecht, Kündigung, Entgeltfortzahlung im Krankheitsfall
>
> Jörg Jägermeister ist Berufskraftfahrer. Seit dem 1.1.2015 arbeitet er als Kraftfahrer in der Rucki-Zucki-Transport GmbH mit Sitz in Hamburg, einer Spedition mit 56 Arbeitnehmern, die keinen Betriebsrat hat. Jörg ist Schweizer Staatsbürger mit Wohnsitz in Genf und fährt ausschließlich Transporte zwischen Belgien und der Schweiz. Sein Arbeitsvertrag, der in französischer Sprache abgefasst ist, in Genf abgeschlossen wurde und nach dem der Lohn in Schweizer Franken ausgezahlt wird, enthält keine Rechtswahlklausel.
>
> Auf einer Privatfahrt an einem für ihn arbeitsfreien Sonntag erleidet Jörg am 15.1.2018 in Stuttgart einen Verkehrsunfall, als er an einer unübersichtlichen Stelle überholt und mit einem entgegenkommenden Lkw zusammenstößt. Er wird verletzt, da er nicht angeschnallt war, und ist für drei Wochen arbeitsunfähig. Bei der Unfallaufnahme stellt die Polizei fest, dass Jörg Jägermeister 2,6 Promille Alkohol im Blut hat. Sein Führerschein wird für zwölf Monate eingezogen. Als sein Arbeitgeber von dem Vorfall erfährt, kündigt er Jörg fristgemäß. Zugleich teilt er Jörg mit, dass er ihm für die krankheitsbedingte Fehlzeit keinen Lohn zahlen wird.
>
> Jörg beruft sich vor einem deutschen Arbeitsgericht auf das deutsche Recht. Er kann nachweisen, dass im Lager seines Arbeitgebers eine Stelle frei ist, auf der er für die Zeit des Führerscheinentzugs arbeiten könnte. Daher sei die Kündigung unwirksam. Zudem müsse ein Arbeitgeber im Krankheitsfall für die Dauer von sechs Wochen den Arbeitnehmern Lohn zahlen.
>
> Unterstellt, die deutschen Gerichte sind zuständig, findet hier wirklich deutsches Recht Anwendung? Nennen Sie die einschlägige Gesetzesnorm oder -normen und begründen Sie Ihren eigenen Rechtsstandpunkt. Nehmen Sie ferner dazu Stellung, ob Jörg nach deutschem Recht Anspruch auf Lohn für seine krankheitsbedingte Fehlzeit und ob die Kündigungsschutzklage Aussicht auf Erfolg hat.
>
> **Ausformulierter Lösungsvorschlag:**
> ▶ Siehe *Gruber* Standardfälle ArbR Fall 18.[71]

Lesen Sie nun die folgende zusammenfassende Übersicht 2.

---

[71] **Kurzhinweise zur Lösung:** 1) Nach Art. 8 III iVm Art. 8 II Rom I-VO an sich mangels Rechtswahl Recht der einstellenden Niederlassung in Deutschland, hier aber engere Verbindung zur Schweiz, Art. 8 IV Rom I-VO. 2) Kein Anspruch nach § 3 I EFZG, da nicht ohne Verschulden. 3) Wegen Nichteinsetzbarkeit personenbedingte Kündigung an sich gem. § 1 II KSchG zulässig, im konkreten Fall aber wegen anderweitiger Einsatzmöglichkeit unwirksam.

IV. Rechtliche Grundlagen und Rechtsquellen des Arbeitsrechts

Übersicht 2

Rechtliche Grundlagen des Arbeitsrechts*		34
Für das Arbeitsrecht (ArbR) gibt es kein einheitliches Gesetzeswerk, wie zB das BGB für das Bürgerliche Recht. ArbR ist zersplittert und basiert auf einer Vielzahl von Sonderregelungen.		
1. Gesetze	2. Rechtsverordnungen	3. *Satzungen und Kollektivvereinbarungen*
a) *Arbeitsvertragsrecht:* – GG: Art. 1 I; 2 I; 3; 12 – BGB: §§ 611a ff. – GewO: §§ 105 ff. – HGB: §§ 59 ff. – KSchG – BUrlG – BBiG b) *Arbeitsschutzrecht:* – ArbSchG – AGG – ArbZG – MuSchG – JArbSchG – SGB IX c) *Kollektives ArbR:* – GG: Art. 9 III – TVG – BetrVG – MitbestG – PersVG (Bund und Länder) d) *Verfahrens(Prozess-)Recht* – ArbGG – ZPO	– Wahlordnungen zum BetrVG sowie zum MitbestG (Rechtsverordnungen sind gesetzesähnliche Vorschriften, die *nicht* im förmlichen Gesetzgebungsverfahren erlassen werden)	a) Unfallverhütungsvorschriften der Berufsgenossenschaften b) zwischen Gewerkschaften und Arbeitgeberverbänden geschlossene Tarifverträge, Betriebsvereinbarungen zwischen Betriebsrat und Arbeitgeber
	4. *Gewohnheitsrecht (G.)*	5. *Richterrecht*
	Unter G. versteht man, im Gegensatz zu 1. bis 3., ungeschriebenes Recht, das sich durch langjährige Übung entwickelt hat und mündlich überliefert wurde; G. hat im eigentlichen ArbR wenig Bedeutung, wohl aber unter Kaufleuten	Mangels einer einheitlichen Regelung gerade im ArbR von besonderer Bedeutung: Richter sind in manchen Bereichen des ArbR, wo gesetzliche Regelung fehlt, rechtsschöpferisch tätig Bsp.: Rspr. des BAG zum Arbeitskampfrecht
	6. *Internationales Arbeitsrecht*	

* Auszug

Literatur zur Vertiefung (1. Teil Rn. 1–34): *Abele*, IPR des Arbeitsvertrags – Neues vom BAG zu den Eingriffsnormen, FA 2013, 7; *Boemke*, Internationale Gerichtszuständigkeit in betriebsverfassungsrechtlichen Angelegenheiten, DB 2012, 802; *Brors*, Gibt es eine religiöse oder weltanschauliche Neutralität? Zum Einfluss der EuGH-Entscheidung Achbita und Bougnaoui auf das deutsche Arbeitsrecht, AuR 2018, 112; *Brox/Rüthers/Henssler* ArbR Kap. 1 I; Kap. 2; *Clausnitzer/Woopen*, Internationale Vertragsgestaltung – Die neue EG-Verordnung für grenzüberschreitende Verträge (Rom I-VO), BB 2008, 1798; *Dütz/Thüsing* ArbR § 1; *Düwell* und andere (Hrsg.), Beschäftigungsfördernd? Sozialverträglich? Zukunftsfähig? Ein Entwurf für ein Arbeitsvertragsgesetz, 2008 (auch abrufbar unter http://library.fes.de/pdf-files/bueros/erfurt/05387.pdf); *Franzen*, Persönlichkeitsrecht und Datenschutz im Arbeitsverhältnis, ZfA 2019, 18; *Franzen*, Die geänderte Arbeitnehmer-Entsenderichtlinie, EuZA 2019, 3; *Hanau/Adomeit* ArbR A., B.; *Heuschmid*, Aktuelle Rechtsprechung des EGMR im Bereich des Arbeitsrechts, NZA Beilage 3/2018, 68; *Höpfner*, Gesetzesbindung und verfassungskonforme Auslegung im Arbeits- und Verfassungsrecht, RdA 2018, 321; *Hromadka/Maschmann* ArbR I § 2; *Junker*, Kooperation oder Konfrontation der obersten Instanzen in Deutschland und Europa – Dargestellt am Beispiel des Streikrechts und der Kirchenautonomie, EuZA 2018, 304; *Junker* GK ArbR § 1; *Kirchhof*, Rechtsprechung im Dialog von Bundesverfassungsgericht und Europäischem Gerichtshof, ZfA 2019, 163; *Kluth*, Die Vereinigungs- und Koalitionsfreiheit gem. Art. 9 GG, JURA 2019, 719; *Krebber*, Die arbeitsrechtliche Bedeutung der Arbeitnehmerfreizügigkeit des Unionsrechts, EuZA 2019, 6; *Leible/Lehmann*, Die Verordnung über das auf vertragliche Schuldverhältnisse anzuwendende Recht (»Rom I«), RIW 2008, 528; *Löwisch/Caspers/Klumpp* ArbR §§ 2–5; *Oberthür*, Aktuelle Tendenzen des EuGH und deren Auswirkungen auf das nationale Recht (Arbeitnehmerbegriff, Datenschutz und andere Fragen), RdA 2018, 286; *Pallasch* ArbR Kap. 1; *Preis* ArbR I §§ 1–4, 13–19; *Reichold*, Religionsfreiheit und Arbeitsverhältnis, ZFA 2019, 82; *Reichold* ArbR §§ 1 und 3; *Riesenhuber*, Auslegung und Dogmatik von § 611a BGB, JuS 2018, 103; *Riesenhuber*, Die Änderung der arbeitsrechtlichen Entsenderichtlinie, NZA 2018, 1433; *Sagan*, Aktuelle Entwicklungen der Rechtsprechung im europäischen Arbeits- und Sozialrecht, NZA-Beilage 3/2018, 47; *Schlachter*, Drittwirkung von Grundrechten der EU-Grundrechtecharta, ZESAR 2019, 53; *Schlachter*, Kopftuchverbot auf »Kundenwunsch«?, EuZA 2018, 173; *v. Steinau-Steinrück/Benkert*, Anwendbares Recht im Rahmen der Entsendung, NJW-Spezial 2019, 18; *Thüsing*, Rechtsfragen grenzüberschreitender Arbeitsverhältnisse, NZA 2003, 1303; *Waltermann* ArbR §§ 1–3, 6–8; *Zöllner/Loritz/Hergenröder* ArbR §§ 1–3.

2. Teil. Individuelles Arbeitsrecht

1. Kapitel. Arbeitnehmer und Arbeitgeber

I. Arbeitnehmerbegriff

Nachdem wir festgestellt haben, dass das Arbeitsrecht das *für die Rechtsbeziehungen zwischen Arbeitgeber und Arbeitnehmer geltende Recht* ist, wollen wir uns die Begriffsmerkmale des Arbeitnehmers etwas näher ansehen. 35

> **Prüfungsschema Arbeitnehmereigenschaft (vgl. § 611a BGB):**[72]
> (1) Privatrechtlicher **Vertrag** (§§ 145 ff. BGB)
> (2) »**Im Dienste** eines anderen«: Leistung von Diensten = **Arbeit** (§ 611a I 1 BGB) gegen **Entgelt** (§ 611a II BGB)
> (3) In **persönlicher Abhängigkeit**
> (= Unselbstständigkeit, § 84 I 2 HGB):
> (a) **Weisungs**gebunden (§ 611a I 2, 3 BGB)
> (b) Fremdbestimmt (= **Eingliederung** in fremde Arbeitsorganisation)

> **Übungsfall 1**
>
> A ist seit sieben Jahren als Aushilfsreporter beim WDR in Köln beschäftigt. Nach dem Vertrag zwischen A und dem WDR ist A als »freier Mitarbeiter« eingestellt, der dem WDR im Bedarfsfall zur Verfügung stehen soll. Als Vergütung für die Dienste des A wurde ein Stundenlohn von 35 EUR vereinbart, die nach Einzelabrechnung auszuzahlen sind. Der Einsatz der Reporter ist aus einem Monatsdienstplan ersichtlich, der am Schwarzen Brett bekannt gegeben wird. Daraus ergibt sich, dass A seit Abschluss seines Mitarbeitervertrags wöchentlich durchschnittlich 35 Stunden im Einsatz war, was der gleichen Zeit entspricht, die seine in einem Angestelltenverhältnis beschäftigten Kollegen arbeiten. Entsprechend der bei »freien Mitarbeitern« üblichen Praxis werden für A vom WDR weder Personalunterlagen geführt noch Lohnsteuer und Sozialversicherungsbeiträge gezahlt. A meint, nach sieben Jahren müsse er allmählich wie ein Angestellter behandelt werden. Er verlangt bezahlten Erholungsurlaub und möchte wissen, ob er auch im Übrigen dieselben Rechte hat wie seine fest angestellten Kollegen.[73]

Aus dem letzten Satz dieses Sachverhalts können Sie ersehen, dass es auch im individuellen Arbeitsrecht – ebenso wie im Bürgerlichen Recht – um *Ansprüche* geht.[74]

▪ Welchen Anspruch macht A gegen seinen Arbeitgeber geltend? Wenn Sie den Fall 36
aufmerksam gelesen haben, sollte Ihnen die Antwort nicht schwer fallen.
▸ A verlangt »bezahlten Erholungsurlaub«, dh, er macht seinen »Urlaubsanspruch« geltend. Außerdem möchte er wissen, ob er »auch im Übrigen« dieselben Rechte

---
72 Ausführlicheres Schema → **Rn. 61**.
73 Ähnlich bei *Alpmann und Schmidt* ArbR I Fall 1 Rn. 9; *Lieb/Jacobs*, Arbeitsrecht, 9. Aufl. 2006, Fall 1 Rn. 19 = BAG AP Nr. 15 und 21 zu § 611 BGB – Abhängigkeit (Urt. v. 3.10.1975 – 5 AZR 162/74 und v. 9.3.1977 – 5 AZR 110/76).
74 Daneben spielen **Beendigungstatbestände** eine zentrale Rolle → **Rn. 246 ff**.

(Ansprüche) hat wie seine fest angestellten Kollegen, dh bei diesem Sachverhalt konkret, ob er Ansprüche auf Abführung von Lohnsteuer und Sozialversicherungsbeiträgen hat.

Prüfen wir zunächst den Urlaubsanspruch. Die entsprechende Anspruchsgrundlage werden Sie noch nicht kennen. Wenn Sie aber einmal in der Inhaltsübersicht Ihrer Arbeitsrechts-Gesetzessammlung unter dem II. Abschnitt »Arbeitsvertragsrecht« nachsehen, dann werden Sie sich sicher denken können, in welchem Gesetz sich die entsprechende Anspruchsgrundlage befindet (Inhaltsübersicht dtv-Text einsehen!).

Schlagen Sie also das »Bundesurlaubsgesetz«[75] auf und lesen Sie dort § 1!

Ein Anspruch auf Erholungsurlaub könnte sich demnach aus § 1 BUrlG ergeben!

37 ▪ Welche wichtige Voraussetzung müsste A erfüllen, um in den Genuss dieses Anspruchs zu kommen? Überlegen Sie! (Es steht im Gesetz.)
▶ Die Antwort gibt Fußnote[76]!

Der Begriff des Arbeitnehmers wird für das Bundesurlaubsgesetz in § 2 bestimmt (lesen!). Damit ist zwar gesagt, *wer* alles Arbeitnehmer im Sinne dieses Gesetzes sein kann, allerdings folgt daraus keine allgemein gültige Definition des Arbeitnehmers.

Diese lässt sich jedoch *§ 611a BGB* entnehmen, der den Arbeitsvertrag regelt und dabei von Rspr. und Lehre entwickelte Kriterien aufgreift.[77] Wir hatten dies eingangs[78] schon einmal vage angesprochen, als wir besondere Merkmale der Tätigkeit von Arbeitnehmern erwähnt hatten.

38 ▪ Welche Merkmale sind hier gemeint? Blättern Sie gegebenenfalls nochmals zurück, um diese selbst zu formulieren, bevor Sie weiterlesen!
▶ Als besondere Merkmale der Tätigkeit hatten wir die Weisungsgebundenheit und Fremdbestimmtheit der Arbeit des Arbeitnehmers genannt!

Grundlage der Tätigkeit ist dabei der Arbeitsvertrag!

39 Davon geht die allgemeine Definition des Arbeitnehmers aus:

Definition: Arbeitnehmer ist, wer aufgrund eines privatrechtlichen Vertrags (Arbeitsvertrag) im Dienste eines anderen zur Leistung von weisungsgebundener, fremdbestimmter Arbeit in persönlicher Abhängigkeit gegen Entgelt verpflichtet ist (vgl. § 611a I 1, II BGB).

Wenn diese Definition in Grenzfällen zur Beantwortung der Frage, ob jemand Arbeitnehmer ist, nicht weiterhilft, können ergänzend Hilfskriterien herangezogen werden.

---

75 dtv-ArbG Nr. 19.
76 **A müsste Arbeitnehmer sein!**
77 Mit der Neuregelung zum 1.4.2017 durch das Gesetz v. 21.2.2017 (BGBl. 2017 I 258) wurde die stRspr des BAG aus Gründen der verbesserten Transparenz und Rechtssicherheit explizit in das BGB übernommen, BT-Drs. 18/9232, 16, 31 mwN sowie BT-Drs. 18/10064; s. dazu *Preis* NZA 2018, 817.
78 → Rn. 4.

1. Privatrechtlicher Vertrag

Die Prüfung des Arbeitnehmerbegriffs beginnt also mit der Frage, ob ein privatrechtlicher Vertrag vorliegt (sofern dies nach der für Sie geltenden Prüfungsordnung zulässig ist, sollten Sie daher im Wortlaut des § 611a I 1 BGB »…**vertrag**« in »Arbeitsvertrag« unterstreichen!).

■ Wenn Sie dies nun wissen und die Definition des Privatrechts »verinnerlicht« (= verstanden) haben, sollten Sie leicht die Frage beantworten können, ob *Beamtinnen und Beamte* Arbeitnehmer im Sinne des Arbeitsrechts sind! Überlegen Sie!

▶ Beamte leisten zwar weitestgehend weisungsabhängige und durch den Dienstherrn (zB »Staat«) (fremd-)bestimmte Arbeit. Ihr Dienstherr gibt ihnen Arbeit, und sie nehmen diese Arbeit an; dennoch ist weder der Beamte »Arbeitnehmer« noch der Staat sein »Arbeitgeber«! Beamte unterliegen daher nicht den Regeln des Arbeitsrechts!

■ Warum nicht? Woran fehlt es? (Antwort selbst formulieren, bevor Sie weiterlesen!)

▶ Beamte stehen in einem öffentlich-rechtlichen, gesetzlich besonders geregelten[79] Dienst- und Treueverhältnis gegenüber dem Staat (= Bund, Land), einer Gemeinde oder sonstigen juristischen Person des öffentlichen Rechts (»Hoheitsträger«). Das Dienstverhältnis des Beamten wird *nicht* durch einen *privatrechtlichen Vertrag* (daran fehlt es also!) begründet, sondern Beamte werden durch einen »Hoheitsakt ernannt«!

Dieser Hoheitsakt wird durch Aushändigung einer öffentlichen Urkunde mit den Worten »unter Berufung in das Beamtenverhältnis auf Lebenszeit« (oder: »auf Probe«) »ernenne ich« (zB der zuständige Minister) »Sie zum … (zB »Regierungsrat«)«. Bis zur Pensionierung haben Beamte dadurch den Vorteil, »unkündbar« zu sein, sofern sie nicht »silberne Löffel klauen«, wie der Volksmund zu sagen pflegt. Der Vorteil des Beamtenverhältnisses liegt weiterhin darin, in ein günstiges Versorgungsnetz verfangen bzw. »eingebettet« zu sein. Beamten kann, solange der Staat nicht »pleite macht«, relativ wenig »passieren«. Sie können sogar während der Dienstzeit »schlafen«[80] – solange sie dabei nicht ertappt werden … So jedenfalls die landläufige Volksmeinung, die sich bekanntlich häufig aufgrund Unverständnisses bildet, woraus die meisten »Beamtenwitze« resultieren (zB »Worin besteht der Unterschied zwischen Beamten und einem Stück Holz?« Antwort: »Holz *arbeitet*!«). Übersehen wird dabei: »Beamte sind immer im Dienst!« Trotz der guten sozialen Versorgung sind die Bezüge im Vergleich zu ähnlichen Positionen »in der Industrie« bzw. auf dem freien (Arbeitsvertrags-)Markt verhältnismäßig gering. »Überstunden« leisten sie nicht gegen Entgelt, sondern aufgrund eines Treueverhältnisses gegenüber dem Staat, an den sie, wie jede andere Erwerbsperson, auch Steuern abführen … Aus der Treuepflicht folgt weiterhin, dass sie – im Gegensatz zu »Arbeitnehmern« – kein Streikrecht[81] haben. Damit wieder zurück zum Arbeitnehmerbegriff:

---

79 In den **Beamtengesetzen** des Bundes und der Länder.
80 Die zB unter www.t-online.de/wirtschaft/jobs/id_64707426/kuriose-rechtsfaelle-wenn-ein-beamter-im-schlaf-vom-stuhl-faellt.html und auch anderswo wiedergegebene Entscheidung dürfte tatsächlich eine nicht verbeamtete Wirtin betreffen, bei der gerade kein Arbeitsunfall (→ Rn. 183 ff.) festgestellt werden konnte, s. SG Dortmund Urt. v. 23.9.1998 – S 36 U 294/97, BeckRS 2015, 71107.
81 BVerfG Urt. v. 12.6.2018 – 2 BvR 1738/12, NJW 2018, 2695; → **Rn. 323 ff**. Zur grundsätzlichen **Unzulässigkeit** der Anordnung von **Streikbrechertätigkeiten** durch den Dienstherren ohne gesetzliche Ermächtigung BVerfG Beschl. v. 2.3.1993 – 1 BvR 1213/85, BVerfGE 88, 103 = NJW 1993, 1379; zur Zulässigkeit freiwilliger Streikarbeit durch Beamte *Blattner* BB 2015, 2037.

1. Kapitel. Arbeitnehmer und Arbeitgeber

42 *Angestellte* und *Arbeiter*[82] des öffentlichen Dienstes sind im Gegensatz zu den Beamten Arbeitnehmer, für die die Regelungen des Arbeitsrechts in vollem Umfang gelten. Auch sie arbeiten zwar für den Staat oder andere staatliche Hoheitsträger, aber nicht aufgrund öffentlich-rechtlicher Vorschriften, sondern aufgrund eines privatrechtlichen Vertrags. Als Ausgangsmerkmal des Arbeitnehmerbegriffs merken wir uns deshalb:

> *Grundlage der Tätigkeit des Arbeitnehmers ist ein privatrechtlicher Vertrag!*

Ob privatrechtlich oder nicht, ein Vertrag setzt immer zwei sich deckende Willenserklärungen voraus. Daher fehlt es an einer den »Arbeitnehmer« kennzeichnenden vertraglichen Verpflichtung bei Strafgefangenen, sog. »Ein-Euro-Jobbern«[83] sowie Maßnahmeteilnehmern des Arbeitsmarktprogramms »Flüchtlingsintegrationsmaßnahmen«[84]. Mithelfende Familienangehörige, die aufgrund gesetzlicher Verpflichtung (vgl. §§ 1360, 1619 BGB – lesen!) arbeiten, werden im Regelfall ebenfalls nicht als Arbeitnehmer einzustufen sein, wenngleich das im Einzelfall möglich ist.[85] Gleiches gilt für Ordensmitglieder der katholischen Kirche oder Diakonissen in evangelischen Einrichtungen sowie andere Personen, die ausschließlich freiwillig, aus religiösen oder karitativen Gründen arbeiten.[86]

Exkurs: Kirchliches Arbeitsrecht

43 Ähnlich wie im öffentlichen Dienst, wo nicht nur Beamtinnen und Beamten tätig werden, sondern auch Angestellte und Arbeiter auf arbeitsrechtlicher Grundlage, können sich auch die Kirchen und ihre Einrichtungen (Caritas, Diakonie usw.) des Privatrechts bedienen und Arbeitsverträge abschließen. Tatsächlich gehören sie sogar zu den größten Arbeitgeberinnen in Deutschland. Auf ihre Arbeitsverträge findet das staatliche Arbeitsrecht Anwendung. Allerdings dürfen die Religionsgemeinschaften nach Art. 140 GG iVm Art. 137 III 1 WRV ihren Arbeitsverträgen das Leitbild einer christlichen Dienstgemeinschaft zugrunde legen und die Beachtung jedenfalls der tragenden Grundsätze der kirchlichen Glaubens- und Sittenlehre von ihren Mitarbeitern verlangen. Praktisch wurde dies vor allem dann, wenn von Stellenbewerbern eine **bestimmte Religionszugehörigkeit** erwartet wird oder nach **Kirchenaustritt**, Scheidung oder Wiederheirat gekündigt werden sollte. Das BVerfG billigt den Kirchen hier bislang einen weiten Spielraum zu.[87] Der EuGH – und ihm folgend auch das BAG – gehen nun hingegen davon aus, dass das Selbstbestimmungsrecht der Kirchen allein keine Benachteiligung zu rechtfertigen vermag und zudem der Kontrolle durch die Arbeitsgerichte unterliegt. Daher darf etwa nicht nur katholischen Ärzten nach einer Wiederheirat gekündigt und eine bestimmte Religionszugehörigkeit nicht ohne Weiteres zur Einstellungsvoraussetzung (zB für eine Tätigkeit als Reinigungskraft oder Referent für Rassismusfragen) gemacht

---

82 Zum begrifflichen Unterschied → **Rn. 56–58.**
83 S. § 16d VII 2 SGB II (dtv-ArbG Nr. 41).
84 So ausdr. § 421a SGB III (bei dtv-ArbG Nr. 42 nicht abgedruckt).
85 ErfK/*Preis* BGB § 611a Rn. 132 ff., 137 ff.
86 S. zu den Einzelheiten zB ErfK/*Preis* BGB § 611a Rn. 141 ff.
87 BVerfG Beschl. v. 22.10.2014 – 2 BvR 661/12, BVerfGE 137, 273 = NZA 2014, 1387, Rn. 112 ff., 115 ff.

werden.⁸⁸ Rechtfertigen kann die Religionszugehörigkeit aber eine Ungleichbehandlung, wenn die Tätigkeit den Verkündigungsauftrag der jeweiligen Religionsgemeinschaft oder ihre glaubwürdige Vertretung nach außen betrifft.⁸⁹

Beispiel: Tätigkeit als Prediger oder in der Seelsorge.

Arbeitskämpfe (v.a. Streiks, → Rn. 320 ff.) widersprechen nach dem Selbstverständnis der katholischen und der evangelischen Kirche dem Gedanken einer christlichen Dienstgemeinschaft. Sie haben deshalb ein besonderes Verfahren eingerichtet, bei dem Arbeitnehmer- und Arbeitgeberseite in paritätisch besetzten Kommissionen die Arbeitsbedingungen gemeinsam aushandeln und Konflikte durch den neutralen Vorsitz einer Schlichtungskommission lösen (sog. »**Dritter Weg**«). Sind die Gewerkschaften in das Verfahren eingebunden und ist das Verhandlungsergebnis für die Arbeitgeberseite als Mindestvorgabe verbindlich, macht dies Arbeitskämpfe unzulässig.⁹⁰ Bei den Verhandlungsergebnissen (insbes. den »**Arbeitsvertragsrichtlinien**«) handelt es sich nicht um Tarifverträge, sondern um Kollektivvereinbarungen besonderer Art. Ihre Geltung muss in den jeweiligen Einzelarbeitsverträgen gesondert vereinbar werden.⁹¹

Hinweis: Das kirchliche Arbeitsrecht hat in den letzten Jahren zunehmend an Eigenständigkeit verloren.⁹²

2. Leistung von Diensten gegen Entgelt

Das Gesetz spricht in § 611a I 1 BGB davon, dass der Arbeitnehmer »im Dienste eines anderen« zur Leistung von Arbeit verpflichtet ist. Um die Eigenschaft einer Person als »Arbeitnehmer« zu begründen, muss sich der (privatrechtliche) Vertrag, aufgrund dessen diese für einen anderen tätig wird, als »Arbeitsvertrag« (§ 611a BGB), dh als Sonderfall des *Dienstvertrags* iSd § 611 BGB, qualifizieren lassen! Unterstreichen Sie also im Wortlaut des § 611a I 1 BGB »**im Dienste**« und notieren Sie daneben § 611 BGB (sofern das die für Sie geltende Prüfungsordnung gestattet)!

44

---

88 EuGH Urt. v. 17.4.2018, C-414/16, ECLI:EU:C:2018:257 = NJW 2018, 1869 – Egenberger, Rn. 64 ff.; EuGH Urt. v. 11.9.2018, C-68/17, ECLI:EU:C:2018:696 = NJW 2018, 3086 – IR (»Chefarztentscheidung«), Rn. 50 ff.; BAG Urt. v. 25.10.2018 – 8 AZR 501/14, BeckRS 2018, 30589, Rn. 94; ähnlich auch EGMR Urt. v. 23.9.2010 – 1620/03 (Schüth), NZA 2011, 279.
89 *Ferbeck/Pauken* ArbRAktuell 2019, 112. S. auch *Greiner* NZA 2018, 1289; *Junker* NJW 2018, 1850; *Schneedorf* NJW 2019, 177. S. zur **Unionsrechtswidrigkeit von § 9 I Alt. 1 AGG** auch → **Rn. 78a**, zu **Kopftuchverboten** → **Rn. 31**.
90 BAG Urt. v. 20. 11. 2012 – 1 AZR 179/11, BAGE 143, 354 = NZA 2013, 448. S. dazu *Hromadka/Maschmann* ArbR II § 14 Rn. 29; *Waltermann* ArbR Rn. 68.
91 *Linck* in Schaub ArbR-HdB § 184 Rn. 10. Konkret handelt es sich um **Allgemeine Geschäftsbedingungen**, deren Einbeziehung aber weniger strengen Regeln unterliegt, BAG Urt. v. 22.3.2018 – 6 AZR 835/16, NZA 2018, 1350, Rn. 29, 46 f.; werden sie entgegen kirchengesetzlicher Vorgaben **nicht vereinbart** oder wird im Einzelvertrag davon **abgewichen**, entfalten sie insoweit keine Wirkung, BAG Urt. v. 24.5.2018 – 6 AZR 308/17, NZA 2019, 166.
92 *Ferbeck/Pauken* ArbRAktuell 2019, 112. Die Kirchen werden damit nun ähnlich behandelt wie alle anderen **Tendenzbetriebe**, die einen grundrechtlich besonders geschützten Zweck verfolgen (zB **Parteien, Gewerkschaften, Presse**, s. → Rn. 354 sowie zB *Hromadka/Maschmann* ArbR I § 6 Rn. 108; *Linck* in Schaub ArbR-HdB § 53 Rn. 10, 29).

Merkmal des Dienstverpflichteten nach § 611 BGB ist, dass er dem anderen Vertragsteil Dienste, dh, die Arbeit als solche, aber nicht den Erfolg der Arbeit schuldet. Das wirtschaftliche Risiko des Erfolgs seiner Arbeit liegt, wie bereits angedeutet, beim Arbeitgeber.

- Wird der *Erfolg* einer Tätigkeit geschuldet, so gelten dafür idR nicht die Vorschriften des *Dienst*vertragsrechts des BGB, sondern die Vorschriften eines anderen Vertragstyps, den Sie in Erinnerung an das besondere Schuldrecht sicherlich nennen können? (Überlegen Sie!)
- ▶ Die Antwort gibt Fußnote[93]!

45 Gemäß § 611 I BGB gehört es zum Wesen des Dienstvertrags (und gem. § 611a II BGB auch des Arbeitsvertrags), dass der Dienstverpflichtete für sein Tätigwerden eine Vergütung erhält. Fehlt es an einer Vergütungsregelung, so wird sie durch § 612 I BGB fingiert, sofern die Leistung nach den Umständen nur gegen eine Vergütung zu erwarten ist. Im Wortlaut des § 611a II BGB könnten Sie daher »**Vergütung**« unterstreichen und daneben § 612 BGB notieren!

Auch geringfügige Beschäftigungsverhältnisse (sog. »Mini-Jobs« oder »450-Euro-Jobs«) sind entgeltlich und arbeitsrechtlich wie normale (Teilzeit-)Arbeitsverhältnisse zu behandeln (s. § 2 II TzBfG!). Nur sozialversicherungsrechtlich erfahren diese in § 8 SGB IV[94] geregelten Beschäftigungen eine Sonderbehandlung.

- Besorgt jemand für einen anderen *unentgeltlich* Geschäfte, liegt ein anderer Vertrag als ein Dienstvertrag vor. Welcher Vertragstyp ist das und in welchen Vorschriften ist er geregelt? Das sollten bzw. müssten Sie wissen! (Überlegen Sie!)
- ▶ Wenn Sie das nicht wussten, sollten Sie in einem Grundriss über das »Besondere Schuldrecht«[95] die Abgrenzung des Dienstvertrags von ähnlichen Verträgen nachlesen: Wird jemand für einen anderen unentgeltlich tätig, liegt ein Auftrag iSd §§ 662 ff. BGB vor!

Durch die Ausübung unentgeltlicher ehrenamtlicher Tätigkeit wird daher kein Arbeits-, sondern vielmehr ein Auftragsverhältnis begründet.[96] Die Erwerbs*absicht* ist allerdings keine notwendige Bedingung für die Arbeitnehmereigenschaft. Ihr Fehlen und die Tatsache, dass jemand kein Entgelt, sondern nur eine geringe Aufwandsentschädigung für seine »Arbeit« bekommt, spricht jedoch im Rahmen einer Gesamtwürdigung gegen die Annahme eines Arbeitsverhältnisses.[97]

3. Persönliche Abhängigkeit (Unselbstständigkeit)

46 Allein die Tatsache, dass A in Übungsfall 1 mit dem WDR einen Dienstvertrag geschlossen hat, macht ihn noch nicht zum Arbeitnehmer iSd des § 611a BGB und des Arbeitsrechts. Wenn dem so wäre, wären zB die meisten Ärzte und Rechtsanwälte,

---

93 **Es handelt sich um einen Werkvertrag iSv § 631 BGB!** Zur Abgrenzung s. BAG Urt. v. 25.9.2013 – 10 AZR 282/12, NJW 2013, 3672. Krit. dazu insbes. im Hinblick auf erfolgsbezogene Vergütungen *Greiner* RdA 2015, 218.
94 **dtv-ArbG Nr. 43**. Näher dazu zB *Kokemoor* SozR Rn. 128 ff.
95 ZB *Wörlen/Metzler-Müller* SchuldR BT Rn. 313, 321.
96 BAG Urt. v. 29.8.2012 – 10 AZR 499/11, NZA 2012, 1433 Rn. 21.
97 BAG Urt. v. 29.8.2012 – 10 AZR 499/11, NZA 2012, 1433 Rn. 16.

die ja ebenfalls für ihre Privatpatienten oder Mandanten idR aufgrund von Dienstverträgen[98] tätig werden, Arbeitnehmer.

- Wie nennt man diese Berufsgruppen im Vergleich zu den Arbeitnehmern? (Überlegen Sie!)
▶ Gemeinhin und auch im steuerrechtlichen Sinn[99] spricht man von »Freiberuflern«. Im Sinne des Arbeitsrechts leisten sie *selbstständige Arbeit!*

Damit haben wir das **wichtigste Abgrenzungskriterium**, aufgrund dessen zu beurteilen ist, ob ein Dienstverpflichteter iSd § 611 BGB zugleich Arbeitnehmer iSd § 611a BGB ist oder nicht. Die Frage, ob im Einzelfall ein Arbeitsvertrag oder »nur« ein Dienstvertrag vorliegt, ist somit gleichbedeutend mit der Frage, ob aufgrund dieses privatrechtlichen Vertrags selbstständige Arbeit oder Arbeit in persönlicher Abhängigkeit zu leisten ist.[100] Es kommt darauf an, ob jemand selbstständig für einen anderen tätig wird oder dem anderen gegenüber in einem persönlichen, nicht nur wirtschaftlichen Abhängigkeitsverhältnis steht. Unterstreichen Sie daher auch »**in persönlicher Abhängigkeit**« im Wortlaut des § 611a I 1 BGB! 47

Grundsätzlich gehört ein sog. »freier« Mitarbeiter zu den selbstständig Tätigen und nicht zu den Arbeitnehmern.

- Was könnte aber in unserem Fall gegen die Selbstständigkeit des A sprechen?
▶ Die Tätigkeit des A unterscheidet sich seit Jahren nicht von der seiner fest angestellten Kollegen!

Um den selbstständigen freien Mitarbeiter vom unselbstständigen, persönlich abhängigen Arbeitnehmer abzugrenzen, muss vor allem die *Weisungsgebundenheit* und die *Fremdbestimmtheit* durch Eingliederung in eine fremde Arbeitsorganisation geprüft werden.

a) Weisungsgebundenheit
Wie Sie bereits gelesen haben, ist es ein Kennzeichen des Arbeitnehmers, dass er seine Arbeit *weisungsgebunden* verrichtet.[101] Das Weisungsrecht kann Inhalt, Durchführung, Zeit und Ort der Tätigkeit betreffen (§ 611a I 2 BGB). Der Umfang der Weisungsgebundenheit ist ein Indiz dafür, ob ein freier Mitarbeiter wirklich noch »frei«, also selbstständig, oder aber Arbeitnehmer ist. Selbstständig ist nach der Rspr. des BAG[102], wer im Wesentlichen frei seine Tätigkeit gestalten und seine Arbeitszeit be- 48

---

98 **Ausnahmsweise kann ein Werkvertrag vorliegen!** Vgl. *Wörlen/Metzler-Müller* SchuldR BT Rn. 263.
99 Vgl. zB § 18 I Nr. 1 EStG.
100 *Vogelsang* in Schaub ArbR-HdB § 9 Rn. 2.
101 Probleme bereitet häufig auch die Einordnung von **GmbH-Geschäftsführern**, nachdem der EuGH (Urt. v. 11.11.2010 – C-232/09, ECLI:EU:C:2010:674 = NJW 2011, 2343 – Danosa) für das Unionsrecht hier einen weiteren Begriff zugrunde legt, als die nationalen Gerichte. Diese sehen die für die Rechtsvorschriften auf rein nationaler Grundlage erforderliche Weisungsabhängigkeit idR nicht gegeben, s. zB BAG Urt. v. 25.10.2007 – 6 AZR 1045/06, NJW 2008, 1018; OLG Düsseldorf Urt. v. 18.10.2012 – I-6 U 47/12, 6 U 47/12, BB 2013, 1403. Anwendbar ist allerdings gem. ausdrücklicher Regelung in § 6 III AGG das AGG, s. dazu BGH Urt. v. 23.4.2012 – II ZR 163/10, BGHZ 193, 110.
102 BAG Urt. v. 13.1.1983 – 5 AZR 149/82, BAGE 41, 247.

stimmen kann.¹⁰³ Weisungsgebunden als Arbeitnehmer ist hingegen, »wer nicht im Wesentlichen frei seine Tätigkeit gestalten und seine Arbeitszeit bestimmen kann« (§ 611a I 3 BGB).

Folglich bezieht sich die Weisungsgebundenheit des Arbeitnehmers auf zwei wesentliche Punkte, die wir dieser Definition entnehmen können:

- Worauf kann der Arbeitgeber also bezüglich der Arbeit des Arbeitnehmers Einfluss nehmen?
  ▶ (1) Er kann genau bestimmen, was der Arbeitnehmer zu tun hat, dh die *Art und Weise der Arbeitsgestaltung*, und
  (2) wann er seine Arbeit zu tun hat, dh die Arbeits*zeit*.

Sowohl die Art und Weise seiner Arbeit als auch die Arbeitszeit kann der freie Mitarbeiter dagegen im Normalfall selbst bestimmen.

- Wie sieht es mit dem Umfang der Weisungsgebundenheit bezüglich Art und Zeit der Arbeit des A in unserem Fall aus?
  ▶ Darüber, inwieweit Art und Inhalt der Arbeit des A durch den WDR konkret bestimmt werden, sagt der Sachverhalt nichts aus.

Im Zweifel ist anzunehmen, dass A als Reporter nicht mehr oder weniger eingesetzt wird als seine fest angestellten Kollegen. Was die Zeit betrifft, so wird A aufgrund des Dienstplans tätig, der gleichermaßen für seine Kollegen gilt. Das spricht trotz des freien Mitarbeitervertrags für eine Weisungsgebundenheit des A.

Der Umfang der Weisungsgebundenheit ist deshalb in unserem Fall ein *Indiz* für die Arbeitnehmerstellung des A.

b) Fremdbestimmtheit

49 Typisches Kennzeichen für die persönliche Abhängigkeit eines Arbeitnehmers ist neben der Weisungsgebundenheit die *Eingliederung* in einen fremden Betrieb, also in eine *fremdbestimmte Arbeitsorganisation*. Die Eingliederung ergibt sich im Normalfall schon aus dem umfangreichen Weisungsrecht des Arbeitgebers. Allerdings hängt der Grad der persönlichen Abhängigkeit auch von der Eigenart der jeweiligen Tätigkeit ab (§ 611a I 4 BGB). So sind beispielsweise Chefärzte, andere Führungskräfte oder sog. Kreative in ihrer eigentlichen Tätigkeit keinen oder nur wenigen Weisungen unterworfen. Dennoch kann sich ihre persönliche Abhängigkeit und damit die Arbeitnehmereigenschaft daraus ergeben, dass sie in die Arbeitsorganisation, den Betrieb ihres Arbeitgebers eingegliedert sind.¹⁰⁴

- Liegt in unserem Fall eine Eingliederung des A in die Arbeitsorganisation des WDR vor?

---

103 Sofern Sie das Handelsrecht kennen, sollten Sie sich an § 84 I 2 HGB erinnern, der dies wörtlich bestimmt (zur Geltung für das Arbeitsrecht s. BAGE 41, 247 = NJW 1984, 1985; vgl. auch zB *Wörlen/Kokemoor* HandelsR Rn. 12 f., 109) und die Vorschrift des **§ 84 I 2 HGB neben § 611a I 3 BGB notieren!**
104 *Junker* GK ArbR Rn. 99.

▶ A ist der betrieblichen Organisation offenbar in gleichem Maße persönlich unterworfen wie seine Kollegen; dafür spricht wiederum der Dienstplan. Somit liegt auch hier ein starkes *Indiz* für eine Arbeitnehmerstellung des A vor.[105]

c) Hilfsmerkmale

Im Normalfall reichen die unter 3a) und b) genannten Merkmale aus, um die Arbeitnehmerstellung eines privatrechtlichen Dienstverpflichteten zu begründen. Somit können wir für unseren Fall feststellen, dass A *Arbeitnehmer* ist! 50

■ Was ist das Teilergebnis unseres Falls also? (Stopp! Überlegen! Dann weiterlesen!)
▶ A hat gegenüber dem WDR einen Anspruch auf Erholungsurlaub gem. § 1 BUrlG, da er Arbeitnehmer ist!

Wenn die eben unter 3a) und b) genannten gesetzlichen Merkmale, also die Weisungsgebundenheit bezüglich Art und Weise sowie Zeit der Arbeit und die Eingliederung in eine fremde Arbeitsorganisation nicht eindeutig ergeben, dass der nach § 611 BGB Dienstverpflichtete Arbeitnehmer iSd Arbeitsrechts (§ 611a I 1 BGB) ist, können hilfsweise weitere Indizien ergänzend in die **Gesamtbetrachtung aller Umstände** (§ 611a I 5 BGB) einfließen.

aa) Konzentrierung der Arbeitskraft

Kennzeichen des vollzeitbeschäftigten Arbeitnehmers ist, dass er dem Dienstberechtigten, dem Arbeitgeber, nahezu seine *ganze Arbeitskraft* schuldet, während es für den selbstständigen freien Mitarbeiter typisch ist, dass er nicht nur für einen Kunden, Mandanten oder Patienten, sondern für mehrere arbeitet. Allerdings spricht die Ausübung einer oder mehrerer Teilzeitbeschäftigungen oder die Wahrnehmung einer Nebentätigkeit bei einem anderen Arbeitgeber nicht gegen die Arbeitnehmereigenschaft und die Tätigkeit für nur einen Auftraggeber nicht per se gegen eine selbstständige Tätigkeit. 51

■ Was bedeutet dies für unseren Fall? (Nachdenken!)
▶ Wenn man berücksichtigt, dass A – ebenso wie seine angestellten Reporterkollegen – 35 Stunden in der Woche für den WDR im Einsatz war und dass Reportagen auch noch vorbereitet sein wollen, dann kann man davon ausgehen, dass A ausschließlich für den WDR arbeitete und diesem somit seine ganze Arbeitskraft zur Verfügung stellte.

Auch das spricht für eine Arbeitnehmerstellung des A.

bb) Bezeichnung der Tätigkeit

Die Bezeichnung als »freier Mitarbeiter« kann allenfalls ein zusätzliches Indiz für die bzw. zur Arbeitnehmereigenschaft sein. Wenn allerdings im Hinblick auf die gesetzlichen Merkmale [3a) und b)], wie hier, bereits die Arbeitnehmerstellung zu bejahen ist, kann die andersartige Bezeichnung daran nichts ändern: Entscheidend ist nicht, 52

---

105 Speziell für ständige Mitarbeiter von Rundfunk und Fernsehen hat das BAG entschieden, dass sie Arbeitnehmer der Anstalt sind, wenn sie in deren Organisation eingegliedert und deshalb persönlich abhängig sind (s. insbes. BAG Urt. v. 23.4.1980 – 5 AZR 426/79, AP Nr. 34 zu § 611 BGB »Abhängigkeit«, sowie BAG Urt. v. 30.11.1994 – 5 AZR 704/93, BAGE 78, 343 = BeckRS 9998, 150513; BAG Urt. v. 14.3.2007 – 5 AZR 499/06, NZA-RR 2007, 424; vgl. dazu *Vogelsang* in Schaub ArbR-HdB § 8 Rn. 32. Zum Arbeitnehmerstatus einer Cutterin bei einer Rundfunkanstalt s. BAG Urt. v. 17.4.2013 – 10 AZR 272/12, NJW 2013, 2984.

wie das BAG[106] ausgeführt hat, »wie die Parteien ihr Rechtsverhältnis bezeichnet haben, sondern wie sie es nach objektivem Maßstab praktiziert haben«. Zeigt also die tatsächliche Durchführung des Vertragsverhältnisses, dass es sich um ein Arbeitsverhältnis handelt, kommt es auf die Bezeichnung im Vertrag nicht an (§ 611a I 6 BGB) (sog. »*Scheinselbstständigkeit*«).

Geht allerdings – umgekehrt – aus dem Vertrag klar hervor, dass zwischen den Parteien ein Arbeitsverhältnis vereinbart wurde, steht die Arbeitnehmereigenschaft fest, auch wenn die tatsächliche Vertragsausführung für eine Selbstständigkeit spricht.[107]

cc) Art der Vergütungszahlung

53 Zwar deutet die Art der Vergütung bei Zahlung eines Festgehalts auf eine Arbeitnehmereigenschaft,[108] doch kann sie dafür nicht entscheidend sein, wenn Zweifel offen sind; denn die Zahlung eines Festgehalts gibt es sowohl im Arbeitsvertrag als auch bei einem Dienstvertrag, der die Merkmale des Arbeitsvertrags nicht erfüllt.[109]

dd) Abführung von Lohnsteuer und Sozialversicherungsbeiträgen

54 Die Abführung von Lohnsteuer und Sozialversicherungsbeiträgen ist schließlich in der Praxis ebenfalls ein zusätzliches formales Abgrenzungskriterium für die Arbeitnehmerstellung.[110] Dass dies auf unseren Fall nicht zutrifft, ändert, wie gesagt, nichts mehr an der bereits festgestellten Arbeitnehmerstellung des A. Im Gegenteil, aufgrund der Arbeitnehmerstellung hat er nicht nur den Anspruch auf Erholungsurlaub, sondern zB auch auf Abführung von Sozialversicherungsbeiträgen.[111]

A hat also, um unsere Fallfrage abschließend zu beantworten, auch »im Übrigen« die Rechtsstellung seiner fest angestellten Kollegen.

Welche Rechte der Arbeitnehmer im Einzelnen noch haben kann, werden Sie an späterer Stelle erfahren.

4. Arbeitnehmerähnliche Personen

55 Unter den Begriff der »arbeitnehmerähnlichen Personen« fallen Erwerbspersonen, die sowohl Eigenschaften von Arbeitnehmern als auch von selbstständig Tätigen besitzen. Der wesentliche Unterschied zum Arbeitnehmer besteht darin, dass sie gegenüber einem Arbeitgeber nicht weisungsgebunden, also persönlich unabhängig sind. Anders als andere Selbstständige sind sie aber *wirtschaftlich* abhängig und deshalb teilweise schutzbedürftig wie Arbeitnehmer. Das Arbeitsrecht gilt für diese Personen nicht unmittelbar, sondern nur entsprechend, wenn das speziell vorgeschrieben ist.[112] So zB in § 2 S. 2 BUrlG (lesen!).

---

106 Vgl. BAG NZA 1992, 407 (408); BAG Urt. v. 25.9.2013 – 10 AZR 282/12, NJW 2013, 3672; vgl. auch *Vogelsang* in Schaub ArbR-HdB § 9 Rn. 2, 4.
107 BAG AP Nr. 1 zu § 611 BGB »Freier Mitarbeiter« = DB 1997, 47.
108 *Alpmann und Schmidt* ArbR I Rn. 21.
109 *Vogelsang* in Schaub ArbR-HdB § 9 Rn. 4.
110 Vgl. *Vogelsang* in Schaub ArbR-HdB § 9 Rn. 4.
111 Dieser Anspruch ergibt sich aus **§ 28e I 1 SGB IV (dtv-ArbG Nr. 43)**, mit dem wir uns aber im Rahmen dieser allgemeinen Einführung ins Arbeitsrecht nicht befassen müssen.
112 Vgl. BAG Urt. v. 24.8.2016 – 7 AZR 625/15, BAGE 156, 170, Rn. 38 = BeckRS 2016, 110312.

Typisches **Beispiel** für arbeitnehmerähnliche Personen sind »Heimarbeiter« iSv § 2 I HAG[113].

Für Rechtsstreitigkeiten zwischen arbeitnehmerähnlichen Personen und ihrem Auftraggeber sind gem. § 2 I Nr. 3 iVm § 5 I 2 ArbGG[114] die Arbeitsgerichte[115] zuständig (§§ 2 und 5 ArbGG lesen!).

5. Arbeiter und Angestellte

Innerhalb der Arbeitnehmerschaft kann zwischen Arbeitern und Angestellten unterschieden werden. Heute ist diese Unterscheidung nur noch selten rechtlich bedeutsam. Die in Tarifvertragswerken teilweise zu finden unterschiedlichen Bedingungen für Arbeiter und Angestellte werden mehr und mehr aufgegeben. Mit dem Gesetz zur Organisationsreform in der gesetzlichen Rentenversicherung vom 9.12.2004[116] entfiel auch dort eine Differenzierung zwischen Arbeiter- und Angestelltenrentenversicherung. 56

Wir wollen an dieser Stelle nicht näher darauf eingehen, sondern uns nur das wichtigste äußere Abgrenzungskriterium merken.

- Worin würden Sie den wichtigsten Unterschied zwischen einem Angestellten und einem Arbeiter sehen? (Versuchen Sie selbst, ein Abgrenzungskriterium zu finden!)
▶ In der Art der ausgeübten Tätigkeit!

Hinweis: Angestellter ist, wer eine *überwiegend geistige Arbeit* leistet, wobei es nicht auf den Schwierigkeitsgrad ankommt. 57

Beispiel: Die in der Poststelle eines Versicherungsunternehmens tätige Bürobotin ist gleichermaßen Angestellte wie zB die in der Personalabteilung beschäftigte Betriebswirtin oder die Juristin in der Rechtsabteilung.

Einen Überblick über typische Angestelltenberufe gibt der frühere § 133 II SGB VI aF.[117]

Hinweis: Arbeiter ist, wer *überwiegend körperliche Arbeit* leistet.

Die Grenzen können indessen fließend sein, sodass dieses Abgrenzungskriterium nur relativer Art ist!

Beispiele: (1) Ein Verkaufsfahrer, der Bier und Mineralwasser zu den Kunden fährt, hat nur ein begrenztes Warensortiment. Da das Schwergewicht seiner Tätigkeit in dem Transport der Güter liegt, ist er Arbeiter. Der Verkaufsfahrer für Tiefkühlkost ist dagegen Angestellter. Bei ihm steht nicht der Transport von Waren im Vordergrund seiner Tätigkeit, sondern die Kundenberatung und der Verkauf. 58

---

113 dtv-ArbG Nr. 60. Auch qualifizierte **Angestelltentätigkeiten** wie zB die **eines Programmierers** können als Heimarbeit zu qualifizieren sein, BAG Urt. v. 14.6.2016 – 9 AZR 305/15, BAGE 155, 264 = NJW 2017, 426. Heimarbeiter – aber auch Arbeitnehmer – können ganz oder teilweise von zu Hause aus tätig werden (= Arbeiten im **»Homeoffice«**; **»Telearbeit«**, vom Gesetzgeber in § 5 I 1 BetrVG erwähnt; s. ferner § 2 VII ArbStättV); unterschieden wird zwischen häuslicher Telearbeit (ausschließlich in der Wohnung), alternativ/alternierender Telearbeit (Arbeiten in der Wohnung und im Betrieb) und mobiler Telearbeit (Tätigkeiten an ständig wechselnden Arbeitsorten im sog. »Mobile-Office«), *Röller* in Küttner Personalbuch 2019 Homeoffice Rn. 1, 2.
114 dtv-ArbG Nr. 91.
115 → Rn. 386 ff.
116 BGBl. 2004 I 3242.
117 Weiterhin abgedr. bei dtv-ArbG Nr. 45.
118 BSGE 16, 98 = BeckRS 1961, 30807500.

(2) Profifußballspieler wären, da sie überwiegend körperliche Arbeit leisten, eigentlich als Arbeiter einzustufen. Dennoch werden sie allgemein als Angestellte behandelt. Das BSG[118] hat dazu ausgeführt, »dass die Verkehrsanschauung den Vertragsspielern als den Spitzenkräften des Fußballsports eine gehobene Stellung einräumt«.

II. Arbeitgebereigenschaft

59 Vertragspartner des Arbeitnehmers ist, wie bereits mehrfach erwähnt, der Arbeitgeber.

Mit dieser Aussage haben wir den Begriff des Arbeitgebers fast schon definiert:

> Arbeitgeber ist, wer mindestens einen Arbeitnehmer beschäftigt.

Etwas detaillierter und »juristischer« ist eine Formulierung des BAG[119], nach der als Arbeitgeber der jeweilige Gläubiger des Anspruchs auf Arbeitsleistung anzusehen ist, der zugleich der jeweilige Schuldner des Arbeitsentgelts gegenüber den Arbeitnehmern ist.

Hat man also festgestellt, dass eine Person Arbeitnehmer ist, dann ist »automatisch« auch ein Arbeitgeber vorhanden.

Arbeitgeber kann sowohl eine natürliche Person als auch eine juristische Person sein. In der privaten Versicherungswirtschaft zB sind Arbeitgeber überwiegend juristische Personen, meist in Form einer Aktiengesellschaft oder eines Versicherungsvereins auf Gegenseitigkeit.

Arbeitgebereigenschaft kommt auch den teilrechtsfähigen Personengesellschaften zu. Dies trifft nicht nur für die offene Handelsgesellschaft (OHG) und die Kommanditgesellschaft (KG), sondern inzwischen auch für die Gesellschaft des bürgerlichen Rechts zu, nachdem BGH und BAG der (Außen-)GbR die Rechtsfähigkeit zuerkannt haben, soweit sie durch Teilnahme am Rechtsverkehr eigene Rechte und Pflichten begründet.[120]

III. Unternehmer und Verbraucher

60 Von dem Begriffspaar Arbeitgeber – Arbeitnehmer ist das Begriffspaar Unternehmer – Verbraucher zu unterscheiden. Nach dem bisher Gesagten bezeichnet man die Vertragspartner des Arbeitsvertrags als Arbeitgeber und als Arbeitnehmer.

- Aus der Vorlesung zum BGB AT wissen Sie sicher noch, wo sich die Definitionen der Begriffe Unternehmer und Verbraucher finden und für welche Rechtsmaterie es auf sie ankommt?
  ▶ Sie sind in den §§ 13, 14 I BGB definiert und betreffen das Verbraucherschutzrecht![121]

Der Wortlaut der Definitionen der §§ 13, 14 I BGB (lesen!) erfasst grundsätzlich auch Arbeitgeber und Arbeitnehmer. Der Begriff des Unternehmers und der des Arbeit-

---

119 BAG BB 1975, 183.
120 Vgl. BGH NJW 2007, 1018; BAG NJW 2005, 1004; s. dazu zB *Preis* ArbR I § 7 II; *Sievers* jurisPR-ArbR 10/2005 Anm. 1 zu BAG Urt. v. 1.12.2004 – 5 AZR 597/03, NZA 2005, 318.
121 Falls nicht mehr gewusst, vgl. *Wörlen/Metzler-Müller* BGB AT Rn. 72c–f.

gebers fallen häufig zusammen. Übt jemand eine gewerbliche oder selbstständige berufliche Tätigkeit aus, wird er in der Regel auch mindestens einen Arbeitnehmer beschäftigen; zwingend ist dies allerdings nicht. Umgekehrt muss jemand, der Arbeitgeber ist, nicht unbedingt Unternehmer sein. Wer privat eine Reinigungskraft beschäftigt, ist zwar Arbeitgeber, aber nicht Unternehmer, da er nicht in Ausübung einer gewerblichen oder selbstständigen beruflichen Tätigkeit handelt. Schließlich können Arbeitgeber und Unternehmer auch Verbraucher sein, wenn sie Rechtsgeschäfte für private Zwecke abschließen wie zB beim Kauf einer Kinokarte.[122]

Da Arbeitnehmer als natürliche Personen den Arbeitsvertrag als Rechtsgeschäft zu Zwecken abschließen, die weder ihrer gewerblichen noch ihrer selbstständigen beruflichen Tätigkeit zuzurechnen sind, erfüllen sie die Verbraucherdefinition des § 13 BGB. Arbeitnehmer haben also auch die Verbrauchereigenschaft iSd § 13 BGB. Es sind daher grundsätzlich die **Verbraucherschutznormen**[123] des BGB im Arbeitsverhältnis anzuwenden.[124] Für Geldschulden von Arbeitnehmern gilt zB § 288 I BGB (*nicht* Abs. 2!).[125] Die Verzugskostenpauschale in Höhe von 40 EUR (§ 288 V 1 BGB) können Arbeitnehmer wegen § 12a I 1 ArbGG[126] allerdings nicht beanspruchen, wenn sich der Arbeitgeber mit der Lohnzahlung in Verzug befindet.[127] Auch sind die §§ 312 ff. BGB auf arbeitsrechtliche Aufhebungsverträge (→ Rn. 286) nicht anzuwenden.[128]

Vorformulierte Vertragsbedingungen, auf deren Inhalt kein Einfluss genommen werden konnte, unterliegen wie »Allgemeine Geschäftsbedingungen« (AGB, → **Rn. 62a**) der Inhaltskontrolle gem. § 310 III Nr. 2 BGB auch dann, wenn sie nur zur einmaligen Verwendung (sog. »Einmalbedingungen«) bestimmt sind.[129] Nach § 309 Nr. 13 BGB sind in ab dem 1.10.2016[130] geschlossenen Arbeitsverträgen Bestimmungen unwirksam, durch die eine strengere Form als die Textform (§ 126b BGB) für Erklärungen des Verbrauchers verlangt wird. Unwirksam sind danach insbesondere die bislang recht gebräuchlichen Formvorgaben bei sog. *Ausschlussklauseln*, wonach Ansprüche verfallen, wenn sie nicht innerhalb einer bestimmten Frist (idR drei Monate nach Fälligkeit) *schriftlich* (§ 126 BGB) geltend gemacht werden; die für die Kündigung eines Arbeitsverhältnisses vorgeschriebene Schriftform betrifft

---

122 Ausf. zum Ganzen: *Preis* ArbR I § 8 III.
123 S. dazu *Wörlen/Metzler-Müller* SchuldR AT Rn.64 ff., SchuldR BT Rn. 96 f.
124 BAG Urt. v. 25.5.2005 – 5 AZR 572/04, BAGE 115, 19; BVerfG Beschl. v. 23.11.2006 – 1 BvR 1909/06, NZA 2007, 85.
125 BAG Urt. v. 23.2.2005 – 10 AZR 602/03, BAGE 114, 13. Der **Basiszinssatz (§ 247 BGB)** ist seit dem 1.1.2013 negativ und beträgt seit dem 1.7.2016 -0,88% (abrufbar im Internet zB unter »www.basiszinssatz.info« sowie unter »www.bundesbank.de/de/bundesbank/organisation/agb-und-regelungen/basiszinssatz-607820«), sodass sich ein **Verzugszinssatz von 4,12%** ergibt.
126 **dtv-ArbG Nr. 91.**
127 Als spezielle arbeitsrechtliche Regelung schließt § 12a I 1 ArbGG nicht nur einen prozessualen Kostenerstattungsanspruch, sondern auch einen materiell-rechtlichen Anspruch bis zu einem eventuellen Urteil des Arbeitsgerichts in erster Instanz aus, BAG Urt. v. 25.9.2018 – 8 AZR 26/18, NZA 2019, 121, Rn. 23 sowie dazu *Ulrici* NZA 2019, 143.
128 Dies ergibt sich aus Gesetzgebungsgeschichte (BAG Urt. v. 7.2.2019 – 6 AZR 75/18, NZA 2019, 688) und betrifft insbesondere das Widerrufsrecht gem. § 355, § 312g iVm § 312 I BGB bei Verträgen, die außerhalb von Geschäftsräumen geschlossen worden sind.
129 S. zB BAG Urt. v. 26.10.2017 – 6 AZR 158/16, BAGE 161, 9 = NZA 2018, 297, Rn. 16 mwN.
130 S. Art. 229 § 37 EGBGB.

1. Kapitel. Arbeitnehmer und Arbeitgeber

dies allerdings nicht, weil sich diese Vorgabe bereits aus dem Gesetz (§ 623 BGB) ergibt.

Die wichtigsten Merkmale der Beteiligten an einem Arbeitsverhältnis, des Arbeitnehmers und des Arbeitgebers, wollen wir uns abschließend nochmals anhand der dem Fall (→ Rn. 60a) folgenden Zusammenfassung (Übersicht 3, → Rn. 61) einprägen.

60a Zur Übung und Vertiefung:

Klausurfall 2a (vgl. Vorwort!)

Gisbert Schlawien (G) ist Inhaber eines gut gehenden Restaurants. Wegen der hohen Lohnnebenkosten beschloss er, vermehrt selbstständige Kräfte mit den anfallenden Arbeiten zu betrauen. Er vereinbarte mit der seit sieben Monaten fest angestellten 22-jährigen Antonella Nebbich-Nauplius (N) am 22.12. folgenden

Subunternehmervertrag

1. N wird ab dem 1.1. als freie Subunternehmerin für G tätig und verpflichtet sich, von den 60 Tischen seines Lokals die Tische 1 bis 20 zu bewirtschaften. Sie ist gehalten, Bestellungen dieser Tische aufzunehmen und auszuführen. Sie verpflichtet sich, die erforderlichen Speisen und Getränke ausschließlich von G abzunehmen. Der ihr von G in Rechnung gestellte Preis liegt jeweils 10% unter den von ihm in der Speisekarte für N und deren Kunden unverbindlich festgesetzten Endverkaufspreisen.
2. N erhält für ihre Dienste ein monatliches Entgelt von 1.500 EUR. Die unter 1. aufgeführte Differenz zwischen Abnahmepreisen und Endverkaufspreisen wird auf diesen Betrag angerechnet. Vergütet wird im Übrigen nur die tatsächlich geleistete Arbeit, dh, das Entgelt ist für Fehlzeiten anteilig zu mindern.
3. Die tägliche Dienstzeit beginnt für N um 14.00 Uhr und endet um 22.00 Uhr. Sie arbeitet an fünf Tagen pro Woche für G. Die Verteilung der Dienste auf die einzelnen Wochentage (Montag bis Sonntag) ergibt sich nach einem wöchentlich im Voraus von G zu erstellenden Dienstplan; im Bedarfsfall ist er berechtigt, zusätzliche Einsätze sowie die Bewirtung anderer Tische anzuordnen.
4. Der Subunternehmervertrag kann von beiden Seiten nach § 621 BGB gekündigt werden.

Es gelang N, deren Tätigkeit sich vor und nach dem Vertragsabschluss praktisch unverändert gestaltete, bislang nicht, mehr als das Festentgelt von 1.500 EUR monatlich zu erarbeiten. Als eine Bekannte des G eine neue Beschäftigung sucht, bietet er ihr die Subunternehmerstellung an und kündigt N am Freitag, dem 7.4. schriftlich zum 30.4.

Prüfen Sie gutachtlich, ob die Vertragsbeziehung zwischen G und N durch die Kündigung vom 7.4. gem. § 621 BGB beendet werden konnte. Auf wettbewerbsrechtliche Fragestellungen ist nicht einzugehen (Bearbeitungszeit: 120 Minuten).

Ausformulierter Lösungsvorschlag:
▶ Siehe *Kokemoor/Kreissl* ArbR I Fall 1, Rn. 27.[131]

---

131 **Kurzhinweise zur Lösung:** 1) Beendigung gem. §§ 620 II, 621 Nr. 3 BGB zum 30.4. setzt selbstständigen Dienstvertrag voraus. Hier aber Arbeitsvertrag iSv § 611a BGB, da Weisungsbindung und Eingliederung durch Dienstplan genau wie vor Vertragsschluss. 2) Nach Beendigung gem. §§ 620 II, 622 I, 623 BGB zum 15.5. ist nicht gefragt; wäre nur wirksam, sofern KSchG nicht anwendbar (§§ 1 I, 23 I 3, 4 KSchG), da kein Kündigungsgrund vorliegt (§ 1 I, II KSchG).

Übersicht 3

Arbeitnehmer und Arbeitgeber

Begriff des Arbeitnehmers

Vgl. § 611a I 1 BGB: »Arbeitnehmer« iSd ArbR ist, wer aufgrund eines privatrechtlichen Vertrags im Dienste eines anderen zur Leistung weisungsgebundener, fremdbestimmter Arbeit in persönlicher Abhängigkeit verpflichtet ist.

Voraussetzungen für die Arbeitnehmerstellung im Einzelnen
(Prüfungsschema → Rn. 35)

1. Es muss ein **privatrechtlicher Vertrag** vorliegen!
   »Beamte« sind daher *keine* Arbeitnehmer, da sie aufgrund gesetzlicher (öffentlich-rechtlicher) Regelungen in einem Dienst- und Treueverhältnis gegenüber dem Staat (oder einem anderen Hoheitsträger) stehen.

2. Dieser muss zur **Leistung von Diensten gegen Entgelt** verpflichten (*§ 611a I 1, II BGB:* »*im Dienste eines anderen*« gegen »*Vergütung*« → Arbeitsvertrag als Sonderfall des Dienstvertrags gem. *§ 611 BGB*)
   Abgrenzung des Dienstvertrags von anderen Verträgen:
   a) *Dienste* (= *Arbeit*) als solche müssen *geschuldet* werden; *nicht: Erfolg* der Arbeit – dann: *Werk*vertrag iSv § 631 BGB.
   b) Dienste müssen *entgeltlich* (= Vergütung, »Arbeitslohn«) geleistet werden; sonst: Auftrag iSv § 662 BGB.

3. Die Dienste müssen in **persönlicher Abhängigkeit** (= **Unselbstständigkeit**, § 84 I 2 HGB) geleistet werden: Dienstverpflichteter ist nur Arbeitnehmer, wenn er *nicht* »Selbstständiger« ist (selbstständig sind zB idR Ärzte + Rechtsanwälte + »freie Mitarbeiter«).
   Abgrenzungskriterien:
   a) Arbeitnehmer ist **weisungsgebunden** bezüglich *Art* und *Zeit* der Arbeit (§ 611a I 3 BGB)!
   b) Arbeitnehmer wird **fremdbestimmt**, weil *in eine fremde Arbeitsorganisation* (= den *Betrieb eines anderen*) *eingegliedert* ist.
   Wenn a) und b) bejaht werden kann, ist Betroffener Arbeitnehmer!
   c) Falls a) und b) nicht eindeutig ergeben, dass Arbeitnehmerstellung vorliegt, sind **hilfsweise andere Indizien** zu prüfen; *zB*:
   aa) Arbeitnehmer schuldet typischerweise seine *ganze Arbeitskraft einem Arbeitgeber*.
   bb) *Bezeichnung* des Dienstverpflichteten durch die Parteien; entscheidender als die Bezeichnung ist allerdings, wie das Rechtsverhältnis zwischen den Parteien nach objektivem Maßstab *praktiziert* wurde (§ 611a I 6 BGB).
   cc) *Art der Vergütungszahlung:* Für Arbeitnehmer spricht »festes Gehalt«.
   dd) *Für Arbeitnehmer* werden vom Arbeitgeber Lohnsteuer und Sozialversicherungsbeiträge abgeführt (ist dies nicht der Fall, hilft das Merkmal nicht weiter).

Arbeitnehmer sind **»Angestellte«** (überwiegend geistige Arbeit) oder **»Arbeiter«** (überwiegend körperliche Arbeit).

1. Kapitel. Arbeitnehmer und Arbeitgeber

Übersicht 3 *(Fortsetzung)*

Arbeitnehmerähnliche Personen
Unterschied zu Arbeitnehmern: Arbeitnehmerähnliche Personen sind als Selbstständige nicht weisungsgebunden und *nicht persönlich abhängig*.
Gemeinsamkeit mit Arbeitnehmern: Arbeitnehmerähnliche Personen sind sozial schutzbedürftig, da *wirtschaftlich abhängig* (vgl. § 12a TVG).
Arbeitsrecht gilt nicht generell, sondern aufgrund spezieller gesetzlicher Anordnung (zB § 2 S. 2 BUrlG; § 5 I 2 ArbGG – typisch: »*Heimarbeiter*«).
Begriff des Arbeitgebers
Arbeitgeber ist, wer einen Vertrag mit mindestens einem Arbeitnehmer hat. Möglich: Arbeitgeber = natürliche oder juristische (zB AG oder VVaG) Person oder teilrechtsfähige Personengesellschaft (OHG, KG, GbR)

Literatur zur Vertiefung (1. Kapitel, Rn. 35–61): *Alpmann und Schmidt* ArbR I Rn. 1 ff., 55 ff.; *Benker*, Keine Verzugspauschale (mehr) im Arbeitsrecht, NJW-Spezial 2019, 178; *Boemke* ArbR § 1; *Brox/Rüthers/Henssler* ArbR Kap. 1; zu *Dohne-Jaeger*, Die Renaissance des Werkvertrages, AuR 2013, 238; *Däubler/Klebe*, Crowdwork: Die neue Form der Arbeit – Arbeitgeber auf der Flucht?, NZA 2015, 1032; *Dütz/Thüsing* ArbR § 2; *Eckardt*, Paradigmenwechsel durch den EuGH: Von der analogen zur unmittelbaren Anwendung der Arbeitnehmerschutzvorschriften auf GmbH-Geschäftsführer(innen)?, GS Wörlen, 2013, 369; *Ferbeck/Pauken*, Die schleichende Verstaatlichung kirchlichen Arbeitsrechts, ArbRAktuell 2019, 112; *Greiner*, Erfolgsbezogene Vergütungen im Arbeitsverhältnis – oder: der Arbeitsvertrag als spezieller Werkvertrag?, RdA 2015, 218; *Greiner*, Kirchliche Loyalitätsobliegenheiten nach dem »IR«-Urteil des EuGH, NZA 2018, 1289; *Hanau/Adomeit* ArbR E.; *Hromadka*, Zur Auslegung des § 611a BGB, NZA 2018, 1583; *Hromadka/Maschmann* ArbR I § 3; *Junker*, Gleichbehandlung und kirchliches Arbeitsrecht – Ein deutscher Sonderweg endet vor dem EuGH, NJW 2018, 1850; *Junker* GK ArbR § 2; *Junker* Fälle ArbR Fall 1; *Löwisch/Caspers/Klumpp* ArbR § 1; *Preis*, § 611a BGB – Potenziale des Arbeitnehmerbegriffes, NZA 2018, 817; *Preis* ArbR I §§ 6–12; *Reichold* ArbR § 2 sowie dazu Fall 1; *Reinecke*, Neues zum Arbeitnehmerbegriff?, AuR 2019, 56; *Rinck*, Der Arbeitnehmerbegriff im Wandel – Entwicklungen und Perspektiven, RdA 2019, 127; *Schneedorf*, Diskriminierungsschutz nach dem EuGH – Bröckelt das Fundament des kirchlichen Arbeitsrechts?, NJW 2019, 177; *Schreiber*, Der Arbeitnehmerbegriff, JURA 2008, 21; *Schubert*, Arbeitnehmerschutz für GmbH-Geschäftsführer, ZESAR 2013, 5; *Thomas*, Arbeitnehmer oder selbstständiger Frachtführer?, RÜ 2002, 16 (Aufarbeitung von BAG – 27.6.2001 – 5 AZR 561/99 –); *Stein*, Kirchliches Arbeitsrecht im Umbruch, AuR 2019, 157; *Thüsing*, Digitalisierung der Arbeitswelt – Impulse zur rechtlichen Bewältigung der Herausforderung gewandelter Arbeitsformen, SR 2016, 87; *Suttorp*, Zweite und Dritte Wege – Kirchliches kollektives Arbeitsrecht und Mitbestimmung kirchlicher Arbeitnehmer, AL 2018, 175; *Ulrici*, Keine 40-Euro-Verzugspauschale bei verspäteter Zahlung des Arbeitsentgelts, NZA 2019, 143; *Waltermann* ArbR §§ 4–5; *Zöllner/Loritz/Hergenröder* ArbR §§ 4 f.

2. Kapitel. Entstehung des Arbeitsverhältnisses

Voraussetzung für die Entstehung eines Arbeitsverhältnisses ist der

I. Abschluss des Arbeitsvertrags

1. Anwendbarkeit der Regelungen des bürgerlichen Rechts

Der Arbeitsvertrag ist, wie Sie bereits wissen, ein privatrechtlicher Vertrag zwischen Arbeitnehmer und Arbeitgeber. Es handelt sich um einen *schuldrechtlichen Austauschvertrag*, dh *gegenseitigen Vertrag*, für den vorrangig die Regelungen des Dienstvertragsrechts der §§ 611 ff. BGB gelten. Auch für den Arbeitsvertrag gilt die schuldrechtliche Vertragsfreiheit (vgl. § 311 I BGB[132]), wonach zB niemand zu einem Vertragsabschluss gezwungen werden kann. Ebenso gelten für den Arbeitsvertrag die allgemeinen Vorschriften über das Zustandekommen von Verträgen (§§ 145 ff. BGB[133]), über die Geschäftsfähigkeit (§§ 104–113[134] BGB)[135], über die Stellvertretung (§§ 164 ff. BGB)[136], über den Inhalt von Schuldverhältnissen (§§ 241 ff. BGB)[137] sowie die Sonderregelungen der §§ 305 ff., 320 ff. BGB[138].

62

§ 105 S. 1 GewO[139] (lesen!), der gem. § 6 II GewO (ebenfalls lesen!) auf alle Arbeitnehmer Anwendung findet, weist ausdrücklich auf die Möglichkeit zur freien Gestaltung des Arbeitsvertrages hin. Diese Vorschrift zeigt aber zugleich auch die **Grenzen der** arbeitsrechtlichen **Vertragsfreiheit** auf, die sich aus zwingenden gesetzlichen, tariflichen oder betrieblichen Vorschriften ergeben können. § 105 S. 2 GewO verweist zudem auf das Nachweisgesetz.[140]

§ 2 I 1 NachwG verpflichtet den Arbeitgeber, die wesentlichen Vertragsbedingungen spätestens einen Monat nach Vertragsbeginn des Arbeitsverhältnisses schriftlich niederzulegen. Die Nichtbeachtung führt jedoch nicht nach § 125 S. 1 BGB zur Nichtigkeit des Arbeitsvertrags, da es sich um ein arbeitnehmerschützendes Nachweis- und nicht um ein Formerfordernis (wie etwa bei § 623 BGB) handelt.[141]

Seit 2002 sind die Vorschriften über **Allgemeine Geschäftsbedingungen** (§§ 305–310 BGB)[142] auch auf Verträge auf dem Gebiet des Arbeitsrechts anwendbar, was

62a

---

132 Dazu *Wörlen/Metzler-Müller* SchuldR AT Rn. 17 ff.
133 *Wörlen/Metzler-Müller* BGB AT Rn. 287 ff.
134 § 113 BGB (lesen!) greift erst ein, wenn der Arbeitsvertrag mit dem Minderjährigen, bei dessen **Abschluss** die **Eltern** als gesetzliche Vertreter selbstverständlich mitgewirkt haben müssen, **wirksam zustande gekommen** ist!
135 *Wörlen/Metzler-Müller* BGB AT Rn. 105 ff.
136 *Wörlen/Metzler-Müller* BGB AT Rn. 301 ff.
137 *Wörlen/Metzler-Müller* SchuldR AT Rn. 114 ff.
138 *Wörlen/Metzler-Müller* SchuldR AT Rn. 39 ff., 295 ff.
139 **dtv-ArbG Nr. 12.**
140 **dtv-ArbG Nr. 15.**
141 Gleiches gilt für Verstöße gegen die Nachweiserfordernisse nach § 11 BBiG (dtv-ArbG, Nr. 32) und nach § 11 AÜG (dtv-ArbG, Nr. 31). Zu § 2 NachwG vgl. BAG Urt. v. 23.1.2002 – 4 AZR 56/01, BAGE 100, 225 = BeckRS 2002, 30234016.
142 S. dazu *Wörlen/Metzler-Müller* SchuldR AT Rn. 39 ff.

insbesondere vorformulierte Arbeitsverträge betrifft.[143] Allerdings sind gem. § 310 IV 2 BGB dabei die »im Arbeitsrecht geltenden Besonderheiten angemessen zu berücksichtigen«.[144]

Nach der Rspr. des BAG sind *Vertragsstrafenabreden* in Formulararbeitsverträgen bei angemessener Berücksichtigung der im Arbeitsrecht geltenden Besonderheiten entgegen § 309 Nr. 6 BGB grundsätzlich zulässig; die Unwirksamkeit einer solchen Vereinbarung kann sich aber aufgrund einer unangemessenen Benachteiligung (§ 307 I BGB) ergeben.[145] Das Gericht hat sich auch zu einem *Verbot der geltungserhaltenden Reduktion* bekannt.[146] Dies bedeutet, dass unwirksame Klauseln nicht etwa im Wege der Auslegung auf das gerade noch zulässige Regelungsmaß beschränkt, sondern gem. § 306 II BGB durch die gesetzliche Regelung ersetzt werden. Ferner urteilte das BAG, dass ein *Widerrufsvorbehalt* bei Vergütungsteilen in einem Formulararbeitsvertrag der Inhaltskontrolle nach § 308 Nr. 4 BGB unterliegt und konkretisierte die Voraussetzungen einer zumutbaren und damit wirksamen Vereinbarung.[147] Das Klauselverbot nach § 308 Nr. 4 BGB steht auch *Versetzungsklauseln* nicht grundsätzlich entgegen.[148] Klauseln, die dem Arbeitgeber das Recht geben, eine Zulage bei Erhöhung des Tarifgehalts zu kürzen, sind ebenfalls mit der Vorschrift vereinbar.[149] Ein *genereller Freiwilligkeitsvorbehalt* für alle zukünftigen Leistungen und Sonderzahlungen benachteiligt den Arbeitnehmer aber regelmäßig unangemessen iSv § 307 I 1, II BGB und ist deshalb unwirksam.[150] Gleiches gilt gem. § 307 I 1, II Nr. 1 BGB für *Stichtagsklauseln* bei *Sonderzuwendungen mit Mischcharakter*, mit denen zumindest auch geleistete Arbeit honoriert werden soll.[151] Klauseln, die den Umfang der Arbeitszeit und die Höhe der Vergütung regeln, unterliegen als *Hauptleistungsabreden* nicht der Angemessenheitskontrolle nach § 307 I 1 BGB, weil es nicht Aufgabe der Gerichte ist, über die §§ 305 ff. BGB den »gerechten Lohn« zu ermitteln.[152] Eine unangemessene Benachteiligung iSv § 307 I 1 BGB kann auch in einer erheblichen *Verlängerung* der *gesetzlichen Kündigungsfrist* (→ Rn. 263) bestehen.[153]

Formularmäßige *Ausschlussfristen*, wonach Ansprüche aus dem Arbeitsverhältnis verfallen sollen, wenn sie nicht innerhalb eines bestimmten Zeitraumes nach Fälligkeit geltend gemacht werden, sind ebenfalls grundsätzlich zulässig. Angesichts der §§ 202 I, 276 III BGB ist eine solche Vereinbarung regelmäßig dahingehend auszulegen, dass Fälle der *Vorsatzhaftung* von ihr nicht erfasst werden sollen.[154] Auch eine *gerichtliche Anspruchserhebung* kann formularmäßig vereinbart werden und verstößt nicht gegen § 309 Nr. 13 BGB; eine Frist von weniger als drei Monaten für

---

143 Gem. § 310 III Nr. 2 BGB auch dann, wenn sie nur zur einmaligen Verwendung bestimmt sind – sog. **»Einmalbedingungen«** → **Rn. 60**.
144 S. dazu *Tödtmann/Kaluza* DB 2011, 114; *Däubler* ZTR 2012, 543.
145 BAG Urt. v. 4.3.2004 – 8 AZR 196/03, NZA 2004, 727.
146 BAG Urt. v. 4.3.2004 – 8 AZR 196/03, NZA 2004, 727.
147 BAG Urt. v. 12.1.2005 – 5 AZR 364/04, BB 2005, 833.
148 BAG Urt. v. 11.4.2006 – 9 AZR 557/05, NJW 2006, 3303.
149 BAG Urt. v. 1.3.2006 – 5 AZR 363/05, BB 2006, 1282.
150 BAG Urt. v. 14.9.2011 – 10 AZR 526/10, NZA 2012, 81; → **Rn. 198**.
151 BAG Urt. v. 18.1.2012 – 10 AZR 612/10, NJW 2012, 1532; → **Rn. 198**.
152 BAG Urt. v. 17.10.2012 – 5 AZR 792/11, NJW 2013, 1388.
153 Dies auch dann, wenn die Frist für den Arbeitgeber in gleicher Weise verlängert wird, BAG Urt. v. 26.10.2017 – 6 AZR 158/16, BAGE 161, 9 = NZA 2018, 297.
154 BAG Urt. v. 20.6.2013 – 8 AZR 280/12, NJW 2013, 3741.

die gerichtliche Geltendmachung ist jedoch mit wesentlichen Grundgedanken des gesetzlichen Verjährungsrechts nicht vereinbar und gem. § 307 II Nr. 1 BGB unwirksam.[155] Für die gerichtliche Geltendmachung von Vergütungsansprüchen ist es dabei ausreichend, wenn der Arbeitnehmer zunächst eine *Kündigungsschutz- oder Entfristungsklage* erhebt, sofern die Ansprüche von deren Ausgang abhängig sind.[156]

> **Hinweis:** Erfasst eine vertragliche Ausschlussfrist entgegen § 3 S. 1 MiLoG[157] auch den gesetzlichen Mindestlohn (→ **Rn. 195**), verstößt sie gegen das Transparenzgebot des § 307 I 2 BGB und ist insgesamt unwirksam. Andere, an sich von der Klausel umfasste Ansprüche (zB auf Urlaubsabgeltung) können dann noch wirksam geltend gemacht werden, obwohl die Frist verstrichen ist!ns[158]

Auch *Ausgleichsklauseln* in einem *Aufhebungsvertrag* oder Vereinbarungen im Zusammenhang mit der Beendigung des Arbeitsverhältnisses, bei denen die Parteien erklären, dass Ansprüche zwischen ihnen, gleich aus welchem Rechtsgrund, nicht bestehen, unterliegen der AGB-Kontrolle. Erfassen sie einseitig nur Ansprüche des Arbeitnehmers, ohne dafür eine entsprechende Gegenleistung zu gewähren, benachteiligen sie den Arbeitnehmer unangemessen und sind gem. § 307 I 1 BGB unwirksam.[159]

Da Arbeitnehmer als natürliche Personen den Arbeitsvertrag als Rechtsgeschäft zu Zwecken abschließen, die weder ihrer gewerblichen noch ihrer selbstständigen beruflichen Tätigkeit zuzurechnen sind, sind sie als Verbraucher iSv § 13 BGB anzusehen.[160] Auch die **Vorschriften über Verbraucherverträge** (vgl. § 310 III BGB)[161] können daher grundsätzlich Anwendung finden.[162]

Bevor wir uns damit befassen, wie es zur Anbahnung eines Arbeitsvertrags kommt, machen wir uns anhand der folgenden Übersicht 4 kurz ein Bild darüber, wie ein Arbeitsvertragsmuster[163] (vereinfacht) aussehen kann.

---

155 BAG Urt. v. 25.5.2005 – 5 AZR 572/04, NJW 2005, 3305.
156 So für den Fall einer tariflichen Ausschlussfrist BAG Urt. v. 19.9.2012 – 5 AZR 627/11, NZA 2013, 101.
157 **dtv-ArbG Nr. 73**.
158 BAG Urt. v. 18.9.2018 – 9 AZR 162/18, NZA 2018, 1619; s. dazu *Seiwerth* NZA 2019, 17; hingegen sind **tarifliche** Ausschlussfristen nur **teilweise unwirksam**, da § 307 I 2 BGB für sie nicht gilt, BAG Urt. v. 20.6.2018 – 5 AZR 377/17, NJW 2018, 3472, Rn. 25.
159 BAG Urt. v. 21.6.2011 – 9 AZR 203/10, NJW 2012, 103.
160 BAG Urt. v. 25.5.2005 – 5 AZR 572/04, BAGE 115, 19 = NJW 2005, 3305; BVerfG Beschl. v. 23.11.2006 – 1 BvR 1909/06, NZA 2007, 85.
161 S. dazu *Wörlen/Metzler-Müller* SchuldR AT Rn. 47, 64 ff.
162 Was im Einzelnen bereits bei → **Rn. 60** dargelegt wurde.
163 Vgl. dazu bei Bedarf die Arbeitsvertragsmuster in der Formularsammlung von *Klagges* in Schaub ArbRFV-HdB A Rn. 265–267.

Übersicht 4

63

Muster eines Arbeitsvertrags

Die Firma ...
und Herr/Frau ...
schließen nachfolgenden Arbeitsvertrag:

§ 1 Beginn des Arbeitsverhältnisses

(1) Herr/Frau ..... tritt mit Wirkung vom ..... in die Dienste der Firma ..... Vor Beginn des Arbeitsverhältnisses ist die ordentliche Kündigung ausgeschlossen.
(2) Die ersten sechs Monate dienen als Probezeit. Während dieser Zeit können die Vertragsparteien das Arbeitsverhältnis mit einer Frist von zwei Wochen kündigen.

§ 2 Tätigkeit

(1) Herr/Frau ..... wird angestellt als ..... Zu seinem/ihrem Aufgabengebiet gehören auch nachfolgende Tätigkeiten: .....
(2) Die Firma behält sich vor, Herrn/Frau .... eine andere zumutbare Tätigkeit zuzuweisen, die seinen/ihren Vorkenntnissen entspricht. Macht sie hiervon Gebrauch, so ist die bisherige Vergütung weiter zu zahlen.

§ 3 Arbeitszeit

(1) Die regelmäßige Arbeitszeit beträgt ...... Stunden wöchentlich.
(2) Beginn und Ende der täglichen Arbeitszeit und der Pausen richten sich nach den mit dem Betriebsrat abgeschlossenen Vereinbarungen oder der Übung des Betriebes.

§ 4 Vergütung

Herr/Frau ...... erhält für seine/ihre vertragliche Tätigkeit ein monatliches Bruttogehalt von ..... EUR. Die Vergütung ist jeweils am 15. des Monats fällig. Daneben werden auf Tariflohnerhöhungen anrechenbare Zulagen gezahlt. Die Vergütung wird bargeldlos gezahlt. Der/die Arbeitnehmer/in wird innerhalb von 10 Tagen nach Beginn des Arbeitsverhältnisses ein Konto einrichten und die Kontonummer (IBAN) mitteilen.

§ 5 Urlaub

(1) Herr/Frau ..... erhält kalenderjährlich einen Erholungsurlaub von ..... Kalender-/Arbeitstagen. Er/Sie stimmt den Urlaubsantritt mit der Firmenleitung ab.
(2) Im Übrigen gelten die gesetzlichen Bestimmungen/Bestimmungen des Rahmentarifvertrages für ......
(3) Bei Urlaubsantritt erhält Herr/Frau ...... ein zusätzliches Urlaubsgeld in Höhe von ...... EUR (evtl. Prozentsatz der Vergütung nach § 4) je Urlaubstag.

§ 6 Nebenabreden

........, den ....
....
(Unterschrift)

........, den ....
....
(Unterschrift)

2. Vertragsanbahnung

a) Nebenpflichten

Bevor es zum Abschluss eines Arbeitsvertrags kommt, hat zwischen den künftigen Vertragsparteien regelmäßig ein Gespräch (oft haben auch mehrere Vorstellungsgespräche) stattgefunden.

64

Bei diesen vorvertraglichen Verhandlungen (vgl. § 311 II Nr. 1–3 BGB) besteht – wie bei anderen schuldrechtlichen Verträgen auch – bereits die Pflicht zu gegenseitiger Rücksichtnahme.

Dazu gehört die Wahrnehmung von *Aufklärungspflichten* durch den *Arbeitgeber*, zB den Bewerber auf besondere Anforderungen hinzuweisen, die für die zu besetzende Position erfüllt werden müssen. Zu seinen *Obhutspflichten* gehört zB die sorgfältige Aufbewahrung und diskrete Behandlung von Bewerbungsunterlagen (vgl. § 241 II BGB).

Der *Arbeitnehmer* hat insbesondere gewisse Mitteilungspflichten, zB dass er wegen einer vorliegenden Krankheit zum beabsichtigten Vertragsbeginn seine Arbeit nicht aufnehmen kann.

b) Ersatz der Vorstellungskosten

Mit der Aufnahme von Vertragsverhandlungen, die zumeist beim potentiellen Arbeitgeber stattfinden, sind regelmäßig Aufwendungen für den Bewerber verbunden. Sofern der Bewerber die Vorstellungsreise auf Verlangen des Arbeitgebers unternommen hat, ist dieser analog § 670 BGB (lesen!) zur Erstattung der Reisekosten und sonstiger mit der Reise verbundener Aufwendungen verpflichtet.[164] Ein Verdienstausfall ist grundsätzlich nicht zu ersetzen. Es kommt aber ein Anspruch gem. §§ 629, 616 BGB gegen den bisherigen Arbeitgeber in Betracht.[165]

65

c) Fragerecht des Arbeitgebers und Beantwortungspflicht des Arbeitnehmers, Datenschutz

Um beurteilen zu können, ob der Bewerber für die von ihm angestrebte Stelle geeignet ist, benötigt der Arbeitgeber entsprechende Informationen. Personenbezogene Daten (Art. 4 Nr. 1 EU-DSGVO[166]) von Arbeitnehmern oder Stellenbewerbern (§ 26 VIII 2 BDSG[167]) dürfen allerdings nur verarbeitet werden (= erhoben, erfasst, gespeichert, übermittelt usw., s. Art. 4 Nr. 2 EU-DSGVO), wenn dies für die Entscheidung über die Begründung eines Arbeitsverhältnisses oder danach für dessen Durchführung oder Beendigung »erforderlich« ist (§ 26 I 1 BDSG – unterstreichen Sie »erforderlich« im Text des § 26 I 1 BDSG und notieren Sie neben der Vorschrift § 26 VIII 2 BDSG sowie Art. 4 Nr. 1, 2 EU-DSGVO!). Dies ist nur dann der Fall, wenn der künftige Arbeitgeber ein berechtigtes, billigenswertes und schutzwürdiges Interesse an der Beantwortung seiner Frage bzw. der Informationsbeschaffung im Hinblick auf die Begründung des Arbeitsverhältnisses hat und das Interesse des Arbeitnehmers an der Geheimhaltung seiner Daten das Interesse des Arbeitgebers

66

---

164 Anders ist dies nur, wenn der Arbeitgeber rechtzeitig und unmissverständlich eine **Kostenübernahme ausschließt** oder diese einschränkt, zB im **Einladungsschreiben**, ErfK/*Müller-Glöge* BGB § 629 Rn. 13.
165 ErfK/*Preis* BGB § 611a Rn. 244; ErfK/*Müller-Glöge* BGB § 629 Rn. 12, 15.
166 **dtv-ArbG Nr. 56a**; zu den Grundlagen der EU-DSGVO s. *Leeb/Liebhaber* JuS 2018, 534.
167 **dtv-ArbG Nr. 56**.

an der Erhebung dieser Daten nicht überwiegt.[168] Die rechtlichen Anforderungen des BDSG und der EU-DSGVO konkretisieren und aktualisieren insofern den Schutz des »*allgemeinen Persönlichkeitsrechts*« aus Art. 2 I iVm Art. 1 I GG einschließlich des »*Grundrechts auf informationelle Selbstbestimmung*«[169] und regeln, in welchem Umfang Eingriffe in dieses Recht zulässig sind.[170]

- ■ Warum ist daher auch das »Googeln« von Bewerberinformationen nicht unproblematisch? (Erst nachdenken, dann weiterlesen!)
- ▶ Fraglich ist bereits, ob dies für das Bewerbungsverfahren *erforderlich* ist. Auch geht es um eine (Weiter-)Verarbeitung personenbezogener Daten, bei denen nicht klar ist, wer sie zu welchen Zwecken erhoben hat (vgl. Art. 5 I Buchst. b EU-DSGVO)! In Betracht kommt wohl ein Rückgriff auf Daten, die *Bewerber selbst* ins Internet gestellt haben, sofern sie »*offensichtlich öffentlich*« (vgl. Art. 9 II Buchst. e EU-DSGVO – unterstreichen!) und nicht nur einem abgrenzbaren Adressatenkreis (zB bei Facebook) zugänglich gemacht werden sollten![171]

§ 26 I 1 BDSG gilt auch dann für das Fragerecht des Arbeitgebers, wenn keine technischen Hilfsmittel eingesetzt werden und unabhängig davon, ob Daten gespeichert werden sollen oder nicht (lesen Sie § 26 VII BDSG und notieren Sie diese Vorschrift zusammen mit Art. 88 neben Art. 2 I EU-DSGVO!).[172]

> **Hinweis:** Auch für mündliche **Befragungen**, bloße **Beobachtungen** sowie **handschriftliche Notizen usw.** gilt § 26 I 1, VII BDSG;[173] sie sind daher nur zulässig, wenn sie zur Begründung oder zur Durchführung des Arbeitsverhältnisses »erforderlich« sind![174]

Sofern Fragen zulässig sind, müssen sie vom Bewerber oder Arbeitnehmer wahrheitsgemäß beantwortet werden. Nur die unwahre Beantwortung zulässiger Fragen kann den Arbeitgeber zB zur Kündigung oder gegebenenfalls zur Anfechtung des abgeschlossenen Arbeitsvertrags berechtigen. Die Zulässigkeit von Fragen wird im folgenden Abschnitt (unter → Rn. 70 ff.) behandelt.

---

168 BAG Urt. v. 15. 11. 2012 – 6 AZR 339/11, NZA 2013, 429, Rn. 22 mwN.
169 S. zB BVerfG Beschl. v. 18.12.2018 – 1 BvR 142/15, NJW 2019, 827, Rn. 35 mwN; BVerfG Urt. v. 11.3.2008 – 1 BvR 2074/05, BVerfGE 120, 378 = NJW 2008, 1505, Rn. 62 ff. mwN.
170 Vgl. BAG Urt. v. 20.6.2013 – 2 AZR 546/12, BAGE 145, 278 = NZA 2014, 143, Rn. 22.
171 ErfK/*Franzen* BDSG § 26 Rn. 19; str., s. *Kort* NZA-Beilage 2016, 62, 69 mwN: »datenschutzrechtlich bedenklich«. Mehr zu den datenschutzrechtlichen Aspekte des »Talentmanagements« bei *Kainer/Weber* BB 2017, 2740 ff. Speziell zur Internetrecherche *Bieresborn* ZD 2016, 319.
172 Eine **Einwilligung** (Art. 6 I Buchst. a, Art. 7 EU-DSGVO – ggf. neben § 26 II BDSG notieren) kann die Datenverarbeitung im Bewerbungsverfahren hingegen **nicht rechtfertigen**, da hier der Abschluss und die Erfüllung des Arbeitsvertrages unzulässig von der Einwilligung abhängig wäre (»**Koppelungsverbot**« – Art. 7 IV sowie Erwägungsgrund 43 EU-DSGVO), s. *Kort* NZA-Beilage 2016, 62, 65.
173 *Waltermann* ArbR Rn. 202a.
174 Mehr zum **Arbeitnehmerdatenschutz** zB bei *Franzen* ZfA 2019, 18; *Grimm/Göbel* jM 2018, 278 *Düwell* NZA 2017, 1081; *Hromadka/Maschmann* ArbR I § 7 Rn. 150, 147 f.; *Dütz/Thüsing* ArbR Rn. 302 ff. S. ferner → **Rn. 204**.

II. Mängel des Arbeitsvertrags und ihre Folgen

> **Übungsfall 2** 67
>
> P ist Personalchef des Maschinenbauunternehmens »Mannomann GmbH« (M). Als solcher stellte er mehrere Programmierer und /-innen ein und führte mit diesen mehrere Einstellungsgespräche, so auch mit Herrn A und Frau B, denen er eine Vielzahl von Fragen stellte, unter anderem bezüglich ihrer Gewerkschaftszugehörigkeit, ihrer bisher ausgeübten beruflichen Tätigkeiten und nach Vorstrafen.
>
> A verneinte die Frage nach der Gewerkschaftszugehörigkeit, obwohl er jahrelang eifrig als Gewerkschaftsfunktionär tätig war. Als bisher ausgeübten Beruf gab er »Diplom-Programmierer« an, obwohl er lediglich einen Zweiwochenkurs »Einführung in die IT« besucht hatte. Die Frage nach Vorstrafen beantwortete er mit »keine«, obwohl er wegen fahrlässiger Körperverletzung zu einer Geldstrafe von 10 Tagessätzen à 50 EUR rechtskräftig verurteilt wurde.
>
> B gehörte tatsächlich keiner Gewerkschaft an und war in der Tat IT-Spezialistin. Als solche war es ihr mehrfach gelungen, in ihrer Freizeit, in der sie sich gerne als »Hackerin« betätigte, Rechneranlagen von Großbanken mit einem Virus zu versehen, was ihr beachtliche Nebeneinnahmen von fremden Konten bescherte. Dafür war sie mehrfach einschlägig vorbestraft, was sie tunlichst verschwieg. Darüber hinaus hatte sie einen ihr zusätzlich vorgelegten Personalfragebogen wie folgt ausgefüllt: Auf die Frage nach der von ihr bevorzugten Farbe ihrer Nachtwäsche hatte sie mit »pink« geantwortet, obwohl sie in Wahrheit gar keine benutzte. Die Frage, ob sie regelmäßig die Anti-Baby-Pille nehme, hatte sie wahrheitswidrig mit »ja« beantwortet. Die Frage, ob sie schwanger sei, hatte sie fälschlicherweise, was sie allerdings selbst noch nicht wusste, mit »nein« beantwortet.
>
> Drei Monate nach der Einstellung wird das Gegenteil bekannt, und sie legt ein entsprechendes ärztliches Attest vor. Zur gleichen Zeit werden alle »Lügen« von A, der ständig »falsch programmiert war«, und B bekannt.
>
> P ist persönlich beleidigt und möchte die neuen Mitarbeiter der M-GmbH *schnellstens* wieder loswerden! Kann er dies?[175]

Bevor wir die Lösung des Falls und die damit verbundenen Problemstellungen erarbeiten, sollten Sie sich den Sachverhalt nochmals durchlesen …

- Versetzen Sie sich in die Lage der M-GmbH und ihres Personalchefs P: An welche Möglichkeit, aus den Verträgen mit A und B »herauszukommen«, wird man dort wohl denken? (Überlegen Sie!)
- Welche verschiedenen Möglichkeiten es gibt, ein Schuldverhältnis zu beenden, sollte Ihnen durch die Lektüre eines Buchs zum Allgemeinen Schuldrecht[176] bekannt sein. Will ein Arbeitgeber einen Arbeitnehmer aufgrund dessen Fehlverhaltens wieder »loswerden«, wird er zunächst an eine *Kündigung* denken. (Hatten Sie auch daran gedacht? Oder »nur« an eine »*Anfechtung*«? Das war dann auch »gut« – s. unten!)

1. Kündigung des Arbeitsvertrags

Um den Arbeitnehmern A und B wirksam kündigen zu können, braucht die Arbeit- 68 geberin M-GmbH, vertreten durch P, grundsätzlich einen Kündigungsgrund (vgl. § 1 I KSchG, § 626 I BGB). Angesichts der verschiedenartigen Fragen und der Antworten darauf können diese unterschiedliche Gründe sein, sodass wir die Kündigungsmög-

---

175 Zum Teil nach *Eisenmann/Quittnat/Tavakoli* Fälle WirtschaftsPrivR Fall 53, und zum Teil nach *Alpmann und Schmidt* ArbR I Rn. 238 Fall 11.
176 ZB *Wörlen/Metzler-Müller* SchuldR AT Übersicht 7 (Rn. 181).

2. Kapitel. Entstehung des Arbeitsverhältnisses

lichkeiten der M-GmbH gegenüber A und B sinnvollerweise getrennt prüfen. Zunächst die

Möglichkeiten, das Arbeitsverhältnis mit A zu beenden:

69 Da P beide Arbeitnehmer »*schnellstens* loswerden« will, wird es ihm darauf ankommen, im Namen der M-GmbH *fristlos* zu kündigen.

- ▪ Wo würden Sie nach einer Vorschrift für eine fristlose Kündigung suchen? (Überlegen Sie, welche Vorschriften auf den Vertrag der M-GmbH mit anwendbar sind!)
- ▸ Grundlage des Arbeitsverhältnisses ist, wie Sie wissen, der Arbeitsvertrag (§ 611a BGB), bei dem es sich um einen Sonderfall des Dienstvertrags handelt. Kündigungsvorschriften befinden sich daher in den §§ 611–630 BGB und gehen § 314 BGB (lesen!) grundsätzlich als speziellere Regeln vor.
- ▪ Wenn Sie die Überschriften dieser Vorschriften überfliegen, müssten Sie den einschlägigen Paragrafen eigentlich rasch finden(?)!
- ▸ Die Antwort gibt Fußnote[177]!
- ▪ Lesen Sie Abs. 1 dieser Vorschrift und formulieren Sie selbst, welche wichtige Voraussetzung – neben dem Vorliegen eines Dienstverhältnisses (Arbeitsverhältnisses) – erfüllt sein muss, damit P dem A fristlos kündigen kann!
- ▸ Eine fristlose Kündigung gem. § 626 I BGB ist möglich, wenn ein »wichtiger Grund« gegeben ist, dh, wenn Tatsachen vorliegen, aufgrund derer der M-GmbH unter Berücksichtigung aller Umstände des Einzelfalls und unter Abwägung der Interessen beider Vertragsteile die Fortsetzung des Arbeitsverhältnisses bis zum Ablauf der ordentlichen Kündigungsfrist nicht zugemutet werden kann!

Ein »wichtiger Grund« könnte in der »Tatsache« zu sehen sein, dass A alle Fragen des P wider besseren Wissens wahrheitswidrig beantwortet hat. Voraussetzung ist allerdings die

2. Zulässigkeit von Fragen des Arbeitgebers.

70 Zulässig sind Fragen des Arbeitgebers, an deren Beantwortung er ein berechtigtes Informationsinteresse hat (vgl. § 26 I 1 BDSG: »erforderlich«; oben → **Rn. 66**). Demnach sind Fragen nur zulässig, die in konkreter Beziehung zu dem angestrebten Arbeitsplatz stehen.[178] Dazu gehören vor allem Fragen nach der beruflichen Qualifikation. Zulässig sind zB auch Fragen nach Vorstrafen, wenn sie für die angestrebten Arbeit von Bedeutung sind.

Im Einzelnen gilt für die dem A gestellten Fragen Folgendes:

a) Gewerkschaftszugehörigkeit

71 Für die *fachliche* Eignung eines Bewerbers ist die Gewerkschaftszugehörigkeit unbeachtlich, da ein sachlicher Zusammenhang zum Arbeitsbereich nicht besteht.[179] Für die *persönliche* Eignung wird die Frage selbst bei leitenden Angestellten angesichts

---

177 § 626 BGB!
178 *Kataloge von Einzelfragen finden Sie in allen größeren Werken zum Arbeitsrecht*, zB bei *Linck* in Schaub ArbR-HdB § 26 Rn. 17 ff.; ErfK/*Preis* BGB § 611a Rn. 272 ff.; speziell mit Blick auf die EU-DSGVO s. ferner *Kort* NZA-Beilage 2016, 62, 67 f.
179 *Eisenmann/Quittnat/Tavakoli* Fälle WirtschaftsPrivR 175.

der durch Art. 9 III GG (lesen!) garantierten Koalitionsfreiheit *unzulässig* sein.[180] Für die Tätigkeit eines Programmierers ist es jedenfalls gleichgültig, ob er gewerkschaftlich organisiert ist oder nicht. Die falsche Beantwortung dieser unzulässigen Frage kann daher kein wichtiger Grund für die Kündigung sein.

b) Bisher ausgeübte berufliche Tätigkeiten, bisheriges Gehalt, Vermögensverhältnisse

Bezüglich der Frage nach bisher ausgeübten beruflichen Tätigkeiten ist ein berechtigtes Informationsinteresse des Arbeitgebers zu bejahen, da er wissen muss, ob der Arbeitnehmer aufgrund seiner fachlichen und persönlichen Eignung für die angestrebte Tätigkeit ausreichend qualifiziert ist. Die Frage des P war daher zulässig. Auch die Frage nach dem bisherigen Gehalt ist grundsätzlich zulässig, wobei zu differenzieren ist: Die Frage ist unzulässig, wenn die bisherige Vergütung für die erstrebte Stelle ohne Aussagekraft ist und der Bewerber keine ihr entsprechende Mindestvergütung gefordert hat. Die Frage nach den Vermögensverhältnissen der Bewerberin bzw. des Bewerbers ist zulässig bei Führungskräften und Arbeitnehmern in besonderer Vertrauensstellung.[181]

72

Da A zu seiner bisherigen beruflichen Tätigkeit vorsätzlich falsche Angaben machte, die P zu seiner Einstellung veranlassten, stellt dieser Einstellungsbetrug einen wichtigen Grund iSv § 626 I BGB[182] dar. Die M-GmbH, vertreten durch P, kann dem A somit fristlos kündigen.

c) Vorstrafen

Die Frage nach Vorstrafen ist nicht uneingeschränkt zulässig. Nach der Rspr. des BAG darf schon deshalb nicht nach allen Vorstrafen gefragt werden, um die Resozialisierung des Vorbestraften nicht unnötig zu erschweren. Daher darf ein Bewerber nach Vorstrafen nur gefragt werden, wenn die begangenen Delikte für die Art des angestrebten Arbeitsplatzes von spezifischer Bedeutung sind, dh, die Eignung des Arbeitnehmers für die beabsichtigte Tätigkeit infrage stellen.[183] Verurteilungen, die im Bundeszentralregister bereits getilgt sind, dürfen nicht erfragt werden, da sie auch in ein polizeiliches Führungszeugnis nicht aufzunehmen sind (vgl. § 53 I BZRG – Resozialisierungsgedanke).[184]

73

Zulässig sind zB Fragen nach Vermögensdelikten (wie Diebstahl, Unterschlagung und Betrug) an einen Arbeitnehmer, der als Kassierer in einem Supermarkt angestellt werden soll; ebenso darf ein einzustellender Kraftfahrer nach Verkehrsdelikten gefragt werden. Die Tatsache, dass A wegen fahrlässiger Körperverletzung vorbestraft ist, ist jedoch für seine Eignung als Programmierer ohne Bedeutung, da kein sachlicher oder persönlicher Zusammenhang besteht. Hätte er auf die Unzulässigkeit dieser Frage hingewiesen, wäre er vermutlich gar nicht erst eingestellt worden. Und bloßes Schweigen hätte wohl den Verdacht erregt, dass er etwas zu verbergen habe. Um bei einer unzulässiger Frage die Chance auf Einstellung zu erhalten, wird dem Bewerber

---

180 ErfK/*Preis* BGB § 611a Rn. 278; vgl. ferner BAG Urt. v. 18.11.2014 – 1 AZR 257/13, BAGE 150, 50 Rn. 30 = NJW 2015, 1548.
181 *Hromadka/Maschmann* ArbR I § 5 Rn. 40, 42, 53.
182 Vgl. *Linck* in Schaub ArbR-HdB § 127 Rn. 40, 41.
183 BAG Urt. v. 15.1.1970 – 2 AZR 64/69, AP Nr. 7 zu § 1 KSchG »Verhaltensbedingte Kündigung«.
184 BAG Urt. v. 20.3.2014 – 2 AZR 1071/12, BAGE 147, 358 Rn. 32 f. = BeckRS 2014, 72525.

2. Kapitel. Entstehung des Arbeitsverhältnisses

daher ein »**Recht zur Lüge**« zugebilligt.[185] A war daher berechtigt, die unzulässig gestellte Frage nach Vorstrafen »falsch« zu beantworten.

- ▪ Welches Zwischenergebnis ergibt sich damit im Hinblick auf die Beendigung des Arbeitsverhältnisses des A? Blättern Sie gegebenenfalls nochmal zurück!
- ▶ Auf die unzulässige Frage nach Vorstrafen sowie die nach seiner Gewerkschaftszugehörigkeit durfte A lügen, ohne dass ihm deswegen gekündigt werden könnte. Die Frage nach seiner bisherigen beruflichen Tätigkeit war hingegen zulässig und hätte von A zutreffend beantwortet werden müssen. (Nur) wegen seiner bewusst falschen Antwort auf diese Frage (= wichtiger Grund iSv § 626 I BGB) kann die M-GmbH das Arbeitsverhältnis fristlos kündigen (oder dieses anfechten, dazu sogleich).

Zu prüfen sind nun die

Möglichkeiten, das Arbeitsverhältnis mit B zu beenden:

74   Nach dem bisher Dargelegten war die Frage nach den Vorstrafen zulässig. Da B sie trotz einschlägiger Vorstrafen wahrheitswidrig beantwortete, liegt auch bei ihr grundsätzlich ein »wichtiger Grund« zur Kündigung gem. § 626 I BGB vor. Bevor wir uns damit befassen, wie bzw. ob P die Kündigung durchsetzen kann, wollen wir die weiteren Fragen, die der B gestellt wurden, auf ihre Zulässigkeit überprüfen, aus denen sich ebenfalls Kündigungsgründe ergeben könnten. Denn bei der Falllösung muss sich ein Gutachten zu allen aufgeworfenen Rechtsfragen äußern (… notfalls im Rahmen eines Hilfsgutachtens)!

d) Fragebogen

75   Der Usus, dass Arbeitnehmern in vielen Betrieben vor ihrer Einstellung ein Fragebogen vorgelegt wird, ist grundsätzlich zulässig. Inwieweit die Arbeitnehmer zur Beantwortung verpflichtet sind, richtet sich selbstverständlich auch hier danach, ob der Arbeitgeber ein sachlich begründetes und berechtigtes Interesse an der Beantwortung hat. Unzulässig sind deshalb Fragen, die nicht in konkreter, spezifischer Beziehung zum Arbeitsplatz stehen, sondern den Menschen in seiner gesamten Persönlichkeit erfassen wollen und in seine Intimsphäre eindringen.

- ▪ Durfte die B somit nach der Farbe ihrer Nachtwäsche gefragt werden? (Die Antwort dürfte nicht schwer fallen!)
- ▶ Da diese Frage ein völlig unnötiges Einmischen in die Intimsphäre der B darstellt, ist sie unzulässig.

Die Frage nach der Einnahme der Anti-Baby-Pille berührt die Intimsphäre der B ebenfalls in unzulässiger Weise. Das mag so selbstverständlich erscheinen, dass es Ihnen vielleicht überflüssig vorkommt, solcherlei »Nonsens« zu erwähnen. Unser Übungsfall ist aber nicht erfunden, sondern basiert auf wirklichen Fällen, die vom BAG entschieden wurden. Möglicherweise können Sie sich kaum vorstellen, dass die in unserem Übungsfall gestellten Fragen des Arbeitgebers im Vergleich zu dem, was tatsächlich in psychologischen Eignungstests gestanden haben soll, noch relativ »harmlos« klingen!

---

185   ErfK/*Preis* BGB § 611a Rn. 271; 286 mwN.

Bevor wir auf die Frage nach der *Schwangerschaft* der B eingehen, möchten wir daher 76
einen »Exkurs« unternehmen und Ihnen noch einige Beispiele, die Ihnen zeigen sollen, dass es noch weitaus *indiskretere* Fragen gibt als die in unserem Übungsfall.

Exkurs: Testverfahren im Personalbereich

Der Aufsatz, über den hier berichtet wird, hat den Titel *»Die rechtliche Zulässigkeit psychologischer Testverfahren im Personalbereich«*[186]. Der Verfasser beschreibt den seinerzeit offenbar in den USA auch bei der Personalauswahl eingesetzten Minnesota-Persönlichkeitsfragebogen, der aus 566 Behauptungen (Statements) besteht, zu der die Testperson Stellung nehmen muss. Er soll alle Tendenzen des Individuums berühren und ein vollkommenen Überblick über die Persönlichkeit ermöglichen. Viele Fragen lassen dabei den unmittelbaren Bezug zum Arbeitsverhältnis völlig vermissen:

- Einmal oder mehrmals im Monat habe ich Durchfall.
- Ich muss nicht öfter als andere Wasser lassen.
- Ich fühle mich sehr stark von Personen meines eigenen Geschlechts angezogen.
- Ich spreche gerne über sexuelle Dinge.
- Ich träume viel von sexuellen Dingen.
- Sexuelle Dinge sind mir widerwärtig.
- Meine Seele verlässt manchmal meinen Körper.
- Ich höre häufig Stimmen, ohne zu wissen, woher sie kommen.
- Manchmal kommen mir seltsame Gerüche.
- Manchmal empfinde ich Freude daran, von jemandem verletzt zu werden, den ich liebe.
- Ich habe einige sehr ungewöhnliche religiöse Erlebnisse gehabt.
- Ich bin ein besonderer Sendbote Gottes.
- Ich bete mehrmals in der Woche.
- Ich lese mehrmals in der Woche die Bibel.

Im deutschen Arbeitsrecht sind hier glücklicherweise Grenzen gesetzt. Das BVerfG[187] hat entschieden, dass es mit dem GG unvereinbar ist (Verstoß gegen das allgemeine Persönlichkeitsrecht aus Art. 2 I GG iVm Art. 1 I GG), *einen Menschen »in seiner ganzen Persönlichkeit zu registrieren und zu katalogisieren, … und ihn damit wie eine Sache zu behandeln, die einer Bestandsaufnahme in jeder Beziehung zugänglich ist.«*

Als ähnlich problematisch erweisen in neuerer Zeit Computerprogramme (sog. **»Psycho-ware«**). Zu nennen ist hier zB das *Sprachanalysetool »Precire«*, das umfassende Profile von der Persönlichkeit eines Menschen erstellt. Die Bewerber müssen (ohne inhaltliche Vorgaben) etwa 15 Minuten lang mit der Software telefonieren, die die Spracheigenschaften analysiert und sodann Aufschluss gibt über Charakterzüge der Bewerber wie Belastbarkeit einschließlich weiterer psychischer Faktoren, Durchsetzungsvermögen, Fleiß, Ehrgeiz sowie darüber, wie sympathisch man wahrgenommen wird.[188] Heimlich dürfen solche Analysen – ebenso

---

186 *Schmid* NJW 1971, 1863.
187 BVerfG Beschl. v. 16.7.1969 – 1 BvL 19/63, BVerfGE 27, 1, 6 = NJW 1969, 1707 (Mikrozensus).
188 *Grimm/Göbel* jM 2018, 278, 282.

wie *graphologische Gutachten* (zB Ermittlung von Charaktereigenschaften mittels eines handschriftlichen Lebenslaufes) – keinesfalls durchgeführt werden.[189]

Für sämtliche Testverfahren zur Bewerberauswahl benötigt der Arbeitgeber ein berechtigtes, billigenswertes und schutzwürdiges Interesse an der Durchführung, speziell im Hinblick auf den zu besetzenden Arbeitsplatz (= »*Erforderlichkeit*« iSv § 26 I 1 BDSG, → **Rn. 66**) und der Bewerber muss in den Test einwilligen.[190] Selbst wenn eine *Einwilligung* vorliegt, erscheint äußerst fraglich, ob diese den datenschutzrechtlichen Anforderungen an die Freiwilligkeit (Art. 7 IV EU-DSGVO, § 26 II BDSG, → **Rn. 66**) genügen kann.[191] Persönlichkeitstests dürfen zudem nur von diplomierten Psychologen durchgeführt werden, die der Schweigepflicht unterliegen. Sie dürfen – ebenso wie bei einer Einstellungsuntersuchung – dem Arbeitgeber nur das Gesamtergebnis des Tests, nämlich, ob der Bewerber geeignet oder nicht geeignet ist, mitteilen.

Exkurs Ende

Zurück zu unserem Fall und zur Zulässigkeit der Frage nach

e) Schwangerschaft und Gesundheitszustand

77 ■ Überlegen Sie zunächst selbst, ob die Frage nach der Schwangerschaft einer Bewerberin um einen Arbeitsplatz zulässig ist oder nicht. Suchen Sie nach Gründen, die für oder gegen die Zulässigkeit sprechen können.

▷ Die Frage nach der Schwangerschaft kann naturgemäß nur weibliche Bewerber betreffen. Eine ungünstigere Behandlung einer Frau wegen einer Schwangerschaft ist daher als unmittelbare Benachteiligung wegen des Geschlechts anzusehen (§ 3 I 2 AGG[192]) und als solche grundsätzlich *unzulässig* (§ 7 I iVm §§ 1, 2 I Nr. 1 AGG – alle Vorschriften lesen!).

Das BAG war ursprünglich von der generellen Zulässigkeit der Frage nach einer Schwangerschaft ausgegangen[193] und schränkte dies im Jahr 1986 auf solche Fälle ein, in denen sich nur Frauen um den Arbeitsplatz bewarben.[194] Im Anschluss an die Rspr. des EuGH[195] gab das BAG 1992 diese Position auf. Es ging nun von der grundsätzlichen Unzulässigkeit der Frage nach einer Schwangerschaft aus.[196] Das BAG hielt die Frage nach der Schwangerschaft jedoch ausnahmsweise dann für zulässig, wenn sie objektiv dem gesundheitlichen Schutz der Bewerberin und des ungeborenen Kindes diente (zB im Hinblick auf ein gesetzliches Beschäftigungsverbot nach §§ 10 III, 11, 12 MuSchG).[197]

---

189 BAG Urt. v. 16.9.1982 – 2 AZR 228/80, BAGE 41, 54 = NJW 1984, 446.
190 ErfK/*Preis* BGB § 611a Rn. 303.
191 *Grimm/Göbel* jM 2018, 278, 282.
192 **dtv-ArbG Nr. 14.**
193 BAG Urt. v. 22.9.1961 – 1 AZR 241/60, BAGE 11, 270 = NJW 1962, 74.
194 BAG Urt. v. 20.2.1986 – 2 AZR 244/85, BAGE 51, 167 = NJW 1987, 397.
195 EuGH Urt. v. 8.11.1990 – C – 177/88, ECLI:EU:C:1990:383 = NJW 1991, 628 – Dekker.
196 BAG Urt. v. 15.10.1992 – 2 AZR 227/92, BAGE 71, 252 = NJW 1993, 1154.
197 BAG Urt. v. 1.7.1993 – 2 AZR 25/93, NJW 1994, 148.

Auch diese Position musste im Jahr 2003 mit Rücksicht auf die Rspr. des EuGH[198] **78** aufgegeben werden.[199] Nach der Rspr. des EuGH ist die Frage nach der Schwangerschaft selbst dann ausgeschlossen, wenn die Arbeitnehmerin befristet eingestellt werden soll und feststeht, dass sie während eines wesentlichen Teils der Vertragszeit nicht arbeiten kann.[200]

Die genannte Rspr. des EuGH zur Geschlechterdiskriminierung wird auch auf die Frage nach einem noch zu leistenden *Wehr- oder Ersatzdienst*[201] übertragen werden müssen: Sofern sie nur Männer betreffen kann, ist sie ebenfalls grundsätzlich unzulässig.[202]

Das »**Allgemeine Gleichbehandlungsgesetz (AGG)**« wurde als Art. 1 des Gesetzes **78a** zur Umsetzung europäischer Richtlinien zur Verwirklichung des Grundsatzes der Gleichbehandlung vom 14.8.2006 verkündet.[203] Seitdem sind Benachteiligungen von Beschäftigten aus den Gründen des § 1 AGG verboten (§ 7 I AGG). Auch die Bewerberinnen und Bewerber für ein Beschäftigungsverhältnis gelten als Beschäftigte (§ 6 I 2 AGG – lesen!). Diese darf der Arbeitgeber nicht wegen der in § 1 AGG genannten Merkmale benachteiligen.[204] Dem Arbeitgeber fehlt damit ein schützenswertes Interesse für alle Fragen, die zu einer Diskriminierung wegen 1. der *Rasse oder ethnischen Herkunft*[205], 2. des *Geschlechts*, 3. der *Religion oder Weltanschauung*[206], 4. einer *Behinderung*[207], 5. des *Alters* und 6. der *sexuellen Iden-*

---

198 EuGH Urt. v. 3.2.2000 – C-207/98, ECLI:EU:C:2000:64 = NJW 2000, 1019 – Mahlburg; EuGH Urt. v. 5.5.1994 – C-421/92, ECLI:EU:C:1994:187 = NJW 1994, 2077 – Habermann-Beltermann.
199 S. BAG Urt. v. 6.2.2003 – 2 AZR 621/01, BAGE 104, 304 = BeckRS 2003, 30305176.
200 Vgl. EuGH AP Nr. 27 zu EWG-Richtlinie Nr. 76/207 – Brandt-Nielsen; bestätigt für den Fall einer **befristeten Schwangerschaftsvertretung** von LAG Köln Urt. v. 11.10.2012 – 6 Sa 641/12, NZA-RR 2013, 232.
201 Die Frage ist nach wie vor bei bestehender **doppelter Staatsangehörigkeit** relevant; zu den Folgen der Aussetzung der Wehrpflicht in Deutschland für Deutsche mit einer doppelten Staatsangehörigkeit s. BT-Drs. 17/9809.
202 *Preis* ArbR I § 20 III 3c.
203 BGBl. 2006 I 1897.
204 Zu einer (unbeabsichtigten) Diskriminierung nach dem AGG kann es durch eine fehlerhafte Datenbasis oder einen Modellfehler auch beim Einsatz von – nur scheinbar objektiven – **Algorithmen im Bewerbungsverfahren** kommen, s. *Dzida/Groh* NJW 2018, 1917, die auf eine offenbare, aber absurde 99%ige Korrelation zwischen der Scheidungsrate im US-Bundesstaat Maine und dem Pro-Kopf-Verzehr von Margarine hinweisen.
205 Eine **Diskriminierung als »Ossi«** fällt nicht darunter, da Ost- und Westdeutsche als Deutsche über dieselbe ethnische Herkunft verfügen, ArbG Stuttgart Urt. v. 15.4.2010 – 17 Ca 8907/09, NZA-RR 2010, 344 f.
206 Sympathien für ein Land, seine Regierung oder eine Partei (**NPD, MLPD, KP Chinas**) fallen nicht unter das Merkmal der Weltanschauung, s. BAG Urt. v. 20.6.2013 – 8 AZR 482/12 Rn. 39, NZA 2014, 21. Näher liegen dürfte dies hingegen bei einer Zugehörigkeit zur **Scientology-Organisation** (str.), s. zum Ganzen ErfK/*Schlachter* AGG § 1 Rn. 8 mwN. Die Ausnahmebestimmung **für Religionsgemeinschaften** des § 9 I Alt. 1 AGG (»im Hinblick auf ihr Selbstbestimmungsrecht«) ist nicht mit Unionsrecht vereinbar und **muss unangewendet bleiben**, BAG Urt. v. 25.10.2018 – 8 AZR 501/14, BeckRS 2018, 30589; EuGH Urt. v. 17.4.2018, C-414/16, ECLI:EU:C:2018:257 = NJW 2018, 1869 – Egenberger; EuGH Urt. v. 11.9.2018, C-68/17, ECLI:EU:C:2018:696 = NJW 2018, 3086 – IR (»Chefarztentscheidung«); s. zum Ganzen zB *Junker* NJW 2018, 1850; *Klein/Bustami* ZESAR 2019, 18.
207 Das BAG hat die **Frage nach einer Schwerbehinderung** zwar im bestehenden Arbeitsverhältnis für zulässig erachtet, jedoch offengelassen, ob dies auch im Einstellungsgespräch gilt, s. BAG Urt. v. 16.2.2012 – 6 AZR 553/10, NJW 2012, 2058. Richtigerweise ist sie bei **fehlender Arbeitsplatzrelevanz** (→ **Rn. 70**) als grds. unzulässig einzustufen, s. ErfK/*Preis* BGB § 611a Rn. 274a mwN.

tität[208] führen können.[209] Die in Deutschland schon früher bekannten Benachteiligungsverbote wegen des Geschlechts (§ 611a BGB aF) und wegen Schwerbehinderung (§ 81 II SGB IX[210] aF) sind in den Regelungen des AGG aufgegangen.

Eine ausnahmsweise **zulässige unterschiedliche Behandlung** im Hinblick auf einen in § 1 AGG genannten Grund regeln die §§ 8–10 AGG. Stellt der Grund wegen der *Art der auszuübenden Tätigkeit* oder der *Bedingungen ihrer Ausübung* eine wesentliche und entscheidende *berufliche Anforderung* dar, bleibt eine unterschiedliche Behandlung zulässig (§ 8 I AGG).

- ■ Können Sie sich Konstellationen vorstellen, in denen eine zulässige unterschiedliche Behandlung im Hinblick auf das Geschlecht danach in Betracht kommt?
- ▷ Zulässig ist es beispielsweise, für die männliche Hauptrolle eines Filmes nur männliche und für die Position eines Mannequins für Damenmode nur weibliche Bewerber zu berücksichtigen.[211]

78b Bei einem Verstoß des Arbeitgebers gegen das Benachteiligungsverbot (§ 7 I AGG) kann sich für den Arbeitnehmer ein Anspruch auf **Schadensersatz und Entschädigung** gem. § 15 AGG[212] (lesen Sie zumindest Abs. 1, 2, 4 und 6 der Vorschrift!) ergeben.[213] Nach § 22 AGG kommt es dabei zu einer *Beweislastumkehr*, wenn Arbeitnehmer *Indizien* präsentieren können, die eine AGG-relevante Benachteiligung *vermuten lassen*. Ein typisches Indiz ist eine nicht AGG-konforme Stellenausschreibung (§ 11 AGG).[214]

---

208 Art. 3 III 1 GG – und damit auch § 1 AGG – schützt auch das »**dritte Geschlecht**« von Menschen, die sich dauerhaft weder dem männlichen noch dem weiblichen Geschlecht zuordnen lassen, BVerfG Beschl. v. 10.10.2017 – 1 BvR 2019/16, BVerfGE 147, 1 = NJW 2017, 3643.

209 HK-AGG/*Däubler* § 7 Rn. 20; ErfK/*Schlachter* AGG § 2 Rn. 4a.

210 **dtv-ArbG Nr. 47**; die Vorschrift war bei europarechtskonformer Auslegung schon vor Inkrafttreten des AGG auf behinderte und nicht nur auf schwerbehinderte Menschen anzuwenden, s. BAG Urt. v. 3.4.2007 – 9 AZR 823/06, BAGE 122, 54 = BeckRS 2007, 46355.

211 S. ferner BAG Urt. v. 18.3.2010 – 8 AZR 77/09, NZA 2010, 872: Weibliches Geschlecht als unverzichtbare Voraussetzung für Position einer kommunalen Gleichstellungsbeauftragten, die insbes. **Integrationsarbeit mit muslimischen Frauen** durchführen soll; BAG Urt. v. 28.5.2009 – 8 AZR 536/08, BAGE 131, 86 = NJW 2009, 3672: weibliches Geschlecht als wesentliche und entscheidende berufliche Anforderung bei **Betreuerstelle für Mädcheninternat** mit Nachtdienste im Internat.

212 Die Anwendung der Vorschrift auch auf **diskriminierende Kündigungen** wird durch § 2 IV AGG nicht ausgeschlossen, BAG Urt. v. 12.12.2013 – 8 AZR 838/12, BAGE 147, 50 Rn. 17 = NJW 2014, 2061; BAG Urt. v. 19.12.2013 – 6 AZR 190/12, BAGE 147, 60 Rn. 14 = BeckRS 2014, 66665.

213 Geht es dem Kläger nicht um den Arbeitsplatz, sondern darum, den formalen Status als Bewerber iSv § 6 I 2 AGG zu erlangen mit dem *ausschließlichen Ziel*, Ansprüche auf Entschädigung und/oder Schadensersatz geltend zu machen (»**AGG-Hopping**«), kann dem Anspruch aus § 15 AGG der Rechtsmissbrauchseinwand (§ 242 BGB) entgegengehalten werden, BAG Urt. v. 26.1.2017 – 8 AZR 848/13, Rn. 124, BeckRS 2017, 112923; BAG Urt. v. 25.10.2018 – 8 AZR 562/16, Rn. 45 ff. = BeckRS 2018, 40097; dies ist mit Unionsrecht vereinbar, s. EuGH Urt. v. 28.7.2016 – C-423/15, ECLI:EU:C:2016:604 = ZIP 2016, 1498 – Kratzer. **Zu weiteren Inhalten des AGG → Rn. 238**, zu Entschädigungsklagen von (Schein-)Bewerbern s. *Korinth* ArbRB 2019, 82.

214 S. dazu BAG Urt. v. 19.8.2010 – 8 AZR 530/09, NZA 2010, 1412; BAG Urt. v. 25.10.2018 – 8 AZR 501/14, Rn. 54, BeckRS 2018, 30589. Auch **falschen, wechselnden oder in sich widersprüchlichen Begründungen** für eine benachteiligende Maßnahme kann Indizwirkung iSv § 22 AGG zukommen, BAG Urt. v. 21.6.2012 – 8 AZR 364/11, NZA 2012, 1345.

Beispiele: Stellenanzeige, die sich der sprachlichen Form nach nur an Männer[215], jüngere Arbeitnehmer[216] oder »Berufsanfänger«[217] richtet, »Deutsch als Muttersprache« fordert (statt »perfekte« oder »sehr gute« Deutschkenntnisse)[218] oder eine langfristige Perspektive in einem »jungen und dynamischen Team«[219] in Aussicht stellt.

Ein abgelehnter Stellenbewerber hat gegen den Arbeitgeber allerdings keinen Anspruch auf Auskunft, ob ein anderer Bewerber eingestellt wurde.[220] Allein die Verweigerung einer solchen Auskunft begründet daher noch nicht gem. § 22 AGG die Vermutung einer unzulässigen Benachteiligung,[221] wohl aber die Erwähnung der »Pensionsberechtigung« bei einer Kündigung.[222]

Die Vermutung des § 22 AGG kann dadurch widerlegt werden, dass der Arbeitgeber Tatsachen darlegt und beweist, aus denen sich ergibt, dass ausschließlich andere als die in § 1 AGG genannten Gründe zu einer ungünstigeren Behandlung geführt haben, also kein Kausalzusammenhang zwischen der benachteiligenden Behandlung und einem in § 1 AGG genannten Grund besteht.[223]

Beispiel: Nach §§ 11, 22 AGG zu vermutende Altersdiskriminierung, bei der der Arbeitgeber aber beweisen kann, dass bei der Bewerbungssichtung konsequent und ausnahmslos alle Bewerbungen ausgeschieden wurden, die eine bestimmte (in der Stellenanzeige zumindest angedeutete) Notenstufe nicht erreichen oder dass das Bewerbungsverfahren schon vor Eingang der Bewerbung des vermeintlich Diskriminierten abgebrochen wurde.[224]

In jedem Fall muss der Anspruch binnen einer Frist von zwei Monaten schriftlich (§ 15 IV AGG[225]) und innerhalb weiterer drei Monate gerichtlich geltend gemacht werden (§ 61b I ArbGG[226]).

---

215 ZB nur männliche Berufsbezeichnung **ohne Zusatz »m/w/d«** für »männlich/weiblich/divers«, wobei mit »divers« das »dritte Geschlecht« gemeint ist (→ **Rn. 78a**); s. dazu *Bettinghausen* BB 2018, 372; *Körlings* NZA 2018, 282; zum früher maßgeblichen Klammerzusatz »m/w« s. BAG Urt. v. 23.11.2017 – 8 AZR 604/16, NJW 2018, 1497.
216 »**Mitarbeiter zwischen 25 und 35 Jahren**«, BAG Urt. v. 23.8.2012 – 8 AZR 285/11, NJW 2012, 3805.
217 BAG Urt. v. 24.1.2013 – 8 AZR 429/11, NJW 2013, 2055; ebenso zu beurteilen ist die Suche nach Personen mit »**mit 0–2 Jahren Berufserfahrung**«, BAG Urt. v. 19.5.2016 – 8 AZR 470/14 Rn. 71, BB 2016, 2746, oder mit **Hochschulabschluss, der »nicht länger als 1 Jahr zurück liegt«** oder innerhalb der nächsten Monate erfolgt«, BAG Urt. v. 26.1.2017 – 8 AZR 848/13.
218 BAG Urt. v. 29.6.2017 – 8 AZR 402/15, BAGE 159, 334 = NZA 2018, 33, Rn. 52 ff.
219 BAG Urt. v. 19.5.2016 – 8 AZR 470/14, BAGE 155, 149 = NZA 2016, 1394, Rn. 71; **unbedenklich** hingegen »**junges, dynamisches Unternehmen**«, da nicht auf Personen, sondern auf das Datum der Unternehmensgründung bezogen, BAG Urt. v. 23.11.2017 – 8 AZR 604/16, NJW 2018, 1497, Rn. 34.
220 EuGH Urt. v. 19.4.2012 – C-415/10, ECLI:EU:C:2012:217 = NJW 2012, 2497 – Meister.
221 BAG Urt. v. 25.4.2013 – 8 AZR 287/08, BeckRS 2013, 68457; vgl. auch BAG Urt. v. 21.2.2013 – 8 AZR 180/12, NJW 2013, 2778.
222 BAG Urt. v. 23.7.2015 – 6 AZR 457/14, BAGE 152, 134 Rn. 28 ff. = NJW 2016, 268.
223 BAG Urt. v. 11.8.2016 – 8 AZR 4/15, BAGE 156, 71, Rn. 91 = NJW 2017, 1409; BAG Urt. v. 25.10.2018 – 8 AZR 501/14, Rn. 108, BeckRS 2018, 30589.
224 BAG Urt. v. 19.5.2016 – 8 AZR 477/14 Rn. 82 ff.
225 Die **Ausschlussfrist gilt auch für andere Schadensersatzansprüche (insbes. gem. § 823 I BGB)**, die auf denselben Lebenssachverhalt gestützt werden (BAG Urt. v. 21.6.2012 – 8 AZR 188/11, NJW 2013, 555) und beginnt erst, wenn der Beschäftigte durch eine ausdrückliche oder konkludente Erklärung des Arbeitgebers erfährt, dass seine Bewerbung keine Aussicht (mehr) auf Erfolg hat, BAG Urt. v. 29.6.2017 – 8 AZR 402/15, BAGE 159, 334 = NZA 2018, 33, Rn. 20.
226 **dtv-ArbG Nr. 91.**

Zur Übung und Vertiefung:

Klausurfall 1b (vgl. Vorwort!): Die einseitige Ausschreibung
▶ Standort: Schadensersatz wegen Diskriminierung

Die Didi Döspaddel oHG schreibt im November 2017 in einer Tageszeitung folgende Stelle aus: »Wir suchen einen Ingenieur mit Kenntnissen im Maschinenbau«. Neben zahlreichen Schreiben von männlichen Bewerbern gehen in dem Unternehmen auch Bewerbungen der Friseuse Frieda Feldbusch sowie von den Ingenieurinnen Emma Schwarzer und Karla Klugmann ein.

Zum Vorstellungsgespräch werden nur Männer eingeladen; eingestellt wird ein männlicher Ingenieur. Die drei Bewerberinnen verlangen von der Döspaddel oHG Schadensersatz. Diese trägt vor, dass Frau Feldbusch die formale Qualifikation nicht erfülle und Emma Schwarzer schlechtere Noten habe als der ausgewählte Kandidat. Karla Klugmann habe zwar hervorragende Noten und sei auch von ihrer Persönlichkeit her überzeugend; obwohl sie daher die Bestqualifizierte gewesen sei, habe ihre Bewerbung nicht berücksichtigt werden können, weil die Döspaddel oHG Frauen ungeeignet für Führungsaufgaben halte. Werden die drei Frauen mit ihren Schadensersatzklagen Erfolg haben?

Abwandlung:

Die Knochenbrecher-Krankenhaus KG schreibt im Februar 2018 in Zeitungen folgende Stelle aus: »Wir suchen eine Chefärztin mit Führungserfahrung«. Neben 25 Frauen bewerben sich auch zwei Männer mit der entsprechenden Qualifikation. Die besten Examensnoten hat Peter Pfiffig, dessen Persönlichkeit die KG aber nicht überzeugt. Eingestellt wird der andere männliche Bewerber. Wird eine Schadensersatzklage von Peter Pfiffig gegen die KG wegen Diskriminierung Erfolg haben? [...]

Ausformulierter Lösungsvorschlag:
▶ Siehe *Gruber* Standardfälle ArbR Fall 1.[227]

79   An die grundsätzliche Zulässigkeit der *Frage nach dem Gesundheitszustand* sind strenge Anforderungen zu stellen: Allgemeine Fragen nach dem Gesundheitszustand sind unzulässig. Es dürfen nur Fragen gestellt werden, die für das einzelne einzugehende Arbeitsverhältnis bedeutsam sein können, insbesondere, weil sie in absehbarer Zeit zu Arbeitsunfähigkeit führen (zB akute Erkrankung oder geplante Operation). Weil mit einer Heilung nicht gerechnet werden kann und zudem eine unabsehbare Arbeitsunfähigkeit droht, ist die Frage nach einer AIDS-*Erkrankung* zulässig. Da am Arbeitsplatz normalerweise keine Ansteckungsmöglichkeiten bestehen und eine Arbeitsunfähigkeit noch nicht absehbar ist, darf nach einer HIV-*Infektion* grundsätzlich nicht gefragt werden.[228] § 19 GenDG[229] enthält ein ausdrückliches Verbot für den Arbeitgeber, nach den Ergebnissen von Gentests zu fragen oder gar die Vornahme genetischer Untersuchungen zu verlangen.[230]

■ Was bedeutet das zur Schwangerschaft Ausgeführte für unsere Falllösung?

---

227   **Kurzhinweise zur Lösung:** 1) Beweislastumkehr gem. § 22 AGG und Anspruch der bestqualifizierten K gem. § 15 II 1 AGG ohne Begrenzung nach § 15 II 2 AGG. 2) Bei F greift § 22 AGG wegen fehlender Grundqualifikation nicht, daher kein Anspruch. 3) Situation bei S wie bei K, aber Deckelung des Anspruchs gem. § 15 II 2 AGG auf maximal drei Monatsgehälter. 4) Vermutung des § 22 AGG durch Einstellung eines Mannes widerlegt, daher kein Anspruch des P.
228   ErfK/*Preis* BGB § 611a Rn. 274c.
229   **dtv-ArbG Nr. 56b.**
230   In § 4 GenDG und § 21 I GenDG sind ferner arbeitsrechtliche Benachteiligungsverbote geregelt. Hinsichtlich der Rechtsfolgen von Verstößen wird auf die §§ 15, 22 AGG verwiesen.

▶ Dass B die Schwangerschaft verschwiegen hat, ist unerheblich, da die Frage nach der Schwangerschaft unzulässig war.

B hat aber auf die zulässige Frage nach Vorstrafen nicht geantwortet, sondern ihre einschlägigen Vorstrafen bewusst verschwiegen und dadurch den P arglistig getäuscht:

> **Hinweis:** Unter »arglistiger Täuschung« (vgl. § 123 I BGB) versteht man jedes Verhalten des Täuschenden, das bei seinem Vertragspartner einen für die Abgabe einer Willenserklärung ursächlichen Irrtum hervorruft. Dabei muss sich der Täuschende bewusst sein (zumindest ist bedingter Vorsatz erforderlich!), dass der andere seine Willenserklärung ohne die Täuschung nicht oder nicht »so« abgegeben hätte.

Täuscht ein Arbeitnehmer den Arbeitgeber bei Einstellungsgesprächen auf diese Weise, berechtigt dies den Arbeitgeber grundsätzlich zur Kündigung aus wichtigem Grund gem. § 626 I BGB. Eine schwangere Arbeitnehmerin genießt jedoch generell

3. Kündigungsschutz

Dies ergibt sich aus dem Mutterschutzgesetz!

■ Überfliegen Sie das Inhaltsverzeichnis dieses Gesetzes[231] und suchen sowie lesen Sie die einschlägige Vorschrift!
▶ Haben Sie die Vorschrift gefunden? Vgl. Fußnote[232]!
■ Lesen Sie davon nochmals Abs. 1 S. 1 und beantworten Sie die Frage, ob die Voraussetzungen für die Anwendung der Norm vorliegen!
▶ B hat ein ärztliches Attest über die Schwangerschaft vorgelegt, sodass eine Kündigung unzulässig wäre!

Hierzu müssen Sie sich merken, dass es sich bei § 17 I MuSchG um ein *absolutes Kündigungsverbot* handelt, dh, sowohl eine ordentliche bzw. fristgerechte wie auch eine außerordentliche *Kündigung* sind unter den Voraussetzungen von § 17 I 1 MuSchG unzulässig (s. aber den *Erlaubnisvorbehalt* für nicht mit der Schwangerschaft zusammenhängende Gründe in § 17 II MuSchG – lesen!).

■ Zwischenergebnis für unseren Fall also?
▶ Durch eine *Kündigung* gem. § 626 I BGB kann P das Arbeitsverhältnis mit der B wegen des absoluten Kündigungsverbots des § 17 I MuSchG nicht beenden.

Da B auf eine *zulässige* Frage nach Vorstrafen gelogen hat, erscheint dieses Ergebnis unbefriedigend.

■ Haben Sie eine Idee, welche Möglichkeit P bzw. die M-GmbH trotz unzulässiger Kündigung noch haben könnte, um das Arbeitsverhältnis mit B aufzulösen? (Überlegen Sie und denken Sie daran, dass das BGB »allgemeine Vorschriften« enthält, die Anwendung finden können, wenn nicht besondere Regelungen vorgehen!)
▶ Bei dem bisher oft zitierten Stichwort »arglistige Täuschung« haben Sie sicher schon an »Anfechtung« gedacht!?

---

231 dtv-ArbG Nr. 57.
232 § 17 I MuSchG!

Prüfen wir also die Möglichkeit der

4. Anfechtung des Arbeitsvertrags

82
> **Prüfungsschema**
> **Anfechtung einer Willenserklärung, die zum Abschluss eines Arbeitsvertrags geführt hat, wegen arglistiger Täuschung:**[233]
> (1) Anfechtungs**erklärung** (§ 143 I BGB)
> (2) Anfechtungs**grund** (§ 123 I Alt. 1 BGB)
>   (a) **Täuschung:** Falschbeantwortung einer Frage
>   (b) **Widerrechtlichkeit:** bei zulässiger Frage kein Recht zur Lüge
>   (c) **Kausalität:** »bestimmt worden ist«
>   (d) **Arglist**

Dazu müsste zunächst das Anfechtungsrecht des BGB neben dem Kündigungsrecht im Arbeitsrecht anwendbar sein.

- Was könnte eventuell dagegen sprechen?
- ▷ Dass dann der von § 17 I MuSchG beabsichtigte absolute Kündigungsschutz wirkungslos würde!

Außerdem widersprechen sich Anfechtung und Kündigung in ihren Wirkungen.

- Worin besteht der wesentliche Unterschied in der Wirkung einer Kündigung einerseits und einer Anfechtung andererseits? (Überlegen Sie!)
- ▷ Die Kündigung ist (wie die Anfechtung) eine einseitige, empfangsbedürftige Willenserklärung. Durch sie wird ein Dauerschuldverhältnis[234] *mit Wirkung für die Zukunft* (»ex nunc«[235]) beendet. Dagegen führt die Anfechtung eines Rechtsgeschäfts zu dessen Nichtigkeit »von Anfang an« (= »ex tunc«[236]).
- Aus welcher Vorschrift folgt das? (Das sollten Sie mit Ihren inzwischen erlangten Rechtskenntnissen eigentlich »auswendig« wissen!)
- ▷ Die Antwort gibt Fußnote[237]!

Sofern aufgrund eines angefochtenen Vertrags bereits Leistungen ausgetauscht wurden, sind diese, da sie ohne Rechtsgrund geleistet wurden, wieder zurückzugeben.

- *Zwischenfrage:* Aufgrund welcher Vorschriften des BGB erfolgt in einem solchen Fall die Rückabwicklung des nichtigen Vertrags? (Überlegen Sie!)
- ▷ Antwort siehe Fußnote[238]!

---

233 Ausführlicheres Schema bei *Kokemoor/Kreissl* ArbR I Rn. 22.
234 → Rn. 62: Ein **Dauerschuldverhältnis** ist ein Schuldverhältnis, das nicht auf eine einmalige Leistung, sondern auf dauerndes Verhalten oder auf wiederkehrende Leistung gerichtet ist. Typischerweise erfordert ein Dauerschuldverhältnis, insbes. der Arbeitsvertrag, ein hohes Maß an Vertrauen und verpflichtet zu verstärkter Rücksichtnahme, vgl. MüKoBGB/*Gaier* BGB § 314 Rn. 6.
235 Lat.: »ab jetzt«.
236 Lat.: »seit damals«.
237 **§ 142 I BGB!** – falls nicht gewusst, vgl. *Wörlen/Metzler-Müller* BGB AT Rn. 227.
238 **§§ 812 ff. BGB.**

Bei einem Arbeitsverhältnis ist die Rückerstattung der bereits ausgetauschten Leistungen schlecht möglich; denn wie soll der Arbeitgeber dem Arbeitnehmer, wenn er seine Arbeit schon begonnen hat,[239] die bereits geleistete Arbeit zurückgeben? Und die für die Arbeit erhaltene Vergütung wird der Arbeitnehmer in der Regel zur Bestreitung seines Lebensunterhalts verbraucht haben. **83**

Wegen der Rückwirkung der Anfechtung könnte man deshalb meinen, dass eine Anfechtung von Arbeitsverträgen nicht möglich ist.

Das könnte allerdings, wie zB auch in unserem Fall, zur Folge haben, dass sogar eine *arglistige Täuschung* bei Eingehung eines Arbeitsvertrags völlig unberücksichtigt bleiben müsste und würde dem Gerechtigkeitsempfinden widersprechen.

a) Anfechtung wegen arglistiger Täuschung

■ Was meinen Sie, wie das BAG diesen Konflikt gelöst hat? **84**
▶ Das BAG hat das Anfechtungsrecht des BGB neben der Kündigung bei Vorliegen eines *Anfechtungsgrundes* auch im Arbeitsrecht für wirksam erklärt. Wird allerdings ein Arbeitsvertrag angefochten, aufgrund dessen bereits ein Arbeitsverhältnis aufgenommen worden ist, wird das Arbeitsverhältnis nicht rückwirkend, sondern erst *vom Zeitpunkt der Anfechtungserklärung* an beendet.[240]

Darin liegt auch kein Widerspruch zu dem von § 17 I MuSchG beabsichtigten absoluten Kündigungsschutz.

■ Warum wohl nicht? (Überlegen Sie! Was soll der Kündigungsschutz verhindern?)
▶ § 17 I MuSchG soll nur verhindern, dass die schwangere Arbeitnehmerin ihren *rechtmäßig* erlangten Arbeitsplatz verliert!

> **Hinweis:** Durch den Kündigungsschutz des § 17 MuSchG soll indessen nicht bewirkt werden, dass die Beteiligten an einem Arbeitsverhältnis festhalten müssen, das in rechtlich fehlerhafter Weise zustande gekommen ist. **85**

Somit ist in unserem Übungsfall zwar die Kündigung nach § 626 I BGB wegen des absoluten Kündigungsschutzes von § 17 I 1 MuSchG ausgeschlossen, doch kann die M-GmbH, vertreten durch P, den Vertrag mit B wegen des Einstellungsbetrugs bezüglich ihrer einschlägigen Vorstrafen gem. § 123 I BGB anfechten! Wegen der besonderen Interessenlage beim Arbeitsvertrag wirkt die Anfechtung, sofern das Arbeitsverhältnis durch Arbeitsaufnahme bereits vollzogen wurde, entgegen § 142 I BGB nicht »ex tunc«, sondern analog einer Kündigung »ex nunc«.

b) Anfechtung wegen Irrtums über verkehrswesentliche Eigenschaften

Wenngleich wir den Übungsfall 2 grundsätzlich gelöst haben (= Kündigung des Arbeitsvertrags mit A gem. § 626 I BGB und Anfechtung des Arbeitsvertrags mit B gem. § 123 I BGB möglich), wirft dieser Fall noch die Frage auf (Gutachten!), ob ein Arbeitgeber einer bei der Einstellung schwangeren Bewerberin wegen »Irrtums über eine verkehrswesentliche Eigenschaft« gem. § 119 II BGB kündigen kann! Denkbar wäre doch durchaus, dass die *Schwangerschaft* eine »*verkehrswesentliche Eigenschaft*« einer Person wäre. Abgesehen von anderen Kriterien, die wir hier nicht wie- **86**

---

239 **Vor Antritt der Arbeit** ergeben sich keine Probleme: Der Arbeitsvertrag ist **von Anfang an nichtig**, *Brox/Rüthers/Henssler* ArbR Rn. 172.
240 Vgl. zB BAG Urt. v. 5.12.1957 – 1 AZR 594/56, BAGE 5, 159; BAG Urt. v. 29.8.1984 – 7 AZR 34/83, NJW 1985, 646; *Brox/Rüthers/Henssler* ArbR Rn. 173; ErfK/*Preis* BGB § 611a Rn. 367.

derholen können,²⁴¹ liegt eine verkehrswesentliche Eigenschaft einer Person nur dann vor, *wenn sie von längerer Dauer ist*. Dazu *reichen aber die neun Monate Schwangerschaft nicht aus:* Eine Schwangerschaft ist wegen ihres vorübergehenden Charakters regelmäßig *keine* verkehrswesentliche Eigenschaft.

> **Beispiel:** Ein Arbeitgeber stellt eine Sekretärin ein. Als er später von der Schwangerschaft erfährt, will er den Arbeitsvertrag wegen Irrtums nach § 119 II BGB anfechten!

Die Anfechtung ist nicht zulässig.

5. Nichtigkeit des Arbeitsvertrages aus anderen Gründen

87 Neben Mängeln des Arbeitsvertrages, die zur Kündigung oder zur Anfechtung berechtigen, können Mängel vorliegen, aufgrund derer der Arbeitsvertrag auch ohne die Ausübung dieser Gestaltungsrechte von Anfang an unwirksam bzw. nichtig ist:

a) Fehlende Vertretungsmacht bei Handeln im Namen des Arbeitgebers

88 > **Beispiel:** Während der urlaubsbedingten Abwesenheit des Arbeitgebers U stellt dessen Angestellter A, der für die Urlaubszeit mit der Leitung der Geschäfte betraut war, eine neue Sekretärin S und einen Buchhalter B ein. A hatte allerdings keinerlei Vollmacht in Personalangelegenheiten. U hat an der Einstellung von S und B, die seit vier Wochen in seinem Betrieb arbeiten, kein Interesse. Da er die Arbeitsverträge für unwirksam hält, will U die beiden sofort entlassen und auch kein Entgelt zahlen.

- Machen Sie sich wieder selbst einige Gedanken dazu, wie dieses Problem rechtlich zu lösen ist. Versetzen Sie sich dabei zunächst in die Lage der Arbeitnehmer S und B und dann in die Situation des Arbeitgebers U.
- ▶ S und B geht es in erster Linie natürlich darum, dass sie ihren Lohn für vier Wochen geleistete Arbeit erhalten.
- Welche Anspruchsgrundlage kommt für S und B für das Verlangen ihres Arbeitsentgelts jeweils in Betracht?
- ▶ Da S und B für U Arbeit geleistet haben, könnte sich ein Anspruch auf Entgelt aus § 611a II BGB ergeben, wenn zwischen U sowie S und B jeweils ein Arbeitsverhältnis entstanden ist.

89 Voraussetzung für ein wirksames Arbeitsverhältnis ist grundsätzlich ein gültiger Arbeitsvertrag. Da S und B nicht mit U selbst verhandelt haben, sondern mit A, kann ein Arbeitsvertrag gem. §§ 145 ff. iVm § 164 I 1 BGB (der mangels vorhandener Sondervorschriften selbstverständlich auch im Arbeitsrecht anwendbar ist) zustande gekommen sein, wenn A den U bei Vertragsschluss wirksam vertreten hat.

A hatte für Personalangelegenheiten jedoch keine Vertretungsmacht, sodass es an der wichtigsten Voraussetzung von § 164 I 1 BGB fehlt.

- Welche Rechtsfolge tritt zunächst ein, wenn ein Vertrag von einem Vertreter ohne Vertretungsmacht geschlossen wurde?
- ▶ In einem solchen Fall soll der Vertretene noch die Möglichkeit haben, das vom vollmachtlosen Vertreter vorgenommene Rechtsgeschäft an sich zu ziehen. Gemäß § 177 I BGB kann der Vertretene den Vertragsschluss daher genehmigen.²⁴²

---

241 Vgl. *Wörlen/Metzler-Müller* BGB AT Rn. 206 ff.
242 Falls Sie das nicht (mehr) gewusst haben, lesen Sie *Wörlen/Metzler-Müller* BGB AT Rn. 323 ff.

II. Mängel des Arbeitsvertrags und ihre Folgen

U hat indessen klar zu erkennen gegeben, dass er die Genehmigung verweigert, sodass die Arbeitsverträge mit S und B von Anfang an unwirksam waren. 90

Dieses Ergebnis ist natürlich für S und B, die bereits vier Wochen im Betrieb des U gearbeitet haben, äußerst unbefriedigend, da die geleistete Arbeit nicht zurückgewährt werden kann.

Da es nicht rechtens sein kann, dass ein Arbeitnehmer, der bereits in den Betrieb eingegliedert war und Arbeit geleistet hat, dafür keinen Lohnanspruch (sowie Anspruch auf Sozialversicherungsbeiträge) haben soll, besteht in diesem Fall, in dem der nichtige Arbeitsvertrag durch Arbeitsaufnahme bereits in Vollzug gesetzt ist, ein sog.

b) Faktisches Arbeitsverhältnis
aa) Voraussetzungen

(1) Voraussetzung für ein faktisches Arbeitsverhältnis ist zunächst ein **fehlerhafter Arbeitsvertrag**, wozu auch ein nach § 177 I BGB nicht genehmigter und daher unwirksamer Vertrag zu zählen ist. 91

(2) Der *Arbeitsvertrag* muss bereits **in Vollzug gesetzt** sein.[243] Dies ist regelmäßig, wie auch in unserem Beispiel, der Fall, wenn die Arbeit durch den Arbeitnehmer aufgenommen wurde.

(3) Der Annahme eines faktischen Arbeitsverhältnisses dürfen **keine überwiegenden öffentlichen Belange**[244] oder solche des Einzelnen, vor allem des Arbeitnehmers, entgegenstehen. Deshalb ist ein mit gefälschten Unterlagen erschlichenes Arbeitsverhältnis als Arzt von Anfang an unwirksam (§ 134 BGB) und die nur vermeintlich ärztliche Tätigkeit des Nichtarztes nicht zu vergüten (§ 817 BGB).[245]

In unserem Beispiel sind solche Interessen und Belange nicht ersichtlich.

bb) Rechtsfolgen

Liegen, wie hier, die Voraussetzungen für ein faktisches Arbeitsverhältnis vor, so kann dieses rückwirkend nicht mehr beseitigt werden. Zwar kann der fehlerhafte Arbeitsvertrag für die Zukunft keine rechtliche Bindung mehr entfalten, doch wird das faktische Arbeitsverhältnis für die Zeit seines Bestehens wie ein wirksames Arbeitsverhältnis behandelt, aus dem quasivertragliche Ansprüche für die Vergangenheit folgen. Für diese Zeit hat der Arbeitnehmer alle Ansprüche gegen den Arbeitgeber, die er auch bei einem wirksam zustande gekommenen Arbeitsverhältnis gehabt hätte. 92

In unserem Beispiel können S und B daher Lohn für vier Wochen Arbeit verlangen.

Für die Zukunft kann U sich dagegen durch einseitige Erklärung von dem faktischen Arbeitsverhältnis lösen und muss dabei keine Kündigungsbeschränkungen beachten.[246]

c) Fehlende oder beschränkte Geschäftsfähigkeit

Wie jeder privatrechtliche Vertrag ist auch der Arbeitsvertrag von Anfang an uneingeschränkt wirksam, wenn beide Parteien geschäftsfähig sind. Anderenfalls ist die Wirksamkeit des Vertrags nach den §§ 104 ff. BGB zu beurteilen. 93

---

243 Vgl. ErfK/*Preis* BGB § 611a Rn. 145.
244 Vgl. BAG Urt. v. 1.4.1976 – 4 AZR 96/75, BAGE 28, 83 = NJW 1976, 1958, sog. »Nachtbar-Urteil« (Vorführung von Geschlechtsverkehr auf einer Bühne).
245 BAG Urt. v. 3.11.2004 – 5 AZR 592/03, BAGE 112, 299 = BeckRS 2005, 40136.
246 Vgl. ErfK/*Preis* BGB § 620 Rn. 17.

2. Kapitel. Entstehung des Arbeitsverhältnisses

Schließt ein beschränkt Geschäftsfähiger als Arbeitgeber einen Arbeitsvertrag, so ist dieser wirksam, wenn ihn der gesetzliche Vertreter im Rahmen von § 112 BGB zum selbstständigen Betrieb eines Erwerbsgeschäfts ermächtigt hat (»partielle Geschäftsfähigkeit, Handelsmündigkeit«[247]).

94 Als Arbeit*nehmer* kann ein beschränkt Geschäftsfähiger einen Arbeitsvertrag nur mit Zustimmung des gesetzlichen Vertreters schließen. Für seine auf den Vertragsschluss gerichtete Willenserklärung gelten somit insbesondere die §§ 107, 108 BGB. Der Abschluss eines Arbeitsvertrags durch einen minderjährigen Arbeitnehmer fällt also *nicht* unter die sog. »Arbeitsmündigkeit« und die damit verbundene partielle Geschäftsfähigkeit des Minderjährigen nach § 113 BGB. Diese liegt erst vor, wenn der Minderjährige mit Zustimmung seiner Eltern einen Arbeitsvertrag geschlossen *hat*, durch den das Arbeitsverhältnis entstanden ist.

95 Die Grundsätze über das faktische Arbeitsverhältnis sind bei einem nach den §§ 104 ff. BGB nichtigen Arbeitsvertrag nur anwendbar, sofern sie nicht dem Minderjährigenschutz widersprechen: Hat ein minderjähriger Arbeit*nehmer* aufgrund eines nichtigen Vertrags Arbeit geleistet, muss er dafür selbstverständlich einen Entgeltanspruch haben. Hat er dabei mangelhaft gearbeitet, stehen dem Arbeit*geber* hingegen keine *vertraglichen* Schadensersatzansprüche zu, da wegen mangelnder Geschäftsfähigkeit keine wirksame Verpflichtung des Arbeitnehmers begründet werden konnte. Bestand das vermeintliche Arbeitsverhältnis aufgrund eines wegen der Minderjährigkeit des Arbeit*gebers* nichtigen Vertrags, so hat der Arbeit*nehmer* keinen Entgeltanspruch, sondern ist auf Bereicherungs- und/oder deliktische Schadensersatzansprüche angewiesen.[248]

d) Nichtigkeit wegen Verstoßes gegen die §§ 125, 134 oder 138 BGB

96 Ergibt sich die Nichtigkeit wegen *Formmangels* aus § 125 BGB oder ist der Vertrag wegen Verstoßes gegen ein *gesetzliches Verbot* (§ 134 BGB) oder die *guten Sitten* (§ 138 BGB) nichtig, sind (sofern keine Kollision mit dem Minderjährigenschutz und Ähnlichem gegeben ist) die Grundsätze über das faktische Arbeitsverhältnis anwendbar.

Ein *sittenwidriger Lohn* (§ 138 I BGB)[249] oder *Lohnwucher* (§ 138 II BGB)[250] führen zur Unwirksamkeit (nur) der Entgeltvereinbarung. Der Arbeitsvertrag bleibt in diesen Fällen wirksam mit der Folge, dass gem. § 612 II BGB die übliche Vergütung geschuldet ist.

> **Hinweis:** Während der Mindestlohn lediglich das Minimum der Vergütung bezeichnet, berücksichtigt die Prüfung der Sittenwidrigkeit nach § 138 BGB das Verhältnis der vereinbarten zur üblichen Vergütung.[251]

---

247 Zu § 112 sowie § 113 BGB vgl. *Wörlen/Metzler-Müller* BGB AT Rn. 115, 117.
248 Vgl. *Alpmann und Schmidt* ArbR I Rn. 236 f.
249 S. dazu BAG Urt. v. 26.4.2006 – 5 AZR 549/05, BAGE 118, 66 = BeckRS 2006, 42857.
250 Ein **auffälliges Missverhältnis iSv § 138 BGB** nimmt das BAG an, wenn die Arbeitsvergütung nicht einmal *zwei Drittel* des üblichen (Tarif-)Lohns erreicht, vgl. BAG Urt. v. 22.4.2009 – 5 AZR 436/08, BAGE 130, 338 Rn. 17 = BeckRS 2009, 67319; BAG Urt. v. 17.12.2014 – 5 AZR 663/13, BAGE 150, 223 Rn. 18 = NJW 2015, 1709; hinzukommen muss noch eine **verwerfliche Gesinnung**, die ab der Hälfte der üblichen Vergütung unterstellt werden kann, BAG Urt. v. 18.11.2015 – 5 AZR 814/14, NJW 2016, 2359 Rn. 42; zur Strafbarkeit des **Lohnwuchers** und der **Ausbeutung** vgl. §§ 291 I 1 Nr. 3, 232 I 2, 1 Nr. 1b, 233 I Nr. 1 StGB.
251 BAG Urt. v. 18.11.2015 – 5 AZR 814/14, NJW 2016, 2359 Rn. 40.

II. Mängel des Arbeitsvertrags und ihre Folgen

Zur Entstehung des Arbeitsverhältnisses vgl. die folgende Übersicht 5.

Übersicht 5

Entstehung des Arbeitsverhältnisses	97
Vorvertragliche Verhandlungen (§ 311 II BGB): *Pflichten zu gegenseitiger Rücksichtnahme (§ 241 II BGB)*	

Arbeitnehmer	Arbeitgeber
Mitteilungspflicht	**Aufklärungs-, Obhuts-, Sorgfaltspflichten**
Beantwortung von Fragen, die *in unmittelbarem Zusammenhang mit dem Arbeitsplatz* stehen.	*Beispiele:* Sorgfältige und diskrete Behandlung von Bewerbungsunterlagen; Ersatz von Aufwendungen für Vorstellungsgespräche (analog § 670 BGB).
Grundsätzlich zulässig sind zB: Frage nach *spezifischen tätigkeitsbezogenen Vorstrafen*; Frage nach *Gesundheitszustand*; Frage nach *beruflichem Werdegang und bisherigem Gehalt*.	
	Bei *unzulässigen Fragen* des Arbeitgebers steht dem Arbeitnehmer ein »*Recht zur Lüge*« zu.
Grundsätzlich unzulässig sind zB: Frage nach *politischer Einstellung* bzw. *Parteizugehörigkeit*, *Gewerkschaftszugehörigkeit* (vgl. Art. 9 III GG), *Vorstrafen*, die keinerlei Beziehung zum Arbeitsplatz haben, *Schwangerschaft*, *Schwerbehinderteneigenschaft* (vgl. §§ 1, 7 I, 6 I 2 AGG).	*Zulässige Fragen* muss Arbeitnehmer wahrheitsgemäß beantworten!
	Rechtsfolge bei falscher Beantwortung zulässiger Fragen:
Grundsatz (vgl. §§ 26 I 1, VIII 2 BDSG, Art. 4 Nr. 1, 2 EU-DSGVO) Fragen, die keine konkrete und unmittelbare Beziehung zum angestrebten Arbeitsplatz haben, den Menschen in seiner ganzen Persönlichkeit erfassen wollen oder in seine Intimsphäre eindringen, sind unzulässig!	1) Kündigung durch Arbeitgeber aus wichtigem Grund gem. § 626 I BGB oder 2) Anfechtung nach § 123 BGB möglich.

zu 1)
Kündigung aus wichtigem Grund gem. § 626 I BGB bei wahrheitswidriger Beantwortung zulässiger Fragen:
- Kündigung aus wichtigem Grund = fristlose, außerordentliche Kündigung; ist zulässig, wenn Einhaltung der ordentlichen Kündigungsfrist unzumutbar ist.
- Kündigung wirkt zum Zeitpunkt, zu dem gekündigt wird!
- Kündigung geht »ins Leere«, wenn Kündigungsverbot eingreift, zB § 17 I MuSchG!

2. Kapitel. Entstehung des Arbeitsverhältnisses

Übersicht 5 *(Fortsetzung)*

zu 2)
Anfechtung ist neben Kündigung zulässig, wenn Anfechtungsgrund vorliegt.

- Anfechtung wirkt entgegen § 142 I BGB bei bereits vollzogenem Arbeitsvertrag *nicht* rückwirkend (»geleistete Arbeit kann nicht zurückerstattet werden«!), sondern nur für die Zukunft.

- Anfechtungsmöglichkeit widerspricht nicht dem Kündigungsschutz von § 17 MuSchG: Diese Vorschrift soll verhindern, dass schwangere Arbeitnehmerin *rechtmäßig* erlangten Arbeitsplatz verliert, nicht aber ein – unabhängig von der Schwangerschaft – *fehlerhaft* zustande gekommenes Arbeitsverhältnis schützen.

Ausnahmsweise *zulässige unterschiedliche Behandlung* nach dem AGG:
§§ 8–10 AGG, vor allem wegen der Art der auszuübenden Tätigkeit oder der Bedingungen ihrer Ausübung (§ 8 I AGG).
Verstoß gegen Benachteiligungsverbot (§ 7 I AGG) begründet Anspruch auf Schadensersatz und Entschädigung (§ 15 AGG).

Literatur zur Vertiefung (2. Kapitel, Rn. 62–97): *Alpmann und Schmidt* ArbR I Rn. 189 ff.; *Bausewein*, Bewerberauswahl und Personalentwicklung mittels psychologischer Eignungstests, DuD 2016, 139; *Benedict*, Der Maßstab der AGB-Kontrolle – oder die Suche nach dem »indispositiven Leitbild« im Arbeitsvertragsrecht, JZ 2012, 172; *Bettinghausen*, Die geschlechtsneutrale Stellenausschreibung unter Berücksichtigung des dritten Geschlechts, BB 2018, 372; *Boemke* ArbR § 3; *Boemke*, Bewerber-Benachteiligung wegen Alters, JuS 2013, 460; *Brors*, Wann ist eine Altersdiskriminierung nach der Rechtsprechung des EuGH gerechtfertigt?, RdA 2012, 346; *Brox/Rüthers/Henssler* ArbR Kap. 3; *Däubler*, Digitalisierung und Arbeitsrecht, SR 2016, 2 (Sonderausgabe); *Dombrowsky*, Praktische Probleme von Datenschutz und Beschäftigtendatenschutz im Betrieb, ZfA 2019, 5; *Dütz/Thüsing* ArbR §§ 3, 7; *Dzida/Groh*, Diskriminierung nach dem AGG beim Einsatz von Algorithmen im Bewerbungsverfahren, NJW 2018, 1917; *Franzen*, Persönlichkeitsrecht und Datenschutz im Arbeitsverhältnis, ZfA 2019, 18; *Franzen*, Rechtliche Rahmenbedingungen psychologischer Eignungstests, NZA 2013, 1; *Gola*, Das Internet als Quelle von Bewerberdaten – Vorgaben von DS-GVO, BDSG und UWG, NZA 2019, 654; *Grimm/Göbel*, Das Arbeitnehmerdatenschutzrecht in der DSGVO und dem BDSG neuer Fassung, jM 2018, 278; *Gruber*, Schutz vor Diskriminierung im Arbeitsrecht, DVP 2009, 118 (Fallbearbeitung); *Hamann/Rudnik*, Formulararbeitsverträge auf dem Prüfstand, JURA 2009, 335 und 486; *Hanau/Adomeit* ArbR F.; *Herbert/Oberrath*, Hinreichende Deutschkenntnisse des Arbeitnehmers im Spiegel der Rechtsprechung, NJ 2011, 8; *Hromadka/Maschmann* ArbR I § 5; *Junker*, Gleichbehandlung und kirchliches Arbeitsrecht – Ein deutscher Sonderweg endet vor dem EuGH, NJW 2018, 1850; *Junker* GK ArbR § 3; *Junker* Fälle ArbR Fall 2; *Kamps/Bonanni*, Beschäftigtendaten in der Cloud, ArbRB 2016, 214; *Klein/Bustami*, Ungleichbehandlung wegen der Religion oder Weltanschauung bei kirchlichen Arbeitgebern, ZESAR 2019, 18; *Körlings*, Das dritte Geschlecht und die diskriminierungsfreie Einstellung, NZA 2018, 282; *von Koppenfels-Spies*, (Original-)Referendarexamensklausur – Zivilrecht: Familien- und Arbeitsrecht (ua § 670 BGB analog, § 104 I SGB VII, Druckkündigung), JuS 2018, 467; *Korinth*, Entschädigungsklagen von (Schein-)Bewerbern, ArbRB 2019, 82; *Kort*, Neuer Beschäftigtendatenschutz und Industrie 4.0, RdA 2018, 24; *Kort*, Eignungsdiagnose von Bewerbern unter der Datenschutz-Grundverordnung (DS-GVO), NZA-Beilage 2016, 62; *Leeb/Liebhaber*, Grundlagen des Datenschutzrechts, JuS 2018, 534; *Lingemann/Otte*, Arbeitsrechtliche Fragen der »economy on demand«, NZA 2015, 1042; *Löwisch/Caspers/Klumpp* ArbR §§ 6, 16; *Oberthür/Stähler*, Reform des Mutterschutzgesetzes zum 1.1.2018 – Was ändert sich?, ArbRB 2017, 179; *Odemer*, Examensrelevante Besonderheiten des materiellen Arbeitsrechts, JA 2015, 335; *Preis* I §§ 20–23; *Preis*, 15 Jahre AGB-Kontrolle in den Händen von zehn Senaten des BAG, SR 2019, 153; *Reichold* ArbR § 7 sowie dazu Fall 2; *Reinecke*, AGB und Kollektives Arbeitsrecht, AuR 2012, 245; *Romeis/Keßenich*, Audience Targeting: AGG-diskriminierende Stellenanzeigen aufgrund der Ausrichtung auf Zielgruppen, DB 2018, 445; *Schlachter*, Kopftuchverbot auf

»Kundenwunsch«?, EuZA 2018, 173; *Schneedorf*, Diskriminierungsschutz nach dem EuGH – Bröckelt das Fundament des kirchlichen Arbeitsrechts?, NJW 2019, 177; *Schmid,* Die rechtliche Zulässigkeit psychologischer Testverfahren im Personalbereich, NJW 1971, 1863; *Schmidt,* Eine schöne Bescherung und andere Vorfälle (individualarbeitsrechtliche Übungsklausur), JURA 2015, 188; *Seiwerth*, Unwirksamkeit uneingeschränkter Ausschlussklauseln nach dem MiLoG aufgrund »dynamischer Transparenzanforderungen«, NZA 2019, 17; *Senne*, ArbR 1. Kap.; *Waltermann* ArbR § 9; *Wank/Maties*, Allgemeine Geschäftsbedingungen in der Arbeitsrechtsklausur, JURA 2010, 1; *Wietfeld*, Der Einsatz psychologischer Testverfahren bei der Personalauswahl – Grundlagen und rechtliche Bewertung, ZfA 2016, 215; *Zöllner/Loritz/Hergenröder* ArbR § 12.

3. Kapitel. Pflichten und Rechte des Arbeitnehmers

98 Wie jeder gegenseitige Vertrag begründet auch der Arbeitsvertrag eine Vielzahl von Pflichten der Vertragspartner, denen entsprechende Rechte des anderen Teils gegenüberstehen, und wie bei jedem Schuldverhältnis ist bei den Pflichten zwischen Haupt- und Neben(leistungs-)pflichten zu unterscheiden.[252] Die Rechte des Arbeitnehmers ergeben sich aus der Darstellung seiner Pflichten bzw. deren Begrenzungen und aus dem folgenden Kapitel über die Pflichten des Arbeitgebers.

I. Arbeitspflicht

99 Vorrangige Hauptpflicht des Arbeitnehmers ist es, die im Arbeitsvertrag vereinbarte Arbeitsleistung *persönlich* (vgl. § 613 S. 1 BGB lesen!) zu erbringen. Gemäß § 611a I 1 BGB (lesen!) ist der Arbeitnehmer »zur Leistung ... [von] Arbeit ... verpflichtet«. Die Erfüllung dieser Verpflichtung begründet das Recht bzw. den Anspruch des Arbeitnehmers auf Zahlung der vereinbarten Vergütung, dh des Arbeitsentgelts. Für die ordnungsgemäße Erfüllung gilt dasselbe wie für *alle* Schuldverhältnisse:

> **Hinweis:** Ordnungsgemäß ist die Arbeitsleistung, wenn sie in der richtigen *Art* und Weise, am richtigen *Ort* und zur rechten *Zeit* erbracht wird.[253]

1. Art der Arbeit

100 Im Arbeitsvertrag wird die Arbeitsleistung meist nur allgemein umschrieben (zB »Sekretärin«, »Programmierer«, »Facharbeiter«). Im Einzelnen kann der Arbeitgeber aufgrund seines sog. »*Weisungs-*« bzw. »*Direktionsrechts*« bestimmen, was der Arbeitnehmer konkret zu tun hat. Das Direktionsrecht kennzeichnet die persönliche Abhängigkeit des Arbeitnehmers, die ihn vom »freien Mitarbeiter« und anderen Selbstständigen unterscheidet. Aus dem Weisungsrecht des Arbeitgebers ergibt sich zugleich, dass der Arbeitnehmer rechtmäßigen Weisungen des Arbeitgebers Folge zu leisten hat.[254]

101 Während das Direktionsrecht des Arbeitgebers im Gesetz lange Zeit nicht ausdrücklich geregelt war, erscheint es inzwischen als Weisungsrecht des Arbeitgebers in § 106 GewO (ganz lesen!), der auf alle Arbeitnehmer Anwendung findet (§ 6 II GewO).

2. Ort der Arbeit

102 Grundsätzlich wird der Ort der Arbeitsleistung im Arbeitsvertrag vereinbart. Im Regelfall hat der Arbeitnehmer seine Arbeit im »Betrieb« des Arbeitgebers zu leisten. Aufgrund seines Weisungsrechts kann der Arbeitgeber uU auch Orte außerhalb des Betriebs als Arbeitsorte bestimmen (zB »Außendienst« von Versicherungsangestellten oder Baustelleneinsatz von Bauarbeitern).

---

252 Vgl. *Wörlen/Metzler-Müller* SchuldR AT Rn. 120 ff., 123 ff.
253 Vgl. auch *Brox/Rüthers/Henssler* ArbR Rn. 192.
254 An **unbillige Weisungen** ist ein Arbeitnehmer nach § 106 S. 1 GewO, § 315 BGB hingegen nicht gebunden, BAG Urt. v. 18.10.2017 – 10 AZR 330/16, BAGE 160, 296 = NZA 2017, 1452, Rn. 63; BAG Beschl. v. 14.9.2017 – 5 AS 7/17, BAGE 160, 181 = NZA 2017, 1452.

Exkurs: Arbeitnehmerüberlassung

102a

Eine besondere Form der Arbeit außerhalb des Betriebs ist die Arbeitnehmerüberlassung, die auch als Leiharbeit bezeichnet wird. Sie ist dadurch gekennzeichnet, dass ein Unternehmer (»Verleiher«) einen oder mehrere bei ihm eingestellte Arbeitnehmer (Leiharbeitnehmer) einem anderen Unternehmer (Entleiher/Auftraggeber) vorübergehend zur Arbeitsleistung überlässt (vgl. § 1 I 1 AÜG[255]). Eine Überlassung in diesem Sinne liegt vor, wenn Arbeitnehmer[256] in die Arbeitsorganisation des Entleihers eingegliedert sind und seinen Weisungen unterliegen (§ 1 I 2 AÜG). Sie muss in dem Vertrag zwischen Verleiher und Entleiher (Arbeitnehmerüberlassungsvertrag) vor der Überlassung als Arbeitnehmerüberlassung bezeichnet werden und ist grundsätzlich nur bis zu einer **Überlassungshöchstdauer** von 18 Monaten zulässig (§ 1 I 4, 5, Ib AÜG). Voraussetzung ist weiterhin, dass zwischen dem Verleiher und dem Leiharbeitnehmer ein Arbeitsverhältnis besteht (§ 1 I 3 AÜG).

Dabei ist der Leiharbeitnehmer – unter Fortbestand seines Arbeitsverhältnisses zum Verleiher – verpflichtet, für den Betrieb des Entleihers nach dessen Weisungen zu arbeiten. Im Gegenzug für die Übertragung des Weisungsrechts übernimmt der Entleiher die meisten Schutzpflichten gegenüber dem Leiharbeitnehmer. Das Arbeitsentgelt des Leiharbeitnehmers bezahlt weiterhin der Verleiher, der Entleiher leistet aufgrund des Arbeitnehmerüberlassungsvertrags ein Entgelt an den Verleiher. Für die Zeit der Überlassung an einen Entleiher sind dem Arbeitnehmer grundsätzlich[257] die im Betrieb dieses Entleihers für einen vergleichbaren Arbeitnehmer des Entleihers geltenden wesentlichen Arbeitsbedingungen einschließlich des Arbeitsentgelts zu gewähren (»*Gleichstellungsgrundsatz*«, auch: »**Equal Pay-Grundsatz**«; § 8 I 1 AÜG).[258] Davon kann seit dem 1.4.2017 auch in Tarifverträgen grundsätzlich nur noch für die ersten *neun Monate* einer Überlassung abgewichen werden (§ 8 IV 1 AÜG).[259]

Das Dreiecksverhältnis, das sich bei der Arbeitnehmerüberlassung ergibt, lässt sich grafisch wie folgt skizzieren:

---

255 dtv-ArbG Nr. 31.
256 Obwohl **Rot-Kreuz-Schwestern** nach deutschem Recht nicht als Arbeitnehmerinnen anzusehen sind, unterfällt auch ihre Überlassung an zB ein Krankenhaus grundsätzlich dem AÜG, s. BAG Beschl. v. 21.2.2017 – 1 ABR 62/12, BAGE 158, 121 = NZA 2017, 662; EuGH Urt. v. 17.11.2016 – C-216/15, ECLI:EU:C:2016:883 = BeckRS 2016, 82685 – Ruhrlandklinik. Gem. § 2 IV des daraufhin geänderten DRK-Gesetzes ist aber § 1 I 4, Ib AÜG in diesen Fällen nicht anwendbar.
257 In der Praxis wird praktisch durchgängig die Anwendung abweichender tariflicher Regelungen gem. § 8 II AÜG vereinbart. In vielen Branchen wurden aber inzwischen Branchenzuschläge zugunsten der Leiharbeitnehmer vereinbart, s. dazu *Legerlotz* ArbRB 2013, 21; *Mehnert/Stubbe/Haber* BB 2013, 1269 ff.
258 Zu den Einzelheiten des Anspruchs auf Equal Pay s. BAG Urt. v. 13.3.2013 – 5 AZR 954/11, NZA 2013, 680, sowie dazu *Bissels* ArbRB 2013, 242 ff.
259 Zu den Änderungen zum 1.4.2017 durch das Gesetz zur Änderung des Arbeitnehmerüberlassungsgesetzes und anderer Gesetze vom 21.2.2017 (BGBl. 2017 I 258) s. BT-Drs. 18/9232 sowie BT-Drs. 18/10064.

Übersicht 6

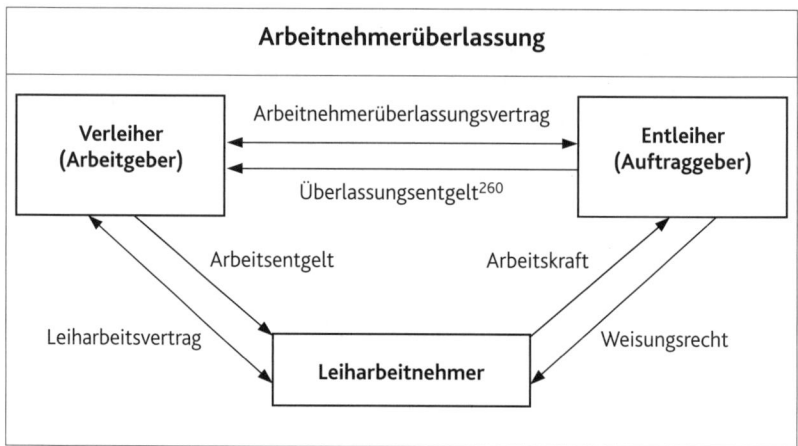

Wird ein Arbeitnehmer nur einmalig oder gelegentlich ausgeliehen, spricht man auch von »echter« Leiharbeit. Wird der Arbeitnehmer hingegen zum Zweck der Arbeitnehmerüberlassung eingestellt und im Rahmen einer wirtschaftlichen Tätigkeit an Dritte überlassen, handelt es sich um **unechte** Leiharbeit.[261] »Unechte« Leiharbeit ist nur mit Erlaubnis der Bundesagentur für Arbeit zulässig (§§ 1 I, 17 AÜG).[262]
Exkurs Ende

3. Arbeitszeit

103 Ebenso wie der Arbeitsort wird die Arbeitszeit grundsätzlich vertraglich vereinbart.

Allerdings sind hier die Sondervorschriften des Arbeitszeitgesetzes[263] zu beachten.

Zweck dieses Gesetzes ist nach § 1 ArbZG zunächst, die Sicherheit und den Gesundheitsschutz der Arbeitnehmer bei der Arbeitszeitgestaltung zu gewährleisten und die Rahmenbedingungen für flexible Arbeitszeiten zu verbessern. Außerdem sollen der Sonntag und die staatlich anerkannten Feiertage als »Tage der Arbeitsruhe und der seelischen Erhebung der Arbeitnehmer« geschützt werden. Das Arbeitszeitgesetz ist eine wichtige Grundlage für den (öffentlich-rechtlichen) *Arbeitsschutz*.

Gemäß § 2 I 1 ArbZG ist unter »Arbeitszeit« die Zeit vom Beginn bis zum Ende ohne die Ruhepausen zu verstehen (lesen Sie § 2 ArbZG, der auch die Begriffe »Nachtzeit, Nachtarbeit, Nachtarbeitnehmer« definiert und den Begriff der Arbeitnehmer eingrenzt, für die das Gesetz gilt).

---

260 »Leihgebühr« gibt es nicht: Entweder § 535 oder § 598 BGB!
261 Schüren/Hamann/*Schüren* AÜG Einleitung Rn. 98.
262 Bei Interesse vgl. zum Ganzen *Hamann* Fremdpersonal; Schüren/Hamann/*Schüren* AÜG Einleitung Rn. 98 ff.
263 **ArbZG = dtv-ArbG Nr. 54.**

Auch Bereitschaftsdienst ist Arbeitszeit.[264]

Das Arbeitszeitgesetz regelt vor allem die **Höchstdauer** der werktäglichen Arbeitszeit, die gem. § 3 S. 1 ArbZG acht Stunden nicht überschreiten darf. Ausnahmsweise kann die Arbeitszeit gem. § 3 S. 2 ArbZG auf zehn Stunden verlängert werden.[265] **104**

Unter bestimmten Voraussetzungen, deren gesetzlichen Rahmen das Gesetz selbst gibt, kann von dieser Regelung durch Tarifvertrag oder Betriebsvereinbarung abgewichen werden (vgl. § 7 I und II ArbZG – lesen!). Ohne Zeitausgleich darf die tägliche Arbeitszeit über acht Stunden je Werktag hinaus allerdings auch bei Bereitschaftsdienst nur mit widerruflicher, schriftlicher Einwilligung des Beschäftigten verlängert werden; wird die Einwilligung verweigert oder widerrufen, darf der Arbeitgeber den Arbeitnehmer deswegen nicht benachteiligen (§ 7 VII ArbZG).[266]

Im Einzelnen regelt das Gesetz: **105**

- die (grundsätzlichen unbezahlten!) Ruhe*pausen* (§ 4 ArbZG), durch die die tägliche Arbeitszeit unterbrochen werden muss,
- die Ruhe*zeiten* (§ 5 ArbZG), die zwischen dem Ende der täglichen Arbeitszeit und dem Beginn der nächsten Arbeitszeit liegen müssen, sowie
- die Nacht- und Schichtarbeit (§ 6 ArbZG).

Von allen diesen Grundregeln sind gem. § 7 ArbZG Abweichungen möglich, auf die hier im Einzelnen nicht eingegangen wird.

Die Sicherheit der *Sonn- und Feiertagsruhe* wird durch die §§ 9–13 ArbZG gewährleistet.

Im Gegensatz zur früher geltenden AZO enthält das ArbZG keine Regelungen über Mehrarbeit, dh die Leistung von Arbeit über die normale gesetzliche Arbeitszeit hinaus.[267]

Mehrarbeit wie auch Überarbeit (**Überstunden**, Überschichten = Arbeit, die über die für das jeweilige Beschäftigungsverhältnis festgelegte Regel- oder Normalarbeitszeit hinausgeht)[268] muss regelmäßig vergütet werden.[269] Hinzu kommen in der Praxis häufig vertraglich vereinbarte oder tarifvertraglich geregelte Überstundenzuschläge zur normalen Vergütung. Fehlt eine Regelung für einen Zuschlag (nach der AZO waren es 25%), muss gegebenenfalls die übliche Vergütung nach § 612 II BGB (lesen!) ermittelt werden. Leitende Angestellte können grundsätzlich keine Überstundenvergütung verlangen, da mit der vereinbarten Vergütung regelmäßig ihre gesamte Arbeits- **106**

---

264 EuGH Urt. v. 9.9.2003 – C-151/02, ECLI:EU:C:2003:437 = BeckRS 2004, 74468 – Jaeger; EuGH Urt. v. 14.7.2005 – C-52/04, ECLI:EU:C:2005:467 = BeckRS 2005, 70602 – Feuerwehr Hamburg.
265 Nach der Rechtsprechung des EuGH (EuGH Urt. v. 14.5.2019 – C-55/18, ECLI:EU:C:2019:402 = BeckRS 2019, 8402 – CCOO) müssen die Mitgliedstaaten Arbeitgeber zur **Erfassung** der täglichen **Arbeitszeit verpflichten**. Zu den Ausnahmen s. EuGH Urt. v. 26.7.2017 – C-175/16, ECLI:EU:C:2017:617 = NZA 2017, 1113.
266 Bei Überschreitung der wöchentlichen Höchstarbeitszeit können öffentliche Arbeitgeber aufgrund des zugrundeliegenden Unionsrechts unmittelbar auf Schadensersatz in Anspruch genommen werden, s. EuGH 25.11.2010 – C-429/09, ECLI:EU:C:2010:717 = NZA 2011, 53 – Fuß.
267 ErfK/*Preis* BGB § 611a Rn. 486 mwN
268 *Poeche* in Küttner Personalbuch 2019 Überstunden Rn. 1 mwN; ErfK/*Preis* BGB § 611a Rn. 663 mwN
269 BAG Urt. v. 21.12.2016 – 5 AZR 362/16, BAGE 157, 347 = NZA-RR 2017, 233, Rn. 21.

leistung abgegolten wird.[270] (Tarif-)Vertragliche Regelungen, nach denen für Teilzeitkräfte ein Anspruch auf Überstundenzuschläge nicht bereits bei Überschreitung der vereinbarten Arbeitszeit, sondern erst dann entsteht, wenn die für Vollzeitkräfte übliche Stundenzahl überschritten wird, verstoßen gegen § 4 I TzBfG[271] und sind unwirksam.[272]

107 Das **Teilzeit- und Befristungsgesetz**[273] soll Teilzeitarbeit fördern sowie die Voraussetzungen für die Zulässigkeit befristeter Arbeitsverträge festlegen. Es verbietet die Diskriminierung von teilzeitbeschäftigten und befristet beschäftigten Arbeitnehmern (§§ 1, 4 TzBfG – lesen!). Neben dem TzBfG (§§ 2, 6 ff. TzBfG) enthalten auch folgende Gesetze besondere Regelungen über die Arbeitszeit und den Arbeitszeitschutz:

- Jugendarbeitsschutzgesetz (insbesondere §§ 8 ff. JArbSchG[274]),
- Mutterschutzgesetz (§§ 4–7 MuSchG),
- Sozialgesetzbuch IX (§ 207 SGB IX[275]),
- Sozialgesetzbuch III (für die Kurzarbeit = §§ 95 ff. SGB III[276]),
- Ladenöffnungsgesetze der Länder[277].

Gemäß § 12 I TzBfG kann ein Arbeitsverhältnis auch ohne feste Arbeitszeiten dergestalt vereinbart werden, dass der Arbeitnehmer seine Arbeitsleistung entsprechend dem Arbeitsanfall zu erbringen hat. Dieses Arbeitszeitsystem, das das Gesetz als »**Arbeit auf Abruf**« bezeichnet, ist auch unter der Abkürzung KAPOVAZ bekannt geworden, womit »*kap*azitäts*o*rientierte *va*riable *A*rbeits*z*eit« gemeint ist. Um den betroffenen Arbeitnehmerinnen und Arbeitnehmern mehr Planungssicherheit zu geben, wurde der Anteil der vom Arbeitgeber einseitig zusätzlich abrufbaren Arbeit zum 1.1.2019 ausdrücklich auf 25 % der vereinbarten wöchentlichen Mindestarbeitszeit[278] begrenzt (§ 12 II 1 TzBfG – lesen!). Fehlt eine vertragliche Festlegung zur wöchentlichen Arbeitszeit, gilt seitdem eine Arbeitszeit von 20 Stunden als vereinbart (§ 12 I 3 TzBfG – unterstreichen!).[279]

107a Ferner zielt das TzBfG darauf ab, dass der Arbeitgeber den Arbeitnehmern (einschließlich derer in leitenden Positionen) Teilzeitarbeit ermöglicht (vgl. § 6 TzBfG). Deshalb müssen Arbeitgeber Arbeitsplätze grundsätzlich auch als Teilzeitarbeitsplatz ausschreiben (§ 7 I TzBfG). Zudem kann ein Arbeitnehmer schon sechs Monate nach

---

270 ErfK/*Preis* BGB § 611a Rn. 488. Der Umfang der ohne zusätzliche Vergütung zu leistenden Überstunden muss sich aber hinreichend deutlich aus dem Vertrag ergeben, weil eine pauschale Klausel gegen das Transparenzgebot des § 307 I 2 BGB verstößt und unwirksam ist, BAG Urt. v. 1.9.2010 – 5 AZR 517/09, DB 2011, 61.
271 **dtv-ArbG Nr. 16.**
272 BAG Urt. v. 23.3.2017 – 6 AZR 161/16, BAGE 158, 360 = NZA-RR 2018, 45; BAG Urt. v. 19.12.2018 – 10 AZR 231/18, BeckRS 2018, 33789 unter Aufgabe der früheren Rspr.
273 Zu den **Befristungsregeln** des Gesetzes s. → **Rn. 249**.
274 **dtv-ArbG Nr. 59.**
275 **dtv-ArbG Nr. 47.**
276 **dtv-ArbG Nr. 42**; unter **Kurzarbeit** versteht man eine vorübergehende Verkürzung der Arbeitszeit. Der entstehende Lohnausfall kann unter den Voraussetzungen der §§ 95 ff. SGB III durch **Kurzarbeitergeld** aus der Arbeitslosenversicherung teilweise ausgeglichen werden.
277 Übersicht dazu unter **dtv-ArbG Nr. 55.**
278 Bei Vereinbarung einer Höchstarbeitszeit beträgt das flexible, weniger abrufbare Volumen 20 % der Arbeitszeit, § 12 II 2 TzBfG.
279 Durch das Gesetz zur Weiterentwicklung des Teilzeitrechts – Einführung einer Brückenteilzeit v. 11.12.2018, BGBl. 2018 I 2384.

II. Befreiung von der Arbeitspflicht (Lohn ohne Arbeit)

der Einstellung verlangen, dass seine vertraglich vereinbarte Arbeitszeit verringert wird, wobei der Arbeitgeber dem grundsätzlich zustimmen muss (§ 8 I, IV, V 2 TzBfG). Voraussetzung für den *Anspruch auf (zeitlich nicht begrenzte* = dauerhafte) *Verringerung der Arbeitszeit* (= **Rechtsanspruch auf Teilzeitarbeit**) ist allerdings, dass der Arbeitgeber in der Regel mehr als 15 Arbeitnehmer beschäftigt (§ 8 VII TzBfG – dort unterstreichen!).[280]

Teilzeitbeschäftigte, die ihrem Arbeitgeber in Textform (§ 126b BGB) den Wunsch nach einer *Verlängerung* der vertraglich vereinbarten Arbeitszeit angezeigt haben, sind gem. § 9 S. 1 TzBfG bei der Besetzung eines freien Arbeitsplatzes (§ 9 S. 2 TzBfG) bevorzugt zu berücksichtigen. Das Gesetz gewährt aber weder einen Rechtsanspruch auf »Rückkehr« zur Vollzeitbeschäftigung noch auf Verlängerung der Arbeitszeit.

Anders gestaltet sich dies bei dem zum 1.1.2019 eingeführten[281] *allgemeinen*[282] gesetzlichen *Anspruch auf zeitlich begrenzte Teilzeitarbeit* (»**Brückenteilzeit**«): Nach § 9a I 1, 2 TzBfG können Arbeitnehmer, deren Arbeitsverhältnis länger als sechs Monate besteht, verlangen, dass ihre vertraglich vereinbarte Arbeitszeit für einen *im Voraus* zu bestimmenden Zeitraum von mindestens einem Jahr bis maximal fünf Jahre verringert wird. Der Anspruch besteht nur, wenn der Arbeitgeber in der Regel mehr als 45 Arbeitnehmer beschäftigt (§ 9a I 3 TzBfG – unterstreichen!). Werden nicht mehr als 200 Arbeitnehmer beschäftigt, gilt die *Zumutbarkeitsgrenze* des § 9a II 2 TzBfG. Im Übrigen entsprechen Voraussetzungen und Antragsverfahren weitgehend den Regelungen für den Anspruch auf zeitlich nicht begrenzte Teilzeitarbeit (s. § 9a III TzBfG).[283]

II. Befreiung von der Arbeitspflicht (Lohn ohne Arbeit)

Prüfungsschema Lohn ohne Arbeit:[284]

(1) **Entgeltanspruch** gem. § 611a II BGB
(2) **Unmöglichkeit** der Arbeitsleistung (§ 275 I, III BGB)
(3) **Norm,** die abweichend von § 326 I BGB Entgelt **ohne Arbeit** gewährt

1. Weder vom Arbeitgeber noch vom Arbeitnehmer zu vertretende Unmöglichkeit oder Unzumutbarkeit

Grundsätzlich gelten für den in § 611a BGB geregelten Arbeitsvertrag die Vorschriften über die Leistungsstörungen des Allgemeinen Schuldrechts; für die Unzumutbar-

108

---

280 Der **Anspruch auf Arbeitszeitverringerung** nach § 8 I TzBfG gilt auch für **Teilzeitkräfte** und bei flexibler Jahresarbeitszeitvereinbarung, BAG Urt. v. 13.11.2012 – 9 AZR 259/11, NJW 2013, 1835. Zur Vertiefung vgl. *Schiefer* P&R 2013, 103; *Zange* AuA 2013, 16.
281 Durch das Gesetz zur Weiterentwicklung des Teilzeitrechts – Einführung einer Brückenteilzeit v. 11.12.2018, BGBl. 2018 I 2384.
282 Besondere, an das Vorliegen bestimmter Gründe gekoppelte Formen bilden die **Elternzeit** (→ Rn. 135) sowie die **Pflegezeit** nach dem PflegeZG (→ Rn. 135a) und die **Familienpflegezeit** (→ Rn. 135a).
283 Mehr dazu zB bei *Bayreuther* NZA 2018, 1577; *Löwisch* BB 2018, 3061; *Merkel/Steinat* DB 2018, 3118; *Preis/Schwarz* NZA 2018, 3673.
284 Ausführlicheres Schema bei *Kokemoor/Kreissl* ArbR I Rn. 36.

keit und die Unmöglichkeit[285] also zunächst § 275 BGB sowie die §§ 280, 281 und § 326 BGB (sowie gegebenenfalls § 311a II 1 BGB) – Vorschriften lesen!, sofern nicht arbeitsrechtliche Sonderregelungen, wie zB § 616 BGB, eingreifen.

109 **Beispiel:** A fährt jeden Morgen relativ früh (7.15 Uhr) von zu Hause los, um seine um 8.00 Uhr beginnende Arbeit anzutreten. Normalerweise benötigt er für die Strecke je nach Verkehrslage 15 bis 45 Minuten. Angesichts der katastrophalen Verkehrsverhältnisse in der morgendlichen »rush hour« zieht A es vor, etwas früher aufzustehen. Er sitzt lieber eine halbe Stunde eher im Büro als eine unnütze Stunde im Stau ... Am Donnerstag, den 8. Juni, »geht« leider »nichts mehr«. Wegen Hochwassers ist seine übliche Strecke gesperrt und A muss einer weiträumigen Umleitung folgen. Als A genervt im Büro eintrifft, ist es 11.30 Uhr!

■ Meinen Sie, dass A die dem Arbeitgeber entgangene Arbeitsleistung nachholen muss, oder dass er von seiner Arbeitspflicht für den Zeitraum von dreieinhalb Stunden frei geworden ist? Wovon hängt die Antwort auf die Frage ab? (Überlegen Sie!)
▶ Ob A von seiner Arbeitspflicht ersatzlos frei geworden ist, hängt davon ab, ob ihm seine Leistung gem. § 275 BGB unmöglich geworden ist.

110 Da der Arbeitnehmer seine Leistung gem. § 613 BGB *persönlich* zu erbringen hat, liegt Unmöglichkeit vor, wenn er seine Arbeitsleistung tatsächlich nicht erbringen kann.

Die einmal ausgefallene Arbeit ist auch *nicht nachholbar*. Aufgrund des *Fixschuldcharakters*[286] der Arbeitspflicht kann diese in der Regel nur während der betrieblichen Arbeitszeit ordnungsgemäß erbracht werden. Allein der Umstand, dass in dieser Zeit nicht gearbeitet wurde, sondern die vorgesehene Arbeitszeit abgelaufen ist, führt zur (Teil-)*Unmöglichkeit*. Falls der Arbeit*nehmer* die Unmöglichkeit zu vertreten hat, entfällt insoweit zunächst sein Entgeltanspruch. Der Arbeitgeber kann zudem nach § 280 I BGB vorgehen und vom Arbeitnehmer Schadensersatz verlangen oder den Arbeitsvertrag nach Abmahnung im Wiederholungsfall *kündigen*. § 326 V begründet seinem Wortlaut nach in den Fällen des Leistungsausschlusses iSv § 275 BGB ein *Rücktrittsrecht* des Gläubigers. Für *Dauerschuldverhältnisse* wie das Arbeitsverhältnis wird dieses jedoch grundsätzlich durch das Recht zur *Kündigung* ersetzt. Das ist in § 313 III 2 BGB (lesen!) für die Störung der Geschäftsgrundlage[287] ausdrücklich geregelt. Im Übrigen sind die gesetzlichen Rücktrittsrechte gem. den §§ 323 ff. BGB im Arbeitsrecht durch die allgemeinen Kündigungsschutzregelungen und § 626 BGB als leges speciales ausgeschlossen.[288]

111 Hat indessen der Arbeit*geber* die Unmöglichkeit der Arbeitsleistung zu vertreten, bleibt der Entgeltanspruch des Arbeitnehmers nach § 326 II 1 Var. 1 BGB bestehen (→ Rn. 115 f.).

Da A wegen der Umleitung nicht den direkten Weg nutzen konnte, war es ihm unmöglich, seine Arbeit pünktlich anzutreten, sodass er gem. § 275 I BGB von seiner Leistungs- bzw. Arbeitspflicht frei geworden ist.

---

285 Vgl. *Wörlen/Metzler-Müller* SchuldR AT Rn. 254 ff.
286 → **Rn. 144 f.** Ein **Fixgeschäft** liegt vor, wenn die Erfüllung der Schuld zu einem bestimmten Termin oder innerhalb einer bestimmten Frist so entscheidend ist, dass **mit der Einhaltung der Leistungszeit das Geschäft stehen oder fallen soll** (vgl. *Creifelds* Recht-WB »Fixgeschäft«).
287 Dazu *Wörlen/Metzler-Müller* SchuldR AT Rn. 385 ff., 390.
288 NK-ArbR/*Holthausen* KSchG § 1 Rn. 42; MüKoBGB/*Müller-Glöge* BGB § 611 Rn. 14; s. auch BeckOK ArbR/*Stoffels* BGB § 626 Rn. 12.

II. Befreiung von der Arbeitspflicht (Lohn ohne Arbeit)

■ Was gilt nun in unserem Fallbeispiel für die Gegenleistung des Arbeitgebers, dh, die Vergütungszahlung nach § 611a II BGB? Welche Vorschrift ist dafür maßgeblich?
▶ Antwort siehe Fußnote[289]!

Da auch der Arbeitgeber das Hochwasser und die Umleitung nicht zu vertreten hat, müsste er von seiner Entgeltzahlungspflicht ebenfalls befreit sein, sofern keine Sonderregelung gegenüber § 326 I 1 BGB eingreift. **112**

In Betracht käme hier nur § 616 S. 1 BGB (lesen!). Da die Umleitung alle Arbeitnehmer auf dieser Strecke betraf, handelte es sich nicht um einen subjektiven, sondern um einen *objektiven Hinderungsgrund*. Damit liegt eine wichtige Voraussetzung dieser Vorschrift (»*in seiner Person* liegender Grund«) nicht vor. Für die Zeit zwischen 8.00 Uhr und 11.30 Uhr hat A in diesem Beispiel daher keinen Vergütungsanspruch (»ohne Arbeit kein Lohn«).

In sehr vielen Fällen wird der arbeitsrechtliche Grundsatz des § 326 I 1 BGB jedoch von Sonderregelungen durchbrochen, in denen »Lohn ohne Arbeit« gewährt wird.

2. Vorübergehende Verhinderung des Arbeitnehmers

> **Prüfungsschema § 616 BGB:** **113**
>
> (1) **Verhinderung** (§§ 275 I, III BGB)
> (2) Aus **persönlichen** Gründen
> (3) Für **nicht erhebliche Zeit** (maximal wenige Tage)
> (4) **Ohne Verschulden** gegen sich selbst

Gemäß § 616 BGB verliert der Arbeitnehmer, der seine Arbeitspflicht vorübergehend nicht erfüllt, seinen Vergütungsanspruch nicht, wenn er »für eine verhältnismäßig nicht erhebliche Zeit durch einen *in seiner Person* liegenden Grund *ohne sein Verschulden* an der Dienstleistung verhindert wird«. Entscheidend sind also subjektive Hinderungsgründe, nicht aber objektive Gründe, wie zB eine Umleitung oder ein Verkehrsstau.

> **Hinweis:** Unter § 616 BGB fallen zB gerichtliche Vorladungen, Todesfälle oder Begräbnisse von Familienangehörigen, Standesamtstermine oder andere wichtige Familienangelegenheiten[290] sowie die eigene Beteiligung an einem Verkehrsunfall.

Vorübergehend verhindert, seine Arbeitsleistung zu erbringen, ist auch der erkrankte Arbeitnehmer (häufigster Fall der Arbeitsverhinderung). In diesem Fall gilt nicht § 616 BGB, sondern es greifen arbeitsrechtliche Sonderregelungen ein, insbesondere das Entgeltfortzahlungsgesetz vom 26.5.1994[291].

---

289 **§ 326 I 1 BGB!** Wenn Sie dies nicht (mehr) gewusst haben, unbedingt *Wörlen/Metzler-Müller* SchuldR AT Rn. 295 ff., 298 nacharbeiten!
290 Dies betrifft auch die Verhinderung wegen Krankheit eines Kindes oder wegen der Pflege von Angehörigen, wobei nachrangig auch ein Anspruch auf **Krankengeld wegen Erkrankung eines Kindes** gem. § 45 SGB V (**dtv-ArbG Nr. 44**) oder **Pflegeunterstützungsgeld** gem. § 44a III SGB XI in Frage kommt, dazu → **Rn. 135a** sowie zB *Kokemoor* SozR Rn 197, 237.
291 EFZG = **dtv-ArbG Nr. 18**.

114 Dieses Gesetz, auf das wir sogleich (→ Rn. 117 ff.) etwas näher eingehen werden, regelt nicht nur die Fortzahlung des Arbeitsentgelts im Krankheitsfall, sondern auch die Feiertagslohnzahlung. Da der Sonntag als Tag der Arbeitsruhe verfassungsrechtlich garantiert ist (Art. 140 GG iVm Art. 139 WRV),[292] ist die regelmäßige Nichtbeschäftigung kein Arbeitsausfall und bedarf daher keiner Sonderregelung. Fällt dagegen ein *Feiertag* auf einen *Werktag* der Woche, so unterbricht die Arbeitsruhe den normalen Wochenrhythmus. Für Arbeitszeit, die infolge eines gesetzlichen Feiertags ausfällt, gibt deshalb das EFZG dem Arbeitnehmer einen Anspruch auf Zahlung des Arbeitsentgelts, das er ohne den Arbeitsausfall erhalten hätte (vgl. § 2 EFZG). Die Bestimmung der gesetzlichen Feiertage fällt (mit Ausnahme des Tags der deutschen Einheit am 3.10.)[293] in die Gesetzgebungskompetenz der Bundesländer.[294]

3. Vom Arbeitgeber zu vertretende Unmöglichkeit

Übungsfall 3

Pianist P ist in der Pianobar des B für 60 EUR pro Stunde angestellt, um Abend für Abend von 20.00 Uhr bis 1.00 Uhr das Publikum mit seinem Spiel zu unterhalten. Als sonntagmorgens die Reinigungskraft des B die Spuren der Nacht beseitigt, beschädigt sie aus Unachtsamkeit den dem P gehörenden Flügel so, dass dieser funktionsunfähig wird. Da B sonntags keinen Reparateur finden kann, kann P nicht auftreten. P verlangt von B seinen üblichen Tageslohn von 300 EUR. Zu Recht?[295]

115 ■ Welche Anspruchsgrundlage kommt für das Verlangen des P grundsätzlich in Betracht?
▶ Da P bei B fest angestellt ist, besteht zwischen beiden ein Arbeitsvertrag, sodass P gegen B einen Entgeltzahlungsanspruch gem. § 611a II BGB haben könnte.
■ Welcher Grundsatz des Arbeitsrechts könnte der Durchsetzung dieses Anspruchs entgegenstehen?
▶ Da P die Arbeitsleistung, für die er Geld verlangt, nicht erbracht hat, könnte der Grundsatz »ohne Arbeit kein Lohn« (§ 326 I BGB) eingreifen.

B könnte aber zur Entgeltzahlung trotz nicht erbrachter Arbeitsleistung verpflichtet sein, wenn P sich auf § 326 II 1 Var. 1 BGB berufen könnte. Danach bleibt, auf diesen Fall bezogen, der Arbeitgeber B zur Gegenleistung (Entgeltzahlung) verpflichtet, wenn die *Arbeitsleistung* des Arbeitnehmers aufgrund eines Umstands *unmöglich* geworden ist, den der *Arbeitgeber zu vertreten* hat.

Voraussetzung ist zunächst ein *gegenseitiger Vertrag*, der hier in Form eines Arbeitsvertrags iSv § 611a BGB vorliegt.

Da P seine Arbeitsleistung am Sonntagabend erbringen sollte, ist diese Arbeitsleistung nicht mehr nachholbar und somit objektiv unmöglich geworden (§ 275 I BGB).

116 Die Unmöglichkeit müsste B als Arbeitgeber zu vertreten haben.

---

[292] dtv-ArbG Nr. 1.
[293] *Creifelds* Recht-WB »Feiertage« (2).
[294] Vgl. *Richardi*, Einführung in die dtv-Sammlung ArbG, V. B. 8. – Unter **Nr. 18b** finden Sie in dieser Sammlung eine – »nicht amtliche« – **Übersicht über die gesetzlichen Feiertage** in den Bundesländern.
[295] In Anlehnung an *Alpmann und Schmidt* ArbR I Rn. 366 Fall 18.

II. Befreiung von der Arbeitspflicht (Lohn ohne Arbeit)

Da ein eigenes Verschulden der Beschädigung des Flügels durch B (§ 276 I 1 BGB) nicht vorliegt, ist zu prüfen, ob B für das Verschulden (Unachtsamkeit = Fahrlässigkeit iSv § 276 II BGB) der Reinigungskraft über § 278 S. 1 BGB haften muss.

Zu den Verbindlichkeiten des Arbeitgebers im Rahmen seiner arbeitsvertraglichen Fürsorgepflicht gehört auch, darauf zu achten, dass Sachen des Arbeitnehmers, die dieser berechtigterweise in den Arbeitsräumen aufbewahrt, nicht beschädigt werden.[296] Diese Sorgfaltspflicht trifft selbstverständlich auch die Personen, die B in den Räumen tätig werden lässt, in dem sich Sachen des Arbeitnehmers befinden. Die Reinigungskraft handelt bezüglich dieser Sorgfaltspflicht als Erfüllungsgehilfe des B, sodass dieser für ihre Fahrlässigkeit haften muss. B hat somit die von der Reinigungskraft verursachte Unmöglichkeit der Arbeitsleistung des P zu vertreten, sodass dieser seinen Entgeltanspruch gem. § 326 II 1 Var. 1 BGB behält.

P verlangt daher die 300 EUR gem. § 611a II iVm § 326 II 1 Var. 1 BGB zu Recht.

Zur Übung und Vertiefung: 116a

> **Klausurfall 2b (vgl. Vorwort!)**
>
> Innozenz Obermeyer ist seit drei Jahren als Verkäufer im Drogeriemarkt des Schrecker tätig. Nach der Regelung im Arbeitsvertrag beträgt seine tägliche Arbeitszeit acht Stunden. Sie beginnt um 9.00 Uhr und endet um 18.00 Uhr; die vertragliche Mittagspause dauert von 12.30 bis 13.30 Uhr.
>
> Obwohl im Wetterbericht am Vorabend Sonnenschein vorhergesagt worden war, fielen in der Nacht zum Montag 50 cm Neuschnee. Aufgrund des noch immer starken Schneefalls und der dadurch hervorgerufenen widrigen Verkehrsverhältnisse erschien Innozenz am Montag eine Stunde zu spät zur Arbeit.
>
> Nachmittags wurde bei den umfangreichen Kanalarbeiten am anderen Ende der Stadt ein Kabel beschädigt, wodurch es zu einem Stromausfall im gesamten Stadtgebiet kam. Im Betrieb des Schrecker fiel aufgrund dessen die Beleuchtung in dem fenster- und tageslichtlosen Verkaufsraum sowie die Computerkasse aus, weshalb in der Zeit von 14.00 bis 14.30 Uhr nicht gearbeitet werden konnte.
>
> Schrecker meint, dass Innozenz die insgesamt versäumte Arbeitszeit von 18.00 Uhr bis 19.30 Uhr nachholen und in dieser Zeit neue Ware in die Regale einsortieren solle. Vertrag sei schließlich Vertrag, und in diesem stünde, dass die tägliche Arbeitszeit acht Stunden betrage. Innozenz, der seinen montäglichen Skatabend unmöglich absagen kann, ist dazu nicht bereit. Er meint, dass er weder für den Schneefall noch für die nachmittägliche Panne etwas könne und Schrecker ihm daher auch ohne Nacharbeit den vollen Lohn für Montag zahlen müsse.
>
> *1. Kann Schrecker (S) von Innozenz (I) die Nacharbeit der versäumten Arbeitszeit verlangen?*
>
> *2. Kann I von S auch ohne Nacharbeit die Zahlung des vollen Montagslohns verlangen?*
>
> *(Bearbeitungszeit: 120 Minuten)*
>
> **Ausformulierter Lösungsvorschlag:**
> ▶ Siehe *Kokemoor/Kreissl* ArbR I Fall 2, Rn. 48.[297]

---

296 ErfK/*Preis* BGB § 611a Rn. 626 sowie zu § 278 BGB: ErfK/*Preis* BGB § 619a Rn. 64.
297 **Kurzhinweise zur Lösung:** 1) Keine Verpflichtung des I zur Nacharbeit gem. § 611a I 1 BGB, da gem. § 275 I BGB frei geworden. 2a) Verlust des Gegenleistungsanspruchs gem. § 326 I BGB. § 615 S. 3 und § 616 BGB nicht einschlägig. b) Stromausfall: Lohnanspruch bleibt gem. § 615 S. 3 BGB erhalten, da beiderseits nicht zu vertretende Störung, die zum Betriebsrisiko des Arbeitgebers gehört.

4. Krankheit des Arbeitnehmers

Prüfungsschema § 3 I EFZG:
(1) **Anwendbarkeit** EFZG (§ 1 II EFZG)
(2) **Wartezeit**erfüllung (§ 3 III EFZG)
(3) **Arbeitsunfähigkeit** infolge Krankheit
(4) **Kausalität** (»durch« ... »infolge«)
(5) **Ohne Verschulden** gegen sich selbst

a) Entgeltfortzahlung bei unverschuldeter Krankheit

117 Für den Krankheitsfall eines Arbeitnehmers gilt § 3 EFZG[298]. Das BBiG[299] verweist zwar nicht auf das EFZG. Dieses gilt aber nach seinem § 1 II auch für Auszubildende.

Der Anspruch des Arbeitnehmers auf Fortzahlung des Arbeitsentgelts besteht gem. § 3 I 1 EFZG (lesen!) bei unverschuldeter Krankheit (sowie nach einer Organspende, § 3a EFZG) für die Zeit der Arbeitsunfähigkeit bis zur Dauer von sechs Wochen. Gemäß § 3 III EFZG entsteht dieser Anspruch (erst) nach vierwöchiger ununterbrochener Dauer des Arbeitsverhältnisses. Unter Krankheit ist ein regelwidriger körperlicher oder geistiger Zustand zu verstehen. Arbeitsunfähig infolge Krankheit ist ein Arbeitnehmer, der aufgrund dessen die vertraglich geschuldete Arbeit nicht oder nur unter der Gefahr erbringen kann, dass sich sein Zustand in absehbar naher Zeit verschlimmert.

118 Gemäß § 5 I 1 EFZG ist der Arbeitnehmer verpflichtet, die Arbeitsunfähigkeit und deren voraussichtliche Dauer unverzüglich mitzuteilen. Grundsätzlich trifft dabei den Arbeitnehmer die Beweislast für seine Arbeitsunfähigkeit. Hierfür reicht in der Regel die Vorlage einer ärztlichen Arbeitsunfähigkeitsbescheinigung (Attest) iSv § 5 I 2 EFZG.[300] Sofern es indessen dem Arbeitgeber gelingt, ernsthafte Zweifel an der Richtigkeit des Attests hervorzurufen, muss der Arbeitnehmer weiteres Entlastungsmaterial vorlegen, um den vollen Beweis seiner Arbeitsunfähigkeit zu erbringen!

119 Grundsätzlich bestehen die dem Arbeitnehmer obliegenden Anzeige- und Nachweispflichten auch bei einer Auslandserkrankung (vgl. § 5 II 1 EFZG). Falls der Arbeitgeber an der Richtigkeit der ausländischen Arbeitsunfähigkeitsbescheinigung Zweifel hegt, gehen sowohl das BAG[301] als auch der EuGH[302] von einer Umkehr der Beweislast zugunsten des Arbeitnehmers aus, dh in diesem Fall muss der Arbeitgeber den vollen Beweis für die Arbeitsfähigkeit des Arbeitnehmers erbringen.

120 Da das Verschulden des Arbeitnehmers an seiner Arbeitsunfähigkeit zum Verlust des Entgeltanspruchs führen kann, stellt sich die Frage, welche Sorgfalt ein Arbeitnehmer – insbesondere in seiner Freizeit – walten lassen muss, um sich im eigenen Interesse

---

298 dtv-ArbG Nr. 18; → Rn. 113 f.
299 **dtv-ArbG Nr. 32.**
300 Vgl. BAG Urt. v. 19.2.1997 – 5 AZR 747/93, BAGE 85, 140 = BeckRS 9998, 151968. Nach § 5 I 3 EFZG ist der Arbeitgeber berechtigt, bereits **ab dem ersten Tag** einer Erkrankung die Vorlage einer ärztlichen Bescheinigung zu verlangen, BAG Urt. v. 14.11.2012 – 5 AZR 886/11, NJW 2013, 892.
301 BAG Urt. v. 19.2.1997 – 5 AZR 747/93, BAGE 85, 140 = BeckRS 9998, 151968.
302 EuGH Urt. v. 2.5.1996 – C-206/94, ECLI:EU:C:1996:182 = NJW 1996, 1881 – Paletta II.

und dem des Arbeitgebers vor Krankheit zu schützen. Darf er zB keinen Sport treiben, darf er seine Gesundheit durch Rauchen oder Alkoholgenuss gefährden?

> **Hinweis:** Die krankheitsbedingte Arbeitsunfähigkeit ist nur dann iSv § 3 I EFZG verschuldet, wenn sie durch ein unverständliches, leichtfertiges Verhalten des Arbeitnehmers verursacht worden ist bzw. ihm ein *gröblicher* Verstoß gegen das von einem verständigen Menschen im eigenen Interesse gebotene Verhalten vorzuwerfen ist.[303]

b) Verschuldensmaßstab in Einzelfällen

Bei Sportunfällen liegt ein zum Verlust des Entgeltfortzahlungsanspruchs führendes Verschulden des Arbeitnehmers vor, wenn er »besonders gefährliche Sportarten« oder einen seine Kräfte deutlich übersteigenden Sport betreibt. Da im Grunde jeder Sport wie Fußballspielen, Tennis, Boxen, Skifahren, Bergsteigen oder Rennradfahren gefährlich ist, weil Verletzungen dabei niemals auszuschließen sind, ist auch hier zugunsten des Arbeitnehmers ein großzügiger Maßstab anzulegen. So hat die Rspr. eine »**besonders gefährliche**« **Sportart** nur dann angenommen, wenn das Verletzungsrisiko bei objektiver Betrachtung so groß ist, dass auch ein ausgebildeter Sportler bei Beachtung aller Regeln dieses Risiko nicht oder kaum vermeiden kann. 121

> **Beispiele:** In diesem Sinne sind entgegen verbreiteter Ansicht auch folgende Sportarten **nicht** als (verschuldensbegründend) **gefährlich** anzusehen: Drachenfliegen, Fallschirmspringen, Moto-Cross-Rennen, Motorradrennen, Skispringen, Kick-Boxen.[304]

Unverschuldet ist ferner eine Arbeitsunfähigkeit, die durch einen rechtmäßigen **Schwangerschaftsabbruch** bedingt ist. Lesen Sie dazu § 3 II EFZG. Auch eine Krankheit aufgrund eines **Verkehrsunfalls** des Arbeitnehmers, der von diesem nur durch leichte oder mittlere (»normale«) Fahrlässigkeit verursacht wurde, führt nicht zum Verlust des Entgeltfortzahlungsanspruchs. 122

> **Beispiele:** Grobe Fahrlässigkeit in Bezug auf die eigenen Interessen bei einem Verkehrsunfall wurde von den Arbeitsgerichten zB in folgenden Fällen angenommen: Unfall infolge Trunkenheit des Arbeitnehmers, Nichtanlegen des Sicherheitsgurts, Fahren mit überhöhter Geschwindigkeit bei schlechter Sicht, Telefonieren während der Fahrt ohne Freisprecheinrichtung.[305]

Alkoholmissbrauch bzw. Trunkenheit lassen grundsätzlich auf eine vom Arbeitnehmer verschuldete Arbeitsunfähigkeit schließen. Allerdings ist erforderlich, dass diese allein auf die Alkoholwirkung zurückzuführen und nicht durch andere Umstände bedingt ist, die dem Arbeitnehmer nicht zugerechnet werden können.[306]

Sofern **Alkoholabhängigkeit** zur Arbeitsunfähigkeit führt, geht das BAG angesichts der multikausalen Ursachen der Alkoholsucht davon aus, dass der willensgesteuerte Anteil am Entstehen nicht als schuldhaftes Verhalten iSv § 3 I EFZG gewertet werden kann.[307] Auch nach einem *Rückfall* nach einer bis dahin erfolgreichen Entziehungskur 123

---

303 Vgl. zB BAG Urt. v. 18.3.2015 – 10 AZR 99/14, BAGE 151, 159 Rn. 13 ff. mwN; ErfK/*Reinhard* EFZG § 3 Rn. 23.
304 *Linck* in Schaub ArbR-HdB § 98 Rn. 34.
305 Vgl. *Linck* in Schaub ArbR-HdB § 98 Rn. 33.
306 BAG Urt. v. 11.3.1987 – 5 AZR 739/85, NZA 1987, 452.
307 BAG Urt. v. 18.3.2015 – 10 AZR 99/14, BAGE 151, 159 Rn. 17 ff. = NJW 2015, 2444; anders noch zB BAG Urt. v. 7.8.1991 – 5 AZR 410/90, BAGE 68, 196.

nimmt das BAG regelmäßig kein Verschulden an.[308] Einem entsprechenden Einwand des Arbeitgebers, der die Darlegungs- und Beweislast bezüglich des Verschuldens trägt,[309] ist aber nachzugehen. Der Arbeitnehmer ist dann verpflichtet, sich einer ärztlichen Begutachtung zu unterziehen und den begutachtenden Arzt von der Schweigepflicht zu entbinden. Lehnt er dies ab, gilt der Einwand des Arbeitgebers als zugestanden und es ist von einer verschuldeten Arbeitsunfähigkeit iSv § 3 I 1 EFZG auszugehen. Kann im Rahmen der Begutachtung ein Verschulden des Arbeitnehmers nicht festgestellt werden oder lassen sich Zweifel daran nicht ausräumen, bleibt der Arbeitgeber zur Zahlung des Entgelts verpflichtet.[310]

124 Das Nichtverschulden der aufgrund eines **Selbsttötungsversuchs** herbeigeführten Krankheit wird allgemein damit begründet, dass bei Selbsttötungs(= Suizid)handlungen die freie Willensbestimmung gemindert oder gar ganz ausgeschlossen ist.[311]

Wurde die krankheitsbedingte Arbeitsunfähigkeit von einem **Dritten verschuldet**, gehen die Ansprüche des Arbeitnehmers gegen den Schädiger kraft Gesetzes insoweit auf den Arbeitgeber über, als dieser das Arbeitsentgelt an den Arbeitnehmer fortgezahlt und Sozialversicherungsbeiträge abgeführt hat (§ 6 EFZG).

c) Dauer der Entgeltfortzahlung

125 Dem krankheitsbedingt arbeitsunfähigen Arbeitnehmer ist die Krankenvergütung, wie bereits angedeutet, gem. § 3 I 1 EFZG bis zur Dauer von sechs Wochen zu zahlen.[312]

Das für den Beginn der Frist maßgebende Ereignis ist der Eintritt der Arbeitsunfähigkeit, sodass der Tag, an dem der Arbeitnehmer arbeitsunfähig wird, gem. § 187 I BGB bei der Berechnung der Frist nicht mitgerechnet wird. Die Verpflichtung zur Entgeltfortzahlung endet grundsätzlich mit der Beendigung der Arbeitsunfähigkeit, spätestens aber nach Ablauf der Sechswochenfrist. Fällt die Beendigung des Arbeitsverhältnisses in den Zeitraum der Arbeitsunfähigkeit, so endet die Entgeltfortzahlungspflicht grundsätzlich mit Ablauf des *Arbeitsverhältnisses*. Das Ende der Arbeitsunfähigkeit wird regelmäßig vom behandelnden Arzt auf der Arbeitsunfähigkeitsbescheinigung angegeben.

d) Höhe der Entgeltfortzahlung

126 Die Höhe der Krankenvergütung richtet sich nach dem *Entgeltausfallprinzip in modifizierter Form*[313] (vgl. §§ 3 I 1 und 4 EFZG = ganz lesen!). Danach soll der Arbeitnehmer nicht schlechter gestellt sein, als wenn er nicht arbeitsunfähig geworden wäre. Er erhält also bis zur Dauer von sechs Wochen das, was er aufgrund seines Arbeitsvertrags während dieser Zeit ohne Arbeitsunfähigkeit bekommen hätte.[314] Dazu zählen neben seiner Grundvergütung gegebenenfalls Provisionen, Leistungszulagen, Prä-

---

308 BAG Urt. v. 18.3.2015 – 10 AZR 99/14, BAGE 151, 159 Rn. 23 ff., 26 ff.; anders zB noch BAG Urt. v. 27.5.1992 – 5 AZR 297/91, BeckRS 1992, 30741372.
309 BAG Urt. v. 7.8.1991 – 5 AZR 410/90, BAGE 68, 196 = BeckRS 9998, 21691.
310 BAG Urt. v. 18.3.2015 – 10 AZR 99/14, BAGE 151, 159 Rn. 26 ff., 29 ff. = NJW 2015, 2444. S. dazu *Brose* RdA 2015, 198.
311 ErfK/*Reinhard* EFZG § 3 Rn. 30.
312 Für insgesamt bis zu 78 Wochen wird regelmäßig ein (nachrangiger) Anspruch auf **Krankengeld** aus der gesetzlichen Krankenversicherung bestehen, s. §§ 44 I, 48 I SGB V (**dtv-ArbG Nr. 44**) sowie dazu zB *Kokemoor* SozR Rn 196 ff.
313 *Dütz/Thüsing* ArbR Rn. 227.
314 Deshalb ist auch das **MiLoG** (→ **Rn. 195**) entsprechend anzuwenden, BAG Urt. v. 20.6.2018 – 5 AZR 377/17, NJW 2018, 3472, Rn. 33.

mien, Sachbezüge, Gewinnbeteiligungen, Gratifikationen und vermögenswirksame Leistungen (vgl. aber § 4a EFZG). Kurzarbeitergeld oder Wintergeld, die aufgrund von Vorschriften des SGB III von der Bundesagentur für Arbeit gezahlt würden, sind keine Vergütungen für geleistete Arbeit und brauchen daher nicht berücksichtigt zu werden. Ähnliches gilt für das zusätzlich für Überstunden gezahlte Arbeitsentgelt (vgl. § 4 Ia EFZG).

5. Annahmeverzug des Arbeitgebers

> **Prüfungsschema § 615 S. 1 iVm §§ 293 ff. BGB:** 127
>
> (1) Vertragsgemäßes **Angebot** (§§ 294–296 BGB)
> (2) **Leistungsfähigkeit** und **-bereitschaft** (§ 297 BGB)
> (3) **Nichtannahme** durch Arbeitgeber (§ 293 BGB)

Wie jeder Gläubiger gerät der Arbeitgeber in Annahmeverzug (vgl. §§ 293 ff. BGB), wenn er die ihm vom Schuldner angebotene Leistung nicht annimmt. Der Arbeitnehmer bietet seine Arbeitsleistung regelmäßig dadurch an, dass er am Arbeitsort erscheint (vgl. § 294 BGB).[315] Weitere (vom Leistungsangebot unabhängige) Voraussetzung ist die Leistungsfähigkeit und -bereitschaft des Arbeitnehmers.

> **Hinweis:** An der Leistungsfähigkeit iSd **§ 297 BGB fehlt** es etwa bei **Arbeitsunfähigkeit**, wenn ein gesetzliches **Beschäftigungsverbot** besteht oder eine erforderliche Erlaubnis für das Ausüben der geschuldeten Tätigkeit nicht vorhanden ist. § 297 BGB greift auch während des **Urlaubs** oder anderen **rechtswirksamen Freistellungen** von der Arbeit (→ Rn. 138 Nr. 10).[316] Die Vorgabe eines Kunden an den Arbeitgeber, speziell diesen Arbeitnehmer bei ihm nicht einzusetzen, hindert dessen Leistungsfähigkeit hingegen nicht.[317]

Befindet sich der Arbeitgeber im Annahmeverzug, braucht der Arbeitnehmer die unterbliebene Arbeitsleistung nicht nachzuholen, sondern er wird für die Dauer des Annahmeverzugs von seiner Arbeitspflicht frei. Gegenüber dem Arbeitgeber steht ihm der Anspruch auf Zahlung des vereinbarten Arbeitsentgelts für die ausgefallene Zeit gem. § 615 S. 1 BGB zu.

> **Beispiel:** Der Außendienstfahrer erscheint am vereinbarten Tag des Arbeitsbeginns pünktlich auf dem Betriebsgelände, um seine Arbeit aufzunehmen. Wird er zurückgewiesen und erst auf den nächsten Tag bestellt, befindet sich der Arbeitgeber in Annahmeverzug (→ Rn. 338–340).

> **Hinweis:** § 615 S. 1 BGB gewährt (wie § 326 II 1 und § 616 BGB!) *keinen eigenen Anspruch*, sondern hält den vertraglichen Vergütungsanspruch aufrecht!

---

315 Ein **wörtliches Angebot** (§ 295 BGB) genügt, wenn der Arbeitgeber ihm erklärt hat, er werde die Leistung nicht annehmen oder wenn über die Beendigung des Arbeitsverhältnisses gestritten wird. Nach **§ 296 BGB** ist ein **Angebot entbehrlich** nach einer unwirksamen Arbeitgeberkündigung oder wenn offenkundig ist, dass der Arbeitgeber auf seiner Weigerung, die geschuldete Leistung anzunehmen, beharrt, insbes., wenn er durch einseitige Freistellung des Arbeitnehmers von der Arbeit auf das Angebot der Arbeitsleistung verzichtet hat, BAG Urt. v. 21.10.2015 – 5 AZR 843/14, NZA 2016, 688 Rn. 19 mwN.; s. dazu auch BAG Urt. v. 14.12.2017 – 2 AZR 86/17, BAGE 161, 198 = NZA 2018, 646 Rn. 32.
316 BAG Urt. v. 19.9.2018 – 10 AZR 496/17, NZA 2018, 1555 Rn. 14.
317 BAG Urt. v. 21.10.2015 – 5 AZR 843/14, NZA 2016, 688 Rn. 22 f. Scheitert ein Verzugslohnanspruch an § 297 BGB, kann der Vergütungsanspruch uU durch **§ 326 II BGB** aufrechterhalten werden, → Rn. 341!

3. Kapitel. Pflichten und Rechte des Arbeitnehmers

Auf das Verhältnis von § 615 BGB zu § 326 II BGB gehen wir später noch genauer ein (→ Rn. 340).

6. Urlaub

128 Der EuGH hat seit 2009 in verschiedenen Entscheidungen befunden, dass das frühere deutsche Verständnis des Urlaubsrechts nicht der zugrunde liegenden Richtlinie 2003/88/EG entspricht. Die unionsrechtskonforme Auslegung des BUrlG durch das BAG führt seitdem bei unverändertem Wortlaut der Normen zu teilweise anderen Ergebnissen. Inzwischen nimmt das neue Verständnis klarere Konturen an.

> **Prüfungsschema § 1 BUrlG:**[318]
> (1) **Anwendbarkeit** BUrlG (§ 2 BUrlG)
> (2) **Urlaubsdauer** (§ 3 I, II BUrlG)
>   (a) **Wartezeit**erfüllung (§ 4 BUrlG)
>   (b) Ggf. **Teilurlaub** (§ 5 I BUrlG)
>   (c) Kein **Ausschluss** (§ 6 I BUrlG)
> (3) **Rechtzeitigkeit** (Bindung an das Kalenderjahr, § 7 III BUrlG)

a) Rechtsnatur und Mindestdauer

128a Urlaub im arbeitsrechtlichen Sinne ist die dem Arbeitnehmer zum Zweck der Erholung gewährte Freistellung von der Arbeitspflicht (*»Erholungskomponente«*). Sie erfolgt unter Fortzahlung der Arbeitsvergütung, damit der Urlaubszweck auch tatsächlich verwirklicht werden kann (*»Vergütungskomponente«*). Gemäß § 1 BUrlG steht jedem Arbeitnehmer ein Urlaubsanspruch zu. Der gesetzliche Mindestumfang beträgt gem. § 3 I BUrlG jährlich 24 Werktage. Der Urlaubsanspruch (Erholungskomponente) ist *höchstpersönlicher Natur* und kann daher nicht abgetreten (§ 399 BGB) oder gepfändet (§ 851 I ZPO) werden.[319] Mit ihm und gegen ihn kann nicht aufgerechnet (§ 394 BGB) sowie auf ihn nicht im Voraus verzichtet werden. Er ist auch nicht vererblich, wohl aber die Vergütungskomponente (Abgeltungsanspruch gem. § 7 IV BUrlG → **Rn. 131**) des vor dem Tod nicht mehr genommenen Urlaubs, die als Bestandteil des Vermögens nach § 1922 I BGB Teil der Erbmasse wird.[320]

Gemäß § 8 BUrlG ist dem Arbeitnehmer während des Urlaubs jede dem Urlaubszweck (= Erholung von der Arbeit) widersprechende Erwerbstätigkeit untersagt.

Erkrankt der Arbeitnehmer während seines Urlaubs, so werden die durch ärztliches Zeugnis nachgewiesenen Tage der Arbeitsunfähigkeit gem. § 9 BUrlG auf den Jahresurlaub nicht angerechnet.

---

318 Ausführlicheres Schema bei *Kokemoor/Kreissl* ArbR I Rn. 52.
319 Der Urlaubsanspruch kann hingegen durch nicht fristgerechte Geltendmachung (s. dazu → **Rn. 131**) zum Erlöschen gebracht und auf einen bereits **entstandenen Abgeltungsanspruch** (→ **Rn. 131**) wirksam **verzichtet** werden (BAG Urt. v. 14.5.2013 – 9 AZR 844/11, NJW 2013, 3261); auch kann der Anspruch einer vertraglichen **Ausschlussfrist** (→ **Rn.** 62a) unterfallen (BAG Urt. v. 18.9.2018 – 9 AZR 162/18, NZA 2018, 1619, Rn. 28 f. mwN).
320 BAG Urt. v. 22.1.2019 – 9 AZR 45/16, NZA 2019, 829; EuGH Urt. v. 6.11.2018, C-569/16 und C-570/16, ECLI:EU:C:2018:871 = NZA 2018, 1467 – Bauer und Willmeroth. Zur Frage der **Urlaubsabgeltung im Todesfall** auch → **Rn. 133**.

Der Urlaubsanspruch ist nicht abhängig von einer Gegenleistung. Er setzt nach stRspr des BAG keine Mindestarbeitsleistung voraus und kann auch geltend gemacht werden, wenn der Arbeitnehmer im gesamten Urlaubsjahr krankheitsbedingt nicht gearbeitet hat.[321] Für den Zeitraum einer Elternzeit (→ **Rn. 135**) kann der Arbeitgeber den Urlaubsanspruch aber nach § 17 I 1 BEEG[322] kürzen.[323]

> **Hinweis:** Notieren Sie § 17 I 1 BEEG neben § 3 I BUrlG!

Nach § 13 I 3 BUrlG darf von den Vorschriften dieses Gesetzes grundsätzlich nicht zuungunsten des Arbeitnehmers abgewichen werden. Abweichende vertragliche Vereinbarungen zu seinen Gunsten sind dagegen zulässig. Die Ermächtigung des § 13 I 1 BUrlG, nach dem von »den vorstehenden Vorschriften mit Ausnahme der §§ 1, 2 und 3 I« BUrlG in Tarifverträgen auch zu Ungunsten des Arbeitnehmers abgewichen werden könnte,[324] wird allerdings nur relativ selten praktisch relevant. Der Mindesturlaubsanspruch von jährlich 24 Werktagen (§ 3 I BUrlG) wird regelmäßig durch Tarifvertrag, Betriebsvereinbarung oder Einzelarbeitsvertrag überschritten. **129**

Zu den Werktagen zählen alle Kalendertage, die nicht Sonn- oder Feiertage sind (§ 3 II BUrlG). Auch der arbeitsfreie Samstag ist daher grundsätzlich als Werktag auf den Urlaub anzurechnen.

> **Hinweis:** Das BUrlG geht also von der Sechs-Tage-Woche aus. Die Dauer des gesetzlichen Mindesturlaubs nach § 3 I BUrlG muss daher in Arbeitstage des betroffenen Arbeitnehmers umgerechnet werden.[325]

Bei einer Fünf-Tage-Woche, wie sie für die meisten Arbeitnehmerinnen und Arbeitnehmer die Regel ist, ergibt sich dadurch ein Urlaubsanspruch von 20 *Arbeits*tagen (24 Werktage x $5/6$ = 20). Das Umrechnungsergebnis ist immer dann zutreffend, wenn der in Arbeitstagen ausgedrückte Urlaubsanspruch es ermöglicht, vier normale Arbeitswochen der Arbeit fern zu bleiben (24 Tage Urlaubsanspruch bei Sechs-Tage-Woche, 20 Tage bei Fünf-Tage-Woche, 16 Tage bei Vier-Tage-Woche usw.).[326]

b) Zeitpunkt, Übertragbarkeit und Abgeltung

Bei der zeitlichen Festlegung des Urlaubs, die dem Arbeitgeber im Rahmen seines Direktionsrechts[327] zusteht, sind regelmäßig die Wünsche des Arbeitnehmers vorrangig **130**

---

321 S. BAG Urt. v. 18.3.2003 – 9 AZR 190/02, NZA 2008, 1237 – kein »Rechtsmissbrauch«. **Kein** Urlaubsanspruch entsteht aber während eines **unbezahlten Sonderurlaubs**, da die vertraglichen Hauptleistungspflichten durch Vereinbarung vorübergehend ausgesetzt wurden, BAG v. 19.3.2019 – 9 AZR 315/17, unter Aufgabe der früheren Rspr.
322 **dtv-ArbG Nr. 58.**
323 BAG Urt. v. 19.3.2019 – 9 AZR 362/18. Dies ist mit Unionsrecht vereinbar, vgl. EuGH Urt. v. 4.10.2018, C-12/17, ECLI:EU:C:2018:799 = NJW 2019, 825 – Dicu.
324 Die Regelung darf unionsrechtlich nicht dazu führen, dass das **Urlaubsentgelt** (§ 11 BUrlG; → **Rn. 133**) nach **Kurzarbeit** geringer ausfällt als der Durchschnitt des gewöhnlichen Arbeitsentgelts bei tatsächlicher Arbeitsleistung, EuGH Urt. v. 13.12.2018, C-385/17, ECLI:EU:C:2018: 1018 = NZA 2019, 47 – Hein.
325 Zur Berechnung bei Vereinbarung einer Jahresarbeitszeit vgl. BAGE 102, 321 (Urt. v. 5.9.2002 – 9 AZR 244/01).
326 Entsprechend umzurechnen ist auch, wenn wegen der Gewährung von **Sonderurlaub nicht das ganze Jahr gearbeitet wurde**, BAG v. 19.3.2019 – 9 AZR 315/17.
327 → Rn. 100 f.

zu berücksichtigen (§ 7 I 1 BUrlG). Grundsätzlich soll der Urlaub *zusammenhängend* genommen und gewährt werden, sofern dem nicht *dringende betriebliche* oder *in der Person des Arbeitnehmers liegende Gründe* entgegenstehen (§ 7 II 1 BUrlG). Dringende betriebsbedingte Gründe können vorliegen, wenn der vom Arbeitnehmer gewünschte Urlaub eine besondere Belastung des Betriebs oder des Betriebsablaufs zur Folge haben würde, zB im Weihnachtsgeschäft des Einzelhandels.

131 Grundsätzlich muss der Urlaub gem. § 7 III 1 BUrlG im laufenden Kalenderjahr gewährt und genommen werden. Eine **Übertragung des Urlaubs auf das nächste Jahr** ist wiederum nur möglich, wenn dringende betriebliche oder in der Person des Arbeitnehmers liegende Gründe dies erforderlich machen. In diesem Fall ist der Urlaub bis zum Ende des ersten folgenden Kalendervierteljahres zu nehmen und zu gewähren (vgl. § 7 III 2 und 3 BUrlG). Nach dem 31.3. erlischt der gesetzliche Urlaubsanspruch grundsätzlich. Aufgrund der europarechtlichen Vorgaben[328] geht er bei unionsrechtskonformer Auslegung der Norm allerdings nicht unter, wenn der Arbeitnehmer bis zum Ende des Urlaubsjahres und/oder des Übertragungszeitraums **erkrankt** und deshalb arbeitsunfähig ist.[329] Dies hat zur Folge, dass der aufrechterhaltene Urlaubsanspruch zu dem im Folgejahr entstandenen Urlaubsanspruch hinzutritt und damit erneut dem Fristenregime des § 7 III BUrlG unterfällt.[330] Bei unionsrechtskonformer Auslegung verfällt der Urlaubsanspruch bei fortbestehender Arbeitsunfähigkeit daher erst am 31.3. des zweiten auf das Urlaubsjahr folgenden Jahres wegen der nicht mehr gegebenen *Erholungsfunktion* (→ Rn. 128a).[331]

> **Hinweis:** Sie sollten sich also **merken**, dass der gesetzliche Urlaubsanspruch spätestens mit dem 31.3. des Folgejahres erlischt. Nur bei Arbeitsunfähigkeit wegen Krankheit geht der Anspruch erst 15 Monate nach Ablauf des jeweiligen Urlaubsjahres unter (also am 31.3. des zweiten auf das jeweilige Urlaubsjahr folgenden Jahres).

> **Beispiel:** Ein Arbeitnehmer, dem im Jahr 2019 noch kein Urlaub gewährt wurde, erkrankt im November 2019 und ist deswegen bis auf weiteres arbeitsunfähig. Sein Urlaubsanspruch für das Jahr 2019 erlischt nicht mit dem 31.3.2020, sondern bei fortbestehender Arbeitsunfähigkeit erst am 31.3.2021. Trotz der ununterbrochenen Arbeitsunfähigkeit entstehen für die Jahre 2020 und 2021 neue Urlaubsansprüche, die bei fortbestehender Arbeitsunfähigkeit am 31.3.2022 (Urlaubsanspruch für 2020) und 31.3.2023 (Urlaubsanspruch für 2021) untergehen.

Auch wenn der Arbeitgeber den Arbeitnehmer zuvor nicht konkret **aufgefordert** hat, den **Urlaub zu nehmen**, und ihn klar und rechtzeitig darauf hingewiesen hat, dass der Urlaub anderenfalls mit Ablauf des Urlaubsjahres oder des Übertragungszeitraums erlischt, geht der Urlaubsanspruch bei unionsrechtskonformer Auslegung nicht am 31.3. des Folgejahres unter.[332] Denn dem Arbeitgeber soll kein wirt-

---

328 EuGH Urt. v. 20.1.2009 – C-350/06 und C-520/06, NJW 2009, 495 – Schultz-Hoff; EuGH Urt. v. 22.11.2011 – C-214/10, NZA 2011, 1333 – KHS.
329 BAG Urt. v. 24.3.2009 – 9 AZR 983/07, BAGE 130, 119 = BeckRS 2009, 61260; BAG Urt. v. 23.3.2010 – 9 AZR 128/09, NZA 2010, 810; BAG Urt. v. 4.5.2010 – 9 AZR 183/09, NJW 2010, 3469.
330 BAG Urt. v. 7.8.2012 – 9 AZR 353/10, NJW 2012, 3529; BAG Urt. v. 16.10.2012 – 9 AZR 63/11, NJW 2013, 1179.
331 *Dütz/Thüsing* ArbR Rn. 239.
332 BAG Urt. v. 19.2.2019 – 9 AZR 541/15, BeckRS 2019, 2750; BAG Urt. v. 19.2.2019 – 9 AZR 423/16, BeckRS 2019, 12110; EuGH Urt. v. 6.11.2018, C-619/16, ECLI:EU:C:2018:872 = NJW 2019, 36 – Kreuziger; Urt. v. 6.11.2018, C-684/16, ECLI:EU:C:2018:874 = NZA 2018, 1474 – Shimizu.

schaftlicher Vorteil daraus entstehen, dass er die Urlaubsgewährung aufgeschoben hat.[333]

> **Hinweis:** Die Initiativlast für die Verwirklichung des Urlaubsanspruchs liegt beim Arbeitgeber. Der Anspruch erlischt daher nur dann zum 31.3. des Folgejahres, wenn der Urlaub trotz rechtzeitiger vorheriger Belehrung durch den Arbeitgeber aus freien Stücken nicht genommen wurde![334]

Da Urlaub iSd § 1 BUrlG »bezahlte Freizeit« zur Erholung von der Arbeit ist, die der Arbeitnehmer für seinen Arbeitgeber leistet, kann Urlaub nur während eines bestehenden Arbeitsverhältnisses seinen Zweck erfüllen. Folgerichtig bestimmt § 7 IV BUrlG, dass der Urlaub, der wegen Beendigung des Arbeitsverhältnisses nicht mehr gewährt werden kann, **ausnahmsweise abzugelten** ist. Das bedeutet, dass anstelle des nicht verbrauchten Urlaubs dem Arbeitnehmer (oder seinen Erben)[335] als Ausgleich für die während dieser Zeit erbrachte Arbeit Geld oder geldwerte Gegenstände geleistet werden.[336] Der Abgeltungsanspruch ist ein vom Urlaubsanspruch zu unterscheidender Geldanspruch, der nicht denselben Regeln wie der Urlaubsanspruch unterliegt.[337] Unionsrechtlich setzt der Abgeltungsanspruch nur voraus, dass das Arbeitsverhältnis beendet ist und der Arbeitnehmer nicht den gesamten Jahresurlaub genommen hat, auf den er zum Zeitpunkt der Beendigung des Arbeitsverhältnisses Anspruch hatte.[338]

c) Wartezeit und Teilurlaub, Ausschluss von Doppelansprüchen

Gemäß § 4 BUrlG wird der volle Urlaubsanspruch von 24 Werktagen (§ 3 I BUrlG) bzw. 20 Arbeitstagen erstmals nach **sechsmonatigem Bestehen** des Arbeitsverhältnisses erworben.[339] 132

Beginnt das Arbeitsverhältnis in der zweiten Hälfte des Kalenderjahres, kann der Arbeitnehmer die erforderliche *Wartezeit* nicht erfüllen. Gemäß § 5 Ia BUrlG hat der Arbeitnehmer in diesem Fall einen Anspruch auf **Teilurlaub** in Höhe von einem Zwölftel des Jahresurlaubs für jeden vollen Monat des Bestehens des Arbeitsverhältnisses. Das Gleiche gilt, wenn er vor erfüllter Wartezeit aus dem Arbeitsverhältnis ausscheidet bzw. wenn er nach erfüllter Wartezeit in der ersten Hälfte eines Kalenderjahres aus dem Arbeitsverhältnis ausscheidet (§ 5 Ib, c BUrlG).

Im Umkehrschluss lässt sich § 5 I BUrlG entnehmen, dass beim Ausscheiden in der zweiten Jahreshälfte nach Erfüllung der Wartezeit Anspruch auf Vollurlaub besteht.[340] Damit es bei der anschließenden Begründung eines **neuen Arbeitsverhält-**

---

333 *Hamann* jurisPR-ArbR 49/2018 Anm. 3 zu EuGH Urt. v. 6.11.2018, C-569/16 und C-570/16, ECLI:EU:C:2018:871 = NZA 2018, 1467 – Bauer und Willmeroth.
334 BAG Urt. v. 19.2.2019 – 9 AZR 541/15, 17, BeckRS 2019, 2750.
335 BAG Urt. v. 22.1.2019 – 9 AZR 45/16, NZA 2019, 829; oben → **Rn. 128a**.
336 *Creifelds* Recht-WB »Urlaub«.
337 BAG Urt. v. 10.2.2015 – 9 AZR 455/13 Rn. 26, BAGE 150, 355 = BeckRS 2015, 66136. Es handelt sich **nicht** um ein **Äquivalent** zum Urlaubsanspruch, **sondern** um ein **Aliud** in Form eines selbstständigen Geldanspruchs, BAG Urt. v. 19.5.2015 – 9 AZR 725/13 Rn. 18, BAGE 151, 360 = BeckRS 2015, 70363; BAG Urt. v. 22.9.2015 – 9 AZR 170/14 Rn. 14, BAGE 152, 308 = NJW 2016, 1837.
338 EuGH Urt. v. 20.7.2016 – C-341/15, ECLI:EU:C:2016:576 = BeckRS 2016, 81566 – Maschek; EuGH Urt. v. 12.6.2014 – C-118/13, ECLI:EU:C:2014:1755 = BeckRS 2014, 80975 – Bollacke.
339 Wird vor Beendigung eines Arbeitsverhältnisses die Begründung eines neuen vereinbart und tritt nur eine **kurzfristige Unterbrechung** ein, ist dies für die Erfüllung der Wartezeit unerheblich, BAG Urt. v. 20.10.2015 – 9 AZR 224/14 Ls. u. Rn. 14 ff., BAGE 153, 57 = NJW 2016, 587.
340 BAG Urt. v. 20.10.2015 – 9 AZR 224/14 Ls. u. Rn. 13, BAGE 153, 57 = NJW 2016, 587.

nisses nicht zu Doppelansprüchen kommt, bestimmt § 6 I BUrlG, dass der Anspruch auf Urlaub nicht besteht, soweit dem Arbeitnehmer für das laufende Kalenderjahr bereits von einem früheren Arbeitgeber Urlaub gewährt worden ist.[341]

d) Urlaubsentgelt, Urlaubsgeld

133   Aus § 1 BUrlG ergibt sich nicht nur ein Anspruch des Arbeitnehmers auf Urlaub, sondern auch auf das Urlaubsentgelt (»**bezahlter**« Erholungsurlaub). Das Urlaubsentgelt bemisst sich gem. § 11 I 1 BUrlG nach dem durchschnittlichen Arbeitsverdienst, das der Arbeitnehmer in den letzten dreizehn Wochen vor Beginn des Urlaubs erhalten hat. Anders als der Urlaubsanspruch selbst, der *höchstpersönlicher* Natur ist (→ Rn. 128a), handelt es sich bei dem Anspruch auf Urlaubsentgelt um einen reinen Geldanspruch. Er ist daher innerhalb der gesetzlichen Grenzen (§§ 850 ff. ZPO[342]; → Rn. 201) in gleicher Weise pfändbar, abtretbar und aufrechenbar wie das Arbeitsentgelt.[343] Gleiches trifft auch auf den Urlaubs*abgeltungs*anspruch zu, da es sich bei diesem ebenfalls um einen reinen Geldanspruch handelt.

134   Nicht zu verwechseln mit dem Urlaubs*entgelt* ist das sog. **Urlaubsgeld**. Dabei handelt es sich um eine zusätzlich zu erbringende Leistung des Arbeitgebers, zu der er aufgrund Tarifvertrags, Betriebsvereinbarung oder Einzelarbeitsvertrags verpflichtet sein kann. Dieser Anspruch ist gem. § 850a Nr. 2 ZPO unpfändbar.

134a **Zur Übung und Vertiefung:**

> **Klausurfall 2c (vgl. Vorwort!)**
>
> Hausmann Harald Pottler (H) ist seit dem 1.1. bei Schludrian Schlenkrich (S) angestellt, der ein Spezialgeschäft für Hochbetten und Weine aus Umbrien betreibt. Als Buchhalter und Sekretär arbeitet Harald wöchentlich von Montag bis Donnerstag jeweils drei Stunden für Schlenkrich. Harald hat für das laufende Jahr keinen Urlaub geplant, da er im Januar des kommenden Jahres eine achtwöchige Weltreise antreten möchte. Als er S fragt, was er von diesen Plänen halte, meint dieser, dass H keinen Urlaub verlangen könne. Schließlich werde er nur tageweise beschäftigt und es sei keine Urlaubsregelung vereinbart; auch sei H sehr oft krank gewesen. Im Übrigen wisse er schon länger, dass der Betrieb wegen der für Januar des Folgejahres geplanten Sortimentsumstellung unmöglich auf ihn, H, verzichten könne, da schließlich ein erheblicher zusätzlicher Arbeitsanfall zu erwarten sei.
>
> *H, der tatsächlich mit S keine vertragliche Urlaubsregelung getroffen hat, fragt Sie im Juli, ob und gegebenenfalls wie viele Wochen Urlaub ihm für das laufende Jahr sowie das Folgejahr zustehen und ob er von S während des Urlaubs eine Bezahlung beanspruchen kann. Er möchte auch wissen, ob sich damit die beabsichtigte Weltreise realisieren lässt (Bearbeitungszeit: 120 Minuten).*
>
> **Ausformulierter Lösungsvorschlag:**
> ▶ Siehe *Kokemoor/Kreissl* ArbR I Fall 3, Rn. 59.[344]

---

341   Es handelt sich um eine **negative Anspruchsvoraussetzung**, für die die Darlegungs- und Beweislast beim Arbeitnehmer als Gläubiger des Urlaubsanspruchs liegt, BAG Urt. v. 16.12.2014 – 9 AZR 295/13 Rn. 38, 40, BAGE 150, 207 = BeckRS 2015, 65939.
342   dtv-ArbG Nr. 92.
343   S. ErfK/*Gallner* BUrlG § 11 Rn. 32 mwN.
344   **Kurzhinweise zur Lösung:** 1) 16 Arbeitstage (= 4 Wochen) Urlaubsanspruch pro Jahr gem. §§ 1, 3 BUrlG; im laufenden Jahr ab Juli gegeben (§ 4 BUrlG). 2) Keine Übertragung gem. § 7 III 2 BUrlG, da bloßer Wunsch kein persönlicher Grund. 3) Verweigerung des Urlaubs für das Folgejahr im Januar wegen dringender betrieblicher Gründe möglich.

II. Befreiung von der Arbeitspflicht (Lohn ohne Arbeit)

7. Mutterschutz und Elternzeit

Das **Mutterschutzgesetz** sieht zum Schutz der werdenden Mutter und des ungeborenen Kindes grundsätzlich eine Arbeitsfreistellung der berufstätigen Frau in den letzten sechs Wochen (vgl. aber § 3 I 2 MuSchG) vor der Entbindung (§ 3 I MuSchG) vor und enthält in § 3 II MuSchG ein absolutes Beschäftigungsverbot bis zum Ablauf von acht bzw. zwölf (nach Früh- und Mehrlingsgeburten) Wochen (§ 3 MuSchG lesen!). Gemäß § 18 MuSchG ist bei Beschäftigungsverboten grundsätzlich Mutterschutzlohn zu gewähren; die Beschäftigungsverbote nach den § 3 I, II MuSchG lösen einen Anspruch auf Mutterschaftsgeld (§ 19 I MuSchG, § 24i SGB V[345]) sowie den Arbeitgeberzuschuss zum Mutterschaftsgeld gem. § 20 MuSchG[346] (zur Erinnerung: Vorschriften lesen!) aus.

135

Nach der Geburt eines Kindes können die Mutter und/oder der Vater gegenüber ihrem Arbeitgeber **Elternzeit** nach dem Bundeselterngeld- und Elternzeitgesetz (BEEG)[347] für jeweils bis zu drei Jahre beanspruchen (§§ 15 f. BEEG),[348] was *schriftlich* geschehen muss (§ 16 I BEEG). Beschäftigt der Arbeitgeber in der Regel mehr als 15 Arbeitnehmer und dauert das Arbeitsverhältnis bereits länger als sechs Monate, besteht während der Elternzeit ein *Rechtsanspruch auf Teilzeitarbeit*[349] (= Anspruch auf bis zu zweimalige Verringerung der Arbeitszeit, s. § 15 VI, VII BEEG). Eltern sind während der Elternzeit ganz oder teilweise von der Arbeit freigestellt, erhalten insoweit aber auch keinen Lohn. Stattdessen können sie für bis zu 14 Monate als staatliche Entgeltersatzleistung *Elterngeld* beanspruchen (»Basiselterngeld«, s. § 4 II, IV 1 BEEG). Für mehr als zwölf Monate wird es nur gezahlt, wenn beide Elternteile (sog. »*Partnermonate*« – umgangssprachlich auch »Vätermonate«) in Elternzeit gehen (§ 4 IV 2 BEEG – alle Vorschriften zumindest »überfliegen«!). Wahlweise kann auch in halber Höhe für den doppelten Zeitraum »**Elterngeld Plus**« (§ 4 III 1, 2 BEEG) sowie – bei gleichzeitiger Teilzeitarbeit – ein »*Partnerschaftsbonus*« von jeweils vier weiteren Monaten (§ 4 IV 3 BEEG) in Anspruch genommen werden.[350]

8. Pflegezeit, Familienpflegezeit und pflegebedingte Kurzzeitverhinderung

Der Elternzeit nachgebildet ist die **Pflegezeit** nach dem PflegeZG[351]. Dieses Gesetz will Beschäftigten die Möglichkeit eröffnen, pflegebedürftige nahe Angehörige in häuslicher Umgebung zu pflegen und damit die Vereinbarkeit von Beruf und familiärer Pflege verbessern (§ 1 PflegeZG). Ein Rechtsanspruch auf Pflegezeit (= voll-

135a

---

345 dtv-ArbG Nr. 44.
346 Diese Regelung war bis zum Inkrafttreten des AufwendungsausgleichsG (AAG; dtv-ArbG Nr. 18a) mit Art. 12 I GG nicht vereinbar; vgl. BVerfGE 109, 64. Erst durch §§ 1 II, 7 I AAG wurden die Aufwendungen aller Arbeitgeber für Mutterschutzlohn und den Arbeitgeberzuschuss zum Mutterschaftsgeld verfassungsgemäß auf alle Unternehmen umgelegt.
347 dtv-ArbG Nr. 58.
348 Statt der Eltern können in bestimmten Fällen alternativ auch **Großeltern** Elternzeit beantragen, s. § 15 Ia BEEG!
349 Zum **allgemeinen Anspruch** auf zeitlich begrenzte oder unbegrenzte Teilzeitarbeit gem. § 8 I, § 9a I TzBfG → Rn. 107a.
350 S. dazu *Kokemoor* SozR Rn. 432a.
351 dtv-ArbG Nr. 26.

ständige oder teilweise Freistellung von der Arbeit) besteht gegenüber Arbeitgebern mit in der Regel mehr als 15 Beschäftigten für *bis zu sechs Monate*, wenn ein pflegebedürftiger naher Angehöriger (§ 7 III, IV PflegeZG) in häuslicher Umgebung[352] gepflegt wird (§§ 3 I, 4 I PflegeZG – lesen!). Auch hier ist Schriftform vorgeschrieben (§ 3 III 1 PflegeZG) und es kommt zu einer vollständigen oder teilweisen Freistellung von der Arbeit,[353] ohne dass insoweit ein Entgeltanspruch bestünde.

Zur Verbesserung der Vereinbarkeit von Beruf und familiärer Pflege gewährt das »Familienpflegezeitgesetz (FPfZG[354])« einen Rechtsanspruch auf Teilzeitarbeit im Umfang von mindestens 15 Stunden wöchentlich *für längstens 24 Monate* (**Familienpflegezeit**).[355] Die beabsichtigte Inanspruchnahme muss – vergleichbar der Elternzeit – schriftlich angekündigt werden. Der Rechtsanspruch besteht unabhängig von der Dauer der bisherigen Beschäftigung, bedarf aber stets einer Vereinbarung mit dem Arbeitgeber und besteht nur gegenüber Arbeitgebern mit mehr als 25 Beschäftigten (lesen Sie §§ 2 I, 2a I 1, II PPfZG und unterstreichen Sie bei § 2 »24 Monate« in S. 1, »mindestens 15 Stunden« in S. 2, »Anspruch« und »25 oder weniger« in S. 4 sowie bei § 2a I 1 »schriftlich« und in § 2a II 1 »schriftliche Vereinbarung«!).

Weder für die Pflegezeit noch für die Familienpflegezeit ist eine mit dem Elterngeld vergleichbare staatliche Entgeltersatzleistung gesetzlich vorgesehen. Der pflegebedürftige Angehörige erhält jedoch regelmäßig Pflegegeld aus der gesetzlichen Pflegeversicherung, sodass er dem pflegenden Angehörigen zumindest ein Taschengeld gewähren kann.[356] Ferner können die Beschäftigten in beiden Fällen ein zinsloses Darlehen beim Bundesamt für Familie und zivilgesellschaftliche Aufgaben beantragen, s. § 3 I FPfZG.

Wird die Pflegesituation bei einem Angehörigen kurzfristig akut, dürfen Beschäftigte für bis zu zehn Arbeitstagen der Arbeit fernbleiben, wenn dies erforderlich ist, um eine bedarfsgerechte Pflege zu organisieren oder um die pflegerische Versorgung sicherzustellen (»**kurzzeitige Arbeitsverhinderung**«, § 2 I PflegeZG). Auch insoweit besteht grundsätzlich kein Lohnanspruch.

- ■ Können Sie sich vorstellen, nach welcher der in § 2 III PflegeZG genannten und Ihnen bereits bekannten »anderen gesetzlichen Vorschriften« hier dennoch »Lohn ohne Arbeit« zu zahlen sein kann?
- ▶ Die Antwort gibt Fußnote[357]!

---

352 Ein Anspruch auf sonstige Freistellung ergibt sich hinsichtlich **minderjähriger** Pflegebedürftiger gem. § 3 V 1 PflegeZG auch bei außerhäuslicher Pflege und ferner – unabhängig von Pflegebedürftigkeit – zur **Sterbebegleitung** gem. § 3 VI 1 PflegeZG.
353 § 3 I 1 PflegeZG gewährt ein **einmaliges Gestaltungsrecht**, das mit der erstmaligen Inanspruchnahme auch dann erlischt, wenn die genommene Pflegezeit die Höchstdauer von sechs Monaten unterschreitet, BAG Urt. v. 15.11.2011 – 9 AZR 348/10, NJW 2012, 1244.
354 **dtv-ArbG Nr. 27**.
355 Auch insoweit ist eine Sonderregelung für die außerhäusliche Pflege **minderjähriger** Pflegebedürftiger (nicht aber für die Sterbebegleitung!) vorgesehen, s. §§ 2 V, 2a VI PflegeZG.
356 § 37 I SGB XI (nicht abgedr. in dtv-ArbG); s. dazu bei Interesse zB *Kokemoor* SozR Rn. 231 ff., 233.
357 In Betracht kommt ein **Anspruch nach § 616 BGB**. Falls nicht mehr gewusst, lesen Sie nochmals → **Rn. 113 f.**!

II. Befreiung von der Arbeitspflicht (Lohn ohne Arbeit)

Seit dem 1.1.2015 haben pflegende Angehörige im Fall einer Freistellung von der Arbeit wegen *kurzzeitiger Arbeitsverhinderung* ferner für insgesamt bis zu zehn Arbeitstage Anspruch auf »*Pflegeunterstützungsgeld*«[358] gem. § 44a III SGB XI (im Wortlaut des § 2 III 2 PflegeZG unterstreichen!).

9. Arbeitsausfall aus betrieblichen Gründen (Betriebsstörungen)

Sofern der Arbeitnehmer aufgrund von betrieblichen oder wirtschaftlichen Störungen (zB Stromausfall, Auftragsmangel, Maschinenschäden, Naturkatastrophen, Betriebsstilllegung aufgrund öffentlich-rechtlicher Anordnung) seine Arbeitsleistung nicht erbringen kann, ist er ebenfalls von seiner Arbeitspflicht befreit. Das *Betriebs- und Wirtschaftsrisiko* trägt grundsätzlich der Arbeitgeber, der daher zur Vergütungszahlung verpflichtet bleibt (§ 615 S. 3 BGB), auch wenn die Betriebsstörung durch »höhere Gewalt«[359] verursacht wurde.[360] Wir gehen darauf später noch ein (→ Rn. 341), wenn wir uns mit dem Arbeitskampfrecht befassen. **136**

10. Rechtmäßiger Arbeitskampf

Auch rechtmäßige Arbeitskampfmaßnahmen (Streik, Aussperrung, Betriebsstilllegung), auf die wir näher im dritten Teil (dort: »Arbeitskampfrecht«) eingehen werden, führen zur Befreiung von der Arbeitspflicht, allerdings, wie wir sehen werden, auch zur vorübergehenden Befreiung des Arbeitgebers von der Entgeltzahlungspflicht! **137**

Die Fälle der Befreiung von der Arbeitspflicht sind auf der folgenden Übersicht 7 nochmals zusammengefasst.

---

358 Es handelt sich um eine dem **Krankengeld wegen Erkrankung eines Kindes** gem. § 45 SGB V (dtv-ArbG Nr. 44) vergleichbare Lohnersatzleistung aus der gesetzlichen Pflegeversicherung; s. dazu sowie zum **Verhältnis zu § 616 BGB → Rn. 113**.
359 »Höhere Gewalt« ist ein von außen auf den Betrieb einwirkendes, nicht vorhersehbares Ereignis, dem mit angemessenen und zumutbaren Mitteln nicht rechtzeitig begegnet werden konnte (*Creifelds* Recht-WB »Verschulden« [2c]).
360 BAG Urt. v. 23.9.2015 – 5 AZR 146/14, Rn. 22, BAGE 152, 327 = BeckRS 2016, 65926; BAG Urt. v. 18.11.2015 – 5 AZR 814/14, NJW 2016, 2359, Rn. 52.

Übersicht 7

138 | **Befreiung von der Arbeitspflicht (Lohn ohne Arbeit)**

1. **Ausschluss der Leistungspflicht (Unmöglichkeit und Unzumutbarkeit)**
   Weder vom Arbeitnehmer noch vom Arbeitgeber zu vertreten: §§ 275 I, III, 326 I BGB
   → Arbeitnehmer wird von Arbeitspflicht, Arbeitgeber von Entgeltfortzahlungspflicht befreit.

2. **Vorübergehende Verhinderung des Arbeitnehmers (§ 616 BGB)**
   Beispiele: Gerichtliche Vorladungen, Todesfall oder Begräbnis von Familienangehörigen oder andere wichtige Familienangelegenheiten (zB akute Pflegesituation bei nahem Angehörigen, vgl. § 3 PflegeZG) → Arbeitnehmer behält Entgeltanspruch

3. **Vom Arbeitgeber zu vertretende Unmöglichkeit der Arbeitsleistung des Arbeitnehmers**
   § 326 II BGB → Arbeitnehmer behält Entgeltanspruch

4. **Unverschuldete Krankheit**
   → Entgeltfortzahlungsanspruch bis zu 6 Wochen gem. § 3 I EFZG

5. **Annahmeverzug des Arbeitgebers**
   § 615 S. 1 und 2 BGB → Arbeitnehmer behält Entgeltanspruch

6. **Urlaub**
   Gemäß § 1 BUrlG, § 19 JArbSchG, § 208 SGB IX sowie Tarifverträgen, Betriebsvereinbarungen und Einzelarbeitsverträgen → Arbeitnehmer erhält Urlaubsentgelt (§§ 1, 11 BUrlG)

7. **Mutterschutz**
   → §§ 18, 20 MuSchG: Entgeltzahlung bei Beschäftigungsverboten oder Zuschuss zum Mutterschaftsgeld der Krankenkasse gem. § 24i SGB V

8. **Arbeitsausfall aus betrieblichen Gründen (Betriebsstörungen)**
   → »Lohn ohne Arbeit« aufgrund des *Betriebsrisikos*, das der Arbeitgeber trägt (§ 615 S. 3)

9. **Rechtmäßiger Arbeitskampf**
   Führt zur Befreiung von der Arbeitspflicht, aber auch zur Befreiung des Arbeitgebers von der Entgeltzahlungspflicht

10. **Weitere Ausnahmefälle**
    - Bildungsurlaub nach Ländergesetzen (alle Bundesländer außer Bayern und Sachsen)
    - Betriebsratstätigkeit (§ 37 BetrVG)
    - Teilnahme an Ausbildungslehrgang für Unfallverhütung (§ 23 SGB VII)
    - Feiertagsregelungen am 3. Oktober und nach den Landesfeiertagsgesetzen (§ 2 EFZG)
    - Elternzeit nach BEEG (kein Entgeltanspruch)
    - Pflegezeit nach §§ 3, 4 PflegeZG (kein Entgeltanspruch)

III. Nebenpflichten des Arbeitnehmers

1. Allgemeine Treuepflicht

Die Treuepflicht ist neben der Arbeitspflicht die wichtigste, »vornehmste« Pflicht des Arbeitnehmers. Sie ist im Gesetz nicht ausdrücklich verankert, sondern ergibt sich aus § 241 II BGB sowie dem Grundsatz von »Treu und Glauben« des § 242 BGB, der schlechthin für alle Schuldverhältnisse gilt![361]

139

Allgemein lässt sich der Umfang der Treuepflicht etwa derart beschreiben, dass der Arbeitnehmer verpflichtet ist, die Interessen des Arbeitgebers wahrzunehmen und alles zu unterlassen, was diese Interessen schädigen könnte.[362] Es handelt sich also nicht um eine Pflicht zu »persönlicher Gefolgschaftstreue« im mittelalterlichen Sinne, sondern um eine *Pflicht zur Rücksichtnahme*, die innerhalb jedes Schuldverhältnisses besteht, die aber aufgrund der besonderen persönlichen, Vertrauen voraussetzenden Bindung der Vertragsparteien beim Arbeitsverhältnis stärker ausgeprägt ist. Der Treuepflicht des Arbeitnehmers steht daher eine besondere *Fürsorgepflicht* des Arbeitgebers gegenüber, auf die wir später noch eingehen werden.

Im Einzelnen folgen aus der allgemeinen Treuepflicht eine Vielzahl von konkreten Nebenpflichten des Arbeitnehmers iSv § 241 II BGB, von denen einige wichtige im Folgenden beispielhaft »aufgezählt« werden:

2. Mitteilungspflichten

Der Arbeitnehmer muss den Arbeitgeber zB auf von ihm erkannte Anzeichen einer bevorstehenden Betriebsstörung oder andere den Arbeitsablauf störende Beeinträchtigungen hinweisen. Dazu kann auch gehören, den Arbeitgeber von einem eventuell rechtswidrigen Verhalten eines Arbeitskollegen (zB Diebstahl von Betriebseigentum) zu unterrichten. Insbesondere zählt hierzu, dass der Arbeitnehmer dem Arbeitgeber eine bevorstehende Arbeitsverhinderung (zB wegen Krankheit) so rechtzeitig wie möglich mitteilt (vgl. auch § 5 I 1 EFZG).

140

3. Verschwiegenheitspflicht

Über alle Geschäfts- und Betriebsgeheimnisse hat der Arbeitnehmer Stillschweigen zu bewahren, und er darf diese Geheimnisse nicht für eigene Zwecke (zB Nebentätigkeit) verwerten. Dies gilt auch für die Zeit nach Beendigung des Arbeitsverhältnisses.[363]

141

Hinweis: Nach § 23 GeschGehG[364] ist die Verletzung von Geschäftsgeheimnissen strafbar.

---

361 Dazu *Wörlen/Metzler-Müller* SchuldR AT Rn. 122, 130.
362 *Creifelds* Recht-WB »Treuepflicht«.
363 BAG Urt. v. 15.12.1987 – 3 AZR 474/86, BAGE 57, 159.
364 »**§ 23 Verletzung von Geschäftsgeheimnissen**
(1) Mit Freiheitsstrafe bis zu drei Jahren oder mit Geldstrafe wird bestraft, wer zur Förderung des eigenen oder fremden Wettbewerbs, aus Eigennutz, zugunsten eines Dritten oder in der Absicht, dem Inhaber eines Unternehmens Schaden zuzufügen, [...]
3. entgegen § 4 Absatz 2 Nummer 3 als eine bei einem Unternehmen beschäftigte Person ein Geschäftsgeheimnis, das ihr im Rahmen des Beschäftigungsverhältnisses anvertraut worden oder zugänglich geworden ist, während der Geltungsdauer des Beschäftigungsverhältnisses offenlegt.«

Schwierig zu beantworten ist die Frage, ob ein Arbeitnehmer gegen seine arbeitsvertraglichen Pflichten verstößt,[365] wenn er Strafanzeige gegen Vorgesetzte oder den Arbeitgeber erstattet oder sich wegen innerbetrieblicher Missstände an die Presse wendet. Dieser Problemkreis wird unter dem Stichwort »**Whistleblowing**« erörtert,[366] was mit »Verpfeifen« des Arbeitgebers oder »Alarmschlagen« in der Öffentlichkeit übersetzt werden kann. Im deutschen Recht führt die Wahrnehmung staatsbürgerlicher Rechte im Strafverfahren grundsätzlich nicht zu einer Verletzung der arbeitsvertraglichen Pflichten.[367] Allerdings darf sich die Anzeige des Arbeitnehmers nicht als unverhältnismäßige Reaktion darstellen. Insbesondere vor einer Anzeige von Mitarbeitern oder Vorgesetzten muss daher regelmäßig zunächst der Arbeitgeber selbst über die Unregelmäßigkeiten informiert werden (→ Rn. 140).[368] Wenn aber vernünftigerweise nicht (mehr) erwartet werden kann, dass innerbetriebliche Beschwerden zu einer Untersuchung und Abhilfe führen, kann – nach umfassenden Interessenabwägung unter besonderer Berücksichtigung der Interessen der Allgemeinheit[369] – eine Strafanzeige gerechtfertigt sein.[370]

4. Unterlassung von Wettbewerbstätigkeiten

142 Seine gesetzliche Grundlage findet das Wettbewerbsverbot im »kaufmännischen Sonderarbeitsrecht« der §§ 59 ff. HGB,[371] und zwar in § 60 und § 61 HGB (beide Vorschriften lesen!). Daraus wird, unabhängig davon, ob konkrete vertraglich vereinbarte Wettbewerbsverbote bestehen, allgemein gefolgert, dass ein Arbeitnehmer weder für ein Konkurrenzunternehmen des Arbeitgebers im Geschäftsverkehr tätig werden noch selbst auf eigene Rechnung ein Konkurrenzunternehmen führen darf. Für ein nachvertragliches Wettbewerbsverbot gelten § 110 GewO, §§ 74 ff. HGB.[372]

5. Unterlassung von Schmiergeldannahme

143 Schmiergelder sind Geldleistungen, die ein Dritter einem Arbeitnehmer gewährt, um sich gegenüber den Mitbewerbern bevorzugen zu lassen. Ein auf diese Weise bestechlicher Arbeitnehmer macht sich nach § 299 StGB ebenso strafbar wie der Bestechende selbst.

---

365 Das GeschGehG lässt Rechte und Pflichten aus dem Arbeitsverhältnis unberührt (§ 1 III Nr. 4) und nimmt Whistleblowing von Sanktionen aus, s. § 5 Nr. 2 GeschGehG; mehr dazu zB bei *Schulte* ArbRB 2019, 143; *Naber/Peukert/Seeger* NZA 2019, 583.
366 Die EU-Mitgliedsstaaten und das Europaparlament haben sich am 12.3.2019 auf Grundlage eines Richtlinienvorschlags der Kommission v. 23.4.2018 auf Vorschriften zum Schutz von Hinweisgebern geeinigt (COM(2018) 218 final – 2018/0106 (COD), Celex-Nr. 52018PC0218); die endgültige Verabschiedung durch das EU-Plenum ist am 16.4.2019 erfolgt, die Zustimmung des Ministerrats gilt als sicher.
367 BVerfG Beschl. v. 2.7.2001 – 1 BvR 2049/00, NZA 2001, 888.
368 BAG Urt. v. 3.7.2003 – 2 AZR 235/02, BAGE 107, 36 = NJW 2004, 1547.
369 LAG Köln Urt. v. 2.2.2012 – 6 Sa 304/11, NZA-RR 2012, 298.
370 EGMR Urt. v. 21.7.2011 – 28274/08 – Heinisch, NJW 2011, 3501; s. zum Ganzen zB *Gerdemann* RdA 2019, 16.
371 **dtv-ArbG Nr. 13.** Dazu allg. *Wörlen/Kokemoor* HandelsR Rn. 69 ff.
372 Es ist gem. § 74 II HGB nur wirksam, wenn explizit eine sog. »**Karenzentschädigung**« vereinbart wurde, s. dazu BAG Urt. v. 22.3.2017 – 10 AZR 448/15, BAGE 158, 329 = NZA 2017, 845; die Bestimmungen über das **gesetzliche Rücktrittsrecht der §§ 323 ff. BGB** finden Anwendung, § 314 BGB steht dem nicht entgegen, BAG Urt. v. 31.1.2018 – 10 AZR 392/17, BAGE 162, 12 = NZA 2018, 578 m. Bespr. v. *Boemke* JuS 2018, 1237.

Zivilrechtlich stellt die Annahme von Schmiergeldern einen Verstoß gegen die Treuepflicht und damit gegen den Arbeitsvertrag dar. Sie kann kündigungsrechtliche Konsequenzen nach sich ziehen und zu Schadensersatzansprüchen des Arbeitgebers wegen Pflichtverletzung gem. § 280 I BGB führen.

> **Hinweis:** Erlangte Schmiergelder[373] hat der Arbeitnehmer nach den Regeln der unerlaubten Eigengeschäftsführung[374] gem. §§ 687 II, 681 S. 2, 667 BGB herauszugeben.[375]

IV. Pflichtverletzungen des Arbeitnehmers und ihre Rechtsfolgen

1. Verletzung der Arbeitspflicht

Ein Arbeitnehmer kann seine Arbeitspflicht *schuldhaft* dadurch verletzen, dass er gar nicht arbeitet (Nichtleistung) oder schlecht arbeitet (Schlechtleistung). **144**

Im Fall der vorübergehenden Nichtleistung (zB im Falle des zu späten Arbeitsbeginns) ist problematisch, ob es sich um Schuldnerverzug oder um vom Schuldner zu vertretende Unmöglichkeit handelt.

- Versuchen Sie selbst, zu dieser Frage Stellung zu nehmen! Worin liegt der Unterschied der Arbeitsleistung zum Beispiel im Vergleich zur Leistung »Lieferung einer Kaufsache«? Denken Sie nach – machen Sie sich gegebenenfalls Stichworte auf einem Blatt Papier –, bevor Sie weiterlesen!
- ▶ Für Verzug könnte sprechen, dass der Arbeitnehmer die nicht geleistete Arbeit noch später erbringen kann. Das aber widerspricht dem Wesen der Arbeitsleistung: Die zu einer bestimmten Zeit geschuldete und nicht erbrachte Arbeit ist nicht nachholbar! Anders ist dies nur, wenn ausnahmsweise eine gleitende Arbeitszeit oder Arbeitszeitkonten vereinbart wurden.

Sehr anschaulich und einleuchtend ist hierzu ein Beispiel von *Alpmann und Schmidt*:[376]

Der »normale« Arbeitnehmer mit festen Arbeitszeiten hat seine Arbeit täglich zu verrichten. »Hat er am Montag nicht gearbeitet, ist diese Arbeit endgültig ausgefallen, denn am Dienstag muss er ohnehin wieder arbeiten. Möglich ist zwar, dass er am Dienstag – oder später – Überstunden macht; das ist dann aber eine *andere* Arbeit als die am Montag geschuldete.«

> **Hinweis:** Deshalb ist der tatsächliche Ausfall der Arbeit grundsätzlich als ein Fall der Unmöglichkeit, nicht des Verzugs, anzusehen,[377] sodass für den Schadensersatzanspruch des Gläubigers aus § 280 I BGB nicht die zusätzlichen Voraussetzungen (vgl. § 280 II BGB) des § 286 BGB, sondern die des § 283 BGB vorliegen müssen.

---

373 In entsprechender Anwendung des Auftragsrechts nach **§ 667 BGB herauszugeben** sind in Krematoriumsasche enthaltenes **Zahngold** (BAG Urt. v. 21.8.2014 – 8 AZR 655/13 Rn. 36 ff., BAGE 149, 47 = NJW 2015, 429) oder »**Bonusmeilen**« für Geschäftsflüge (BAG Urt. v. 11.4.2006 – 9 AZR 500/05 mAnm *Kokemoor* jurisPR-ArbR 20/2007 Anm. 2).
374 Vgl. dazu *Wörlen/Metzler-Müller* SchuldR BT Rn. 367.
375 BAG Urt. v. 15.4.1970 – 3 AZR 259/69, AP Nr. 4 zu § 687 BGB; LAG München Urt. v. 8.5.2012 – 6 Sa 957/11, BeckRS 2012, 72251; s. dazu ErfK/*Preis* BGB § 611a Rn. 722 f.
376 *Alpmann und Schmidt* ArbR I Rn. 354.
377 → **Rn. 110 ff.** Vgl. dazu auch *Hanau/Adomeit* ArbR Rn. 694.

3. Kapitel. Pflichten und Rechte des Arbeitnehmers

a) Nichtleistung der Arbeit

145 Leistet der Arbeitnehmer die geschuldete Arbeit nicht, wird sie durch Zeitablauf unmöglich und der Arbeitnehmer ohne Rücksicht auf sein Verschulden[378] von der Verpflichtung zur Leistung frei (§ 275 I BGB). Dadurch entfällt zugleich gem. § 326 I BGB der Anspruch auf die Gegenleistung, der Arbeitnehmer verliert also insoweit auch seinen Lohnanspruch.[379] Hat er die Nichtleistung zu vertreten, etwa weil er absichtlich »blaumacht«, scheiden Ansprüche auf »Lohn ohne Arbeit« aus (Sie erinnern sich hoffentlich? Anderenfalls lesen Sie → Rn. 108 ff.). Ist dem Arbeitgeber durch die schuldhafte Nichtleistung ein *Schaden* entstanden, hat er regelmäßig Anspruch auf Schadensersatz nach den §§ 280 I, III, 283 BGB.[380]

> **Beispiele:**
> - Der Arbeitgeber erleidet infolge der fehlenden Arbeitsleistung einen Gewinnausfall.
> - Der Arbeitgeber muss anstelle des vertragsbrüchigen Arbeitnehmers eine höher dotierte Arbeitskraft einstellen; der Schaden liegt in der Differenz zwischen der ursprünglich gezahlten Vergütung und dem höheren Entgelt für die Ersatzkraft.

b) Schlechtleistung der Arbeit

146
**Prüfungsschema Arbeitnehmerhaftung
(§§ 280 I, 241 II, 611a BGB):**[381]

(1) **Schuldverhältnis** (§ 280 I, 611a BGB)
(2) **Sorgfaltspflichtverletzung** (§§ 280 I 1, 241 II BGB)
(3) **Vertretenmüssen** (§§ 280 I 2, 276 I 1 BGB)
(4) **Schaden** beim Gläubiger – Arbeitgeber – (§§ 280 I 1 BGB)
(5) Bei **betrieblicher Arbeitnehmertätigkeit** Haftungsbeschränkung analog § 254 BGB
   (a) Volle Haftung nur bei **grober Fahrlässigkeit** und Vorsatz
   (b) Keine Haftung bei **leichtester Fahrlässigkeit**
   (c) Schadensteilung bei **normaler Fahrlässigkeit**

Für den Fall schuldhafter Schlechterfüllung durch den Arbeitnehmer haftet dieser wegen Pflichtverletzung nach §§ 280 I, 241 II BGB.

> **Beispiele**[382] für Schlechtleistungen können sein:
> - Vergeudung von Material oder
> - Beschädigung von Arbeitsgerät, das im Eigentum des Arbeitgebers steht (parallel zum vertraglichen Schadensersatzanspruch aus §§ 280 I, 241 II[383] BGB kommt selbstverständlich auch ein Anspruch aus § 823 I BGB in Betracht).

---

378 MHdB ArbR/*Reichold* § 39 Rn. 5, 12.
379 MüKoBGB/*Müller-Glöge* BGB § 611 Rn. 12. Dies betrifft übrigens auch den Fall, dass in einem Arbeitsvertrag die Dauer der Arbeitszeit nicht ausdrücklich geregelt ist und daher die **betriebsübliche Arbeitszeit** als vereinbart gilt. Wird sie deutlich **unterschritten**, führt dies regelmäßig zu Gehaltskürzung, vgl. BAG Urt. v. 15.5.2013 – 10 AZR 325/12, NZA-RR 2014, 519.
380 MHdB ArbR/*Reichold* § 39 Rn. 5.
381 Ausführlicheres Schema → **Rn. 191**.
382 *Brox/Rüthers/Henssler* ArbR Rn. 240.
383 **§ 281 I 1 und § 282 passen hier nicht**, da Schadensersatz *neben* der Leistung verlangt wird.

c) Beschränkte Haftung des Arbeitnehmers gegenüber dem Arbeitgeber
aa) Problemstellung

Der Tatsache, dass ein Arbeitnehmer aufgrund seines Arbeitsvertrags eine Arbeit verrichten muss, welche die Gefahr der Schadensentstehung bei nur leichtester Unaufmerksamkeit birgt, zu der jeder Mensch einmal neigt (»*nobody is perfect*«), haben die arbeitsgerichtliche Rspr.[384] und Lehre mit einer innerbetrieblichen Haftungsbeschränkung des Arbeitnehmers Rechnung getragen.

147

Da es sich bei der »Haftungsbeschränkung des Arbeitnehmers« um ein ganz spezielles und typisches Problem des Arbeitsrechts handelt, das zudem »gerne« in Prüfungsklausuren zur Lösung gestellt wird, soll es anhand eines Übungsfalls im Vergleich zu anderen hier nur kurz angesprochenen Themen etwas ausführlicher dargestellt werden. Wir wollen uns dabei auch wieder einmal in der gutachtlichen Denkweise üben, damit wir »vor lauter Stoffvermittlung« die Methodik der Fallbearbeitung«[385] nicht aus den Augen und dem Sinn verlieren.

> **Übungsfall 4**[386]
>
> In der Fabrik des U ist der altbewährte Maschinenmeister A mit der Aufgabe der Wartung und der Reparatur der Maschinen betraut. Eines Tages, kurz vor Feierabend, stellt A fest, dass sich vor der Großkühlanlage eine kleine Wasserlache gebildet hat. Nach kurzer Untersuchung kann A keinen Schaden entdecken. Am nächsten Morgen zeigt sich aber, dass die Umwälzanlage der Kühlanlage ausgefallen war, sodass die ganze Nacht hindurch immer größere Wassermengen nach außen traten. Bei gründlicherer Untersuchung hätte der Ausfall der Umwälzanlage am Vorabend entdeckt und dadurch ein Mehrschaden von 5.000 EUR verhindert werden können. Ferner sind durch das ausgelaufene Wasser Gebäudeschäden in Höhe von 10.000 EUR entstanden. Das Fabrikgebäude hat U von V gemietet.
> 1. Ist A dem U zum Ersatz des Schadens in Höhe von 5.000 EUR verpflichtet? Wenn ja, in welchem Umfang?
> 2. Kann V, der sich wegen seines guten persönlichen Verhältnisses zu U nicht an diesen halten will, den Gebäudeschaden von A ersetzt verlangen? Wenn ja, kann A bei U Regress nehmen?

(A)[387]

Prüfen wir zunächst den *Schadensersatzanspruch des U gegen A* wegen des Maschinenschadens und untersuchen, ob ein *vertraglicher* Schadensersatzanspruch in Betracht kommt.

148

■ Welche vertragliche Schadensersatzanspruchsgrundlage kann zugunsten des U eingreifen? (Überlegen Sie!)

(I.)

▶ U könnte gegen A einen *Anspruch* auf Schadensersatz wegen Pflichtverletzung beim Arbeitsvertrag gem. §§ 280 I, 241 II, 611a BGB haben.

---

384 BAG Urt. v. 24.11.1987 – 8 AZR 524/82, BAGE 57, 55 = NJW 1988, 2816.
385 Vgl. zB *Wörlen/Metzler-Müller* BGB AT Rn. 120 ff.; 180 ff.; 209 ff.; *Wörlen/Schindler* Anleitung ZivilR Rn. 1 ff.
386 Nach *Eisenmann/Quittnat/Tavakoli* Fälle WirtschaftsPrivR Fall 55.
387 Die Gliederungsziffern in Klammern sollen Hilfen für eine entsprechende Klausurgliederung darstellen und erscheinen deshalb nicht im Inhaltsverzeichnis! Vgl. grds. zur Gliederung von Klausuren *Wörlen/Schindler* Anleitung ZivilR Rn. 61–65.

- Welche Voraussetzungen müssen für diesen Anspruch erfüllt sein? (Überlegen Sie!)[388]
  ▶ (1) Zwischen A und U müsste ein Schuldverhältnis (§ 280 I 1 BGB) vorliegen, aus dem für A neben seiner Hauptleistungspflicht bestimmte Sorgfaltspflichten folgen (vgl. § 241 II BGB).
  (2) A müsste eine Pflichtverletzung (§§ 280 I 1, 241 II BGB) begangen haben.
  (3) Diese Sorgfaltspflichtverletzung muss A zu vertreten (§ 280 I 2, § 276 I 1 BGB) haben.
  (4) Schaden beim Gläubiger (§ 280 I 1).

149 ■ Welches Schuldverhältnis zwischen A und U besteht, bedarf eigentlich keiner Frage!
  ▶ Zwischen A und U besteht ein Arbeitsvertrag iSd § 611a BGB!
  ■ Welche Pflicht hat A, der seine vertraglich geschuldete Arbeitsleistung erbracht hat, verletzt?
  ▶ Der Arbeitnehmer hat seine Arbeit so sorgfältig und gewissenhaft auszuführen, dass dem Arbeitgeber dadurch kein Schaden entsteht (vgl. § 241 II BGB).
  Diese Sorgfaltspflicht hat A im vorliegenden Fall verletzt, da er die Kühlanlage nicht sorgfältig genug untersucht hat, um den an der Maschinenanlage des U entstandenen Schaden abzuwehren.

150 ■ Hat A diese Sorgfaltspflicht auch *schuldhaft* verletzt?
  ▶ Dadurch, dass A die Kühlanlage nur *kurz* untersucht hat, hat er den Ausfall der Umwälzanlage nicht entdeckt, den er bei sorgfältiger Untersuchung hätte entdecken können. Er hat deshalb bei der Verrichtung seiner Arbeit die im Verkehr erforderliche Sorgfalt außer Acht gelassen und damit fahrlässig iSv § 276 II BGB gehandelt.
  Der Schaden des Gläubigers besteht in dem Mehrschaden in Höhe von 5.000 EUR.

  ■ Zwischenergebnis?
  ▶ A ist dem U zum Schadensersatz gem. § 280 I BGB verpflichtet.

151 Sofern das Verschulden des A hier zweifelhaft gewesen wäre, würde A nach dem Wortlaut von § 280 I (insbesondere S. 2) iVm § 276 I BGB grundsätzlich für die Pflichtverletzung haften, sofern er sein Nichtverschulden nicht beweisen kann. Gemäß § 619a BGB (lesen und neben § 280 I 2 BGB notieren!) hat der Arbeitnehmer allerdings »abweichend von § 280 I BGB« dem Arbeitgeber nur dann Schadensersatz wegen einer Pflichtverletzung zu leisten, wenn er die Pflichtverletzung zu vertreten hat. Da der Anspruchssteller alle anspruchsbegründenden Tatsachen zu beweisen hat, bewirkt der auf den ersten Blick nur scheinbar kleine Unterschied in der Formulierung eine Umkehr der Beweislast hinsichtlich des Verschuldens. Das bedeutet, dass die Beweislast sowohl für die Pflichtverletzung als auch für das Verschulden des Arbeitnehmers beim Arbeitgeber liegt.[389]

(II.)

152 ■ Welche Vorschrift gibt darüber Auskunft, in welchem *Umfang* grundsätzlich Schadensersatz zu leisten ist? (Überlegen Sie!)

---

388 Vgl. *Wörlen/Metzler-Müller* SchuldR AT Rn. 235.
389 BAG Urt. v. 21.5.2015 – 8 AZR 116/14, 8 AZR 867/13 Rn. 25, NZA 2015, 1517.

IV. Pflichtverletzungen des Arbeitnehmers und ihre Rechtsfolgen

▶ Antwort siehe Fußnote[390]!
■ Welchen Zustand hat der zum Schadensersatz Verpflichtete danach herzustellen?
▶ Er hat den »Urzustand« wiederherzustellen, der bestehen würde, wenn das zum Schadensersatz verpflichtende Ereignis nicht eingetreten wäre.
■ Was würde das für unseren Fall bedeuten?
▶ Da aufgrund der Unachtsamkeit des A ein Mehrschaden von 5.000 EUR entstanden ist, müsste A 5.000 EUR Schadensersatz leisten.
■ Welchen Umstand haben wir bisher aber nicht ausreichend gewürdigt?
▶ Dass es sich bei dem Schuldverhältnis, bei dessen Erfüllung es zu der Sorgfaltspflichtverletzung gekommen ist, um einen *Arbeitsvertrag* handelt!
Es könnte sich hier eine mildere Haftung des Arbeitnehmers ergeben.

Die uneingeschränkte Anwendung der Haftungs- und Verschuldensregeln des Bürgerlichen Rechts würde im Arbeitsrecht dazu führen, dass der Arbeitnehmer für jeden Schaden, den er auch nur ganz leicht fahrlässig am Eigentum des Arbeitgebers – sei es an Werkzeugen, Geräten oder an der produzierten Ware – anrichtet, voll einstehen müsste (»Alles-oder-Nichts-Prinzip«). 153

Insbesondere wegen der sozialen Härte, die mit der vollen Haftung des Arbeitnehmers für einen bei seiner Arbeit entstandenen Schaden verbunden wäre, hat die arbeitsgerichtliche Rspr. die *Haftung des Arbeitnehmers für Schäden, die in Ausführung einer betrieblichen Tätigkeit verursacht worden sind,* eingeschränkt.

bb) Die Entwicklung der Rechtsprechung zur Haftungsbeschränkung des Arbeitnehmers
Um eine Haftungsbeschränkung für den Arbeitnehmer zu erreichen, wurden in Rspr. und Literatur seit langem Grundsätze der Haftungserleichterung entwickelt. 154

Zunächst wurde darauf abgestellt, ob es sich bei der Tätigkeit des Arbeitnehmers um eine sog. *gefahrgeneigte bzw. schadensgeneigte* Arbeit handelte.

Nach der Rspr. der Arbeitsgerichte, insbesondere des BAG, war eine Arbeit *gefahrgeneigt*, wenn sie es ihrer Art nach generell mit sich bringt, dass auch dem sorgfältigsten Arbeitnehmer gelegentlich Fehler unterlaufen, »mit denen angesichts der menschlichen Unzulänglichkeit als mit einem typischen Abirren der Dienstleistung erfahrungsgemäß zu rechnen ist«[391].

Eingeschränkt wurde der Begriff der gefahrgeneigten Arbeit durch das BAG selbst insofern, als eine im *Allgemeinen* als gefahrgeneigt anzusehende Tätigkeit *nicht* als gefahrgeneigt galt, wenn die *konkreten* Umstände des Einzelfalls zu einer abweichenden Beurteilung führten.[392] Entscheidend war *nicht* mehr die *generelle* Gefahrgeneigtheit der Tätigkeit des Arbeitnehmers, sondern es wurde darauf abgestellt, ob eine *bestimmte Tätigkeit* in der konkreten Situation *besonders gefährlich* war.

Bei dieser *situationsbezogenen Betrachtungsweise* hing es immer vom Einzelfall ab, ob ein Arbeitnehmer uneingeschränkt nach den zivilrechtlichen Grundsätzen für den verursachten Schaden haften musste, oder ob nach Bewertung der Einzelfallumstände 155

---
390 § 249 BGB! – Falls nicht gewusst, vgl. *Wörlen/Metzler-Müller* SchuldR AT Rn. 253.
391 BAG Beschl. v. 25.9.1957 – GrS 4/56 = Beschluss des »Großen Senats«, BAGE 5, 1 = NJW 1958, 235 – vgl. dazu sogleich den Exkurs → **Rn. 159**.
392 BAG Urt. v. 12.10.1989 – 8 AZR 741/87, BAGE 63, 120 = BeckRS 9998, 150833.

3. Kapitel. Pflichten und Rechte des Arbeitnehmers

zunächst eine besonders gefahrgeneigte Tätigkeit und damit die Möglichkeit der arbeitsrechtlichen Haftungsbegrenzung anzunehmen war.[393]

Lag nach dieser Bewertung eine gefahrgeneigte Arbeit vor, war in einem zweiten Schritt zu prüfen, in welchem *Umfang* – wiederum unter Berücksichtigung der Einzelumstände des konkreten Falls – die Haftung des Arbeitnehmers zu beschränken war. Dabei wurde auf den *Grad des Verschuldens* des Arbeitnehmers abgestellt und eine Dreiteilung der Haftungsebenen vorgenommen:

156 (1) *Volle Haftung* des Arbeitnehmers, sofern er *vorsätzlich* oder *grob fahrlässig* gehandelt hat und dem Arbeitgeber kein Mitverschulden bei der Entstehung des Schadens nach § 254 BGB vorzuwerfen ist.

(2) Bei *normaler* oder *einfacher Fahrlässigkeit* iSv § 276 II BGB musste der Schaden je nach den Einzelumständen zwischen Arbeitnehmer und Arbeitgeber unter analoger Anwendung von § 254 BGB aufgeteilt bzw. gequotelt werden.

(3) Bei nur *leichtester Fahrlässigkeit* keine Haftung des Arbeitnehmers.

157 Diese etwas umständliche Betrachtungsweise, die zu einer doppelten Berücksichtigung der Einzelfallumstände führte – zum einen bei der Frage, ob überhaupt eine *gefahrgeneigte* Tätigkeit vorlag, zum anderen bei der Beurteilung des Verschuldensgrads – stieß in der Literatur auf heftige Kritik und wurde auch vom BAG selbst nicht konsequent angewendet. Seit der Grundsatzentscheidung des BAG vom 13.3.1983[394] zeichnete sich ein Trend ab, den Begriff der gefahrgeneigten Arbeit ganz abzuschaffen, die Haftungsbeschränkungen im Arbeitsrecht auf *alle* Fälle der Tätigkeit eines Arbeitnehmers anzuwenden und dabei nicht mehr eine Dreiteilung des Verschuldensgrads vorzunehmen, sondern nur noch eine *Zweiteilung*, nämlich:

158 (1) Volle Haftung des Arbeitnehmers bei Vorsatz und grober Fahrlässigkeit, sofern nicht ein Mitverschulden des Arbeitgebers gem. § 254 BGB vorliegt.

(2) Alle anderen Schäden, die der Arbeitnehmer verursacht, muss der Arbeitgeber als Teil seines Betriebsrisikos tragen.

Dem Großen Senat des BAG lag daraufhin ein Beschluss des 3. Senats vom 12.2.1985[395] mit der Anfrage vor, ob haftungsbeschränkende Grundsätze allgemein für jede betriebliche Tätigkeit eines Arbeitnehmers gelten sollen und in welchem Umfang die Haftung zu beschränken sei. Zu einer Entscheidung des Großen Senats kam es nicht, weil sich das Ausgangsverfahren vor dem 3. Senat erledigte.

Exkurs: Der Große Senat des BAG

159 Das BAG (früher in Kassel, seit 1999 in Erfurt, § 40 I ArbGG) entscheidet normalerweise durch Senate[396] (zurzeit zehn[397]), die sich jeweils aus drei Berufsrichtern und je einem ehrenamtlichen Richter aus den Kreisen von Arbeitgebern und Arbeitnehmern zusammensetzen (vgl. § 41 II ArbGG).

---

393 Vgl. *Alpmann und Schmidt* ArbR I Rn. 402 f.
394 BAG Urt. v. 23.3.1983 – 7 AZR 391/79, BAGE 42, 130 = NJW 1983, 1693.
395 BAG Urt. v. 12.2.1985 – 3 AZR 487/80, BAGE 49, 1 = BeckRS 9998, 150827.
396 Vgl. *Wörlen/Metzler-Müller* BGB AT Übersicht 4 Rn. 30.
397 Die Zahl kann sich ändern, wenn das Bundesministerium für Arbeit und Soziales sie im Einvernehmen mit dem Bundesministerium der Justiz gem. § 41 III ArbGG neu bestimmt!

IV. Pflichtverletzungen des Arbeitnehmers und ihre Rechtsfolgen

Die Rspr. des BAG ist für die nachgeordneten Arbeitsgerichte grundsätzlich bindend. (Auf Aufbau und Organisation der Arbeitsgerichte kommen wir noch einmal zu sprechen.[398]) Um die Einheitlichkeit der Rspr. zu wahren, darf aber auch ein Senat des BAG nicht ohne Weiteres von einer Entscheidung eines anderen abweichen. Will er das, oder will er in einer Grundsatzfrage eine richtungsweisende Entscheidung herbeiführen, so muss er die Frage dem »Großen Senat« des BAG zur Entscheidung vorlegen. Der Große Senat besteht aus dem Präsidenten, je einem Berufsrichter der Senate, in denen der Präsident nicht den Vorsitz führt, und je drei ehrenamtlichen Richtern aus den Kreisen der Arbeitnehmer und Arbeitgeber.[399]

Der Große Senat kann schließlich die Entscheidungskompetenz weitergeben an den »Gemeinsamen Senat der Obersten Gerichtshöfe des Bundes« (vgl. Art. 95 III GG).

Exkurs Ende

Nachdem die Zuständigkeit für Fragen der Arbeitnehmerhaftung vom 3. auf den 8. Senat übergegangen war, hat dieser in Entscheidungen vom 12.10.1989[400] die Auffassung vertreten, dass die Grundsätze über die Beschränkung der Arbeitnehmerhaftung auch für nicht gefahrgeneigte Arbeiten gelten sollen, die durch den Betrieb veranlasst sind und aufgrund des Arbeitsverhältnisses geleistet werden. Darüber hinaus sollen Haftungserleichterungen zugunsten des Arbeitnehmers auch bei grober Fahrlässigkeit nicht ausgeschlossen sein. Da die Haftung des Arbeitnehmers nach allgemeinen zivilrechtlichen Grundsätzen nicht durch eine Höchstsumme begrenzt sei, könne es entscheidend darauf ankommen, dass der Verdienst des Arbeitnehmers in einem deutlichen Missverhältnis zum Schadensrisiko der Tätigkeit stehe.

160

Der Große Senat rief daraufhin mit Beschluss vom 16.2.1992[401] den Gemeinsamen Senat der Obersten Gerichtshöfe des Bundes an mit dem Vorschlag, nicht mehr an der Gefahrgeneigtheit der Arbeit als Voraussetzung einer Beschränkung der Arbeitnehmerhaftung festzuhalten. Die Gefahrgeneigtheit der Tätigkeit sollte jedoch bei der Bestimmung des Umfangs eines vom Arbeitnehmer zu leistenden Schadensersatzes berücksichtigt werden. Nachdem sich der für die Materie zuständige Senat des BGH der Auffassung des Großen Senats des BAG angeschlossen hatte, hat der Gemeinsame Senat das Verfahren eingestellt.

161

Die seitdem gemeinsame Rspr. des BAG und des BGH, der die herrschende Lehre zustimmt, gilt für Schäden, die Arbeitnehmer in Ausführung einer betrieblichen Tätigkeit verursachen. Mit Urteil vom 18.4.2002 hat das BAG[402] die Haftungsgrundsätze bei Vorsatz weiter präzisiert und befunden, dass ein vorsätzlicher Pflichtverstoß nur dann zur vollen Haftung des Arbeitnehmers führt, wenn – abweichend vom »normalen Zivilrecht« – auch der Schaden vom Vorsatz erfasst wird.

---

398 → **Rn. 386 ff.**
399 So § 45 V 1 ArbGG.
400 BAG Urt. v. 12.10.1989 – 8 AZR 741/87, BAGE 63, 120 = BeckRS 9998, 150833 und BAG Urt. v. 12.10.1989 – 8 AZR 276/88, BAGE 63, 127 = BeckRS 9998, 150832.
401 BAG Urt. v. 12.6.1992 – GrS 1/89, BAGE 70, 337.
402 BAG Urt. v. 18.4.2002 – 8 AZR 348/01, BAGE 101, 107 = NJW 2003, 377.

3. Kapitel. Pflichten und Rechte des Arbeitnehmers

Im Einzelnen bedeutet das für die

cc) Regelung der Haftungsbeschränkung

162 (1) Um eine Haftungsbeschränkung des Arbeitnehmers zu begründen, ist die Gefahrgeneigtheit der Arbeit *nicht* Voraussetzung. Allein ausschlaggebend ist, dass **eine betriebliche Tätigkeit** vorliegt, bei der der Arbeitnehmer einen Schaden verursacht hat. Betrieblich veranlasst sind nur solche Tätigkeiten, die dem Arbeitnehmer arbeitsvertraglich übertragen worden sind oder die er im Interesse des Arbeitgebers für den Betrieb ausführt.

(2) Der **Umfang der Haftung** des Arbeitnehmers für diese Schäden richtet sich nach dem **Verschuldensgrad**. Hierbei wird grundsätzlich von einer **Dreiteilung** der Haftungsebenen ausgegangen, wobei bei der groben Fahrlässigkeit gegebenenfalls noch zu differenzieren ist:

163
- Bei **Vorsatz** (hinsichtlich Pflichtverstoß *und* Schaden) und bei **grober Fahrlässigkeit** haftet der Arbeitnehmer grundsätzlich **unbeschränkt**.
  Bei grober Fahrlässigkeit des Arbeitnehmers ist eine Haftungserleichterung zu seinen Gunsten allerdings nicht vollständig ausgeschlossen, sondern von einer Abwägung im Einzelfall abhängig. Insbesondere kann ausnahmsweise die Höhe des Anspruchs des Arbeitgebers begrenzt werden, wenn ein im Verhältnis zum Arbeitsverdienst sehr hoher, für den Arbeitnehmer existenzgefährdender Schaden entstanden ist, oder der eingetretene Vermögensverlust vom Arbeitgeber einkalkuliert oder durch eine Versicherung abdeckbar ist.[403]
- Handelt es sich um **normale (einfache) Fahrlässigkeit** iSv § 276 II BGB (= häufigster Fall; lesen Sie § 276 II BGB zur Abwechslung noch einmal!), muss der Schaden je nach den Umständen des Einzelfalls zwischen Arbeitnehmer und Arbeitgeber **aufgeteilt** werden.
  Je nach Einzelfall können folgende Umstände von Bedeutung und abzuwägen sein:
  – Gefahrgeneigtheit der Tätigkeit[404]
  – Voraussehbarkeit des Schadens
  – Monotonie der Arbeitsleistung
  – Lebensalter und Arbeitserfahrung des Arbeitnehmers
  – Stellung des Arbeitnehmers im Betrieb (Maß der Eigenverantwortlichkeit)
  – Verhalten des Arbeitnehmers in der Vergangenheit
  – Höhe des Arbeitsentgelts
  – Versicherbarkeit des Schadensrisikos[405]
- Bei **leichtester Fahrlässigkeit** besteht **keine Haftung** des Arbeitnehmers.

---

403 S. dazu BAG Urt. v. 18.1.2007 – 8 AZR 250/06, BB 2007, 1008; BAG Urt. v. 28.10.2010 – 8 AZR 418/09, NJW 2011, 1096; BAG Urt. v. 15.11.2012 – 8 AZR 705/11, BeckRS 2013, 67124.
404 Paradebeispiele für gefahrgeneigte Arbeit war die Tätigkeit des betrieblichen Lastwagenfahrers.
405 Sofern der Arbeitgeber **versäumt** hat, sich gegen den Schadenseintritt **zu versichern** – etwa durch eine Kaskoversicherung für Kraftfahrzeugschäden –, kann dies dazu führen, dass der Arbeitnehmer nur in Höhe einer **fiktiven Selbstbeteiligung** haften muss, BAG Urt. v. 24.11.1987 – 8 AZR 66/82, BAGE 57, 47 = NJW 1988, 2820. Anders ist dies bei grob fahrlässiger Schadensverursachung, vgl. BAG Urt. v. 28.10.2010 – 8 AZR 647/09 Rn. 53, NZA 2011, 406; BAG Urt. v. 15.11.2012 – 8 AZR 705/11 Rn. 45, BeckRS 2013, 67124.

Nach der Rspr. des BAG[406] sind die genannten Kriterien Teil einer Abwägung in **entsprechender Anwendung des § 254 BGB**,[407] bei der dem Arbeitgeber die Verantwortung für die Organisation des Betriebs und die Gestaltung der Arbeitsbedingungen zugerechnet wird.

Nachdem wir bei der gutachtlichen Prüfung unseres Falls unter I. (→ Rn. 150) festgestellt hatten, dass A aufgrund seiner Fahrlässigkeit zum Schadensersatz verpflichtet ist, können wir nun klären, inwieweit diese Haftung aufgrund seiner Arbeitnehmerstellung zu begrenzen ist: 164

(III.)

Zu berücksichtigen ist, dass es sich bei der Wartung und Reparatur der Maschinen durch A um eine betrieblich veranlasste Tätigkeit handelte, da diese Tätigkeit nach dem Arbeitsvertrag von ihm geschuldet war. 165

Die Haftung des A ist also nach arbeitsrechtlichen Grundsätzen entsprechend seines Verschuldensgrades einzuschränken.

- Welchen Grad der Fahrlässigkeit haben wir in unserem Fall bei A bereits bejaht?
▶ »Normale« (= einfache) Fahrlässigkeit gem. § 276 II BGB!
- Trifft diese Einstufung bei der Unterteilung der Fahrlässigkeit in »grobe«, »normale« und »leichteste« Fahrlässigkeit noch zu?
▶ A hat sich nicht grob fahrlässig verhalten, dh die im Verkehr erforderliche Sorgfalt nicht in besonders hohem Maße außer Acht gelassen. Das wäre etwa der Fall gewesen, wenn er die Anlage gar nicht untersucht hätte.
Da er andererseits bei der Untersuchung letztlich nicht gründlich genug vorgegangen ist, kann zu seinen Gunsten auch nicht nur von leichtester Fahrlässigkeit ausgegangen werden.

> **Hinweis:** Leichteste Fahrlässigkeit umschreibt das, »was jedem einmal passieren kann«, womit also bei einer Tätigkeit (zB wegen ihrer Dauer oder wegen ihrer Wiederholung) bei geringfügigem Nachlassen der Aufmerksamkeit typischerweise zu rechnen ist.[408]

- Ergebnis unseres Falls bis hierhin also?
▶ A ist zwar aufgrund einfacher Fahrlässigkeit zum Schadensersatz verpflichtet, doch kann U nach den arbeitsrechtlichen Grundsätzen zur Haftung des Arbeitnehmers nicht den vollen Schadensersatz verlangen. 166

In einer Klausur braucht man an dieser Stelle keine Ausführungen dazu machen, wie der Schaden im Einzelnen aufzuteilen ist, da der Sachverhalt hierüber keine konkrete Angabe enthält.

Da die Tätigkeit des A, insbesondere die Wartung der Großkühlanlage, typische Gefahren[409] in sich birgt, die auf Dauer auch bei einem zuverlässigen Arbeitnehmer Feh-

---

406 BAG Beschl. v. 27.9.1994 – GrS 1/89 (A), BAGE 78, 56 = NJW 1995, 210.
407 Die Frage eines mitwirkenden Verschuldens (= unmittelbare Anwendung von § 254 BGB) darf aber nicht mit den gleichfalls zu berücksichtigenden Grundsätzen über die privilegierte Arbeitnehmerhaftung »durch entsprechende Anwendung« des § 254 BGB vermengt werden, BAG Urt. v. 21.5.2015 – 8 AZR 116/14, 8 AZR 867/13 Rn. 25, NZA 2015, 1517.
408 → **Rn. 147** – »nobody is perfect«.
409 *Eisenmann/Quittnat/Tavakoli* Fälle WirtschaftsPrivR 183.

3. Kapitel. Pflichten und Rechte des Arbeitnehmers

ler nicht ausschließen können und die bei weniger gefahrgeneigten Tätigkeiten nicht vorkommen, muss dies bei der Schadensteilung jedenfalls Berücksichtigung finden.

Daher die Frage, um Ihr Rechts- oder Gerechtigkeitsempfinden zu testen:

- ▪ Was meinen Sie, in welchem Umfang das Arbeitsgericht den altbewährten Maschinenmeister A hat haften lassen? (Überlegen Sie! Bedenken Sie dabei, welchen Lohn ein Maschinenmeister wohl erhält!)
- ▶ Antwort: Siehe Fußnote[410].

(IV.)

167 Mit der Lösung des Falls sind wir allerdings noch nicht am Ende. Wenn wir den Fall gutachtenmäßig lösen wollen, müssen wir zunächst noch prüfen, welche Anspruchsgrundlage für U außer §§ 280 I, 241 II, 611a BGB weiterhin in Betracht kommt.

- ▪ Auf welche Anspruchsgrundlage könnte U seinen Anspruch gegen A wohl außerdem stützen? Sie sollten das nach dem bisher Gesagten bzw. Gelesenen eigentlich sofort gewusst haben!
- ▶ Antwort: Fußnote[411]!
- ▪ Zur Wiederholung ganz kurz: Welche vier Voraussetzungen müssen dafür erfüllt sein?
- ▶ (1) Verletzung eines dort aufgeführten Rechtsguts → Eigentum des U an der Großkühlanlage.
  (2) Widerrechtlichkeit → Ja, da kein Rechtfertigungsgrund für A ersichtlich ist.
  (3) Verschulden? → Ja, da fahrlässiges Handeln (→ Rn. 150).
  (4) Schaden beim Gläubiger? → Ja! (→ Rn. 150)!
  Umfang (§§ 249 ff. BGB): Auch hier sind wieder die Grundsätze über die Haftungserleichterung für den Arbeitnehmer zu berücksichtigen, die bei *jedem* Schadensersatzanspruch des Arbeitgebers gegen den Arbeitnehmer Anwendung finden!

Ergebnis wie oben (zu § 280 I BGB): 1.250 EUR Schadensersatz!

d) Schädigung Dritter durch den Arbeitnehmer
(B)

168 Des Weiteren sind in unserem Übungsfall 4 (vor → Rn. 148) die *Ansprüche des V gegen A* gefragt:

(I.)

- ▪ Kommt ein Anspruch gem. § 280 I BGB in Betracht? (Überlegen Sie!)
- ▶ Da es sich bei diesem Anspruch um einen vertraglichen Schadensersatzanspruch handelt und zwischen A und V kein Vertrag vorliegt, haben Sie sicherlich mit einem klaren »Nein« geantwortet!?

(II.)

Ein Anspruch des V gegen A könnte sich aber aus § 823 I BGB ergeben.

---

410 **Das Gericht hat den A ein Viertel des Schadens tragen lassen**, dh in unserem Fall 1.250 EUR (damals waren es allerdings noch DM).
411 **§ 823 I BGB!**

IV. Pflichtverletzungen des Arbeitnehmers und ihre Rechtsfolgen

- Liegen die vier eben genannten Voraussetzungen des § 823 I BGB vor?
▶ A hat das *Eigentum* des V *verletzt*, und zwar *widerrechtlich*, und dabei *fahrlässig*, also schuldhaft, gehandelt, wodurch dem V ein *Schaden* entstanden ist. Ein Anspruch des V gegen A auf Zahlung von 10.000 EUR ist daher begründet.

(III.)

Zu prüfen bleibt abschließend noch, ob A gegen seinen Arbeitgeber U *Regress* nehmen kann, dh, den zu ersetzenden Schaden oder zumindest einen Teil davon von U verlangen kann.

- Wie würden Sie den Fall im Ergebnis intuitiv entscheiden? (Überlegen Sie! In der Vorlesung haben die meisten Zuhörer hier das richtige »feeling«, sofern sie vorher aufmerksam mitgedacht haben ...).
▶ Im Ergebnis erscheint es angebracht, den A bezüglich des Anspruchs des V rechnerisch nur in gleichem Umfang haften zu lassen, wie er aufgrund der Haftungsbeschränkungen bei betrieblicher Tätigkeit seinem Arbeitgeber U haften muss!

Mit anderen Worten: Wenn A dem V aufgrund von § 823 I BGB voll haften muss, seinem Arbeitgeber U aber aufgrund der Haftungsbeschränkung nur auf ein Viertel haftet, muss er sich von dem an V zu zahlenden Betrag drei Viertel wieder von U »zurückholen« können!

Für diesen Regressanspruch braucht A natürlich eine *Anspruchsgrundlage!* Da die Grundsätze über die Haftungsbeschränkung des Arbeitnehmers nicht im Gesetz geregelt sind, sondern von der Rspr. entwickelt wurden, verwundert es nicht, dass wir eine solche Anspruchsgrundlage im Gesetz, dh im Dienstvertragsrecht des BGB, nicht unmittelbar finden. Hier besteht also eine *Gesetzeslücke.*

- Wie der Jurist sich hilft, um eine planwidrige Gesetzeslücke zu schließen, haben Sie unter anderem gelernt, als Sie sich mit »Auslegung und Analogie« befasst haben.
▶ Wenn ein Sachverhalt vorliegt, der im Gesetz nicht ausdrücklich geregelt ist, sucht man nach einer Vorschrift, die einen ähnlichen Sachverhalt bei vergleichbarer Interessenlage regelt. Da diese Vorschrift aber nicht genau »passt«, kann man sie nicht direkt anwenden, sondern nur indirekt bzw. entsprechend, dh: »*analog*«[412]!

Einen Anspruch auf Erstattung des an V zu zahlenden Schadensersatzes kann A deshalb aus § 670 BGB analog herleiten (lesen!).

Wenn wir diese Vorschrift auf den Fall eines Arbeitnehmers, der ja im Gegensatz zum Beauftragten nicht unentgeltlich tätig wird, sondern gegen Vergütung arbeitet, entsprechend umformulieren und dabei noch berücksichtigen, dass er Schadensersatz an einen Dritten leisten *muss*, könnte man diese Vorschrift folgendermaßen lesen:

»Macht der Arbeitnehmer zum Zwecke oder aufgrund der Ausführung seiner Arbeit Aufwendungen, die er den Umständen nach für erforderlich halten *muss*, so ist der Arbeitgeber zum Ersatz verpflichtet.«

Als Ergebnis der zweiten Fallfrage können wir somit festhalten:
(1) V hat gegen A einen Anspruch auf Schadensersatz gem. § 823 I BGB in Höhe von 10.000 EUR.

---

412 Lesen Sie dazu bei Bedarf (nochmals?) *Wörlen/Metzler-Müller* BGB AT Rn. 155 ff.

(2) A hat nach den Grundsätzen über die Haftungsbeschränkung des Arbeitnehmers einen Regressanspruch gegen U gem. § 670 BGB *analog* im Verhältnis zu seinem Verschuldensumfang auf Erstattung von drei Vierteln dieses Betrags = 7.500 EUR.

Somit haben Sie das Problem der Haftungsbeschränkung im Arbeitsverhältnis und die dazu von der Rspr. entwickelten Grundsätze relativ ausführlich kennen gelernt.

Zur Begründung der weitgehenden *Haftungsfreistellung* des Arbeitnehmers wird neben dem »Betriebsrisiko« des Arbeitgebers auch noch ausgeführt, dass diese Freistellung des Arbeitnehmers zur Fürsorgepflicht des Arbeitgebers gehört. Dazu mehr im nächsten Kapitel unter III.!

e) Mankohaftung

172 Unter Mankohaftung versteht man die Verpflichtung des Arbeitnehmers, für einen tatsächlichen Waren- oder Kassenfehlbestand einstehen zu müssen.[413] Eine Haftungserleichterung nach den Grundsätzen über die *gefahrgeneigte Arbeit*[414] wurde nach früherer Rspr. nicht anerkannt, dh grundsätzlich reichte »leichteste« Fahrlässigkeit iSv § 276 II BGB als Haftungsgrundlage aus. Dies hat sich angesichts der Tatsache geändert, dass die Gefahrgeneigtheit der Arbeit nicht mehr *Voraussetzung* für die Haftungserleichterung des Arbeitnehmers ist, sondern heute die Grundsätze über die Beschränkung der Arbeitnehmerhaftung bei jeder betrieblichen Tätigkeit anzuwenden sind. Diese gelten daher auch im Rahmen der Mankohaftung.[415]

173 Grundsätzlich kann sich eine Mankohaftung aus einer Pflichtverletzung beim Arbeitsvertrag (§ 280 I BGB), aus unerlaubter Handlung gem. § 823 BGB oder aufgrund einer vertraglichen Mankovereinbarung ergeben.

174 **Hinweis:** Das BAG[416] betrachtet die Regeln über die Haftung im Arbeitsverhältnis als einseitig zwingendes Arbeitnehmerschutzrecht, von dem grundsätzlich weder einzel- noch kollektivvertraglich zulasten der Arbeitnehmer abgewichen werden kann.

Es lässt jedoch abweichende Mankovereinbarungen zur Absicherung berechtigter Rechtspositionen des Arbeitgebers zu (insbesondere in den Bereichen, in denen der Arbeitnehmer unbeobachteten Zugriff auf Geld oder andere Wertgegenstände des Arbeitgebers hat). Dabei darf es jedoch nicht zu einer ungerechtfertigten Verlagerung des Arbeitgeberrisikos kommen. Derartige Vereinbarungen sind deshalb nur zulässig, wenn sie

- Arbeitsbereiche betreffen, die der Arbeitnehmer kontrollieren kann und
- eine *angemessene* Gegenleistung in Form eines Mankogeldes oder eines erhöhten Gehalts vorsehen.

Angemessen ist die Gegenleistung nur, wenn der Arbeitnehmer die Chance erhält, durch Aufmerksamkeit einen Überschuss zu erzielen und die Haftung die Summe der gezahlten Mankogelder innerhalb eines vereinbarten Ausgleichszeitraumes (zB innerhalb eines Kalenderjahres) nicht übersteigt.

---

413 *Brox/Rüthers/Henssler* ArbR Rn. 257.
414 → **Rn. 154 ff.**
415 BAG Urt. 17.9.1998 – 8 AZR 175/97, BAGE 90, 9 = NJW 1999, 1049, s. dazu die Anm. von *Herbert* JA 1999, 448.
416 BAG Urt. v. 2.12.1999 – 8 AZR 386/98, AP Nr. 3 zu § 611 BGB – Mankohaftung.

Liegt eine Pflichtverletzung nach § 280 I BGB vor, ist auch bei der Mankohaftung die Beweislastregel des § 619a BGB zu beachten.[417]

f) Abmahnung und Betriebsbuße

Pflichtverletzungen des Arbeitnehmers können nicht nur zu seiner Haftung führen, sondern im Extremfall den Arbeitgeber zur Kündigung, gegebenenfalls bei Vorliegen eines wichtigen Grundes zur »fristlosen Kündigung«, berechtigen. Der verfassungsrechtlich begründete Grundsatz der Verhältnismäßigkeit lässt eine Kündigung indessen erst zu, wenn *mildere* Mittel dem Kündigenden nicht zumutbar sind.[418]

aa) Abmahnung

Weniger in der Literatur (in der sie meist spärlich behandelt wird) als in der Praxis ist in diesem Zusammenhang die *Abmahnung* von Bedeutung. Die Abmahnung ist einerseits die Geltendmachung des Rechts des Arbeitgebers als Gläubiger der Arbeitsleistung des Arbeitnehmers auf dessen vertragsgerechtes Verhalten. Dem Grundsatz der Verhältnismäßigkeit entsprechend muss der Arbeitgeber vor Ausspruch einer *verhaltensbedingten* Kündigung dem Arbeitnehmer Gelegenheit zur Abhilfe geben (vgl. §§ 314 II, 281 III BGB – lesen). Eine Abmahnung zur Vorbereitung einer Kündigung erfordert, dass der Arbeitgeber den Arbeitnehmer deutlich und ernsthaft ermahnt und auffordert, ein genau bezeichnetes Fehlverhalten zu ändern bzw. aufzugeben (*Rügefunktion*). Die Abmahnung muss zwar nicht die ausdrückliche Androhung der Kündigung enthalten, aber sie muss doch erkennen lassen, dass weitere Pflichtverletzungen den Inhalt oder den Bestand des Arbeitsverhältnisses gefährden (*Warnfunktion*).[419] Die Abmahnung bedarf nicht der Mitwirkung des Betriebsrats und darf nicht zur »leeren Drohung« verkommen, der keine Konsequenzen folgen. Zumindest drei Abmahnungen wegen leichterer Pflichtverletzungen schwächen die kündigungsrechtlich erforderliche Warnfunktion in aller Regel nicht ab.[420] Die Entfernung einer zu Recht ausgesprochenen Abmahnung aus der Personalakte kann man nur dann verlangen, wenn das gerügte Verhalten für das Arbeitsverhältnis in jeder Hinsicht bedeutungslos geworden ist[421] und ihre Aufbewahrung damit nicht mehr »erforderlich« ist (§ 26 I 1, VII BDSG, Art. 17 I Buchst. a EU-DSGVO).[422]

> **Beispiele für Abmahnungen:**
> »Wir nehmen Bezug auf unser letztes Gespräch über mehrere von uns beanstandete Vorfälle und halten die erörterten Punkte nachfolgend fest:
> - Sie sind in den vergangenen vier Monaten an ... Arbeitstagen jeweils zwischen 5 und 15 Minuten nach Beginn der Kernarbeitszeit am Arbeitsplatz erschienen.
> - Sie haben am ... und am ... unentschuldigt gefehlt.
> - Sie haben vom ... bis ... unentschuldigt gefehlt und dies nachträglich damit begründet, dass Sie sich unwohl gefühlt hätten. Wir weisen Sie erneut darauf hin, dass Sie verpflichtet sind, sich unverzüglich krank zu melden und dies gegebenenfalls telefonisch oder durch Boten mitzuteilen.
> - Sie haben sich am ... krankgemeldet, jedoch nach Ablauf von drei Tagen kein ärztliches Attest eingereicht, sondern erst bei Wiederantritt Ihrer Tätigkeit mitgebracht. Wir weisen Sie erneut

---

417 *Däubler* NZA 2001, 1329 (1331).
418 Vgl. *Brox/Rüthers/Henssler* ArbR Rn. 477.
419 BAG Urt. v. 19.4.2012 – 2 AZR 258/11, NZA-RR 2012, 567 Rn. 21.
420 BAG Urt. v. 16.9.2004 – 2 AZR 406/03, NZA 2005, 459.
421 In entsprechender Anwendung von §§ 242, 1004 I 1 BGB, s. BAG Urt. v. 19.7.2012 – 2 AZR 782/11, NJW 2013, 808. S. zum Ganzen *Wetzling/Habel* BB 2011, 1077. Wegen **weiterer Einzelheiten** → **Rn. 256**.
422 Zum Arbeitnehmerdatenschutz s. → **Rn. 66, 204.**

3. Kapitel. Pflichten und Rechte des Arbeitnehmers

darauf hin, dass Sie verpflichtet sind, die ärztliche Arbeitsunfähigkeitsbescheinigung unverzüglich an die Personalabteilung weiterzuleiten und gleichzeitig mitzuteilen, wann mit Ihrer Genesung zu rechnen ist.
- Sie haben am ... im Verlauf einer Auseinandersetzung mit einem Kollegen ... diesen tätlich angegriffen/mit den Worten ... beleidigt. Damit haben Sie den Betriebsfrieden gestört und die Zusammenarbeit Ihrer Arbeitsgruppe beeinträchtigt.
- Sie haben in den vergangenen Monaten trotz sorgfältiger Einweisung an der Maschine und Hilfestellung durch Ihren Vorgesetzten die betriebs- und branchenübliche Ausschussquote von 1% um über 200 Prozent überschritten. Dadurch sind außerordentlich hohe Material- und Lohnkostenausfälle eingetreten, die durch sorgfältige Maschinenbedienung vermeidbar gewesen wären. Wir können dies künftig nicht mehr hinnehmen.

Wir sprechen hiermit eine arbeitsrechtliche Abmahnung aus und fordern Sie auf, künftig Ihren arbeitsvertraglichen Verpflichtungen nachzukommen. Im Wiederholungsfall müssen Sie mit Konsequenzen für den Bestand Ihres Arbeitsvertrages rechnen. Eine Durchschrift dieses Schreibens nehmen wir zu Ihrer Personalakte.«

178 Falls der Arbeitgeber einem Arbeitnehmer verhaltensbedingt kündigt, ohne zuvor vergeblich eine Abmahnung ausgesprochen zu haben, ist die Kündigung unwirksam, da sie gem. § 1 KSchG[423] (lesen!) nicht »sozial gerechtfertigt« ist.

Auch der Arbeitnehmer hat andererseits das Recht und die Pflicht zur Abmahnung. Daher muss auch der Arbeitnehmer, bevor er zB eine außerordentliche Kündigung wegen unzumutbarer Bedingungen am Arbeitsplatz ausspricht, von der Abmahnung Gebrauch machen, um dem Arbeitgeber Gelegenheit zur Abhilfe zu geben.

bb) Betriebsbuße

179 Von einer *Betriebsbuße* spricht man, wenn der Arbeitgeber seinen Anspruch auf vertragsmäßiges Verhalten des Arbeitnehmers dergestalt geltend macht, dass er dem Arbeitnehmer unter der Androhung von Konsequenzen (zB Kündigung) für den Wiederholungsfall eine Buße auferlegt. Eine solche Buße *kann* in einer *Geldbuße*, aber auch in einer *Verwarnung* oder einem *Verweis* bestehen und ist nur zulässig, wenn in dem Betrieb eine unter Mitwirkung des Betriebsrats (vgl. § 87 I Nr. 1 BetrVG, dazu → Rn. 366 ff.) zustande gekommene Betriebsbußordnung besteht.

2. Verletzung von Nebenpflichten

180 Die Rechtsfolgen der Verletzung von Nebenpflichten wurden in diesem Kapitel teilweise schon oben (III., → Rn. 139 ff.) unter Hinweis auf die einschlägigen Gesetze, insbesondere das GeschGehG, erwähnt.

Ebenso wurde angedeutet (→ Rn. 175 ff.), dass schwerwiegende Pflichtverletzungen letztlich zur – ordentlichen oder außerordentlichen – Kündigung berechtigen können.

Schließlich macht sich der Arbeitnehmer bei der Verletzung von Nebenpflichten gegebenenfalls gem. § 280 I iVm § 241 II BGB schadensersatzpflichtig, wobei die oben hinsichtlich der Schlechtleistung der Arbeit (→ Rn. 146 ff., 162 ff.) dargestellte Haftungsbeschränkung auch bei anderen Nebenpflichtverletzungen zu berücksichtigen ist.

Lesen Sie nun zu den Pflichten und den Rechtsfolgen von Pflichtverletzungen des Arbeitnehmers die folgende Übersicht 8!

---

423 dtv-ArbG Nr. 20.

Übersicht 8

Pflichten des Arbeitnehmers		181
Hauptpflicht: Arbeitspflicht (§ 611a I 1 BGB)	**Nebenpflichten** (§ 241 II BGB)	
Inhalt der Arbeitspflicht 1. Art der Arbeit: Arbeitsvertrag sowie Direktions- bzw. Weisungsrecht des Arbeitgebers 2. Ort der Arbeit: Arbeitsvertrag – idR Betrieb des Arbeitgebers 3. Arbeitszeit: Arbeitsvertrag iVm ArbZG (zB § 3 ArbZG: Grundsätzlich 8-Stunden-Tag) Arbeit ist vom Arbeitnehmer höchstpersönlich zu leisten = keine Vertretung möglich (vgl. § 613 BGB)	1. *Allgemeine Treuepflicht:* §§ 241 II, 242 BGB = Pflicht zur Rücksichtnahme auf Belange des Arbeitgebers 2. *Mitteilungspflichten* – Beispiele: • Betriebsstörungen • Rechtswidriges Verhalten von Kollegen • Krankheit 3. *Verschwiegenheitspflicht:* • Geschäftsgeheimnisse (§ 23 GeschGehG) 4. *Wettbewerbsverbot:* §§ 60 und 61 HGB 5. *Keine Schmiergeldannahme*	
Befreiung von der Arbeitspflicht Vgl. Übersicht 7 (→ Rn. 138)		

Pflichtverletzungen des Arbeitnehmers und ihre Rechtsfolgen		182
1. *Verschuldete Nichtleistung der Arbeit:* • ggf. Klage des Arbeitgebers auf Erfüllung (§ 2 I Nr. 3a ArbGG) • Zurückbehaltung des Lohns (§ 320 I 1 BGB) • Schadensersatz gem. §§ 280 I und III, 283 BGB 2. *Schlechtleistung:* Anspruch des Arbeitgebers gem. §§ 280 I, 241 II BGB • richterrechtliche Grundsätze der Haftungsbeschränkung für Arbeitnehmer (vgl. Übersicht 9 [→ Rn. 191 ff.]!) 3. *Schädigung Dritter durch Arbeitnehmer:* idR § 823 BGB – ggf. Regress bei Arbeitgeber, wenn Haftungsbeschränkung eingreift (Quotenhaftung) 4. *Mankohaftung* 5. *Abmahnung und Betriebsbuße* 6. *Kündigung nach Abmahnung*	Bei Verletzung von Nebenpflichten evtl. GeschGehG, Kündigung (nach Abmahnung) oder Schadensersatz gem. § 280 I iVm § 241 II und/oder § 823 I BGB (ggf. Haftungsbeschränkung!)	

3. Kapitel. Pflichten und Rechte des Arbeitnehmers

V. Haftung für Arbeitsunfall

183 Der Arbeitsunfall ist einer der zwei Versicherungsfälle der gesetzlichen Unfallversicherung (vgl. §§ 7 I, 8 SGB VII[424]). Schädigt der Arbeitgeber (oder ein Kollege[425]) einen Arbeitnehmer bei der Arbeit, kann es sich für den Geschädigten um einen Arbeitsunfall handeln, für den Leistungen der gesetzlichen Unfallversicherung zu erbringen sind. Sind dabei Personenschäden eingetreten, führt dies gegebenenfalls zu einem Haftungsausschluss nach dem SGB VII und damit zu Besonderheiten bei der Arbeitnehmerhaftung.

> **Prüfungsschema Haftung für Arbeitsunfall:**[426]
> (1) **Schadensersatzanspruch** (insbesondere §§ 280 I, 611a oder § 823 I, II BGB)
> (2) Für **Personenschaden** Haftungsausschluss gem. §§ 104 I, 105 SGB VII?

Lesen Sie dazu zunächst Übungsfall 5, der auf Übungsfall 4 (→ Rn. 147) aufbaut:

> **Übungsfall 5**
>
> Als am nächsten Morgen nach dem in Übungsfall 4 beschriebenen Vorfall der Arbeitskollege B des A den Raum neben der Kühlanlage betritt, rutscht er auf dem wässrigen Boden aus und bricht sich ein Bein. B möchte wissen, ob und gegen wen er einen Anspruch auf Ersatz der Arzt- und Krankenhauskosten sowie Schmerzensgeld hat.

184 ■ An wen wird B sich in erster Linie wohl halten wollen?
▷ Grundsätzlich wird der Geschädigte wohl gegen den unmittelbaren Schädiger vorgehen wollen, doch da der Schaden dem B während seiner Arbeitszeit entstand, liegt es nahe, dass er sich zunächst an seinen Arbeitgeber wendet, der Partner seines Arbeitsvertrages (und bei dem im Zweifel »mehr zu holen« ist).
■ Auf welche Anspruchsgrundlage wird B seinen Anspruch stützen? (Er will Schadensersatz! Überlegen Sie!)
▷ Anspruchsgrundlage für einen vertraglichen Schadensersatzanspruch ist möglicherweise § 280 I iVm § 241 II BGB.

Wie Sie wissen, ist eine wesentliche Voraussetzung für diesen Anspruch ein Verschulden des Anspruchsgegners. Ein Verschulden des Arbeitgebers U iSv § 276 BGB ist indessen nicht ersichtlich. Der Unfall wurde durch eine Nachlässigkeit des Kollegen A verursacht.

■ Über welche Zurechnungsnorm könnte B dennoch einen Anspruch aus § 280 I iVm § 241 II BGB gegen U herleiten? (Das sollten Sie wissen! Nachdenken!)
▷ Antwort siehe Fußnote[427]!

---

424 **dtv-ArbG Nr. 46.**
425 Einschließlich der **Auszubildenden**, für die sich grds. keine Besonderheiten ergeben, BAG Urt. v. 19.3.2015 – 8 AZR 67/14, NZA 2015, 1057 ff., Rn. 17 ff.
426 Ausführlicheres Schema → **Rn. 191, 193**.
427 **§ 278 S. 1 BGB!** – Falls nicht mehr gewusst: vgl. *Wörlen/Metzler-Müller* BGB AT Rn. 223 und *Wörlen/Metzler-Müller* SchuldR AT Rn. 264 ff.

Neben dem Anspruch aus § 280 I BGB könnte auch ein Anspruch aus § 831 I 1 BGB begründet sein, da A als Verrichtungsgehilfe des U eine unerlaubte Handlung iSv § 823 I BGB begangen hat!

Ob die Voraussetzungen dieser Anspruchsgrundlagen wirklich vorliegen, brauchen wir aber nicht zu prüfen, da zugunsten des Arbeitgebers im Arbeitsrecht eine Sondervorschrift eingreift, die wir uns etwas genauer ansehen wollen, nämlich § 104 SGB VII (lesen Sie § 104 I 1 SGB VII!).

1. Ausschluss der Schadensersatzpflicht (des Arbeitgebers) nach § 104 SGB VII

Nach § 104 I 1 SGB VII ist der *Arbeitgeber* (Unternehmer) unter folgenden Voraussetzungen seinem Arbeitnehmer zum Ersatz eines Personenschadens, den dieser erlitten hat, *nicht* verpflichtet (sondern allein der Sozialversicherungsträger leistungspflichtig):

185

(1) Der Arbeitnehmer muss in der gesetzlichen Unfallversicherung gegen Arbeitsunfall **versichert** sein (vgl. dazu §§ 2, 3 und 6 SGB VII).
(2) Der Arbeitnehmer muss einen **Arbeitsunfall** bei seiner Tätigkeit für das Unternehmen erlitten haben.
Der Begriff des Arbeitsunfalls wird in § 8 I SGB VII wie folgt sinngemäß definiert: Arbeitsunfälle sind Unfälle von versicherten Arbeitnehmern bei der versicherten Tätigkeit. »Unfälle sind zeitlich begrenzte, von außen auf den Körper einwirkende Ereignisse, die zu einem Gesundheitsschaden oder zum Tod führen« (§ 8 I 2 SGB VII).
(3) Der Arbeitsunfall darf *nicht* »auf einem nach § 8 II Nr. 1–4 SGB VII versicherten Weg«, also insbesondere **nicht auf dem Weg zur** oder **von der Arbeitsstelle** eingetreten sein.
(4) Der Arbeitgeber darf den Unfall **nicht vorsätzlich** herbeigeführt haben.

Die zivilrechtliche Haftung des Arbeitgebers wird also nur bei Unfällen in Ausübung der versicherten Tätigkeit selbst beschränkt, sofern der Arbeitgeber nicht vorsätzlich handelt. Bei sog. Wegeunfällen auf dem der eigentlichen Tätigkeit vor- oder nachgelagerten Weg zur oder von der Arbeit bleibt die zivilrechtliche Haftung des Arbeitgebers bestehen. Außerdem geht es hier nur um Ansprüche wegen *Personenschäden*, weil die §§ 104 f. SGB VII nach ihrem Wortlaut auf Sachschäden keine Anwendung finden.

186

Wenn der Arbeitnehmer zB von seinem Arbeitgeber auf dem Wege zur Arbeit angefahren wird, *haftet* der Arbeitgeber ihm für den erlittenen Personenschaden aus allgemeinen Vorschriften.

Auch ein Wegeunfall (§ 8 II Nr. 1–4 SGB VII) gilt nach dem Gesetz als Arbeitsunfall und löst deshalb regelmäßig Leistungsansprüche gegen den Träger der gesetzlichen Unfallversicherung (idR eine Berufsgenossenschaft) aus. Nur bei Unfällen in Ausübung der versicherten Tätigkeit selbst wird aber die zivilrechtliche Haftung des Arbeitgebers für die eingetretenen Personenschäden gem. § 104 I SGB VII beschränkt bzw. ausgeschlossen.

187

3. Kapitel. Pflichten und Rechte des Arbeitnehmers

Beispiel: Fährt der Chef seinen Vorarbeiter mit dem Auto auf dem Heimweg an, kann dieser neben Leistungen der gesetzlichen Unfallversicherung auch Schadensersatz (insbesondere Schmerzensgeld gem. §§ 823 I, 253 II BGB) von seinem Chef beanspruchen.[428]

Keine Wegeunfälle (wohl aber Arbeitsunfälle!) sind Unfälle auf sog. Betriebswegen (Dienstwege, Dienstreisen, Wege auf dem Werksgelände). Sinn und Zweck des Wegfalls des Haftungsausschlusses gem. §§ 104, 105 SGB VII bei Wegeunfällen iSd § 8 II Nr. 1–4 SGB VII ist es, dem Verletzten die Ansprüche gegen Arbeitgeber und Kollegen zu belassen, wenn er außerhalb betrieblicher Gegebenheiten unter Umständen geschädigt wird, die ihn auch als normalen Verkehrsteilnehmer hätten treffen können.

Hinweis: Der Haftungsausschluss greift ein, sobald sich der Versicherte in die betriebliche Sphäre begibt, die der Organisation des Unternehmers und dessen Ordnungsgewalt unterliegt.

Die betriebliche Sphäre umfasst nicht nur das Betriebsgelände. Ist ein Versicherter *im betrieblichen Interesse* außerhalb der Betriebsstätte auf einem sog. Betriebsweg unterwegs, steht der Weg der eigentlichen Arbeit im Betrieb gleich.[429] Bei Unfällen auf Betriebswegen greift daher der Haftungsausschluss gem. §§ 104 f. SGB VII uneingeschränkt. Dies gilt insbesondere für Verkehrsunfälle bei Botengängen, Lieferfahrten und auf Dienst- oder Geschäftsreisen.[430] Aber auch dann, wenn ein Arbeitgeber seine Arbeitnehmer in einem Firmenfahrzeug von der Betriebsstätte zu einer auswärtigen Baustelle bringen lässt oder einen Sammeltransport mit einem Werksbus zur Betriebsstätte organisiert, hat sich der Arbeitnehmer bereits in die betriebliche Sphäre begeben und der Haftungsausschluss gilt.[431]

188 In unserem Fall ist B als Beschäftigter gem. § 2 I Nr. 1 SGB VII kraft Gesetzes in der gesetzlichen Unfallversicherung versichert (1).

Auch die weiteren Voraussetzungen des § 104 I SGB VII (Arbeitsunfall (2), kein Unfall auf einem nach § 8 II Nr. 1–4 SGB VII versicherten Weg (3) sowie kein Vorsatz (4) des Arbeitgebers) liegen vor, sodass U nicht für den Personenschaden des B haften muss.

B hat also keinen Anspruch gegen seinen Arbeitgeber U. Der Grund für diese Haftungsfreistellung des Arbeitgebers ist darin zu sehen, dass der Geschädigte einen Anspruch auf Leistungen aus der gesetzlichen Unfallversicherung hat, und dass die Beiträge zur Unfallversicherung von den Arbeitgebern allein aufgebracht werden.

- Wie sieht es in unserem Fall mit einem Anspruch des B gegen den Arbeitskollegen A aus?
▶ Anspruchsgrundlage ist § 823 I BGB. Grundsätzlich sind die Voraussetzungen erfüllt.

---

428 Bsp. nach *Brox/Rüthers/Henssler* ArbR Rn. 359.
429 S. zB BAG Urt. v. 24.6.2004 – 8 AZR 292/03, AP Nr. 3 zu § 104 SGB VII, sowie dazu *Kokemoor* jurisPR-ArbR 45/2004 Anm. 6.
430 *Brox/Rüthers/Henssler* ArbR Rn. 359 mwN.
431 Vgl. BAG Urt. v. 24.6.2004 – 8 AZR 292/03, AP Nr. 3 zu § 104 SGB VII; BAG Urt. v. 30.10.2003 – 8 AZR 548/02, BAGE 108, 206.

2. Ausschluss der Schadensersatzpflicht (des Arbeitnehmers) nach § 105 SGB VII

Der Geltendmachung von Schadensersatzansprüchen nach den allgemeinen Vorschriften (insbesondere §§ 823 ff. BGB) steht § 105 SGB VII zugunsten des unfallverursachenden Arbeitnehmers entgegen (lesen Sie § 105 I SGB VII!).

189

Danach wird ein unfallversicherter Arbeitnehmer, der einem Arbeitskollegen durch eine **betriebliche Tätigkeit**[432] *nicht vorsätzlich* einen Schaden zugefügt hat, ebenfalls von der Haftung freigestellt. Wiederum gilt die Einschränkung, dass *kein Wegeunfall* vorliegen darf.

> **Beispiel:** Nimmt ein Kollege den Arbeitnehmer auf seinem Motorrad zur Arbeitsstelle mit und verschuldet auf diesem Weg einen Unfall, kommen neben Leistungsansprüchen gegen den Träger der gesetzlichen Unfallversicherung auch Schadensersatzansprüche gegen den Motorradfahrer in Betracht.[433]

Da in Übungsfall 5 weder ein Wegeunfall noch vorsätzliches Handeln des A vorliegen, hat B auch gegen A keine Ansprüche. B muss sich mit den Leistungen der gesetzlichen Unfallversicherung begnügen.

Zu den *Personenschäden* iSv § 104 I SGB VII, für die der Haftungsausschluss gilt, gehören immaterielle Schäden (Schmerzensgeld) und Vermögensschäden wegen der Verletzung oder Tötung des Versicherten. Erfasst werden also insbesondere Ansprüche gem. § 823 I iVm § 253 II BGB sowie der Ersatz von Beerdigungskosten gem. § 844 I BGB.[434] Diesen durch § 104 I SGB VII ausgeschlossenen zivilrechtlichen Schadensersatzansprüchen stehen keine unmittelbar entsprechenden Leistungen der gesetzlichen Unfallversicherung gegenüber. Mit dem Grundgesetz ist dies vereinbar, da die Arbeitgeber die Aufwendungen der gesetzlichen Unfallversicherung allein zu tragen haben und die Versicherungsleistungen in anderen Fällen auch günstiger als die ausgeschlossenen Schadensersatzansprüche sein können.[435]

190

Bevor wir im nächsten Kapitel auf die Pflichten und Rechte des Arbeitgebers näher eingehen, wollen wir die bisher dargestellten »Störungen des Arbeitsverhältnisses« nachfolgend nochmals zusammenfassen (= Übersicht 9, → Rn. 191)!

---

432 Also insbes. **nicht** durch gefahrträchtige **Spielereien, Neckereien oder Schlägereien** *neben* der betrieblichen Arbeit im Betrieb, BAG Urt. v. 19.3.2015 – 8 AZR 67/14, NZA 2015, 1057 Rn. 21.
433 Vgl. *Brox/Rüthers/Henssler* ArbR Rn. 359.
434 BAG Urt. v. 10.10.2002 – 8 AZR 103/02, BAGE 103, 92 = BeckRS 2002, 30287239.
435 Vgl. BVerfGE 34, 118 (Beschl. v. 7.11.1972 – 1 BvL 4/71 und andere); BVerfG Beschl. v. 8.2.1995 – 1 BvR 753/94, NJW 1995, 1607; s. dazu zB *Kokemoor* SozR Rn. 242 ff., 245.

Übersicht 9

Störungen des Arbeitsverhältnisses

A. **Einzelprobleme bei Schlechterfüllung der Arbeit durch den Arbeitnehmer**
   I. Schadensersatzanspruch des Arbeitgebers
      1) Anspruchsgrundlage → § 280 I (iVm § 241 II) BGB.
      2) Voraussetzungen:
         a) Wirksames Schuldverhältnis (§ 280 I 1 BGB)
            [hier: Arbeitsvertrag iSv § 611a BGB]
         b) Pflichtverletzung durch Arbeitnehmer (§ 280 I 1 BGB)
         c) Vertretenmüssen (§ 280 I 2 iVm § 276 I und § 619a BGB!)
         d) Schaden beim Arbeitgeber (§ 280 I 1)
      3) **Rechtsfolge:**
         Umfang des Schadensersatzes (vgl. § 249 BGB) richtet sich unter Berücksichtigung von § 276 I 1 BGB danach,
         a) ob der Schaden in Ausführung einer *betrieblichen Tätigkeit* verursacht wurde und
         b) welcher Grad des Verschuldens den Arbeitnehmer trifft.

         zu b) richterrechtliche Grundsätze der Haftungsbeschränkung für betriebliche Tätigkeiten (*Dreiteilung* der Haftungsebenen):
         → Bei *Vorsatz* und bei *grober Fahrlässigkeit* haftet der Arbeitnehmer grundsätzlich *unbeschränkt*.
         Ausnahmsweise kann aber die Höhe des Anspruchs des Arbeitgebers begrenzt werden, wenn ein im Verhältnis zum Arbeitsverdienst sehr hoher, für den Arbeitnehmer existenzgefährdender Schaden entstanden ist.
         → Handelt es sich um *normale (einfache) Fahrlässigkeit* iSv § 276 II BGB (= häufigster Fall), muss der Schaden je nach den Umständen des Einzelfalls zwischen Arbeitnehmer und Arbeitgeber *aufgeteilt* werden. Je nach Einzelfall können folgende Umstände von Bedeutung sein:
         - Gefahrgeneigtheit der Tätigkeit
         - Voraussehbarkeit des Schadens
         - Monotonie der Arbeitsleistung
         - Lebensalter und Arbeitserfahrung des Arbeitnehmers
         - Stellung des Arbeitnehmers im Betrieb (Maß der Eigenverantwortlichkeit)
         - Verhalten des Arbeitnehmers in der Vergangenheit
         - Höhe des Arbeitsentgelts
         - Versicherbarkeit des Schadensrisikos
         → Bei *leichtester Fahrlässigkeit* besteht *keine Haftung* des Arbeitnehmers.

   II. Schadensersatzansprüche Dritter gegen den Arbeitnehmer
      1) Anspruchsgrundlage idR § 823 BGB; liegen Voraussetzungen vor, *haftet* Arbeitnehmer dem Dritten *voll*.
      2) Bei **betrieblicher Tätigkeit** hat der Arbeitnehmer aber gegen den Arbeitgeber entsprechend der Haftungsbeschränkung einen **Erstattungsanspruch** *analog § 670 BGB*.

B. Ansprüche des Arbeitnehmers bei durch Arbeitgeber oder Kollegen verursachten Personenschäden 193
I. Ansprüche gegen den Arbeitgeber
Mögliche Anspruchsgrundlagen § 280 I (iVm § 241 II) BGB ggf. iVm § 278 BGB oder § 831 BGB.
Aber: **keine Haftung** des Arbeitgebers, wenn Voraussetzungen von **§ 104 I SGB VII** vorliegen =
(1) *Arbeitnehmer* ist in gesetzlicher Unfallversicherung *versichert* §§ 2, 3, 6 SGB VII.
(2) *Arbeitsunfall* des Arbeitnehmers = Unfall, den Arbeitnehmer in Ausübung einer durch die Unfallversicherung versicherten Tätigkeit erleidet (vgl. § 8 SGB VII).
(3) Arbeitsunfall passierte *nicht* auf einem nach § 8 II Nr. 1–4 SGB VII versicherten *Weg von oder zu der Arbeit*.
(4) *Arbeitgeber* hat Arbeitsunfall *nicht vorsätzlich* herbeigeführt.
II. Ansprüche gegen den verursachenden Arbeitnehmer
→ § 823 BGB möglich, aber **keine Haftung**, wenn Voraussetzungen von **§ 105 I SGB VII** vorliegen!
(I.+II.) Geschädigter wird auf Leistungen der gesetzlichen Unfallversicherung verwiesen.

Literatur zur Vertiefung (3. Kapitel, Rn. 98–193): *Alpmann und Schmidt* ArbR I Rn. 353 ff.; *Bayreuther*, Die neue Brückenteilzeit und andere Änderungen im TzBfG, NZA 2018, 1577; *Bieder*, Arbeitsvertragliche Instrumente zur Flexibilisierung der Dauer und Lage der Arbeitszeit, ZfA 2019, 172; *Boemke*, Arbeitsrecht: Verfall und Vererbbarkeit des Urlaubsabgeltungsanspruchs, JuS 2016, 558; *Brose*, Entzug, Entwöhnung und Rückfall: Alkoholsucht im Arbeitsverhältnis, RdA 2015, 198; *Brox/Rüthers/ Henssler* ArbR Kap. 4; *v. Busekist/Fahrig*, Whistleblowing und der Schutz von Hinweisgebern, BB 2013, 119; *Clasvorbeck*, Der Anspruch auf Verringerung und Verlängerung der Arbeitszeit, AuR 2018, 116; *zu Dohne-Jaeger*, Die Renaissance des Werkvertrages, AuR 2013, 238; *Dütz/Thüsing* ArbR §§ 4 II, 5; *Fischels/Kies*, Schwerpunktbereichsklausur – Arbeitsrecht: Analogien, JuS 2018, 155 (ua § 670 BGB analog, Freistellungsansprüche, beschränkte Arbeitnehmerhaftung); *Fischinger/Straub*, Ohne Arbeit kein Lohn?, JuS 2016, 208; *Franzen*, Die Veränderung des Arbeitszeitvolumens im Spannungsverhältnis zwischen persönlichen und betrieblichen Arbeitszeitinteressen, SR 2019, 12; *Freckmann/Gallini*, Verändert Equal Pay die Leiharbeitsbranche?, BB 2013, 309; *Fuhlrott/Hiéramente*, Arbeitsrechtlicher Handlungsbedarf durch das Geschäftsgeheimnisgesetz, DB 2019, 967; *Gerdemann*, Revolution des Whistleblowing-Rechts oder Pfeifen im Walde? Der Richtlinienvorschlag der Europäischen Kommission zum Schutz von Whistleblowern, RdA 2019, 16; *Göttling/Neumann*, Das neue Familienpflegezeitgesetz, NZA 2012, 119; *Hamann/Rudnik*, Ethikrichtlinien im Arbeitsrecht, JURA 2015, 901; *Hamann/ Rudnik*, Das nachvertragliche Wettbewerbsverbot im Arbeitsrecht, JURA 2016, 341; *Hanau/Adomeit* ArbR G.; *Herbert/Oberrath*, Beherrschung und Verwendung der deutschen Sprache bei Durchführung und Beendigung des Arbeitsverhältnisses, DB 2010, 391; *Herfs-Röttgen*, Rechtsfragen rund um die Personalakte, NZA 2013, 478; *Hromadka/Maschmann* ArbR I § 6; *Junker* GK ArbR § 5; *Junker* Fälle ArbR Fall 6; *Kamanabrou*, Das Weisungsrecht des Arbeitgebers, JURA 2018, 457; *von Koppenfels-Spies*, (Original-)Referendarexamensklausur – Zivilrecht: Familien- und Arbeitsrecht (ua § 670 BGB analog, § 104 I SGB VII, Druckkündigung), JuS 2018, 467; *Krämer/Seiwerth*, Schwerpunktbereich Arbeits- und Sozialrecht: Der Arbeitsunfall, JuS 2013, 203; *Krause*, Familienpflegezeit, AiB 2013, 54; *Latzel/Sausmikat*, Die Zeiten ändern sich (Klausurfall Individualarbeitsrecht), JA 2015, 497; *Löwisch*, Neues Teilzeitrecht, BB 2018, 3061; *Löwisch/Caspers/Klumpp* ArbR § 10, 11, 15 und 21; *Merkel/ Steinat*, Brückenteilzeit und weitere Änderungen im Teilzeitrecht, DB 2018, 3118; *Meyer-Michaelis/ Falter/Schäfer*, Rechtliche Rahmenbedingungen von Crowdworking – Chancen und Risiken dieser

Möglichkeit von Fremdpersonaleinsatz, DB 2016, 2543; *Naber/Peukert/Seeger*, Arbeitsrechtliche Aspekte des Geschäftsgeheimnisgesetzes, NZA 2019, 583; *Oberthür/Stähler*, Reform des Mutterschutzgesetzes zum 1.1.2018 - Was ändert sich?, ArbRB 2017, 179; *Odemer*, Examensrelevante Besonderheiten des materiellen Arbeitsrechts, JA 2015, 335; *Preis* ArbR I §§ 26, 27; *Preis/Schwarz*, Reform des Teilzeitarbeitsrechts, NZA 2018, 3673; *Reichold* ArbR §§ 8 und 9 III sowie Fälle 4 und 5; *Rudkowski*, Urlaub als Grundrecht des Arbeitnehmers, NJW 2019, 476; *Schiefer*, Anspruch auf Teilzeitarbeit gem. § 8 TzBfG, P&R 2013, 103; *Schiefer/Worzalla*, Familienpflegezeitgesetz, DB 2012, 516; *Schmidt*, Eine schöne Bescherung und andere Vorfälle (individualarbeitsrechtliche Übungsklausur), JURA 2015, 188; *Schrader*, Abmahnung und »Vertrauenskapital«, NJW 2012, 342; *Schulte*, Mehr Schutz für Geschäftsgeheimnisse, ArbRB 2019, 143; *Thüsing*, Zur Vorbereitung auf die AÜG-Reform – Hinweise und Fragen zum neuen Recht, DB 2016, 2663; *Ulber*, Das neue Recht der Arbeitnehmerüberlassung – Die deutsche Variante des Ausstiegs aus dem Gemeinschaftsrecht, RdA 2018, 50; *Voßkühler*, Familienarbeitsrecht als Motor des gesellschaftlichen Wandels?, RdA 2019, 121; *Waltermann* ArbR §§ 10, 12–14; *Walker*, Haftungsprivilegierungen, JuS 2015, 865; *Wetzling/Habel*, Die Abmahnung – arbeitsrechtlich und personalführungstechnisch aktuelle Aspekte, BB 2011, 1077; *Zöllner/Loritz/Hergenröder* ArbR §§ 13–18.

4. Kapitel. Pflichten und Rechte des Arbeitgebers

I. Entgeltzahlungspflicht

Gemäß § 611a II BGB ist der Arbeitgeber zur Zahlung der vereinbarten Vergütung an den Arbeitnehmer verpflichtet. Darin besteht seine Hauptpflicht, die der Arbeitspflicht des Arbeitnehmers im Gegenseitigkeitsverhältnis gegenübersteht (»Ohne Arbeit kein Lohn«). Gemäß § 612 I BGB gilt eine Vergütung als stillschweigend vereinbart, wenn die Dienstleistung den Umständen nach nur gegen eine Vergütung zu erwarten ist. **194**

Höhe, Art, Zeit und Ort der Entgeltzahlung richten sich grundsätzlich nach freier Vereinbarung zwischen Arbeitgeber und Arbeitnehmer. Dies ergibt sich aus der allgemeinen schuldrechtlichen Vertragsfreiheit (§ 311 I BGB) in den in § 105 S. 1 GewO beschriebenen Grenzen, die sich aus zwingenden gesetzlichen, tariflichen oder betrieblichen Vorschriften ergeben. Für alle Arbeitsverhältnisse geltende (§ 6 II GewO) zwingende gesetzliche Vorschriften hinsichtlich der Berechnung, Zahlung und Abrechnung des Arbeitsentgelts finden sich in den §§ 107 und 108 GewO (zur Erinnerung: alle Vorschriften lesen!). Zwingende gesetzliche Vorschriften enthält auch das Mindestlohngesetz (MiLoG).

1. Gesetzlicher Mindestlohn

Seit dem 1.1.2015 haben Arbeitnehmer[436] Anspruch auf Zahlung des gesetzlichen Mindestlohns, § 1 I, II, § 20 MiLoG[437] (lesen!). Dieser beträgt seit 2019 brutto 9,19 EUR und ab 2020 brutto 9,35 EUR je Zeitstunde.[438] § 1 I, II MiLoG enthält eine *eigenständige Anspruchsgrundlage* für alle Arbeitnehmer, die neben den arbeitsvertraglichen Entgeltanspruch tritt. Das Mindestlohngesetz greift dabei in die Entgeltvereinbarungen der Arbeitsvertragsparteien grundsätzlich nicht ein. Nur soweit diese den Anspruch auf Mindestlohn unterschreiten, entsteht ein *Anspruch auf Differenzvergütung* (lesen Sie § 3 MiLoG ganz und unterstreichen Sie in S. 1 »insoweit«!).[439] Nicht unterschritten, sondern erfüllt ist der Anspruch auf den gesetzlichen Mindestlohn, wenn die für den Kalendermonat insgesamt bis zum letzten Bankarbeitstag des Folgemonats (§ 2 I 1 Nr. 2 MiLoG) gezahlte Bruttovergütung den Betrag erreicht, der sich aus der Multiplikation der Anzahl der in diesem Monat tatsächlich geleisteten Arbeitsstunden mit dem gesetzlichen Mindestlohn ergibt.[440] **195**

---

[436] Sowie grds. auch **Praktikanten** (§ 22 I MiLoG). Eine Mindestvergütung für **Auszubildende** soll künftig in § 17 BBiG geregelt werden, s. BT-Drs. 19/10815, s. dazu *Düwell* jurisPR-ArbR 27/2019, Anm. 1.
[437] dtv-ArbG Nr. 73.
[438] Zweite Verordnung zur Anpassung der Höhe des Mindestlohns (Zweite Mindestlohnanpassungsverordnung – MiLoV2) v. 13.11.2018, BGBl. 2018 I 1876.
[439] Tarifliche **Ausschlussfristen**, die den gesetzlichen Mindestlohn erfassen, sind gem. § 3 S. 1 MiLoG teilweise (BAG Urt. v. 20.6.2018 – 5 AZR 377/17, NJW 2018, 3472, Rn. 25), vertragliche wegen Verstoßes gegen § 307 I 2 BGB idR sogar insgesamt **unwirksam**, BAG Urt. v. 18.9.2018 – 9 AZR 162/18, NZA 2018, 1619; s. → **Rn. 62a**.
[440] Grdl. zum Ganzen BAG Urt. v. 25.5.2016 – 5 AZR 135/16 Rn. 22 ff., ZIP 2016, 1940.

> **Hinweis:** Mindestlohnwirksam sind alle im arbeitsvertraglichen Austauschverhältnis für die Arbeitsleistung gezahlten Entgelte, auch **Treueprämien, Schicht-, Erschwernis- und Leistungszulagen**[441] sowie Sonn- und Feiertagszuschläge[442]!

Der gesetzliche Mindestlohn ist für **jede geleistete Arbeitsstunde** zu zahlen, auch für Bereitschaftszeiten[443] sowie Reisezeit bei einer vorübergehenden Entsendung ins Ausland oder Fahrten zu Kunden.[444] Auf die Entgeltfortzahlung im Krankheitsfall (→ Rn. 117 ff.) ist das MiLoG entsprechend anzuwenden, weil das EFZG den Arbeitnehmer so stellen soll, als hätte er gearbeitet.[445]

> **Beispiel:**[446] Arbeitgeber G vereinbart mit Arbeitnehmer N eine 40-Stunden-Woche und ein festes Monatsgehalt in Höhe von 1.380 EUR. Ferner verpflichtet er sich, monatlich ein Zwölftel eines Monatsgehaltes (1/12 x 1.380 EUR = 115 EUR) als Sonderzahlung zusätzlich zum laufenden Arbeitsentgelt zu leisten. Für Monate, für die kein Entgeltanspruch besteht (zB wegen Elternzeit), soll sich auch kein Anspruch auf die Sonderzahlung ergeben.
> Nach dem Arbeitsvertrag werden N demnach monatlich 1.380 EUR + 115 EUR = 1.495 EUR gezahlt. Sind im Februar nur 160 Arbeitsstunden zu leisten, ist damit auch der Anspruch auf den gesetzlichen Mindestlohn erfüllt (160 x 9,19 EUR = 1.470,40 EUR). Müssen im März jedoch 184 Stunden gearbeitet werden, ist die Entgeltvereinbarung unwirksam, soweit der gesetzliche Mindestlohnanspruch (184 x 9,19 EUR = 1 690,96 EUR) unterschritten wird. Aus § 611a II, also dem Arbeitsvertrag als Anspruchsgrundlage, kann N für beide Monate 1.495 EUR verlangen. Für den Februar wird damit zugleich auch der Anspruch aus § 1 I, II 1 MiLoG erfüllt. Für den Monat März ist der Anspruch aus § 1 I, II MiLoG nur teilweise erfüllt und es verbleibt ein Anspruch auf Differenzvergütung in Höhe von 195,96 EUR (= 1.690,96 EUR - 1.495 EUR).

2. Arten des Entgelts

195a a) Geld- oder Sachbezüge

Das Arbeitsentgelt ist grundsätzlich in EUR zu berechnen und auszuzahlen (§ 107 I GewO). Bei der Zahlung ist dem Arbeitnehmer eine Abrechnung in Textform (§ 126b BGB) zu erteilen (§ 108 I GewO). Sachbezüge als Teil des Arbeitsentgelts können nur vereinbart werden, wenn dies dem Interesse des Arbeitnehmers oder der Eigenart des Arbeitsverhältnisses entspricht (§ 107 II 1 GewO). Im Bereich der Land- und Forstwirtschaft zB erfolgt die Entlohnung zumindest teilweise bisweilen noch in Form von Naturalien (zB Unterkunft, Kost).

> Typische **Beispiele** für Sachbezüge sind heute vor allem die Gestattung der privaten Nutzung eines Dienstwagens,[447] Dienstfahrrades,[448] Smartphones oder Computers.

b) Zeitentgelt und Akkordlohn

196 Zeitentgelt wird in Gestalt eines festen (Monats-)*Gehalts* oder als *Stundenlohn* gezahlt.

---

441 BAG Urt. v. 22.3.2017 – 5 AZR 424/16, NZA 2017, 1073, Rn. 39.
442 BAG Urt. v. 24.5.2017 – 5 AZR 431/16, NZA 2017, 1387, Rn. 16 f.
443 BAG Urt. v. 29.6.2016 – 5 AZR 716/15, NZA 2016, 1332.
444 Fehlt eine gesonderte Regelung, sind erforderliche Reisezeiten mit der für die eigentliche Tätigkeit vereinbarten Vergütung zu bezahlen, BAG Urt. v. 25.4.2018 – 5 AZR 424/17, NZA 2018, 1211; BAG Urt. v. 17.10.2018 – 5 AZR 553/17, NZA 2019, 159.
445 BAG Urt. v. 20.6.2018 – 5 AZR 377/17, NJW 2018, 3472, Rn. 33.
446 In Anlehnung an BAG Urt. v. 25.5.2016 – 5 AZR 135/16, ZIP 2016, 1940.
447 Die Bereitstellung eines **Leichenwagens** ist zur Erfüllung eines entsprechenden arbeitsvertraglichen Anspruchs nicht ausreichend, selbst wenn der Arbeitgeber Bestattungsunternehmer ist, LAG Köln Urt. v. 19.11.2009 – 7 Sa 879/09, BeckRS 2010, 73541.
448 Offenbar sind bereits ca. 250.000, idR hochpreisige Dienstfahrräder in Deutschland unterwegs, s. *Windeln/Matthaei* ArbRB 2019, 22.

I. Entgeltzahlungspflicht

In manchen Betrieben richtet sich die Entlohnung unmittelbar nach dem erbrachten Arbeitsergebnis. In diesem Fall handelt es sich um *Akkordlohn*, der auf verschiedene Arten, entweder als *Geldakkord* oder *Zeitakkord*, berechnet werden kann.

> Typisches **Beispiel** für den Geldakkord ist der »*Stückakkord*«: Dabei wird für das vom Arbeitnehmer zu fertigende Einzelstück ein bestimmter Preis festgesetzt, der mit der Anzahl der tatsächlich gefertigten Stücke multipliziert wird.

Bei Zeitakkord wird festgelegt, dass eine bestimmte Arbeitsleistung innerhalb einer bestimmten Zeit (= »Normalzeit«[449]) erbracht werden muss, zB innerhalb 20 Minuten à 5 EUR (also 15 EUR auf eine Stunde gerechnet). Leistet der Arbeitnehmer dieselbe Arbeit innerhalb von 15 Minuten, so kommt er innerhalb einer Stunde auf einen Lohn von 20 EUR.

Je schneller der Arbeitnehmer arbeitet, desto mehr Lohn (Geld) bekommt er also. Aus Gründen des Arbeitsschutzes sind der Vereinbarung von Akkordvergütungen für bestimmte Arbeitnehmergruppen Grenzen gesetzt: sie sind zB unzulässig für Schwangere (§ 11 IV Nr. 1 MuSchG), für Jugendliche (§ 23 I Nr. 1 JArbSchG[450]) und für Fahrpersonal (§ 3 I FPersG[451]).

c) Sondervergütungen

Zu den Sondervergütungen (gleichbedeutend: Sonderzahlungen oder Sonderzuwendungen) zählen Leistungen des Arbeitgebers, die zusätzlich zum regelmäßigen Entgelt aus bestimmten Anlässen oder zu bestimmten Terminen gewährt werden. Zu nennen sind namentlich Gratifikationen, ein sog. »13. Monatsgehalt«, das »Weihnachtsgeld«, das »Urlaubsgeld«, »Jubiläumszuwendungen«, Tantiemen sowie Sonder- oder Jahresabschlussvergütungen. Auch wenn diese Leistungen freiwillig gewährt werden, so handelt es sich dennoch *nicht um Schenkungen*, sondern um Arbeitsentgelt,[452] das als Gegenleistung für geleistete Arbeit grundsätzlich auch auf den gesetzlichen Mindestlohn anzurechnen ist.[453] Ein *Anspruch* des Arbeitnehmers auf derartige Sondervergütungen kann sich aus einer vertraglichen Vereinbarung, aus einem Tarifvertrag oder einer Betriebsvereinbarung ergeben. Der Arbeitgeber muss selbstverständlich den **arbeitsrechtlichen Gleichbehandlungsgrundsatz**[454] beachten und darf zB nicht einzelne Arbeitnehmer willkürlich vom Bezug von Gratifikationen ausschließen, wenn er solche Leistungen *allen* Arbeitnehmern oder einer nach objektiven Kriterien abgrenzbaren *Arbeitnehmergruppe* gewährt.

Ferner kann sich ein Rechtsanspruch für den Arbeitnehmer dann ergeben, wenn der Arbeitgeber sich durch eine sog. **Gesamtzusage** gebunden hat. Dies ist dann der Fall, wenn er eine Vergünstigung förmlich an die Belegschaft bekannt gegeben hat (zB durch Aushang am schwarzen Brett oder durch Bekanntgabe im Intranet des Unternehmens). Rechtlich wird die Gesamtzusage als Vertragsangebot an jeden einzelnen

---

449 Falls Sie mehr darüber wissen wollen, insbes. über die Berechnungssysteme »**Refa**«, »**Bedaux**« und »**MTM**«, vgl. *Brox/Rüthers/Henssler* ArbR Rn. 277.
450 dtv-ArbG Nr. 59.
451 In dtv-ArbG nicht abgedr.! Es genügt, dass Sie davon einmal »gehört« bzw. gelesen haben.
452 ErfK/*Preis* BGB § 611a Rn. 527; HK-ArbR/*Ring*/*Boemke* BGB § 611 Rn. 323 f.
453 BAG Urt. v. 25.5.2016 – 5 AZR 135/16 Rn. 32, ZIP 2016, 1940; nicht anzurechnen sind nur Zahlungen, die der Arbeitgeber **ohne Rücksicht auf eine tatsächliche Arbeitsleistung** erbringt oder die auf einer besonderen gesetzlichen Zweckbestimmung (zB § 6 Abs. 5 ArbZG) beruhen.
454 → **Rn. 25, 238.**

Arbeitnehmer gewertet, das gem. § 151 BGB auch ohne Erklärung der Annahme gegenüber dem Arbeitgeber zum Bestandteil des Arbeitsvertrags wird.[455]

Auch eine **betriebliche Übung** kann einen Rechtsanspruch des Arbeitnehmers auf eine Gratifikation begründen. Unter betrieblicher Übung versteht man ein regelmäßiges und wiederholtes Verhalten des Arbeitgebers, aus dem die Betriebsangehörigen schließen können, dass ihnen eine Leistung oder Vergünstigung auf Dauer eingeräumt werden soll (zB dreimalige vorbehaltlose Gewährung von Weihnachtsgeld).[456] Das Entstehen einer rechtlichen Bindung beruht hier darauf, dass aus dem Verhalten des Arbeitgebers auf einen inhaltlich konkreten Verpflichtungswillen geschlossen werden kann. Entscheidend ist, ob aus *Sicht des Empfängers* ausreichende Anhaltspunkte dafür bestehen, dass der Arbeitgeber Zahlungen erbringen will, ohne hierzu bereits aus anderen Gründen – etwa aufgrund eines Tarifvertrags oder einer Betriebsvereinbarung – verpflichtet zu sein.[457] Die Rspr. zur sog. *gegenläufigen betrieblichen Übung*, nach der Ansprüche des Arbeitnehmers durch dreimalige widerspruchslose Duldung einer für den Arbeitnehmer nachteiligen Praxis wieder untergehen konnten, wurde angesichts der Regelung des § 308 Nr. 5 BGB (lesen!) aufgegeben.[458]

Durch einen klar und verständlich formulierten **Freiwilligkeitsvorbehalt** kann der Arbeitgeber das Entstehen einer betrieblichen Übung verhindern und sich eine Entscheidung vorbehalten, ob und in welcher Höhe er zukünftig Sonderzahlungen erbringen möchte.[459] Die Formulierung, dass eine Leistung »freiwillig« gewährt wird, genügt dazu nicht, denn sie bringt regelmäßig nur zum Ausdruck, dass der Arbeitgeber nicht bereits durch Gesetz, Tarifvertrag oder Betriebsvereinbarung zur Zahlung verpflichtet ist.[460] Ein zu weit gefasster Freiwilligkeitsvorbehalt, der alle zukünftigen Leistungen unabhängig von ihrer Art und ihrem Entstehungsgrund erfassen soll, benachteiligt allerdings den Arbeitnehmer unangemessen und ist daher gem. § 307 I 1, II BGB unwirksam.[461]

Mit einer Sonderzuwendung wie zB dem Weihnachtsgeld will der Arbeitgeber oftmals die Betriebstreue des Arbeitnehmers belohnen und diese nur dann gewähren, wenn das Arbeitsverhältnis an einem bestimmten *Stichtag* (üblicherweise am 30.11.) noch ungekündigt fortbesteht. Sofern die Zuwendung *ausschließlich Betriebstreue* belohnt und nicht auch der Vergütung geleisteter Arbeit dient, ist dies zulässig.[462] Anders zu beurteilen sind **Sonderzuwendungen mit Mischcharakter**, mit denen zumindest auch geleistete Arbeit honoriert werden soll. Dies betrifft insbesondere *Banker-Boni* und andere im Verhältnis zum Grundgehalt hohe Sonderzahlungen. Sie haben ihren wahren Grund in der bereits erbrachten Leistung des Arbeitnehmers,

---

455 S. dazu zB BAG Beschl. v. 16.9.1986 – GrS 1/82, BAGE 53, 42 (55) = BeckRS 9998, 149753; *Junker* GK ArbR Rn. 78; ErfK/*Preis* BGB § 611a Rn. 218 f. Ausf. zum Ganzen *Kolbe* ZfA 2011, 95.
456 S. zB BAG Urt. v. 8.12.2010 – 10 AZR 671/09, NZA 2011, 628; *Junker* GK ArbR Rn. 79 ff. Auch die dreimalige vorbehaltlose Auszahlung jeweils zum Jahresende in **unterschiedlicher Höhe** ist ausreichend, so BAG Urt. v. 13.5.2015 – 10 AZR 266/14, NZA 2015, 992 unter Aufgabe der früheren Rspr. (BAG 28.2.1996 – 10 AZR 516/95, NJW 1996, 3166).
457 Bei **erkennbar irrtümlicher Mehrzahlung** ist dies **nicht** der Fall, s. BAG Urt. v. 29.8.2012 – 10 AZR 571/11, NJW 2013, 187.
458 BAG Urt. v. 18.3.2009 – 10 AZR 281/08, BAGE 130, 21 = BeckRS 2009, 62855.
459 BAG Urt. v. 8.12.2010 – 10 AZR 671/09, NJW 2011, 2314.
460 BAG Urt. v. 13.5.2015 – 10 AZR 266/14 Rn. 22, NZA 2015, 992; BAG Urt. v. 20.2.2013 – 10 AZR 177/12 Rn. 17, NJW 2013, 2844.
461 BAG Urt. v. 14.9.2011 – 10 AZR 526/10, NZA 2012, 81.
462 BAG Urt. v. 18.1.2012 – 10 AZR 667/10, NZA 2012, 620.

weshalb Stichtagsklauseln hier als unangemessene Benachteiligung iSv § 307 I 1, II Nr. 1 BGB unwirksam sind.[463] Zulässig sind auch bei Sonderzuwendungen mit Mischcharakter allerdings *tarifliche Stichtagsregelungen*, da § 307 BGB auf Tarifverträge gem. § 310 IV 1 BGB keine Anwendung findet.[464]

Zur Übung und Vertiefung: 198a

> **Klausurfall 1c (vgl. Vorwort!): Wegfall des Urlaubs- und Weihnachtsgelds**
> ▶ Standort: Tarifvertragsrecht, betriebliche Übung
>
> Die Tralala Orchester GmbH ist Mitglied im Arbeitgeberverband der Orchester, dem Deutschen Bühnenverein (DBV). Von den 30 Arbeitnehmern der Tralala Orchester GmbH sind 29 in der zuständigen Gewerkschaft, der Deutschen Orchestervereinigung (DOV). Zwischen dem DBV und der DOV wurden seit 2007 Flächentarifverträge mit Wirkung für ganz Deutschland ausgehandelt. Diese Tarifverträge hatten jeweils eine Laufzeit von zwei Jahren und sahen vom 1.1.2007 bis zum 31.12.2012 die Zahlung von Urlaubsgeld und Weihnachtsgeld in Höhe von jährlich insgesamt 400 EUR und vom 1.1.2013 bis zum 31.12.2016 von insgesamt 500 EUR vor. Am 1.1.2017 schloss die Tralala Orchester GmbH mit der DOV einen Haustarifvertrag, der den bisherigen Flächentarifvertrag ersetzt und gegenüber diesem Vertrag insoweit eine Verschlechterung für die Arbeitnehmer enthält, dass nunmehr kein Urlaubs- und Weihnachtsgeld mehr bezahlt wird.
>
> Tina Tröt, die einzige Musikerin der Tralala Orchester GmbH, die nicht Mitglied der DOV ist, ist seit Mai 2007 im Orchester und erhält seither das tarifliche Urlaubs- und Weihnachtsgeld, obwohl weder in ihrem Arbeitsvertrag auf den Tarifvertrag Bezug genommen wird noch der Tarifvertrag durch das zuständige Bundesministerium für allgemeinverbindlich erklärt wurde und ihr Arbeitsvertrag auch nicht in sonstiger Weise die Zahlung von Urlaubs- und Weihnachtsgeld vorsieht. Der Arbeitsvertrag enthält aber eine Klausel mit folgendem Inhalt: »Änderungen oder Ergänzungen dieses Vertrags bedürfen zu ihrer Rechtswirksamkeit der Schriftform«.
>
> Für Tröt ist nicht ersichtlich, dass ihr Arbeitgeber irrtümlich davon ausging, dass sie Gewerkschaftsmitglied ist. Als die Tralala Orchester GmbH im Jahr 2017 weder Urlaubs- noch Weihnachtsgeld zahlt, überlegt Tina Tröt, ob sie darauf einen einklagbaren Anspruch hat. Bitte prüfen Sie unter allen in Betracht kommenden Aspekten, ob ein solcher Anspruch besteht.
>
> **Ausformulierter Lösungsvorschlag:**
> ▶ Siehe *Gruber* Standardfälle ArbR Fall 15.[465]

3. Ort und Zeit der Entgeltzahlung

a) Ort

Im Regelfall ergibt sich der Zahlungsort aus dem individuellen Arbeitsvertrag oder dem Tarifvertrag[466]. Im Zweifel gilt § 269 BGB (lesen!), wonach es sich um eine Holschuld handelt, sodass Zahlungsort der Betrieb des Arbeitgebers ist. Wenngleich in einigen Betrieben vereinzelt noch die Barzahlung mittels der »Lohntüte« zu finden ist, hat sich der bargeldlose Zahlungsverkehr (= Überweisung der Vergütung auf 199

---

463 BAG Urt. v. 18.1.2012 – 10 AZR 612/10, NJW 2012, 1532. S. dazu *Preis* SR 2012, 101; *Reinecke* BB 2013, 437; *Salamon* NZA 2013, 590. Wirksam ist hingegen die Nichtgewährung eines Leistungsbonus, wenn die vereinbarten Ziele nicht erreicht werden, BAG Urt. v. 20.3.2013 – 10 AZR 8/12, NZA 2013, 970.
464 BAG Urt. v. 27.6.2018 – 10 AZR 290/17, NZA 2018, 1344.
465 **Kurzhinweise zur Lösung:** 1) Kein Anspruch nach § 4 I TVG, da nicht in der Gewerkschaft. 2) Anspruch aus § 611a II BGB iVm betrieblicher Übung gegeben, da Vertrauenserzeugung durch vorbehaltlose und gleichmäßige Gewährung über längeren Zeitraum, ohne dass Irrtum für T ersichtlich. (Einfache) Schriftformklausel kann auch mündlich oder konkludent geändert werden.
466 → Rn. 290 ff.: Kollektives Arbeitsrecht.

ein Girokonto des Arbeitnehmers) bei der Entgeltzahlung weitestgehend durchgesetzt.

b) Zeit

200 Grundsätzlich ist nach der dispositiven Vorschrift des § 614 BGB die Vergütung nach der Leistung der Dienste fällig. Für »Handlungsgehilfen« iSd HGB[467] bestimmt § 64 HGB, dass die Gehaltszahlung spätestens bis zum Monatsende zu erfolgen hat. Aufgrund vertraglicher Vereinbarung werden Lohn oder Gehalt häufig bereits im Voraus zum »1.« des Monats oder auch in der Mitte zum »15.« des Monats gezahlt. Das MiLoG (→ Rn. 195) knüpft grundsätzlich an die vertragliche Fälligkeit an, allerdings ist der Mindestlohn spätestens am letzten Bankarbeitstag des Folgemonats zu zahlen (§ 2 I 1 MiLoG).

4. Entgeltschutz

201 Das Gehalt bzw. der Arbeitslohn ist im Regelfall (sofern nicht weitere Einnahmen vorhanden sind) die Existenzgrundlage des Arbeitnehmers (und gegebenenfalls seiner Familie). Um ihm ein angemessenes Minimum davon zu sichern, ist das Arbeitsentgelt gegen den Zugriff von Gläubigern (inklusive des Arbeitgebers) durch einige zwingende Vorschriften geschützt. Im Einzelnen sind dies zB: Das Aufrechnungsverbot gem. § 394 BGB und das Abtretungsverbot iSv § 400 BGB (beide Vorschriften lesen!). Gemäß § 850 I ZPO[468] kann »Arbeitseinkommen, das in Geld zahlbar ist, […] nur nach Maßgabe der §§ 850a–i ZPO gepfändet werden«! Der Umfang der Unpfändbarkeit des Arbeitseinkommens richtet sich gem. § 850c ZPO nach der Höhe des Einkommens.[469] In dieser Höhe ist auch das Guthaben auf einem *Pfändungsschutzkonto* des Arbeitnehmers bei einem Kreditinstitut geschützt (s. § 850k I ZPO).

Bei Insolvenz des Arbeitgebers werden bereits entstandene Entgeltforderungen des Arbeitnehmers *Insolvenzforderungen* (vgl. §§ 38, 87 InsO iVm § 174 InsO). Eine bevorzugte Befriedigung dieser Forderungen sieht die InsO insoweit nicht vor. Entgeltansprüche des Arbeitnehmers, die nach Eröffnung des Insolvenzverfahrens bis zum Ablauf der Kündigungsfrist im Falle der Kündigung durch den Insolvenzverwalter (vgl. § 113 I InsO[470]) entstanden sind, sind dagegen *Masseverbindlichkeiten* (vgl. §§ 53, 55 I Nr. 2 InsO) und aus der Insolvenzmasse vorweg zu befriedigen.

II. Befreiung von der Entgeltzahlungspflicht

202 Während der Arbeitgeber, wie wir im vorigen Kapitel unter II. (→ Rn. 104 ff.) gesehen haben, unter bestimmten Voraussetzungen »Lohn ohne Arbeit« zahlen muss, wird er von seiner Entgeltzahlungspflicht frei, wenn »Störungen des Arbeitsverhältnisses« allein vom Arbeitnehmer verschuldet wurden. In erster Linie ist hier auf die vom Arbeitnehmer zu vertretende Nichtleistung (Unmöglichkeit) der Arbeit zu verweisen, für die die oben (→ Rn. 145, 110, 112) bereits behandelten §§ 280 ff. und § 326 I BGB gelten.

---

467 Zum Begriff *Wörlen/Kokemoor* HandelsR Rn. 70 ff., 103 f.
468 **dtv-ArbG Nr. 92.**
469 Die **Pfändungsfreigrenzen** ändern sich zum 1.7. jeden zweiten Jahres (§ 850c IIa ZPO) und wurden zuletzt zum 1.7.2019 erhöht, s. Pfändungsfreigrenzenbekanntmachung 2019 v. 4.4.2019, BGBl. 2019 I 443.
470 **dtv-ArbG Nr. 23.**

III. Nebenpflichten des Arbeitgebers

1. Fürsorgepflicht

Die Fürsorgepflicht des Arbeitgebers ist zum einen in den §§ 617–619 BGB (lesen!) 203
relativ umfangreich geregelt; zum anderen hat sich darüber hinaus, sozusagen als Pendant zur Treuepflicht des Arbeitnehmers, eine weitreichende allgemeine Fürsorgepflicht des Arbeitgebers entwickelt, die als vertragliche Nebenpflicht iSv § 241 II BGB anzusehen ist.

a) Pflicht zum Schutz von Leben und Gesundheit des Arbeitnehmers

Diese Pflicht ergibt sich insbesondere aus den genannten §§ 617 ff. BGB sowie aus § 62 HGB. Darüber hinaus folgen weitere Schutzpflichten aus verschiedenen Schutzgesetzen, wie ArbZG, JArbSchG und MuSchG.

Besonders erwähnenswert erscheint die

b) Pflicht zum Schutz von persönlichen Belangen des Arbeitnehmers

Dazu gehört zB die Sicherung personenbezogener Daten gegen Missbrauch (s. Art. 25, 204
32 EU-DSGVO)[471] und das Recht zur Einsichtnahme in die Personalakte (§ 83 I BetrVG[472] – lesen!).

- ■ Wissen Sie noch, unter welcher Voraussetzung **personenbezogene Daten** (Art. 4 Nr. 1 EU-DSGVO[473]) von Stellenbewerbern und Arbeitnehmern verarbeitet (= erhoben, erfasst, gespeichert, übermittelt usw., s. Art. 4 Nr. 2 EU-DSGVO) werden dürfen und wo dies geregelt ist?
- ▶ Die Antwort gibt Fn.[474]!

Regelmäßig wiegt der Schutz des allgemeinen Persönlichkeitsrechts des Arbeitnehmers höher als das Interesse des Arbeitgebers an einer **verdeckten Überwachung**. Verdeckte Überwachungsmaßnahmen »ins Blaue hinein« sind daher unzulässig. Eine verdeckte Videoüberwachung[475], das Einschalten eines Detektivs[476] oder der Einsatz eines Software-Keyloggers[477], der alle Tastatureingaben an einem dienstlichen Computer aufzeichnet, kommen daher nur bei einem durch konkrete Tatsachen begründeten Verdacht auf eine Straftat oder von schwerwiegen Pflichtverletzungen in Betracht.[478] **Offene**, stichprobenartige **Kontrollen**, die keinen Arbeitnehmer besonders unter Verdacht stellen, greifen weniger intensiv in das allgemeine Persönlichkeitsrecht

---

471 Zu Beschäftigtendaten in der **Cloud** s. *Kamps/Bonanni* ArbRB 2016, 214.
472 Die Norm umfasst grds. **nicht** das Recht, einen **Rechtsanwalt** zur Einsichtnahme hinzuzuziehen, BAG Urt. v. 12.7.2016 – 9 AZR 791/14 Rn. 10, NZA 2016, 1344. Zur **Entfernung einer Abmahnung** aus der Personalakte vgl. auch → **Rn. 176**.
473 **dtv-ArbG Nr. 56a**.
474 § 26 I 1 BDSG (dtv-ArbG Nr. 56) gestattet dies nur, sofern es für die **Begründung oder Durchführung** eines Arbeitsverhältnisses »**erforderlich**« ist und gilt gem. § 26 VII BDSG unabhängig davon, ob die Daten in Dateisystemen gespeichert werden, betrifft also auch bloße Beobachtungen oder Kontrollhandlungen! Falls nicht mehr gewusst, lesen Sie → **Rn. 66**.
475 BAG Urt. v. 20.10.2016 – 2 AZR 395/15 –, BAGE 157, 69 = NJW 2017, 1193 (zu § 32 BDSG aF).
476 BAG Urt. v. 29.6.2017 – 2 AZR 597/16, BAGE 159, 278 = NJW 2017, 2853 (zu § 32 BDSG aF).
477 BAG Urt. v. 27.7.2017 – 2 AZR 681/16, BAGE 159, 380 = NJW 2017, 3258 (zu § 32 BDSG aF).
478 Bei schwerwiegenden Pflichtverletzungen richtet sich die Datenerhebung nach § 26 I 1 BDSG, die speziell die Aufdeckung von Straftaten regelnde Norm des § 26 I 2 BDSG entfaltet insoweit keine Sperrwirkung, vgl. BAG Urt. v. 29.6.2017 – 2 AZR 597/16, BAGE 159, 278 = NJW 2017, 2853 (zu § 32 BDSG aF).

4. Kapitel. Pflichten und Rechte des Arbeitgebers

ein und sind regelmäßig zulässig. Dies gilt etwa für Taschen- oder Torkontrollen zur Vermeidung von Diebstählen[479] oder eine vorübergehende Speicherung und stichprobenartige Kontrolle der Verlaufsdaten eines Internetbrowsers zur Überwachung einer verbotenen privaten Computernutzung.[480] Die (offene) **Videoüberwachung öffentlich zugänglicher Räume** ist in § 4 BDSG gegenüber § 26 BDSG spezieller geregelt und betrifft auch öffentlich zugängliche Arbeitsplätze wie zB Verkaufsräume im Einzelhandel.[481]

> **Hinweis:** »Datenschutz ist nicht Tatenschutz«![482] Die rechtmäßige Aufnahme eines Arbeitnehmers, der in den Verkaufsräumen zufällig als Täter gefilmt wurde (sog. »Beifang«), wird nicht durch bloßen Zeitablauf unverhältnismäßig und bleibt als Beweis im Kündigungsverfahren verwertbar.[483]

204a Auch vor **(sexuellen) Belästigungen** (§ 3 III, IV AGG[484]), Schikanen und **Mobbing** durch Vorgesetzte und Kollegen haben Arbeitgeber ihre Mitarbeiter zu schützen.[485]

> **Hinweis:** Unter **Mobbing** verstand das BAG zunächst »das systematische Anfeinden, Schikanieren und Diskriminieren« von Arbeitnehmern.[486] Inzwischen greift es auf die Umschreibung des Begriffs »*Belästigung*« in § 3 III AGG zurück (unerwünschte Verhaltensweisen, die bezwecken oder bewirken, dass die Würde der betreffenden Person verletzt oder ein von Einschüchterungen, Anfeindungen, Erniedrigungen, Entwürdigungen oder Beleidigungen gekennzeichnetes Umfeld geschaffen wird).[487] Die Handlungspflichten des Arbeitgebers ergeben sich aus § 12 AGG.[488] Auch **Stalking** kann – unabhängig von der strafrechtlichen Einordnung (§ 238 I StGB) – unter den Belästigungsbegriff des § 3 III AGG fallen.[489]

c) Pflicht zur Sorge für eingebrachte Sachen und das Vermögen des Arbeitnehmers

205 Für Sachen, die der Arbeitnehmer notwendigerweise zum Arbeitsplatz mitbringen muss, hat der Arbeitgeber sichere Verwahrungsmöglichkeiten zu schaffen und eventuell Ersatz von Aufwendungen und Schäden des Arbeitnehmers für bzw. an seinen bei der Arbeit benutzten Sachen zu leisten (Anspruchsgrundlage: § 670 BGB unmittelbar oder analog!).[490] Darüber hinaus hat er auf die ordnungsmäßige Anmeldung des Arbeitnehmers zur Sozialversicherung und Steuer zu achten sowie für die Abführung von Lohnsteuer und Sozialversicherungsbeiträgen zu sorgen.[491]

---

479 BAG Beschl. v. 15.4.2014 – 1 ABR 2/13, BAGE 148, 26 = NZA 2014, 551, Rn. 38 (zu § 32 BDSG aF).
480 BAG Urt. v. 27.7.2017 – 2 AZR 681/16, BAGE 159, 380 = NJW 2017, 3258, Rn. 31 (zu § 32 BDSG aF).
481 *Dütz/Thüsing* ArbR Rn. 307c.
482 BAG, Jahresbericht 2018, 69.
483 BAG Urt. v. 23.8.2018 – 2 AZR 133/18, NZA 2018, 1329, Rn. 30.
484 **dtv-ArbG Nr. 14**; s. zum AGG auch → **Rn. 238** sowie → **Rn. 78a**.
485 ErfK/*Schmidt* GG Art. 2 Rn. 84.
486 BAG Beschl. v. 15.1.1997 – 7 ABR 14/96, NZA 1997, 781 (781 aE).
487 BAG Urt. v. 25.10.2007 – 8 AZR 593/06, NZA 2008, 223 (→ **Rn. 57 ff.**).
488 **Analog dazu aus § 242 BGB**, wenn andere als die Gründe des § 1 AGG zugrunde liegen, s. ErfK/*Preis* BGB § 611a Rn. 623; *Poeche* in Küttner Personalbuch 2019 Mobbing Rn. 2, 4. Eine analoge Anwendung der gesetzlichen Ausschlussfrist des § 15 IV AGG kommt bei Mobbing nicht in Betracht, BAG Urt. v. 11.12.2014 – 8 AZR 838/13 Rn. 22, NJW 2015, 2061.
489 ErfK/*Schlachter* AGG § 3 Rn. 16; eine **Kündigung wegen stalkings** betrifft die Entscheidung BAG Urt. v. 19.4.2012 – 2 AZR 258/11, NZA-RR 2012, 567.
490 S. zB *Pallasch* ArbR § 19 IV 1 sowie → **Rn. 116** zu Übungsfall 3.
491 Vgl. dazu *Seidel* in Küttner Personalbuch 2019 Arbeitgeber Rn. 19; *Voelzke* in Küttner Personalbuch 2019 Arbeitgeber Rn. 26; ErfK/*Preis* BGB § 611a Rn. 629, 631.

III. Nebenpflichten des Arbeitgebers

2. Beschäftigungspflicht

Der mit der Beschäftigungspflicht des Arbeitgebers korrespondierende Beschäftigungsanspruch des Arbeitnehmers wird aus dem allgemeinen Persönlichkeitsrecht (Art. 1 I iVm Art. 2 I GG) des Arbeitnehmers hergeleitet:[492] Beschäftigt der Arbeitgeber den Arbeitnehmer trotz eines bestehenden Arbeitsverhältnisses (= wirksamen Arbeitsvertrags) nicht, so erweckt er den Eindruck, als sei die Leistung des Arbeitnehmers für ihn wertlos. Das ist eine ungerechtfertigte Diskriminierung des Arbeitnehmers. Gegebenenfalls kann der Arbeitnehmer seinen Anspruch auf Beschäftigung beim Arbeitsgericht einklagen (→ Rn. 285).

206

> **Hinweis:** Die Beschäftigungspflicht des Arbeitgebers kann entfallen, wenn sie ihm aufgrund besonderer schutzwürdiger Interessen unzumutbar ist, zB Diebstahlsverdacht gegenüber dem betreffenden Arbeitnehmer oder auch akuter Auftragsmangel.[493]

3. Pflicht zur Urlaubsgewährung

Die Pflicht zur Gewährung von Erholungsurlaub ergibt sich aus dem bereits erwähnten § 1 BUrlG. Einzelheiten sind den Ausführungen zum Urlaubsanspruch des Arbeitnehmers im vorhergehenden Kapitel (→ Rn. 128 ff.) zu entnehmen.

207

4. Pflicht zur betrieblichen Altersversorgung

Die betriebliche Altersversorgung stellt die sog. »zweite Säule« der Altersversorgung neben der gesetzlichen Rentenversicherung und der Eigenvorsorge der Arbeitnehmer (zB durch private Renten- oder Lebensversicherungen) dar. Sie ist im »Gesetz zur Verbesserung der betrieblichen Altersversorgung«[494] geregelt. Ob und unter welchen Voraussetzungen der Arbeitgeber Leistungen der betrieblichen Altersversorgung erbringt, unterliegt grundsätzlich seiner freien Entscheidung. Der Arbeitnehmer hat allerdings gem. § 1a I 1 BetrAVG einen Anspruch auf *Entgeltumwandlung*, dh er kann verlangen, dass ein Teil seiner Entgeltansprüche für seine betriebliche Altersversorgung verwendet wird. Seit 2019 muss der Arbeitgeber einen Teil der durch die Entgeltumwandlung eingesparten Sozialversicherungsbeiträge als Arbeitgeberzuschuss leisten, § 1a Ia BetrAVG.[495] Näher kann auf dieses spezielle Thema in einem Grundriss dieses Umfangs nicht eingegangen werden.[496]

208

---

[492] Bei Nichtbefolgung der Beschäftigungspflicht gehört der entgangene Verdienst aber nicht zum gem. § 823 I BGB zu ersetzenden Schaden, sondern die finanzielle Absicherung bei Nichtbeschäftigung richtet sich nach **§ 615 S. 1 BGB (Annahmeverzug, → Rn. 127, 340)**, BAG Urt. v. 24.6.2015 – 5 AZR 462/14 Rn. 35, BAGE 152, 65 = NJW 2016, 424.
[493] *Brox/Rüthers/Henssler* ArbR Rn. 330.
[494] **dtv-ArbG Nr. 22.**
[495] Für Altverträge gilt dies gem. § 26a BetrAVG erst ab dem 1.1.2022, s. dazu *Schipp* ArbRB 2018, 343.
[496] Bei Bedarf vgl. aber *Brox/Rüthers/Henssler* ArbR Rn. 333–343; *Preis* ArbR I § 30. Eine **verbesserte Übertragbarkeit** der Anwartschaften auf Betriebsrenten **beim Arbeitgeberwechsel** sollte durch die Änderungen des Gesetzes zur Umsetzung der EU-Mobilitäts-Richtlinie v. 21.12.2015 (BGBl. 2015 I 2553) bewirkt werden. Eine grundlegende Reform wurde durch das **Betriebsrentenstärkungsgesetz** v. 17.8.2017 vorgenommen (BGBl. 2017 I 3214).

4. Kapitel. Pflichten und Rechte des Arbeitgebers

Von besonderer praktischer Bedeutung und immer wieder prüfungsrelevant ist die Frage nach der

5. Pflicht zur Zeugniserteilung

209 Auf die Erteilung eines schriftlichen Zeugnisses hat jeder Arbeitnehmer (spätestens[497]) bei Beendigung des Arbeitsverhältnisses einen Anspruch gem. § 109 I 1 GewO iVm § 630 S. 4 BGB. Gegen ein »schlechtes«[498] Zeugnis kann der Arbeitnehmer unter gewissen Voraussetzungen klagen und Zeugnisberichtigung verlangen. Der Arbeitgeber hat dann ein »neues« Zeugnis auszustellen, wobei er an den vom Arbeitnehmer nicht beanstandeten Text gebunden ist.[499]

Klagen gegen Arbeitszeugnisse haben an Umfang und Bedeutung so zugenommen, dass eine nähere Betrachtung der Tücken des Arbeitszeugnisses und seiner Sprache der Mühe wert ist.

Exkurs: Das Arbeitszeugnis

I. Gesetzliche Grundlagen und allgemeine Grundsätze

1. Gesetzliche Grundlagen

210 Der Anspruch auf die Erteilung eines Zeugnisses folgt aus der Fürsorgepflicht des Arbeitgebers und wird in § 109 GewO für alle Arbeitnehmer konkretisiert. Wie sich aus § 630 S. 4 BGB ergibt, ist § 630 BGB auf Arbeitnehmer nicht (mehr) anzuwenden. Diese Norm gilt heute nur noch für die Zeugniserteilung bei selbstständigen Dienstverhältnissen und findet insbesondere auf arbeitnehmerähnliche Personen und freie Mitarbeiter Anwendung. Für Auszubildende gilt § 16 BBiG (alle Vorschriften lesen!). Ausbildungszeugnisse werden in dieser Darstellung allerdings nicht berücksichtigt.

2. Allgemeine Grundsätze

211 Für den Arbeitnehmer ist das Zeugnis (neben Prüfungszeugnissen) die wichtigste Unterlage für seine Bewerbung bei einem neuen Arbeitgeber. Diesen soll das Zeugnis über den Arbeitnehmer unterrichten, dessen Einstellung er erwägt.

> **Hinweis:** Das Arbeitszeugnis hat somit eine Werbe- und Informationsfunktion.[500]

Aus diesem Doppelcharakter folgt, dass ein Zeugnis wahr und zugleich von verständigem Wohlwollen für den Arbeitnehmer getragen sein muss, um dessen berufliches Fortkommen nicht ungerechtfertigt zu erschweren.[501]

---

497 Zum sog. »Zwischenzeugnis« → Rn. 212, Fn. 504.
498 Auch gegen ein **zu** »gutes« Zeugnis kann vorgegangen werden, wenn der Gesamteindruck ergibt, dass die Bewertungen ironisierenden Charakter haben, LAG Hamm Beschl. v. 14.11.2016 – 12 Ta 475/16, LAGE § 109 GewO 2003 Nr. 15 = BeckRS 2016, 74518.
499 BAG Urt. v. 21.6.2005 – 9 AZR 352/04, BAGE 115, 130 = BeckRS 2005, 43245.
500 Vgl. zB *Ecklebe* DB 2015, 923.
501 S. zB BAG Urt. v. 11.12.2012 – 9 AZR 227/11, BAGE 144, 103 = NZA 2013, 324, Rn. 21; BAG Urt. v. 8.2.1972 – 1 AZR 189/71, BAGE 24, 112 = NJW 1972, 1214.

Die Rspr. verlangt von einem Zeugnis generell, dass dieses alle wesentlichen Tatsachen und Bewertungen enthält, die für die Gesamtbeurteilung des Arbeitnehmers von Bedeutung sind und an denen der künftige Arbeitgeber ein berechtigtes Interesse haben kann.[502] Trotz aller Rücksichtnahme auf den Arbeitnehmer dürfen dabei negative Tatsachen (zB berufsspezifische Vorstrafen), die für die Gesamtbeurteilung entscheidend sind, nicht verschwiegen werden. Bei der Wahrheitspflicht handelt es sich um den bestimmenden Grundsatz des Zeugnisrechts, weshalb ein Zeugnis nur im Rahmen der Wahrheit wohlwollend sein muss.[503]

II. Zeugnisarten

Nach dem Inhalt unterscheidet man das »einfache« und das »qualifizierte Zeugnis«.

212

Daneben differenziert man je nach Anlass und Zeitpunkt der Erteilung das »endgültige« und das »vorläufige Zeugnis« sowie das »Zwischenzeugnis« und das »Referenzzeugnis«.[504]

1. Einfaches Zeugnis

Mit dem in § 109 I 2 GewO definierten »einfachen Zeugnis« bestätigt der Arbeitgeber dem Arbeitnehmer lediglich die Art und Dauer seiner Tätigkeit ohne Bewertung.

213

2. Qualifiziertes Zeugnis

Das auf Verlangen des Arbeitnehmers zu erteilende »qualifizierte Zeugnis« muss nach § 109 I 3 GewO darüber hinaus Aussagen über Leistung und Verhalten des Arbeitnehmers im Arbeitsverhältnis enthalten.

214

Regelmäßig ist das Verlangen eines Arbeitnehmers (namentlich in gehobener oder höherer Position) nach einem Arbeitszeugnis als Verlangen nach einem qualifizierten Zeugnis auszulegen (§§ 133, 157 BGB). Denn legte ein qualifizierter Bewerber in einem Bewerbungsverfahren nur ein einfaches Zeugnis vor, läge der Verdacht nahe, dass er auf die Beurteilung seiner Leistungen und Führung verzichtet hat, um negativen Aussagen auszuweichen.[505]

III. Mindestformerfordernisse

Das Arbeitszeugnis muss maschinenschriftlich auf Geschäfts-/Firmenpapier erteilt werden, hat die volle Firmenbezeichnung, die Rechtsform des Betriebs und

215

---

502 So zB BAG Urt. v. 12.8.2008 – 9 AZR 632/07, BAGE 127, 232 = NZA 2008, 1349.
503 BAG Urt. v. 18.11.2014 – 9 AZR 584/13, BAGE 150, 66 = NZA 2015, 435, Rn. 19 mwN.
504 Wird der Arbeitnehmer nach Zugang der Kündigung weiterbeschäftigt, darf er mit deren Zugang ein »**vorläufiges Zeugnis**« verlangen. Ein »**Zwischenzeugnis**« wird nur in Ausnahmefällen erteilt (zB Arbeitsplatzwechsel innerhalb des Betriebs). Als »**Referenzzeugnis**« bezeichnet man ein Schreiben des Fachvorgesetzten, das lediglich eine unverbindliche Geste ggü. dem früheren Arbeitnehmer darstellt.
505 *Ecklebe* DB 2015, 923.

seine Anschrift sowie die eigenhändige Unterschrift des Arbeitgebers bzw. seines Zeichnungsberechtigten zu tragen. Besonders wichtig ist das Ausstellungsdatum, das der Wahrheit entsprechen muss. Insbesondere sind eine Vor- oder Rückdatierung (außer bei Zeugnisberichtigung oder verzögerter Ausstellung) nicht zulässig, da sie auf eine Freistellung oder rechtliche Streitigkeiten schließen lassen.[506]

Das Zeugnis darf keine Merkmale oder Formulierungen enthalten, die den Zweck haben, eine andere als aus der äußeren Form oder aus dem Wortlaut ersichtliche Aussage über den Arbeitnehmer zu treffen (§ 109 II 2 GewO). Es darf daher nicht mit geheimen Zeichen (auch nicht mit Ausrufungs- und Fragezeichen oder Anführungsstrichen) versehen werden, durch die der Arbeitnehmer in positiver oder negativer Hinsicht gekennzeichnet wird.

Die Erteilung des Zeugnisses in elektronischer Form (§ 126a BGB) wird durch § 109 III GewO untersagt. Ein formfehlerhaftes Zeugnis kann der Arbeitnehmer mit Anspruch auf Berichtigung zurückweisen.

IV. Inhalt

1. Art des Arbeitsverhältnisses

216 Die Beschreibung der Art des Arbeitsverhältnisses hat ein getreues Spiegelbild aller vom Arbeitnehmer ausgeführten Tätigkeiten zu sein. Dabei muss die Darstellung umso umfangreicher und detaillierter sein, je höher die Position und die Leitungsbefugnis des Arbeitnehmers waren.

Die Funktion als Arbeitnehmervertreter, zB als Betriebsratsmitglied, darf im Zeugnis ebenso wenig erwähnt werden wie eine Gewerkschaftszugehörigkeit, es sei denn, der Arbeitnehmer hat dies ausdrücklich gewünscht.[507] Denn beides hat mit der Art des Arbeitsverhältnisses nichts zu tun.

2. Dauer des Arbeitsverhältnisses

217 Unter Dauer des Arbeitsverhältnisses ist nicht die tatsächliche, sondern die rechtliche Dauer zu verstehen. Damit ist der Zeitraum von der Arbeitsaufnahme aufgrund des Arbeitsvertrags bis zum Ende der Kündigungsfrist, des vereinbarten Zeitablaufs oder der vereinbarten Auflösung zu verstehen.[508]

Ausfallzeiten, zB durch längere Krankheit, Inanspruchnahme von Elternzeit oder Ableistung von Wehrdienst, müssen ausnahmsweise erwähnt werden, wenn sie im Verhältnis zur Dauer der tatsächlichen Beschäftigung von erheblicher Bedeutung waren.[509] Als Faustregel kann gelten: Eine Unterbrechung der Arbeitszeit ist jedenfalls dann zu erwähnen, wenn sie etwa die Hälfte der Beschäftigungszeit ausmacht.[510]

---

506 Ausführlichere Darstellung der Formerfordernisse zB bei *Popp* DB 2016, 1075.
507 BAG Urt. v. 19.8.1992 – 7 AZR 262/9, BAGE 71, 110 = BeckRS 9998, 151594.
508 Vgl. *Poeche* in Küttner Personalbuch 2019 Zeugnis Rn. 23.
509 *Ecklebe* DB 2015, 923.
510 *Schleßmann* BB 1988, 1322.

Grund (zB Arbeitsvertragsbruch) und Art (zB Kündigung) der Beendigung des Arbeitsverhältnisses haben mit der Dauer des Arbeitsverhältnisses nichts zu tun und sind ebenfalls nur ausnahmsweise auf Wunsch des Arbeitnehmers in das Zeugnis aufzunehmen.[511]

Diese Ausführungen zu Art und Dauer des Arbeitsverhältnisses gelten sowohl für das einfache als auch für das qualifizierte Zeugnis.

Beim qualifizierten Zeugnis kommt, wie bereits angedeutet, hinzu:

3. Beurteilung von Leistung und Verhalten

Je höher die Position ist, um die sich ein Arbeitnehmer bewirbt, umso mehr wird vom neuen Arbeitgeber auf die Beurteilung von Leistung und Verhalten Wert gelegt.

218

Dabei müssen Aussagen zu beiden Bereichen gemacht werden. Wenn der Arbeitgeber eine der beiden Komponenten ausspart, kann das auf »beredtes Schweigen« schließen lassen, das den Arbeitnehmer schonen soll, aber beim Folgearbeitgeber zumindest Verdachtsmomente aufkommen lässt.

Wenn der allgemeine Brauch besteht, bestimmte Leistungen oder Eigenschaften des Arbeitnehmers im Zeugnis zu erwähnen (zB Ehrlichkeit bei Kassierern; Stressbelastbarkeit bei Redakteuren), ist ihre Auslassung regelmäßig als (versteckter) Hinweis auf eine unterdurchschnittliche oder allenfalls durchschnittliche Bewertung zu verstehen.[512]

Fehlt einer der Komplexe »Leistung« oder »Verhalten«, ist das Zeugnis unwahr und unvollständig.

a) Wahrheitspflicht und verständiges Wohlwollen

Das Zeugnis muss der Wahrheit entsprechen. Denn nur eine wahrheitsgemäße Bewertung von Leistung und Verhalten des Arbeitnehmers kann dem künftigen Arbeitgeber konkrete Vorstellungen über die Persönlichkeit des Arbeitnehmers und seine betrieblichen Einsatzmöglichkeiten vermitteln.

219

Das Zeugnis muss daher alle wesentlichen Tatsachen und Bewertungen enthalten, die für die *Gesamtbeurteilung* des Arbeitnehmers und für den potentiellen Arbeitgeber von Bedeutung und Interesse sind.[513] Dazu gehören, wie eingangs angedeutet, auch für den Arbeitnehmer ungünstige Tatsachen, wenn sie für seine Gesamtbeurteilung kennzeichnend sind.

Reine Behauptungen, Vermutungen und Andeutungen darf das Zeugnis dagegen ebenso wenig enthalten wie es Verdachtsmomente setzen darf.

Wenngleich dem Grundsatz der Wahrheitspflicht Priorität gebührt, bedeutet dies nicht, dass ungünstige Vorkommnisse schonungslos beurteilt werden müssen oder dürfen. Das wiederum würde dem Grundsatz des verständigen Wohl-

---

511 *Schulz/Gerauer/Jarvers* Arbeitszeugnisse 80.
512 BAG Urt. v. 12.8.2008 – 9 AZR 632/07, BAGE 127, 232 = BeckRS 2008, 57445 mAnm *Kokemoor* jurisPR-ArbR 16/2009 Anm. 3.
513 *Linck* in Schaub ArbR-HdB § 147 Rn. 21.

4. Kapitel. Pflichten und Rechte des Arbeitgebers

wollens widersprechen. Obwohl jede Beurteilung natürlicher- und notwendigerweise subjektive Bestandteile enthält, ist die subjektive Einstellung möglichst zurückzudrängen.[514]

> **Hinweis:** Zu positive Beurteilungen, die den Leistungen und dem Verhalten des Arbeitnehmers nicht entsprechen, sind unwahr und damit gesetzeswidrig. Auch zur Vermeidung »lästiger« Zeugnisstreitigkeiten dürfen daher keine **Gefälligkeitszeugnisse** ausgestellt werden![515]

b) Beurteilung der Leistung

220 Die Beurteilung der Leistung umfasst regelmäßig Aussagen über das körperliche und geistige Leistungsvermögen, über Fachkenntnisse und Fähigkeiten, Arbeitsweise sowie Arbeitsgüte, Arbeits- und Verantwortungsbereitschaft, Verhandlungsgeschick sowie Entscheidungsfähig- und -freudigkeit.

Zeiten geringerer Leistung oder einzelne Fehler sind nicht zu erwähnen, wenn sie das positive Gesamturteil nicht beeinflussen. Jede Beurteilung enthält ein Werturteil, das trotz unvermeidbarer subjektiver Momente von größtmöglicher Objektivität geprägt sein muss. Dabei ist der Beurteilungsspielraum weitaus größer als bei der reinen Tätigkeitsbeschreibung.[516] Allerdings ist gerichtlich nachprüfbar, ob sachfremde Erwägungen oder überzogene Maßstäbe zugrunde gelegt worden sind.

c) Beurteilung des Verhaltens

221 Die Beurteilung des Verhaltens erstreckt sich nach dem Gesetz nur auf das Verhalten im Arbeitsverhältnis (§ 109 I 3 GewO). »Außerdienstliches« darf nur erwähnt werden, wenn es sich auf den dienstlichen Bereich auswirkt (zB: die unbefugte Benutzung eines Dienstwagens in betrunkenem Zustand zu Privatfahrten).[517]

Das Verhalten lässt sich insbesondere durch die Kriterien Charaktereigenschaften, Führungseigenschaften sowie Sozialverhalten, dh Verhalten gegenüber Vorgesetzten, Mitarbeitern und Geschäftspartnern, darstellen.

Die Beurteilung des Verhaltens muss im Positiven und im Negativen alles Wesentliche enthalten. Während zB ein Vertragsbruch, wie erwähnt, nicht als Beendigungsgrund für die Dauer des Arbeitsverhältnisses angegeben werden darf, kann er bei der Bewertung des Verhaltens durchaus berücksichtigt werden. Allerdings gilt auch bei der Beurteilung des Verhaltens, dass einmalige, für den Arbeitnehmer günstige oder ungünstige Vorfälle nicht erwähnt werden dürfen, wenn sie keinen Einfluss auf das Gesamtbild des Verhaltens des Arbeitnehmers ausüben.

---

514 *Linck* in Schaub ArbR-HdB § 147 Rn. 28 mwN.
515 BAG Urt. v. 18.11.2014 – 9 AZR 584/13, BAGE 150, 66 = NZA 2015, 435, Rn. 21.
516 *Schleßmann* BB 1988, 1323.
517 *Linck* in Schaub ArbR-HdB § 147 Rn. 21.

V. Zeugnissprache
1. Entwicklung und Problematik

Das Arbeitszeugnis erfordert also eine verständige Würdigung eines wohlwollenden Arbeitgebers. Er muss aufgrund der Wahrheitspflicht einerseits alle für das Arbeitsverhältnis wesentlichen Umstände in das Arbeitszeugnis aufnehmen, darf dabei die ungünstigen Tatsachen aber auch nicht überbetonen. Dies hat zur Etablierung der für den Laien nur schwer verständlichen, oft floskelhaften Zeugnissprache geführt, die sich vom allgemeinen Sprachgebrauch unterscheidet.

222

> **Hinweis:** Die Zeugnissprache wird durch eine »diplomatisch angelegte«[518] Ausdrucksweise gekennzeichnet, bei der schon neutrale oder nicht unmittelbar abwertende Urteile als Tadel zu verstehen sind, weil negative Tatsachen oder Bewertungen nur angedeutet werden![519]

Da die Zeugnissprache grundsätzlich von jedem, der sich – wie Sie – damit beschäftigt, entschlüsselt werden kann, stellt sie keine unzulässige Geheimsprache iSd § 109 II 2 GewO dar. Diese Norm verbietet nur Merkmale oder Formulierungen, »die den Zweck haben, eine andere als aus der äußeren Form oder aus dem Wortlaut ersichtliche Aussage über den Arbeitnehmer zu treffen«.

> **Beispiele:** Als verbotene Geheimcodes anzusehen sind zB wie zufällig erscheinende »Ausrutscher« links neben der Unterschrift zur Kennzeichnung einer Gewerkschaftsmitgliedschaft,[520] die Verwendung eines besonderen Papiers (Farbe, Wasserzeichen), eines bestimmten Schreibstiftes, eines bestimmten Stempels sowie optische Hervorhebungen von Textstellen (zB Unterstreichungen) oder eine für den Unterzeichner ungewöhnliche, diagonal von oben links nach unten rechts auf das Schriftstück gesetzte Unterschrift.[521]

Ob aber ein typisches Arbeitszeugnis noch »klar und verständlich formuliert« ist, wie es § 109 II 1 GewO zwingend verlangt, erscheint auf den ersten Blick fraglich. Allerdings sind Arbeitszeugnisse für diejenigen, die die Zeugnissprache kennen, relativ klar und verständlich. Dennoch kommt es häufig zu Missverständnissen, weil die vordergründig positiven Formulierungen der Zeugnissprache dem allgemeinen Sprachgebrauch zu entsprechen scheinen. Sie wiegen deshalb den Laien in falscher Sicherheit, während ihm bei anderen juristischen Texten durchaus bewusst ist, dass er diese nicht vollständig versteht.

2. Zeugnisfloskeln zur Leistung

Die Standardfloskeln, die sich bezüglich der Leistungsbeurteilung entwickelt haben, lassen sich entsprechend den gängigen Schulnoten von »sehr gut« bis »ungenügend« in bis zu sechs Stufen unterteilen.[522] Die bekannteste sog. *Zufriedenheitsskala* ist folgende:[523]

223

---

518 ErfK/*Müller-Glöge* GewO § 109 Rn. 34.
519 Vgl. zB *Kokemoor* GS Senne, 2016, 261, 262 mwN.
520 *Schmid* DB 1982, 1111.
521 S. ErfK/*Müller-Glöge* GewO § 109 Rn. 39.
522 *Linck* in Schaub ArbR-HdB § 147 Rn. 23.
523 *Gäntgen* RdA 2016, 147, 148; vgl. ferner BAG Urt. v. 18.11.2014 – 9 AZR 584/13, BAGE 150, 66 = NZA 2015, 435, Rn. 11 ff. mwN, wonach zudem unerheblich ist, in welcher Häufigkeit die Noten in den Zeugnissen einer Branche vergeben werden.

4. Kapitel. Pflichten und Rechte des Arbeitgebers

1. Stufe: Sehr gut   ....   *stets* zu unserer *vollsten* Zufriedenheit;   *stets außerordentlich* zufrieden
2. Stufe: Gut   ....   zu unserer *vollsten* Zufriedenheit;   *stets* zu unserer *vollen* Zufriedenheit
3. Stufe: Befriedigend   ....   zu unserer *vollen* Zufriedenheit;   *stets* zu unserer Zufriedenheit
4. Stufe: Ausreichend   ....   zu unserer Zufriedenheit
5. Stufe: Mangelhaft   ....   *insgesamt* zu unserer Zufriedenheit
6. Stufe: Ungenügend   ....   war *bemüht*; hat die ihm übertragenen Aufgaben mit Fleiß und Interesse durchgeführt

224 Die Wertigkeit jeder Aussage in dieser Skala hängt davon ab, durch welches Adjektiv der »Zufriedenheits-« bzw. »Leistungsfaktor« hervorgehoben wird, oder ob eine solche Hervorhebung fehlt.

Außerdem ist entscheidend, ob ein »Zeitfaktor«, ausgedrückt durch Worte wie »stets, jederzeit, immer«, vorhanden ist. Der Zeitfaktor weist auf die angegebene Zufriedenheit während der gesamten Beschäftigungszeit hin.

(1) In der ersten Stufe dieser Zufriedenheitsskala werden höchste Zufriedenheitsfaktoren – »vollste«, »außerordentlich« – genannt; zusammen mit dem Zeitfaktor »stets« ergibt das die beste Note! Die Zeugnissprache sieht dabei großzügig darüber hinweg, dass das Adjektiv »voll« eigentlich nicht steigerungsfähig ist – ein Glas, das »voller als voll« ist, läuft über...[524]

(2) Die zweite Stufe bedeutet zum einen: Höchster Zufriedenheitsgrad, aber geringe Einschränkung durch Fehlen des Zeitfaktors.
Man bezeichnet diese Art der Formulierungstechnik als »Leerstellentechnik«.[525] Zum anderen folgt die Note »gut« aus der Nennung des Zeitfaktors in Verbindung mit einem »nur« hohen Zufriedenheitsgrad.

(3) Dritte Stufe: Hoher Zufriedenheitsfaktor, Einschränkung durch Fehlen des Zeitfaktors.

(4) Geringer Zufriedenheitsfaktor, etwas aufgewertet durch Nennung des Zeitfaktors.

(5) Geringer Zufriedenheitsfaktor und Fehlen des Zeitfaktors ergeben die schlechteste Note! »War bemüht« bedeutet: »hat es aber nicht geschafft!«. Bei dieser Formulierungstechnik handelt es sich um die sog. »Andeutungstechnik«.[526]

> Weitere **Beispiele**[527] für die Note »mangelhaft« sind:
> - »im Großen und Ganzen zu unserer Zufriedenheit«
> - oder: »hat uns unsere Erwartungen größtenteils erfüllt«.
>
> Beides bedeutet: »Im Einzelnen waren wir nicht zufrieden!«
> - »Führte die ihm übertragenen Aufgaben mit großem Fleiß und Interesse durch« bedeutet: »Bemühte sich, hat aber im Ergebnis nichts geleistet«.
> - »Setzte sich im Rahmen seiner Möglichkeiten ein« heißt: »Diese Möglichkeiten waren äußerst bescheiden!«
> - »Neue Aufgaben betrachtete sie als Herausforderung, denen sie sich mutig stellte«, also: »mutig, aber erfolglos ...«.

3. Zeugnisfloskeln zum Verhalten

Das Verhalten des Arbeitnehmers wird in gleicher Weise und unter Anwendung derselben Formulierungstechniken wie bei der Beurteilung der Leistung bewertet.

> **Beispiele:** Positiv sind Aussagen wie
> - »Das Verhalten [teilweise auch noch: »die Führung«] von Herrn X war jederzeit einwandfrei« sowie »... gab uns zu Beanstandungen niemals Anlass.«
>
> Oder:
> - »Wegen ihrer stets freundlichen Art war Frau X bei Vorgesetzten und Kollegen gleichermaßen beliebt.«

Dass die Wendung »kennen gelernt« stets und unabhängig vom übrigen Zeugnisinhalt das Nichtvorhandensein der im Kontext dieser Worte angeführten Eigen-

---

524 Vgl. zB *Kokemoor* GS Senne, 2016, 261, 263.
525 *Weuster* BB 1992, 59.
526 *Weuster* BB 1992, 60.
527 Vgl. dazu *Schulz/Gerauer/Jarvers* Arbeitszeugnisse 112 ff.

schaften ausdrückt, hat das BAG verneint und folgende Formulierung positiv[528] gewertet:[529]

- »Wir haben Herrn X als sehr interessierten und hochmotivierten Mitarbeiter kennen gelernt, der stets eine sehr hohe Einsatzbereitschaft zeigte.«

  Negativbeispiele sind zB:[530]
  - »Wir lernten ihn als umgänglichen Kollegen kennen.«
  - »Bei seinen Kollegen galt er als toleranter Mitarbeiter.«
  - »Er verfügt über Fachwissen und hat ein gesundes Selbstvertrauen.«

Bei dem ersten Beispiel rührt nach Einschätzung des BAG die negative Bewertung nicht aus der Wahl der Formulierung »kennen gelernt«, sondern aus der des Wortes »umgänglich«, mit dem in der Zeugnissprache Ironie verbunden sein kann (= man sah diese Person wohl lieber von hinten als von vorn...).[531] Die zweite Floskel bedeutet: »Seinen Vorgesetzten dagegen machte er Schwierigkeiten« und verdeutlicht die bereits erwähnte *Leerstellentechnik* bei der Zeugnisformulierung. Und die zuletzt genannte Klausel deutet an (= *Andeutungstechnik*), dass hier offenbar jemand große Sprüche klopfte, um mangelndes Fachwissen zu überspielen.[532]

Beispiele für Formulierungen, in denen **versteckte Andeutungen** liegen können, sind zB:[533]
- »Er bewies für die Belange der Belegschaft stets Einfühlungsvermögen.« Damit könnte gedeutet werden, dass der Betroffene zu ständigen Flirts im Betrieb neigte.
- »Für die Belegschaft bewies er umfassendes Einfühlungsvermögen.« kann auf homosexuelle Neigungen des Arbeitnehmers hinweisen.
- »Er trug zur Verbesserung des Betriebsklimas bei« kann aufgezeigen: »Er trank häufig Alkohol im Dienst.«

4. Beendigungsformel

227 Floskeln in der sog. »Beendigungsformel« lassen ebenfalls Schlüsse auf eine positive oder negative Beurteilung zu (zur Zulässigkeit → Rn. 217).

Positiv ist die Formulierung: »Das Arbeitsverhältnis endet im besten gegenseitigem Einvernehmen zum 31.12.« Negativ, weil auf Trennung durch das Unternehmen hindeutend, ist der Satz: »Wir haben uns von Frau X einvernehmlich zum 30.6. getrennt.« Auf eine Arbeitgeberkündigung weist hin: »Das Arbeitsverhältnis von Herrn X endete am 31.3.«

Als Mittelweg wird häufig die Redewendung benutzt: »Das Arbeitsverhältnis von Herrn X musste aus betrieblichen Gründen zum 30.6. fristgerecht beendet werden.«[534]

---

528 Erwecken **übertrieben positive** Formulierungen den Eindruck, dass sie **nicht ernst gemeint** sind, so ist dies unzulässig, vgl. LAG Hamm Beschl. v. 14.11.2016 – 12 Ta 475/16 = BeckRS 2016, 74518.
529 BAG Urt. v. 15.11.2011 – 9 AZR 386/10 Rn. 16 ff., NJW 2012, 1754.
530 LAG Hamm Urt. v. 17.12.1998 – 4 Sa 630/98, PflR 2000, 297; s. auch *Kokemoor* GS Senne, 2016, 261, 269 f. mwN.
531 BAG Urt. v. 15.11.2011 – 9 AZR 386/10 Rn. 22, NJW 2012, 1754.
532 LAG Hamm Urt. v. 17.12.1998 – 4 Sa 630/98, PflR 2000, 297.
533 *Schulz/Gerauer/Jarvers* Arbeitszeugnisse 119, 121 f. Begriffe wie »Einfühlungsvermögen«, »umgänglich«, »tolerant« können in einem **positiven Beurteilungskontext** aber problemlos verwendet werden, s. *Kokemoor* GS Senne, 2016, 261, 270 f.
534 Vgl. *Schulz/Gerauer/Jarvers* Arbeitszeugnisse 119 f.

5. Dankesformel und Schlussformel

Auch bei der Dankesformel und der Schlussformel, die nicht zum erforderlichen Inhalt eines Arbeitszeugnisses gehören (und auf die der Arbeitnehmer keinen Anspruch hat!)[535] gibt es Fälle von Andeutungen oder zumindest der Unklarheit.

228

Positiv zu bewerten ist zB die Formel: »Wir bedauern ihr Ausscheiden und danken für die stets gute Zusammenarbeit. Für die Zukunft wünschen wir Frau Y alles Gute und weiterhin viel Erfolg.«

»Für seine Mitarbeit bedanken wir uns« kann hingegen heißen: »*Nein. Danke!*«

Oder: »Wir wünschen ihm, dass er seine Leistungsfähigkeit an seinem neuen Arbeitsplatz voll entfalten kann.« bedeutet: »Was bei uns nicht der Fall war!«

Die Aussage: »Wir wünschen ihm alles Gute, vor allem Gesundheit.«[536] bedarf keines Kommentars mehr!

Diese Beispiele mögen genügen, um darzutun, dass der Phantasie offenbar keine Grenzen gesetzt sind!

6. Resümee

Der Arbeitnehmer hat ein Recht auf klare Formulierungen und eindeutige Aussagen in seinem Arbeitszeugnis. Das Zeugnis muss den Grundsätzen der Wahrheitspflicht, des verständigen Wohlwollens, aber auch der Vollständigkeit und der Individualität gerecht werden. Der Wahrheit kommt dabei Priorität zu.

229

In der Praxis erfüllen insbesondere die in kleineren oder mittleren Unternehmen ausgestellten Zeugnisse diese Anforderungen bisweilen nicht. Dies wird häufig daran liegen, dass der zeugniserteilende Arbeitgeber die Grundsätze der Zeugnissprache schlicht nicht beherrscht.

> **Hinweis:** Viele Ungereimtheiten werden sich bei näherer Betrachtung als »Formulierungsunfälle« und nicht als vorsätzliche Abwertung oder Nutzung von Geheimcodes erklären lassen.[537]

Darauf kommt es aber letztlich nicht an - auch gegen ein unabsichtlich nicht korrekt erteiltes Zeugnis kann und sollte man rechtlich vorgehen!

VI. Rechtsfolgen bei unrichtiger Zeugniserteilung

Wichtigste Rechtsfolge einer unrichtigen Zeugniserteilung ist der Anspruch auf Zeugnisberichtigung (→ Rn. 209). Daneben kommen bei schuldhaftem Verhalten aber auch Schadensersatzansprüche in Betracht.

---

535 BAG Urt. v. 20.2.2001 – 9 AZR 44/00, BAGE 97, 57 = BeckRS 2001, 30162667. Ist der Arbeitnehmer mit der Schlussformel nicht einverstanden, hat er **Anspruch** auf Erteilung eines **Zeugnisses ohne Schlussformel**, BAG Urt. v. 11.12.2012 – 9 AZR 227/11, NJW 2013, 811.
536 *Weuster* BB 1992, 62.
537 *Düwell/Dahl* NZA 2011, 958, 960; *Kokemoor* GS Senne, 2016, 261, 271.

4. Kapitel. Pflichten und Rechte des Arbeitgebers

1. Haftung gegenüber dem Arbeitnehmer

a) Vertragliche Pflichtverletzung (§ 280 I BGB)

230 Bei iSv § 276 I BGB schuldhafter unrichtiger Zeugniserteilung verletzt der Arbeitgeber seine ihm dem Arbeitnehmer gegenüber obliegende Fürsorgepflicht und haftet auf Schadensersatz aus § 280 I iVm § 241 II BGB wegen Pflichtverletzung.[538] Für das Verschulden eines zeugniserteilenden Mitarbeiters haftet er über § 278 BGB.

b) Verletzung des Persönlichkeitsrechts (§ 823 I BGB)

231 Selten kommt ein Schadensersatzanspruch gem. § 823 I BGB wegen Verletzung des allgemeinen Persönlichkeitsrechts (Art. 1 I iVm 2 I GG) als sonstiges, absolutes Recht im Sinne dieser Vorschrift in Betracht: Die berufliche Ehre wird durch ein unrichtiges Zeugnis kaum berührt, falls es nicht gerade Beleidigungen im strafrechtlichen Sinne enthält.

c) Sittenwidrige Schädigung (§ 826 BGB)

232 Wenn dem Arbeitnehmer durch eine Zeugnisformulierung in einer gegen die guten Sitten verstoßenden Weise vorsätzlich (was schwer nachzuweisen ist) ein Schaden zugefügt wird, kommt ein Schadensersatzanspruch aus § 826 BGB in Betracht.[539]

d) Schmerzensgeld (§ 253 II BGB, Art. 1, 2 GG)

233 Zu denken ist auch an einen Anspruch auf Schmerzensgeld.[540] Zwar wird das allgemeine Persönlichkeitsrecht in § 253 II BGB nicht genannt, doch war der Gesetzgeber der Ansicht, dass der Schmerzensgeldanspruch bei Persönlichkeitsrechtsverletzungen unmittelbar aus Art. 1 I iVm 2 I GG folge und deshalb von § 253 II BGB unabhängig sei.[541] Der Anspruch kann jedoch – ebenso wie der aus § 823 I BGB – nur bei besonders gravierenden Verletzungen des Persönlichkeitsrechts begründet sein.[542]

e) Schadensersatz wegen Verzögerung der Leistung (§§ 280 I und II, 286 BGB)

234 Im Falle einer Kündigung besteht der Anspruch auf Zeugniserteilung mit deren Zugang. Wird das Zeugnis nicht rechtzeitig erteilt, kann dies einen Anspruch auf Ersatz des Verzögerungsschadens gem. § 280 I und II iVm § 286 BGB nach sich ziehen (zB Verdienstausfall).

---

[538] Vgl. schon BAG Urt. v. 24.3.1977 – 3 AZR 232/76, AP Nr. 12 zu § 630 BGB.
[539] BGH Urt. v. 26.11.1963 – VI ZR 221/62, AP Nr. 10 zu § 826 BGB.
[540] → **Rn. 190**.
[541] S. die Begründung zum Zweiten Gesetz zur Änderung schadensersatzrechtlicher Vorschriften, BT-Drs. 14/7752, 24 f. sowie ErfK/*Preis* BGB § 619a Rn. 70 ff.
[542] *Schmid* DB 1982, 1114 mit Hinweis auf BAG Urt. v. 21.2.1979 – 5 AZR 568/77, DB 1979, 1513. Denkbar ist ein Anspruch wegen schwerer Persönlichkeitsverletzung nach § 823 I BGB zB bei **rechtswidriger Überwachung** eines Arbeitnehmers durch einen **Privatdetektiv**, BAG Urt. v. 19.2.2015 – 8 AZR 1007/13 Rn. 23, NJW 2015, 2749.

III. Nebenpflichten des Arbeitgebers

2. Haftung gegenüber dem neuen Arbeitgeber
a) Rechtsgeschäftliche Haftung
Der BGH[543] vertritt die Auffassung, dass der Arbeitgeber mit der Erteilung des Zeugnisses auch eine rechtsgeschäftsähnliche Erklärung gegenüber dem Folgearbeitgeber abgibt, aufgrund derer er zum Schadensersatz verpflichtet sein kann, wenn diese Erklärung unrichtig ist.[544] Liegt kein eigenes Verschulden des Arbeitgebers, sondern seines zeugniserteilenden Mitarbeiters vor, kommt wieder § 278 BGB zum Zuge. 235

b) Sittenwidrige Schädigung (§ 826 BGB)
Eine grundsätzlich mögliche Haftung nach § 826 BGB wird häufig am Nachweis des Vorsatzes, den Folgearbeitgeber schädigen zu wollen, scheitern. 236

Hat ein Mitarbeiter das Zeugnis erteilt, wird sich der Arbeitgeber regelmäßig gem. § 831 BGB bezüglich seines »Auswahl- bzw. Überwachungsverschuldens« freizeichnen können.

Exkurs Ende

6. Weitere Pflichten bei Beendigung des Arbeitsverhältnisses

Vor der Beendigung des Arbeitsverhältnisses muss der Arbeitgeber den Arbeitnehmer gem. § 2 II 2 Nr. 3 SGB III[545] frühzeitig über die Notwendigkeit eigener Aktivitäten bei der Suche nach einer anderen Beschäftigung sowie über die Verpflichtung zur unverzüglichen Meldung bei der »Agentur für Arbeit« (§ 38 I SGB III) informieren. Ferner hat er nach dieser Vorschrift sowie gem. § 629 BGB Freizeit zur Stellensuche zu gewähren, damit der Arbeitnehmer Vermittlungsaktivitäten der Agentur für Arbeit sowie Vorstellungsgespräche wahrnehmen kann. Ob die gewährte Freizeit zu vergüten ist, richtet sich grundsätzlich nach § 616 BGB.[546] 237

Ferner sind dem Arbeitnehmer die Arbeitspapiere auszuhändigen. Dazu zählen insbesondere die Urlaubsbescheinigung gem. § 6 II BUrlG, aus der sich der im Kalenderjahr gewährte oder abgegoltene Urlaub ergibt, und die Arbeitsbescheinigung gem. § 312 SGB III[547] zur Vorlage bei der Agentur für Arbeit, sowie gegebenenfalls eine (elektronische) Lohnsteuerbescheinigung (s. § 41b I EStG). Der Arbeitnehmer hat auch Anspruch darauf, dass sein bisheriger Arbeitgeber gegenüber einem potentiellen neuen Arbeitgeber zeugnisergänzende Auskünfte erteilt, etwa, wenn aufgrund

---
543 BGH Urt. v. 15.5.1979 – VI ZR 230/76, BGHZ 74, 281 = NJW 1979, 1882.
544 Ablehnend ggü. dieser rechtsgeschäftsähnlich konstruierten Haftung zB ErfK/*Müller-Glöge* GewO § 109 Rn. 71 f.; *Linck* in Schaub ArbR-HdB § 147 Rn. 41.
545 **dtv-ArbG Nr. 42**; die Vorschrift verfolgt einen rein **arbeitsmarktpolitischen Zweck** – ein Verstoß dagegen begründet keinen Schadensersatzanspruch, BAG Urt. v. 29.9.2005 – 8 AZR 571/04, BAGE 116, 78.
546 → **Rn. 113**.
547 Die Bescheinigung ist seit 2013 nur noch auf Verlangen auszustellen und kann vom Arbeitgeber seit 2014 auch elektronisch an die Bundesagentur für Arbeit übermittelt werden, die dem Arbeitnehmer sodann einen Datenausdruck zuleitet (s. §§ 312 I, 313a SGB III). Näheres zum Projekt »BEA« (»**Bescheinigungen Elektronisch Annehmen**«) der Bundesagentur für Arbeit unter www.arbeitsagentur.de/unternehmen/personalfragen/bea. Allg. dazu *Kokemoor* SozR Rn. 142.

4. Kapitel. Pflichten und Rechte des Arbeitgebers

der Zeugnisformulierungen Unklarheiten auftreten.[548] Gegen den (mutmaßlichen) Willen des Arbeitnehmers darf der Arbeitgeber aber angesichts §§ 26 I 1, II BDSG keine Auskünfte erteilen.

7. Gleichbehandlungspflicht

238 Der arbeitsrechtliche Gleichbehandlungsgrundsatz ist die privatrechtliche Ausprägung des Gleichheitssatzes des Art. 3 I GG.[549] Er besagt vor allem, dass es dem Arbeitgeber bei *generalisierenden* Maßnahmen verboten ist, Arbeitnehmer willkürlich, dh aus sachfremden Gründen, gegenüber einer in vergleichbarer Lage befindlichen Arbeitnehmergruppe schlechter zu stellen.[550] Insofern gilt der Grundsatz »Gleiche Arbeit, gleicher Lohn!« Soweit aber Löhne und Gehälter *individuell vereinbart* wurden, hat der Grundsatz der Vertragsfreiheit Vorrang.[551] Um Ungerechtigkeiten in der Entlohnung überhaupt erkennen zu können, wurde Arbeitnehmerinnen und Arbeitnehmern in Betrieben mit mehr als 200 Beschäftigten mit §§ 10, 12 I EntgTranspG[552] ein individueller gesetzlicher Auskunftsanspruch eingeräumt.[553]

Das **AGG**[554] enthält nicht, wie man vermuten könnte, direkte Gleichbehandlungsgebote zugunsten bestimmter Personengruppen. Es will eine Gleichbehandlung vielmehr dadurch erreichen, dass es – unmittelbare oder mittelbare (§ 3 I, II AGG) – Benachteiligungen wegen 1. der *Rasse oder ethnischen Herkunft*, 2. des *Geschlechts*, 3. der *Religion oder Weltanschauung*, 4. einer *Behinderung*, 5. des *Alters*[555] und 6. der *sexuellen Identität* verbietet (§§ 1, 7 AGG). Der Name »*Allgemeines* Gleichbehandlungsgesetz (AGG)« drückt aus, dass das Gesetz nicht nur in der Arbeitswelt, sondern insbesondere auch bei Massengeschäften des allgemeinen Zivilrechts Benachteiligungen unterbinden soll (§§ 19–21 AGG); es schützt ferner vor (sexuellen) Belästigungen[556] sowie Anweisungen zur Benachteiligung (§ 3 III–V AGG – alle Vorschriften lesen!).[557]

---

548 S. dazu die – krit. – Darstellung bei ErfK/*Müller-Glöge* GewO § 109 Rn. 59.
549 BAG Urt. v. 11.7.2017 – 3 AZR 691/16, NZA 2017, 1388, Rn. 29.
550 → **Rn. 198**. Beim bloßen – auch nur vermeintlichen – **Normvollzug** gilt der Gleichbehandlungsgrundsatz **nicht**, BAG Urt. v. 11.7.2017 – 3 AZR 691/16, NZA 2017, 1388, Rn. 30 mwN.
551 Ausf. zum Ganzen zB ErfK/*Preis* BGB § 611a Rn. 574 ff.
552 **dtv-ArbG Nr. 75**.
553 Eingeführt zum 6.7.2017 durch Art. 1 des Gesetzes zur Förderung der Transparenz von Entgeltstrukturen vom 30.6.2017, BGBl. 2017 I 2152.
554 → **Rn. 78a**.
555 Zur Unzulässigkeit einer **Altersgrenze von 60 Jahren für Piloten** sowie für Kabinenpersonal s. BAG Urt. v. 18.1.2012 – 7 AZR 112/08, NZA 2012, 575; eine Altersgrenze von **65 Jahren** für Piloten steht mit Art. 21 I EuGRC im Einklang, EuGH Urt. v. 5.7.2017, C-190/16, ECLI:EU:C:2017:513 = NZA 2017, 897 – Fries); zur Unzulässigkeit einer altersabhängigen **Staffelung der Urlaubsdauer** BAG Urt. v. 11.12.2018 – 9 AZR 161/18, NZA 2019, 634; das **Hinausschieben des Vertragsendes über das Rentenalter** hinaus gem. § 41 S. 3 SGB VI (dtv-ArbG Nr. 45) enthält keine unzulässige Altersbenachteiligung, BAG Urt. v. 19.12.2018 – 7 AZR 70/17, Rn. 33 ff. = NJW 2019, 1322.
556 S. dazu sowie zum Phänomen **Mobbing** → **Rn. 204a**.
557 Zur Vertiefung s. zB *Brox/Rüthers/Henssler* ArbR Rn. 308 ff.; *Junker* GK ArbR Rn. 157 ff.

Zur Übung und Vertiefung: 238a

Klausurfall 1d (vgl. Vorwort!): Gleiches Recht für Ost und West?
▶ Standort: Arbeitsrechtlicher Gleichbehandlungsgrundsatz

Ludmilla Lex ist Inhaberin einer Rechtsanwaltskanzlei in Leipzig. Im Januar 1991 stellt sie fünf Juristen ein, drei aus den westlichen Bundesländern und zwei aus Sachsen. Die beiden sächsischen Juristen mit einer Ausbildung in der DDR erhalten ein geringeres Gehalt als ihre West-Kollegen. Begründet wurde dies mit ihrer geringeren Erfahrung mit dem bundesdeutschen Recht. In der Kanzlei werden auch acht Bürokräfte beschäftigt, die alle aus den neuen Bundesländern kommen, aber trotz gleicher Ausbildung unterschiedliche Gehälter erhalten. Ludmilla hatte sich bei den Gehaltsverhandlungen an den Gehaltsvorstellungen der betreffenden Mitarbeiter orientiert und denen, die mit geringen Forderungen kamen, daher auch nur einen geringen vertraglichen Lohn zugebilligt. Weder Arbeitgeber noch Angestellte sind Mitglied einer Tarifvertragspartei. Ein Jurist aus Sachsen und zwei der Mitarbeiter wollen unter Hinweis auf die bessere Bezahlung ihrer Kollegen einen höheren Lohn bekommen. Besteht darauf ein Rechtsanspruch?

Bearbeitungshinweis: Das AGG, das erst am 18.8.2006 in Kraft trat, ist nicht zu erörtern.

Ausformulierter Lösungsvorschlag:
▶ Siehe *Gruber* Standardfälle ArbR Fall 20.[558]

IV. Pflichtverletzungen des Arbeitgebers und ihre Rechtsfolgen

Wegen der engen gegenseitigen Abhängigkeit[559] der vertraglichen Verpflichtungen 239
von Arbeitgeber und Arbeitnehmer wurde hierzu notwendigerweise schon einiges im vorhergehenden Kapitel unter IV. (→ Rn. 144 ff.) geschrieben, sodass wir uns Wiederholungen ersparen wollen. Bei schuldhafter

1. Verletzung der Entgeltzahlungspflicht

kann der Arbeitnehmer gegen den Arbeitgeber auf Vertragserfüllung klagen. 240

▪ Auf welche Anspruchsgrundlage würden Sie diesen Anspruch als Arbeitnehmer gegen Ihren Arbeitgeber, mit dem Sie einen Einzelarbeitsvertrag geschlossen haben, stützen? (Überlegen Sie!)
▶ Antwort: Fußnote[560]!

Kommt der Arbeitgeber seiner Zahlungspflicht nicht nach, kann der Arbeitnehmer gegebenenfalls auch ein Zurückbehaltungsrecht gem. § 273 I BGB geltend machen.

▪ *Zwischen- und Verständnisfrage:* 241
Der Arbeitgeber *leistet* schuldhaft den Lohn *nicht*, da es ihm *unmöglich* ist! Welchen Anspruch hat der Arbeitnehmer gegen den Arbeitgeber? (Überlegen Sie, bevor Sie weiterlesen!)

---

558 **Kurzhinweise zur Lösung:** 1) Kein Anspruch der Juristen nach § 611a II BGB iVm dem arbeitsrechtlichen Gleichbehandlungsgrundsatz, da 1991 angesichts geringerer Kenntnisse des bundesdeutschen Rechts sachlicher Grund für Differenzierung gegeben. 2) Bei Mitarbeitern fehlt Ansatzpunkt für arbeitsrechtlichen Gleichbehandlungsgrundsatz, da individuelle Vereinbarungen getroffen wurden.
559 Die gerne als »**Synallagma**« bezeichnet wird.
560 § 611a II BGB!

4. Kapitel. Pflichten und Rechte des Arbeitgebers

▶ Wenn Sie *kurzfristig* an § 326 II BGB gedacht haben, war das verzeihlich, sofern Sie den Gedanken daran gleich wieder verworfen haben: Sicherlich hatten Sie sofort den Satz im Kopf »Geld *muss* man haben«!

Die Geldschuld ist eine Gattungsschuld (außer bei Münzsammlern…) und somit »Beschaffungsschuld«.[561] Das Beschaffungsrisiko trägt gem. §§ 270 I, 276 I 1 BGB der Arbeitgeber (= Schuldner). Die Entgeltzahlung ist dem Arbeitgeber daher niemals »unmöglich«! Möglich ist aber ein Anspruch des Arbeitnehmers gegen den Arbeitgeber auf Aufwendungsersatz gem. § 284 BGB oder auf Ersatz des Verzögerungsschadens gem. § 280 I und II iVm § 286 I BGB (alle Vorschriften lesen!).[562]

2. Verletzung von Nebenpflichten

a) Allgemeines

242 Bei schuldhafter Verletzung von Nebenpflichten durch den Arbeitgeber kommen vornehmlich Schadensersatzansprüche des Arbeitnehmers aus §§ 280 I, 241 II BGB oder unerlaubter Handlung gem. §§ 823 ff. BGB in Betracht.

b) Beschäftigungspflicht

243 Ohne Rücksicht auf ein Verschulden des Arbeitgebers kommt bei Verletzung der »Beschäftigungspflicht« (→ Rn. 206) ein Anspruch auf Entgeltzahlung gem. § 611a II iVm § 615 S. 1 BGB in Betracht, da es beim »Annahmeverzug« des Gläubigers auf das Vertretenmüssen bekanntlich[563] nicht ankommt!

V. Haftung für Arbeitsunfall

Vgl. 3. Kapitel, V. (→ Rn. 183 ff.)!

244 Lesen Sie zu den »Pflichten des Arbeitgebers« nun die folgende Übersicht 10 und gegebenenfalls Auszüge aus der anschließend zitierten »Literatur zur Vertiefung«!

---

561 Vgl. *Wörlen/Metzler-Müller* SchuldR AT Rn. 87, 164, 223 f.
562 Zum Schuldnerverzug vgl. *Wörlen/Metzler-Müller* SchuldR AT Rn. 113–156. Zur Nichtanwendbarkeit der Regelung über die **Verzugskostenpauschale** in Höhe von 40 EUR gem. § 288 V 1 BGB → **Rn. 60**.
563 *Wörlen/Metzler-Müller* SchuldR AT Rn. 161 und 167.

Übersicht 10

Pflichten des Arbeitgebers 245

Hauptpflicht: Entgeltzahlungspflicht (§ 611a II BGB)	Nebenpflichten (§ 241 II BGB)

Inhalt der Entgeltzahlungspflicht
 	
1. *Grundsatz* → Geldlohn (vgl. § 107 I GewO) (möglich auch: in Teilen Naturallohn)
2. *Arten:* Zeitentgelt (zB Monatsgehalt, Stundenlohn) oder Akkordlohn (= Bezahlung des Arbeitsergebnisses als »Zeit-« oder »Geldakkord«) (= »Berechnungsarten«)
3. *Sonderzuwendungen/Entgeltzuschläge:* »Gratifikationen« uÄ: Zusätzliche Leistungen des Arbeitgebers, auf die ein Rechtsanspruch bestehen kann.
	1. **Allgemeine Fürsorgepflicht**
	• »Pendant« zur Treuepflicht des Arbeitnehmers – vgl. §§ 241 II, 242 BGB
	• Besondere gesetzliche Regelungen
	→ §§ 617–619 BGB; § 62 HGB; ArbZG, JArbSchG; MuSchG; § 26 BDSG; vor allem:
	  a) *Schutz von Leben und Gesundheit des Arbeitnehmers*
	  b) *Schutz persönlicher Belange des Arbeitnehmers*, zB: Datenschutz, Einsicht in Personalakte
	  c) *Sorge für eingebrachte Sachen des Arbeitnehmers*

Ort und Zeit der Entgeltzahlung 1. *Ort:* Grundsatz → § 269 BGB! Regelfall: Betrieb des Arbeitgebers 2. *Zeit:* Grundsatz → § 614 BGB! (dispositiv) = Zahlung nach Leistung. Praxis: Oft vorab zum 1. des Monats oder zum 15.	2. **Beschäftigungspflicht** Arbeitnehmer ohne Beschäftigung ist grundsätzlich in seinem allgemeinen Persönlichkeitsrecht (Art. 1 I iVm Art. 2 I GG) beeinträchtigt! 3. **Pflicht zur Urlaubsgewährung** Anspruch des Arbeitnehmers → § 1 BUrlG
Entgeltschutz Zur Sicherung der Existenzgrundlage des Arbeitnehmers, zB: • Pfändungsgrenzen: §§ 850 ff. ZPO • Abtretungsverbot: § 400 BGB • Aufrechnungsverbot: § 394 BGB	4. **Pflicht zur Altersversorgung** 5. **Pflicht zur Zeugniserteilung** → §§ 109 GewO, 630 S. 4 BGB 6. **Gleichbehandlungspflicht** Vgl. §§ 1, 7 I AGG, 4 TzBfG; arbeitsrechtlicher Gleichbehandlungsgrundsatz

»Lohn ohne Arbeit«
(vgl. Übersicht 7 → Rn. 138)
 	
ZB:
• vom Arbeitgeber verschuldete Unmöglichkeit der Arbeit: § 326 II BGB
• Annahmeverzug des Arbeitgebers: § 615 S. 1 BGB
• Betriebsstörungen in Risikosphäre des Arbeitgebers: § 615 S. 3 BGB
• Krankheit des Arbeitnehmers: § 3 EFZG
	Pflichtverletzungen des Arbeitgebers
	
	1. Entgeltzahlungspflicht: Nachzahlung und Verzögerungsschaden über §§ 280 I und II, 286 BGB
	2. Nebenpflichten:
	  a) Allgemein
	  Ansprüche des Arbeitnehmers aus §§ 280 I, 241 II und/oder §§ 823 ff. BGB
	  b) Beschäftigungspflicht
	  Anspruch aus § 611a II iVm § 615 S. 1 BGB
	3. Haftungsausschluss bei Arbeitsunfall: §§ 104 ff. SGB VII (vgl. Übersicht 9 → Rn. 193)

Befreiung von der Entgeltzahlungspflicht *ZB:* • vom Arbeitgeber nicht zu vertretende Unmöglichkeit: § 326 I BGB • rechtmäßiger Arbeitskampf Vgl. Übersicht 7 (→ Rn. 138)	

4. Kapitel. Pflichten und Rechte des Arbeitgebers

Literatur zur Vertiefung (4. Kapitel, Rn. 194–245): *Alpmann und Schmidt* ArbR I Rn. 260 ff., 352 ff.; *Benkert*, #MeToo am Arbeitsplatz, NJW-Spezial 2018, 690; *Bieder*, Die betriebliche Übung – individueller Gestaltungsfaktor oder kollektive Rechtsquelle des Arbeitsrechts?, ZfA 2016, 1; *Boemke* ArbR § 5; *Brox/Rüthers/Henssler* ArbR Kap. 5; *Brune/Brune*, Das Entgelttransparenzgesetz – auch ein Auftrag für Gerichte, BB 2019, 436; *Dütz/Thüsing* ArbR §§ 4 III, 5 III; *Ecklebe*, Das Arbeitszeugnis, DB 2015, 923; *Eufinger*, Semesterabschlussklausur – Arbeitsrecht: Das neue Mindestlohngesetz, JuS 2015, 1013; *Forst*, Mindestlohn für Arbeitnehmer auf der Durchreise?, ZESAR 2015, 205; *Gäntgen*, Die Leistungsbeurteilung im Arbeitszeugnis, RdA 2016, 147; *Göpfert/Giese*, Entgelttransparenzgesetz – Folgt jetzt die Klagewelle?, NZA 2018, 207; *Greiner*, Erfolgsbezogene Vergütungen im Arbeitsverhältnis – oder: der Arbeitsvertrag als spezieller Werkvertrag?, RdA 2015, 218; *Hampe/Endriß*, Spielregeln der betrieblichen Übung, DB 2016, 1635; *Hanau/Adomeit* ArbR H.; *Hinrichs/Stütze*, Die Sprache im Arbeitsverhältnis nach fünf Jahren AGG: Eine Bestandsaufnahme, NZA-RR 2011, 113; *Hromadka*, Die betriebliche Übung: Vertrauensschutz im Gewande eines Vertrags, NZA 2011, 65; *Hromadka/Maschmann* ArbR I § 7; *Junker* GK ArbR § 4 III und IV; *Kokemoor*, Arbeitszeugnisse in sozialen Berufen, in: Flohr/Gramlich (Hrsg.), Facetten des Rechts – GS für Holger Senne, 2016, 261; *Kokemoor*, Altersgrenzen in der arbeitsrechtlichen Praxis, FS Pulte, 2012, 41; *Kolbe*, Gesamtzusagen in der Rechtsgeschäftslehre, ZfA 2011, 95; *Lakies*, Vier Jahre Mindestlohn: Geringe Erhöhung, geklärte Rechtsprobleme, AuR 2019, 62; *Lembke*, Mindestlohngesetz – erste Rechtsprechung und praktische Erfahrungen, NZA 2016, 1; *Linde*, Sexuelle Belästigung ist unerwünscht, AuR 2018, 123; *Löwisch/Caspers/Klumpp* ArbR §§ 9, 14, 17 IV; *Nabber/Schulte/Tisch*, Wie »gut« ist gut genug? BB-Rechtsprechungsreport zu Arbeitszeugnissen 2017/2018, BB 2019, 757; *Pauly*, Aktuelle Rechtsentwicklungen zur betrieblichen Übung, AuR 2013, 249; *Plitt/Brand*, Anforderungen an Arbeitszeugnisse im digitalen Zeitalter, DB 2018, 1986; *Popp*, Das formal korrekte Arbeitszeugnis, DB 2016, 1075; *Preis* ArbR I §§ 28–34; *Preis*, Sonderzahlungen im Wandel von Praxis und Dogmatik, SR 2012, 101; *Reinecke*, Neue Regeln für Sonderzahlungen, BB 2013, 437; *Reiter*, Arbeits- und Schadensrecht (Examensklausur), JURA 2006, 71; *Rudkowski*, »Predictive policing« am Arbeitsplatz, NZA 2019, 72; *Rupp*, Haftung von Unternehmern, Unternehmensangehörigen und anderen Personen bei Arbeitsunfällen, JURA 2007, 124; *Schaub* ArbR-HdB §§ 59 ff., 62 ff.; *Salamon*, Bestandsabhängige Vergütungsgestaltung, NZA 2013, 590; *Schipp*, Der neue obligatorische Arbeitgeberzuschuss zur Entgeltumwandlung, ArbRB 2018, 343; *Schleßmann*, Zwei Fragen zum Arbeitszeugnis, BB 2015, 2421; *Schleßmann*, Das Arbeitszeugnis, BB 1988, 1320; *Schmid*, Aussagen über Führungsleistungen in Arbeitszeugnissen und ihre rechtliche Problematik, DB 1986, 1334; *Schneedorf*, Diskriminierungsschutz nach dem EuGH – Bröckelt das Fundament des kirchlichen Arbeitsrechts?, NJW 2019, 177; *Schneider*, Betriebliche Übung und konkludente Vertragsanpassung, NZA 2016, 560; *Scholl*, Die Unzumutbarkeit der Arbeitsleistung nach § 275 III BGB, JURA 2006, 283; *Schreiber*, Gleichbehandlung im Arbeitsrecht, JURA 2010, 499; *Seiwerth*, Unwirksamkeit uneingeschränkter Ausschlussklauseln nach dem MiLoG aufgrund »dynamischer Transparenzanforderungen«, NZA 2019, 17; *v. Steinau-Steinrück/Sura*, Ein Jahr Mindestlohngesetz in der arbeitsgerichtlichen Rechtsprechung, NJW-Spezial 2016, 50; *Stöhr*, Immer Ärger mit Gustav [Examensklausur zum AGG], JA 2013, 174; *Uckermann/Fuhrmanns*, Die Rechtsbegründungsakte der betrieblichen Altersversorgung, NZA 2011, 138; *Waltermann* ArbR §§ 11, 15 III; *Waltermann*, Die betriebliche Übung, RdA 2006, 257; *Wank*, Das Entgelttransparenzgesetz – Prämissen und Umsetzung, RdA 2018, 34; *Weuster*, Zeugnisgestaltung und Zeugnissprache zwischen Informationspflicht und Werbefunktion, BB 1992, 58; *Zöllner/Loritz/Hergenröder* ArbR §§ 19 f.

5. Kapitel. Beendigung des Arbeitsverhältnisses

Nachdem wir bisher einige rechtliche Probleme sowohl im vorvertraglichen Stadium des Arbeitsvertrags als auch die Rechte und Pflichten der Parteien während des Arbeitsverhältnisses und bei seiner Beendigung kennen gelernt haben, wollen wir die Betrachtung des individuellen Arbeitsrechts mit einem Fall (→ Rn. 250) abschließen, der sich mit der Beendigung des Arbeitsverhältnisses selbst befasst.

246

I. Beendigungsgründe

1. Schuldverhältnisse allgemein

■ Zur Wiederholung:
Welche Möglichkeit gibt es allgemein, ein Schuldverhältnis (rückwirkend oder für die Zukunft) zu beenden? Sie sollten die wichtigsten Gründe nach dem bisher Gelesenen sowie aufgrund Ihrer Kenntnis des Allgemeinen Schuldrechts[564] aufzählen können! Überlegen Sie bzw. notieren Sie sich Ihre Antwort auf einem Blatt Papier, bevor Sie weiterlesen!

▶ Das Allgemeine Schuldrecht sieht eine Beendigung (Erlöschen) von Schuldverhältnissen in erster Linie vor mit Erfüllung durch Leistung (§ 362 BGB), Annahme an Erfüllungs statt (§ 364 BGB), Hinterlegung (§§ 372 ff. BGB), Aufrechnung (§§ 387 ff. BGB) sowie durch Erlass- oder Aufhebungsvertrag (§§ 397, 311 I BGB). Weitere wichtige Beendigungsgründe sind die (rückwirkende) Anfechtung (§§ 119 ff. BGB), der Rücktritt (§§ 346 ff. BGB) sowie die Kündigung nach § 314 BGB bzw. den Spezialvorschriften des jeweiligen Schuldverhältnisses.

247

2. Arbeitsverhältnis

Für den Arbeitsvertrag sind von den genannten Möglichkeiten die *Anfechtung* (auf die wir oben (→ Rn. 82 ff.) bereits eingegangen sind, da der Anfechtungsgrund regelmäßig im vorvertraglichen Stadium entsteht), der einvernehmliche *Aufhebungsvertrag*[565] (→ Rn. 286) sowie vor allem die *Kündigung* (→ Rn. 250 ff.) von Bedeutung.

248

Darüber hinaus kommt als Beendigungsgrund für den Arbeitsvertrag eine »Zeitbestimmung« bzw. »Befristung« (vgl. § 163 BGB) in Betracht. Dass ein **befristetes Arbeitsverhältnis**, das durch *Zeitablauf* endet, rechtlich möglich ist, ergibt sich aus § 620 I BGB (lesen!).

Allerdings ist gem. § 620 III BGB das **Teilzeit- und Befristungsgesetz**[566] zu beachten, nach dem eine Befristung grundsätzlich nur zugelassen wird, wenn sie durch einen sachlichen Grund gerechtfertigt ist (§ 14 I 1 TzBfG – lesen!).

249

---

564 *Wörlen/Metzler-Müller* SchuldR AT Rn. 95 ff.
565 *Wörlen/Metzler-Müller* SchuldR AT Rn. 102 = »Profi-Fußball«.
566 **dtv-ArbG Nr. 16.** Arbeitsverträge mit wissenschaftlichem und künstlerischem Personal an Hochschulen können zusätzlich nach dem **WissZeitVG (dtv-ArbG Nr. 16a)** befristet werden (s. § 23 TzBfG, § 1 I, II WissZeitVG), was im Vertrag anzugeben ist (§ 2 IV WissZeitVG);

5. Kapitel. Beendigung des Arbeitsverhältnisses

▪ Die **wichtigsten Beispiele** für *sachliche Gründe* finden sich in § 14 I 2 TzBfG (lesen!).[567]

Eine wirksame Befristungsabrede kann nur in *Schriftform* vereinbart werden (§ 14 IV TzBfG). Hat der Arbeitgeber seinem künftigen Arbeitnehmer vor oder bei Arbeitsaufnahme einen schriftlichen Vertrag angekündigt, ist dies so zu verstehen (§§ 133, 157 BGB – Auslegung!), dass sein Vertragsangebot (§ 145 BGB) nur schriftlich angenommen werden kann.[568]

▪ Welche Vorschrift Genaueres zur gesetzlichen Schriftform regelt, sollte Ihnen bekannt sein.
▶ Die Antwort finden Sie in Fußnote[569].

Der Vertrag muss nicht nur von beiden Seiten unterschrieben werden (§ 126 I, II 1, 2 BGB – lesen!), sondern die jeweilige schriftliche Willenserklärung muss dem Vertragspartner nach der Unterschrift auch zugehen (§ 130 I 1 BGB[570]).[571]

Wann ein befristeter Arbeitsvertrag vorliegt, ist in § 3 I 2 TzBfG geregelt: Der Arbeitsvertrag kann sowohl *kalendermäßig befristet* als auch *zweckbefristet* sein.

Eine kalendermäßige Befristung eines Arbeitsvertrages ist gem. § 14 II 1 TzBfG[572] bis zur Dauer von zwei Jahren auch **ohne Sachgrund** zulässig (»sachgrundlose

---

anders als bei »normalen« befristeten Arbeitsverträgen nach dem TzBfG kann sich die Dauer dieser Verträge gem. § 2 V WissZeitVG insbes. bei der Inanspruchnahme von Elternzeit verlängern.
567 Bei einem ständigen und **dauerhaften Arbeitskräftebedarf** ist eine Befristung stets unzulässig, vgl. EuGH Urt. v. 14.9.2016 – C-16/15, ECLI:EU:C:2016:679 = BeckRS 2016, 82219 – Pérez López. Auch § 14 I 2 Nr. 3 TzBfG gestattet daher keine »Dauervertretung«. Trotz an sich vorliegenden Sachgrundes ist bei sog. **Kettenbefristungen** zu prüfen, ob die Befristung wegen **institutionellen Rechtsmissbrauchs** (§ 242 BGB) unwirksam ist, s. BAG Urt. v. 18.7.2012 – 7 AZR 443/09, NZA 2012, 1351. Davon ist nach dem sog. »**Ampelmodell**« idR bei einer Gesamtdauer von *über zehn Jahren* oder mehr als *15 Verlängerungen* auszugehen, oder bei mehr als *zwölf Verlängerungen* bei einer Gesamtdauer von mehr als *acht Jahren*, BAG Urt. v. 26.10.2016 – 7 AZR 135/15, BAGE 157, 125 = NZA 2017, 382, Rn.28. Eine Befristung nach § 14 I 2 Nr. 4 TzBfG wegen der **Eigenart der Arbeitsleistung** kommt insbes. bei Profi-Fußballspielern (BAG Urt. v. 16.1.2018 – 7 AZR 312/16, BAGE 161, 283 = NJW 2018, 1992) und **Schauspielern** (BAG Urt. v. 30.8.2017 – 7 AZR 864/15, BAGE 160, 133 = NJW 2018, 810) in Betracht. Eine in einem **gerichtlichen Vergleich** vereinbarte Befristung kann nach § 14 I 2 Nr. 8 TzBfG gerechtfertigt sein, wenn sie zur Beilegung eines Streits über den Fortbestand des Arbeitsverhältnisses vereinbart wird, BAG Urt. v. 12.11.2014 – 7 AZR 891/12 Rn. 19, BAGE 150, 8 = BeckRS 2015, 65745.
568 BAG Urt. v. 16.4.2008 – 7 AZR 1048/06, NJW 2008, 3453; BAG Urt. v. 15.2.2017 – 7 AZR 223/15, NJW 2017, 2489, Rn. 31.
569 § 126 BGB – falls nicht mehr gewusst: s. *Wörlen/Metzler-Müller* BGB AT Rn. 264 f.!
570 Vgl. zum **Zugang** auch → **Rn. 259**.
571 BAG Urt. v. 25.10.2017 – 7 AZR 632/15, NZA 2018, Rn. 54. Eine **formnichtige Befristungsabrede** lässt sich zwar nicht dadurch **heilen**, dass die Parteien diese nachträglich schriftlich niederlegen, wohl aber durch eine abweichende und damit eigenständige Befristungsabrede, mit der das zunächst unbefristet entstandene Arbeitsverhältnis nachträglich befristet wird, BAG Urt. v. 15.2.2017 – 7 AZR 223/15, NJW 2017, 2489, Rn. 38 f.
572 Daneben ermöglicht § 14 IIa, III TzBfG eine sachgrundlose Befristung für **Existenzgründer** und mit **älteren Arbeitnehmern** sowie § 41 S. 3 SGB VI (dtv-ArbG Nr. 45) das Hinausschieben des Vertragsendes über das Rentenalter hinaus, s. dazu BAG Urt. v. 19.12.2018 – 7 AZR 70/17, NZA 2019, 523.

Befristung«),⁵⁷³ wenn nicht mit demselben Arbeitgeber bereits früher ein befristetes oder unbefristetes Arbeitsverhältnis bestanden hat (§ 14 II 2 TzBfG).⁵⁷⁴

Ist eine Befristung unwirksam, gilt der Arbeitsvertrag als unbefristet (§ 16 S. 1 Hs. 1 TzBfG). Der betroffene Arbeitnehmer⁵⁷⁵ muss gegen eine rechtsunwirksame Befristung gem. § 17 S. 1 TzBfG innerhalb von drei Wochen eine sog. *Befristungskontrollklage* (gleichbedeutend: *Entfristungsklage*) erheben. Beachtet er dies nicht, gilt die Befristung als von Anfang an wirksam, wie sich aus der gesetzlichen Bezugnahme des § 17 S. 2 TzBfG auf § 7 des KSchG⁵⁷⁶ ergibt. Diese Vorschrift müssen Sie sich durchlesen.

> **Hinweis:** Damit Sie diese ganz erhebliche Rechtsfolge bei der Fallbearbeitung nicht übersehen, sollten Sie den Verweis auf § 7 KSchG in § 17 S. 2 TzBfG unterstreichen!

Etwas ausführlicher wollen wir uns mit der Kündigung befassen, die in der Praxis am häufigsten Gegenstand arbeitsgerichtlicher Streitigkeiten ist.⁵⁷⁷

II. Kündigung

> **Übungsfall 6**
>
> U betreibt einen Betrieb für Autozubehör und beliefert einen großen Autokonzern mit Fertigteilen für Verbrennungsmotoren. U beschäftigt in seiner Fabrik 250 Mitarbeiter. Nachdem der Autokonzern immer mehr von Verbrennungs- auf Elektromotoren umstellt, gehen die Aufträge für U drastisch zurück; für einen Teil seiner Arbeitnehmer ist daher kaum noch Beschäftigung vorhanden. Daher legt U dauerhaft eine der Fertigungsstraßen still, an der bisher zehn Arbeitnehmer beschäftigt waren. Er beschließt, zehn Arbeitnehmern zu kündigen, unter anderem dem A, der 50 Jahre alt und 23 Jahre bei U beschäftigt ist. Die betroffenen zehn Arbeitnehmer sind aus 30 für eine Kündigung in Betracht kommenden Arbeitnehmern ausgewählt worden. U möchte von seinem Justitiar wissen, ob die Kündigungen zulässig sind bzw. welche Anforderungen zu beachten sind.

250

- Versetzen Sie sich in die Lage des Arbeitgebers! An welche Art der Kündigung würden Sie zuerst denken?
▶ Für den Arbeitgeber wäre es am »vorteilhaftesten«, wenn er eine fristlose (außerordentliche) Kündigung aussprechen könnte!

---

573 Der **Koalitionsvertrag** von SPD, CDU und CSU (www.cdu.de/koalitionsvertrag-2018, Tz. 2336 ff.) sieht vor die zulässige Höchstdauer auf *18 Monate* zu reduzieren; auch sollen Arbeitgeber mit mehr als *75 Beschäftigten* künftig nur noch *maximal 2,5 Prozent* der Belegschaft sachgrundlos befristen dürfen.
574 Nur wenn eine **Vorbeschäftigung** sehr **lange zurückliegt**, völlig **anders geartet** war oder nur sehr **kurz angedauert** hat, gebietet eine verfassungskonforme Auslegung (Art. 12 I GG!) Ausnahmen, BAG Urt. v. 23.1.2019 – 7 AZR 733/16, BeckRS 2019, 889. Die frühere Rspr. des BAG, die angesichts von § 195 BGB *mehr als drei Jahre zurückliegende* Beschäftigungen für unbeachtlich hielt, überschritt die Grenzen zulässiger richterlicher Rechtsfortbildung, BVerfG Beschl. v. 6.6.2018 – 1 BvL 7/14, NJW 2018, 2542. Der **Koalitionsvertrag** (Tz. 2347 ff.) sieht vor, dass auch Befristungen *mit Sachgrund* nicht zulässig sein sollen, wenn mit demselben Arbeitgeber bereits zuvor *ein unbefristetes* oder ein oder mehrere befristete Arbeitsverhältnisse mit einer Gesamtdauer von *fünf oder mehr Jahren* bestanden haben.
575 Für Arbeitgeber besteht regelmäßig keine Klagemöglichkeit, BAG Urt. v. 15.2.2017 – 7 AZR 153/15, BAGE 158, 116 = NZA 2017, 803, Rn. 9.
576 **dtv-ArbG Nr. 20.** Vgl. dazu → Rn. 284.
577 Vgl. die Arbeitsgerichtsstatistik 2018, abzurufen unter: www.bmas.de/DF/Themen/Arbeitsrecht/Statistik-zur-Arbeitsgerichtsbarkeit/statistik-zur-arbeitsgerichtsbarkeit.html.

1. Außerordentliche Kündigung

251

> **Prüfungsschema**
> **Wirksamkeit einer außerordentlichen Kündigung:**[578]
>
> (1) Schriftliche **Kündigungserklärung** (§§ 126 I, 623 BGB)
> (2) **Wichtiger Grund** (§ 626 I BGB)
> (a) **An sich** geeignet
> (b) Eignung **im Einzelfall** (Interessenabwägung)
> (3) Anhörung des **Betriebsrats** (§ 102 I BetrVG)
> (4) Kein **Kündigungsverbot** (zB gem. § 17 I MuSchG, §§ 168 ff. SGB IX)
> (5) Kündigung**serklärungsfrist** (§ 626 II BGB)
> (6) **Rechtzeitige** Klageerhebung (§ 13 I 2, §§ 7, 4 KSchG)

Dass die außerordentliche Kündigung des Arbeitsvertrags in § 626 BGB geregelt ist, wissen Sie bereits! Da es sich bei jeder Kündigung um eine einseitige, empfangsbedürftige Willenserklärung handelt, ist die erste Voraussetzung für ihre Wirksamkeit[579] selbstverständlich eine …

a) Kündigungserklärung

252 Ohne dass die »Kündigung« als solche zu bezeichnen ist, muss sie von dem Arbeitnehmer objektiv als solche verstanden werden können.

- Wissen Sie noch, welche Form für die Befristung von Arbeitsverhältnissen vorgeschrieben ist?
▶ Es ist die gesetzliche Schriftform einzuhalten (§ 14 IV TzBfG).

Entsprechendes ordnet der Gesetzgeber in § 623 BGB auch für die Beendigung von Arbeitsverhältnissen durch Auflösungsvertrag und Kündigung an.

> **Hinweis:** Trotz seiner systematisch etwas unglücklichen Position – zwischen § 620 (ordentliche Kündigung) und § 626 (fristlose Kündigung) – gilt § 623 für *alle* Kündigungen.

- Mit der gesetzlichen Schriftform hatten wir uns eben erst beschäftigt. Um welche Vorschrift geht es?
▶ Lesen Sie gegebenenfalls erneut → **Rn. 249** und notieren Sie § 126 BGB neben § 623 BGB!

Als einseitiges Rechtsgeschäft kann eine Kündigung durch einen Bevollmächtigten, der keine Vollmachtsurkunde vorlegt, gem. § 174 S. 1 BGB unverzüglich[580] zurückgewiesen werden und ist dann unwirksam. Dies gilt allerdings nicht, wenn der Vollmachtgeber den Arbeitnehmer von der Bevollmächtigung in Kenntnis gesetzt hat (§ 174 S. 2 BGB), zB konkludent durch die Bestellung der Bevollmächtigten zur Personalleiterin.[581]

---

578 Ausführlicheres Schema bei *Kokemoor/Kreissl* ArbR I Rn. 118. Übersichten zur Ergänzung → Rn. 254, 287.
579 Zum **Zugang** s. → Rn. 259.
580 § 121 BGB. Eine Zurückweisung nach **mehr als einer Woche** ist nicht mehr unverzüglich, s. BAG Urt. v. 8.12.2011 – 6 AZR 354/10, NZA 2012, 495 Rn. 33.
581 LAG Baden-Württemberg Urt. v. 25.4.2012 – 13 Sa 135/11, BeckRS 2012, 74496; BAG Urt. v. 9.9.2010 – 2 AZR 582/09, ZTR 2011, 113.

- Erinnern Sie sich, an welcher Stelle das BGB den Terminus unverzüglich definiert?
- ▸ Ansonsten gibt Ihnen Fußnote[582] die Antwort.

b) Kündigungsgrund
- Welche wichtige Voraussetzung muss für eine fristlose, außerordentliche Kündigung gem. § 626 I BGB erfüllt sein?
- ▸ Die außerordentliche Kündigung ist nur zulässig, wenn ein »wichtiger Grund« vorliegt! Lesen Sie dazu zunächst nochmals § 626 I BGB.

253

Es müsste also ein wichtiger Grund vorliegen, der so erheblich ist, dass dem Arbeitgeber (unter Berücksichtigung aller Umstände des Einzelfalls und unter Abwägung der Interessen beider Vertragsteile) die Fortsetzung des Arbeitsverhältnisses bis zum Ablauf der Frist für eine ordentliche Kündigung nicht zugemutet werden kann.

> Das Vorliegen eines wichtigen Grundes ist **in zwei Schritten** zu prüfen:[583]
> (1) Im ersten Schritt geht es darum, ob der Sachverhalt **an sich geeignet** ist (= dh ohne Berücksichtigung der besonderen Umstände des Einzelfalls), einen wichtigen Grund abzugeben. Es ist also zunächst die **generelle Eignung als wichtiger Grund** zu prüfen.
> (2) Im zweiten Schritt geht es darum, ob der an sich geeignete Grund auch **in dem speziellen Einzelfall** unter Berücksichtigung *aller Umstände des Einzelfalls* und *unter Abwägung der Interessen* beider Vertragsteile geeignet ist, *gerade diese konkrete Kündigung zu rechtfertigen.* Daher müssen die Interessen des Arbeitgebers an einer Auflösung gerade dieses Arbeitsverhältnisses mit den Interessen des Arbeitnehmers am Erhalt seines Arbeitsplatzes abgewogen werden. Bei der Interessenabwägung können auch die Art und Schwere der Verfehlung, eine eventuell bestehende Wiederholungsgefahr, das Lebensalter, die Folgen der Auflösung des Arbeitsverhältnisses usw. berücksichtigt werden.[584]

254

- Überlegen Sie, ob sich der Arbeitgeber U in unserem Fall auf einen »an sich« geeigneten »wichtigen Grund« berufen kann. Aus welchem konkreten Grund soll den zehn Arbeitnehmern gekündigt werden?
- ▸ Den Arbeitnehmern soll gekündigt werden, weil die Auftragslage des Betriebs rückläufig ist.
- Erinnern Sie sich noch daran, wer das sog. *Betriebsrisiko* zu tragen hat, wenn der Arbeitnehmer aufgrund von betrieblichen Störungen (zB Maschinenschäden uÄ) nicht beschäftigt werden kann?
- ▸ Die Antwort gibt Fußnote[585].
- Liegt in unserem Fall ein wichtiger Grund für eine Kündigung nach § 626 I BGB vor?

255

---

582 **§ 121 BGB.** Eine Zurückweisung nach **mehr als einer Woche** erfolgt nicht mehr idS *ohne schuldhaftes Zögern*, s. BAG Urt. v. 8.12.2011 – 6 AZR 354/10, NZA 2012, 495 Rn. 33.
583 Vgl. zB BAG Urt. v. 17.5.1984 – 2 AZR 3/83, NJW 1985, 284.
584 S. zu den Einzelheiten zB die Darstellung bei ErfK/*Niemann* BGB § 626 Rn. 14 ff. sowie die Auflistung »an sich« geeigneter Gründe bei ErfK/*Niemann* BGB § 626 Rn. 60 ff. und *Linck* in Schaub ArbR-HdB § 127 Rn. 60 ff. (Gründe für Arbeitgeber) sowie Rn. 149 ff. (Gründe für Arbeitnehmer).
585 **Der Arbeitgeber!** Falls nicht mehr gewusst: → **Rn. 136**.

5. Kapitel. Beendigung des Arbeitsverhältnisses

▶ Da der Arbeitgeber sogar bei »höherer Gewalt« den Arbeitnehmern, die er nicht beschäftigen kann, Entgelt zahlen müsste, wird es ihm grundsätzlich auch zuzumuten sein, bei Auftragsmangel die ordentliche Kündigungsfrist abzuwarten und die Arbeitnehmer so lange zu bezahlen. Ein »wichtiger Grund« liegt daher bei derartigen betrieblichen oder wirtschaftlichen Ursachen regelmäßig nicht vor.

Eine Kündigung gem. § 626 I BGB kommt somit im vorliegenden Fall nicht in Betracht.

Hinweis: Generell wird man sagen können, dass ein wichtiger Grund iSd § 626 I BGB insbesondere dann gegeben sein kann, wenn der Arbeitnehmer eine schwerwiegende vertragliche Pflichtverletzung begangen hat.[586]

256 **Beispiel:** Typische Fälle sind der schon erwähnte »Einstellungsbetrug« (→ Rn. 72) sowie **Straftaten** zulasten des Arbeitgebers, beharrliche **Arbeitsverweigerungen**, Fahren unter Drogeneinfluss bei Berufskraftfahrern,[587] grobe Verletzungen der Treuepflicht, sexuelle Belästigungen,[588] grobe **Verstöße gegen Wettbewerbsverbote**,[589] Androhung einer zukünftigen Erkrankung, »**Amok-**« oder **Selbstmorddrohungen** sowie Drohungen mit Gefahren für Leib oder Leben unabhängig von ihrer Strafbarkeit.[590] Ebenfalls unabhängig von einer Strafbarkeit ist nach der Rspr. ein zum Nachteil des Arbeitgebers begangenes Eigentums- oder Vermögensdelikt (**Diebstahl, Unterschlagung** usw.) ein wichtiger Grund iSd § 626 I BGB, selbst wenn nur Sachen oder Schäden **von nur geringem Wert** betroffen sind.[591] Dabei kommt es nicht auf die Höhe des dem Arbeitgeber zugefügten Schadens an, sondern auf die durch ein solches Verhalten ausgelöste »Erschütterung« der für die Vertragsbeziehung notwendigen Vertrauensgrundlage.[592] Deswegen kann auch ein nachhaltiger **Verstoß gegen berechtigte Weisungen** des Arbeitgebers, bei der Reinigung eines Gebäudes keine **Pfandflaschen** aus dem Müll zu sammeln, zur fristlosen Kündigung berechtigen![593]

Auf Einzelheiten kann in diesem Rahmen nicht eingegangen werden. Wichtig ist, dass die außerordentliche Kündigung nach dem Grundsatz der Verhältnismäßigkeit im konkreten Einzelfall angesichts der erforderlichen Interessenabwägung (→ Rn. 254) nur als »*ultima ratio*« (letztes Mittel) zulässig ist, wenn kein milderes Mittel, zB eine Abmahnung, eine Weiterbeschäftigung zu schlechteren Bedingungen, eine Versetzung oder eine »ordentliche« (fristgemäße) Kündigung (vgl. § 314 II 1 Var. 2 und S. 2 iVm § 323 II BGB sowie § 281 III BGB), möglich bzw. dem Kündigungsberechtigten zumutbar ist.[594] Dies war der entscheidende Punkt der viel beachteten »Pfandbon«-

---

586 *Brox/Rüthers/Henssler* ArbR Rn. 534.
587 Wegen der sich aus dem **Christal-Meth-Konsum** typischerweise ergebenden Gefahren kommt es auf eine konkrete Beeinträchtigung der Fahrtüchtigkeit für die Interessenabwägung nicht an, BAG Urt. v. 20.10.2016 – 6 AZR 471/15.
588 BAG Urt. v. 20.11.2014 – 2 AZR 651/13, NJW 2015, 1195; auf eine sexuelle Motivation kommt es dabei nicht an, BAG Urt. v. 29.6.2017 – 2 AZR 302/16, BAGE 159, 267 = NZA 2017, 1121, Rn. 19 (schmerzhafter **Griff an die Hoden** mit der Bemerkung, das Opfer habe »dicke Eier«).
589 Vgl. *Linck* in Schaub ArbR-HdB § 127 Rn. 148.
590 BAG Urt. v. 29.6.2017 – 2 AZR 47/16, BAGE 159, 250 = NZA 2017, 1605, Rn. 23 f.
591 BAG Urt. v. 17.5.1984 – 2 AZR 3/83, NJW 1985, 284 (Diebstahl eines Stückes Kuchens, sog. »Bienenstich-Entscheidung«); s. ferner zB *Lembke* RdA 2013, 82. Auch der **Verdacht** des Diebstahls geringwertiger Gegenstände kann als Kündigungsgrund ausreichen, BAG Urt. v. 12.8.1999 – 2 AZR 923/98, BAGE 92, 184 = NZA 2000, 421; die **strafrechtliche Beurteilung** ist dabei grds. unerheblich, s. BAG Urt. v. 25.10.2012 – 2 AZR 700/11, BAGE 143, 244 = NZA 2013, 371. Zu den Anforderungen an die vor einer **Verdachtskündigung** erforderliche **Anhörung des Arbeitnehmers** s. BAG Urt. v. 25.4.2018, 2 AZR 611/17, NZA 2018, 1405.
592 BAG Urt. v. 10.6.2010 – 2 AZR 541/09 (»Pfandbon-Entscheidung«), NJW 2011, 167 (Rn. 27).
593 BAG Urt. v. 23.8.2018 – 2 AZR 235/18, AP Nr. 272 zu § 626 BGB.
594 *Brox/Rüthers/Henssler* ArbR Rn. 540.

II. Kündigung

Entscheidung des BAG, mit der die fristlose Kündigung einer seit über dreißig Jahren beschäftigten Kassiererin wegen der unberechtigten Einlösung von Leergutbons im Wert von nur 1,30 EUR für unzulässig erachtet wurde: Ein an sich geeigneter Kündigungsgrund lag zwar vor, doch wäre in dem konkreten Einzelfall *(ist Ihnen diese Unterscheidung noch bewusst? wenn nicht: lesen Sie nochmals → Rn. 254!)* eine Abmahnung zur Vermeidung des Risikos künftiger Vertragsstörungen ausreichend gewesen. Das BAG stellte darauf ab, dass in den langen Jahren der ungestörten Vertrauensbeziehung ein »Vorrat« an (objektiv zu bemessendem) Vertrauen aufgebaut wurde, den der erstmalige Vorfall nicht vollständig und unwiederbringlich zerstört hatte.[595]

c) Kündigungserklärungsfrist

Gemäß § 626 II 1 BGB muss die außerordentliche Kündigung innerhalb einer Ausschlussfrist[596] von zwei Wochen nach Erlangung der Kenntnis von den für die Kündigung maßgeblichen Tatsachen erfolgen.[597]   257

Achtung! Verwechseln Sie die »Kündigungs*erklärungs*frist« nicht mit einer »Kündigungsfrist«! Die außerordentliche Kündigung ist grundsätzlich eine *fristlose* Kündigung.

2. Ordentliche Kündigung

Prüfungsschema   258
Wirksamkeit einer ordentlichen Kündigung:[598]

(1) Schriftliche **Kündigungserklärung** (§§ 126 I, 623 BGB)
(2) **Kündigungsfrist** (§ 622 I BGB)
(3) **Soziale Rechtfertigung** nach KSchG
   (a) **Anwendbarkeit** KSchG (§§ 1 I, 14 I, 23 I KSchG)
   (b) **Kündigungsgrund** (§ 1 II KSchG)
      (aa) **An sich** geeignet?
      (bb) Eignung **im Einzelfall**
          (Interessenabwägung/Sozialauswahl § 1 III KSchG)
(4) Anhörung des **Betriebsrats** (§ 102 I BetrVG)
(5) Kein **Kündigungsverbot** (zB gem. § 17 I MuSchG, § 613a IV 1 BGB)
(6) **Rechtzeitige** Klageerhebung (§§ 7, 4 KSchG)

---

595 BAG Urt. v. 10.6.2010 – 2 AZR 541/09 (»Pfandbon-Entscheidung«), BAGE 134, 349 = NJW 2011, 167 (insbes. Rn. 47 ff.). Entbehrlich ist eine Abmahnung nur, wenn sie **keine Verhaltensänderung** erwarten lässt oder aber es sich um eine so schwere Pflichtverletzung handelt, dass eine **Hinnahme** durch den Arbeitgeber offensichtlich – auch für den **Arbeitnehmer erkennbar** – ausgeschlossen ist, s. BAG Urt. v. 19.4.2012 – 2 AZR 258/11, NZA-RR 2012, 567 Rn. 15. Verneint wurde die Entbehrlichkeit im Fall privater Telefonate eines Chefarztes während laufender Operationen angesichts geduldeter dienstlicher Gespräche, BAG Urt. v. 25.10.2012 – 2 AZR 495/11, NJW 2013, 954.
596 Zum Begriff *Wörlen/Metzler-Müller* BGB AT Rn. 358.
597 Bei der **Verdachtskündigung** hemmen Ermittlungen des Arbeitgebers den Fristlauf. Die Frist des § 626 II BGB beginnt zudem bei Kenntnis von **verdachtsverstärkenden Tatsachen** (zB Klageerhebung durch die Staatsanwaltschaft) (BAG Urt. v. 27.1.2011 – 2 AZR 825/09, NJW 2011, 2231) oder Kenntnis des letzten Vorfalls eines Gesamtverhaltens (BAG Urt. v. 1.6.2017 – 6 AZR 720/15, BAGE 159, 192 = NZA 2017, 1332), erneut zu laufen.
598 Ausführlicheres Schema bei *Kokemoor/Kreissl* ArbR I Rn. 113. Übersicht zur Ergänzung → **Rn. 287**.

5. Kapitel. Beendigung des Arbeitsverhältnisses

Eine außerordentliche Kündigung kam in Übungsfall 6 (→ **Rn. 250**) nicht in Betracht. Zu prüfen ist nun, ob U die Arbeitsverhältnisse ordentlich kündigen kann. Die Möglichkeit der ordentlichen, *fristgemäßen* Kündigung des Arbeitsvertrags wird grundsätzlich durch § 620 II BGB (lesen!) eröffnet.

a) Kündigungserklärung

259 Die Kündigungserklärung bedarf zu ihrer Wirksamkeit der Schriftform (s. §§ 623, 126 BGB). Sie wird nur wirksam, wenn sie dem Vertragspartner gem. § 130 BGB *zugegangen* ist! Dies setzt voraus, dass die Erklärung in verkehrsüblicher Weise in *die tatsächliche Verfügungsgewalt* des Empfängers gelangt ist (zB durch Einwurf in den Hausbriefkasten) und für diesen die *Möglichkeit der Kenntnisnahme* unter gewöhnlichen Umständen (= übliche Zeit der Briefentnahme[599]) bestand.[600]

b) Kündigungsfristen

260 Nach dem Zugang der Kündigungserklärung richtet sich der Beginn der jeweils geltenden Kündigungsfrist, die mit dem Termin[601] endet, an dem das Arbeitsverhältnis beendet werden soll.

> **Hinweis:** Eine Kündigung mit zu kurzer Frist setzt regelmäßig die angemessene Kündigungsfrist in Lauf!

Bei einer mit zu kurzer Frist erklärten Kündigung ist in einem *ersten Schritt* zu prüfen, ob die Erklärung dahingehend **ausgelegt** (§ 133 BGB) werden kann, dass eine Kündigung zum nächsten zulässigen Termin[602] ausgesprochen werden sollte (die Kündigung also lediglich missverständlich formuliert wurde).

> **Beispiel:** Aus den Formulierungen »… kündigen wir Ihnen fristgemäß zum« … oder »hilfsweise zum nächstmöglichen Zeitpunkt« ergibt sich, dass die Kündigung zum nächsten zulässigen Termin erfolgen sollte, dieser aber versehentlich unrichtig angeben wurde.[603]

Nicht in Betracht kommt dies, wenn der Erklärende erkennbar davon ausgeht, die Frist richtig berechnet zu haben. (Nur) in diesem Fall kommt eine **Umdeutung** (§ 140 BGB – lesen!) der zum falschen Termin erklärten Kündigung in eine solche zum nächsten zulässigen Termin in Betracht (= *zweiter Schritt*). Sie greift, wenn angenommen werden kann, dass der Erklärende bei Kenntnis seines Fehlers keine Fortsetzung des Arbeitsverhältnisses, sondern dessen Beendigung zum nächstmöglichen Termin gewollt haben würde.[604]

---

599 Ein **Einwurf am Sonntag** bewirkt den Zugang daher erst am nächsten Werktag, LAG Kiel Urt. v. 13.10.2015 – 2 Sa 149/15, BeckRS 2015, 72924.
600 BAG Urt. v. 26.3.2015 – 2 AZR 483/14, NZA 2015, 1183, Rn. 37; BAG Urt. v. 22.3.2012 – 2 AZR 224/11, Rn. 20 ff., EzA § 5 KSchG Nr. 41. Allg. dazu *Wörlen/Metzler-Müller* BGB AT Rn. 164 ff. (171). Der Zugang ist auch dann zu bejahen, wenn der Arbeitnehmer den ihm bereits übergebenen **Brief** mit der Kündigung **ungeöffnet wieder zurückgibt**, BAG Beschl. v. 7.1.2004 – 2 AZR 388/03, ZInsO 2005, 671 f.
601 Zu den Begriffen »Fristen und Termine«: *Wörlen/Metzler-Müller* BGB AT Rn. 353 ff.
602 Eine ausdr. »**zum nächstmöglichen Zeitpunkt**« erklärte **Kündigung** unter Hinweis auf die maßgeblichen gesetzlichen Fristenregelungen ist ebenfalls bestimmt, wenn der Erklärungsempfänger hierdurch unschwer ermitteln kann, zu welchem Termin das Arbeitsverhältnis enden soll, BAG Urt. v. 20.6.2013 – 6 AZR 805/11, NJW 2013, 3194.
603 Vgl. *Linck* in Schaub ArbR-HdB § 126 Rn. 15.
604 Was auf den ersten Blick nach Haarspalterei klingt, hat durchaus **praktische Konsequenzen:** Anders als bei der Auslegung kann der Arbeitnehmer bei einer Umdeutung die fehlerhafte Frist wegen § 7 KSchG nur innerhalb der **Dreiwochenfrist des § 4 KSchG** geltend machen,

II. Kündigung

aa) Gesetzliche Kündigungsfristen
Die gesetzlichen Kündigungsfristen für Arbeitsverhältnisse von Arbeitern und Angestellten regelt § 622 BGB. **261**

Lesen Sie § 622 I und II BGB sorgfältig durch und beantworten Sie die folgenden Fragen:

- (1) Einem Arbeitnehmer, dessen Arbeitsverhältnis seit 1½ Jahren besteht, soll zum 31.7. gekündigt werden. Der 31.7. ist ein Samstag. Für die Berechnung des Fristbeginns gilt § 187 I BGB, für das Fristende § 188 II Hs. 1 BGB. Bis wann muss ihm die schriftliche Kündigungserklärung zugegangen sein, damit die Kündigung zu diesem Termin wirksam wird?
- ▶ Gemäß § 622 I BGB kann (muss) das Arbeitsverhältnis in diesem Fall mit einer Frist von vier *Wochen* zum Fünfzehnten oder zum Ende des Kalendermonats gekündigt werden. Der Tag, der dem 31.7. in seiner *Benennung* (vgl. § 188 II Hs. 1 BGB) vier Wochen vorher entspricht, ist *Samstag*, der 3.7. An diesem Tag müsste die Kündigung dem Arbeitnehmer spätestens zugehen, damit die Vierwochenfrist (28 Tage) des § 622 I iVm §§ 187 I und 188 II Hs. 1 BGB eingehalten wird: Gemäß § 187 I BGB beginnt die Kündigungsfrist ab Sonntag, dem 4.7., 0.00 Uhr zu laufen und endet gem. § 188 II Hs. 1 BGB am 31.7., 24.00 Uhr.[605]
  Dem steht nicht etwa § 193 BGB entgegen, wonach die Frist erst am Montag, dem 5.7. beginnen würde. Denn § 193 BGB ist zum Schutz des Arbeitnehmers auf Kündigungsfristen nicht – auch nicht entsprechend – anwendbar.[606]

- (2) Arbeitnehmer A ist 50 Jahre alt und 17 Jahre im Betrieb des B beschäftigt. B möchte ihm ordentlich kündigen (§§ 620 II, 622 BGB) und fällt diese Entscheidung am 30.6. Zu welchem Termin kann B dem A wirksam kündigen, wenn ihm das Kündigungsschreiben am 1.7. übergeben wird? **262**
- ▶ Da A bereits 17 Jahre bei B beschäftigt ist, gilt die sechsmonatige Kündigungsfrist des § 622 II 1 Nr. 6 BGB (lesen!).
  Für den Beginn der sechsmonatigen Frist gilt § 187 I BGB. Danach beginnt die Frist am 2.7. Fristende nach sechs *Monaten* ist gem. § 188 II Hs. 1 BGB der 1.1. des nächsten Jahres [das ist der Tag des letzten Monats, welcher durch seine *Zahl* (= 1) dem Tag *entspricht*, in den der Kündigungszugang (1.7.) als das für § 187 I BGB maßgebliche *Ereignis* fällt]. § 622 II 1 Nr. 6 BGB gestattet die Kündigung jedoch nur zum Monatsende – es ist also das Ende dieses Kalendermonats maßgebend. Also kann B dem A am 1.7. (Zugang!) erst zum Ablauf des 31.1. des nächsten Jahres kündigen!

bb) Vertraglich vereinbarte Kündigungsfristen, Probezeit
Vertraglich vereinbarte Kündigungsfristen sind innerhalb der im Gesetz (§ 622 IV–VI BGB) genannten Grenzen und im Rahmen von § 624 BGB zulässig. Eine erhebliche Verlängerung der gesetzlichen Kündigungsfrist kann als unangemessene Benachtei- **263**

BAG Urt. v. 1.9.2010 – 5 AZR 700/09 Rn. 23, BAGE 135, 255 = NJW 2010, 3740; BAG Urt. v. 29.1.2015 – 2 AZR 280/14, BAGE 150, 337 Rn. 24 (str.); zum Meinungsstand s. ErfK/*Müller-Glöge* BGB § 622 Rn. 12.

605 Zur Bedeutung und **Berechnung von Fristen** vgl. ggf. nochmals *Wörlen/Metzler-Müller* BGB AT Rn. 353 ff.; s. auch Palandt/*Weidenkaff* BGB § 622 Rn. 6 und ErfK/*Müller-Glöge* BGB § 622 Rn. 1–5 und 11–13.

606 Vgl. nur *Preis* ArbR I § 60 II 1c) und Palandt/*Ellenberger* BAG § 193 Rn. 3, jeweils mwN.

5. Kapitel. Beendigung des Arbeitsverhältnisses

ligung iSv § 307 I 1 BGB (→ Rn. 62a) selbst dann unwirksam sein, wenn die Frist für den Arbeitgeber gleichermaßen verlängert wird.[607] Wird in einem Arbeits- oder Tarifvertrag eine **Probezeit** vereinbart (nur dann!), gilt gem. § 622 III BGB (lesen und »vereinbaren« unterstreichen!) grundsätzlich eine Kündigungsfrist von zwei Wochen; diese Frist kann vertraglich verlängert werden.[608]

c) Anhörung des Betriebsrats

264 Sofern in einem Betrieb, was bei der Größenordnung des Betriebs des U in unserem Übungsfall 6 (→ **Rn. 250**) nahe liegen dürfte, ein Betriebsrat vorhanden ist, muss dieser vor *jeder* Kündigung gehört werden. Dies ergibt sich aus § 102 I BetrVG[609], den Sie schon jetzt einmal lesen müssen, bevor wir auf den Betriebsrat unten noch näher eingehen.

> **Hinweis:** Eine ohne Anhörung des Betriebsrats ausgesprochene Kündigung ist stets unwirksam (§ 102 I 3 BetrVG)![610]

> Zur Verdeutlichung: »Hören« bedeutet nur, dass der Arbeitgeber eine Stellungnahme des Betriebsrats zur Kenntnis nehmen muss. Am Ausspruch der Kündigung ist er dadurch nicht gehindert.

d) Sonstige Unwirksamkeitsgründe

265 Eine Kündigung darf nicht sittenwidrig oder willkürlich sein (§§ 138, 242 BGB). Eine »unsittliche« bzw. treuwidrige Motivation läge etwa bei einer Kündigung aus reiner Rachsucht, einer Kündigung wegen Homosexualität oder dann vor, wenn einer Arbeitnehmerin/einem Arbeitnehmer gekündigt würde, weil er/sie unsittliche Angebote abgelehnt hat.[611] Ein Verstoß gegen ein gesetzliches Verbot (§ 134 BGB) macht die Kündigung ebenfalls unwirksam.

§ 2 IV AGG bestimmt zwar, dass für Kündigungen ausschließlich die Bestimmungen zum allgemeinen und besonderen Kündigungsschutz gelten. Das AGG ist aber insoweit nicht etwa unbeachtlich. Verstöße gegen die Diskriminierungsverbote des AGG sind vielmehr bei der Auslegung der Kündigungsschutzbestimmungen zu beachten.[612]

> **Hinweis:** Bei Kündigungen, die dem KSchG unterliegen, sind die AGG-Vorschriften als Konkretisierung der Bestimmungen über die soziale Rechtfertigung einer Kündigung (→ **Rn. 270 ff.**) zu beachten und damit *indirekt* doch anzuwenden!

§ 2 IV AGG regelt auch nur das Verhältnis zum Kündigungsrecht und erfasst die zivilrechtlichen Generalklauseln nicht.

---

607 BAG Urt. v. 26.10.2017 – 6 AZR 158/16, BAGE 161, 9 = NZA 2018, 297.
608 Dies kann bei einem vorformulierten Arbeitsvertrag auch dadurch erfolgen, dass nicht **unmissverständlich deutlich** wird, dass eine darin vorgesehene Kündigungsfrist erst nach dem Ende der Probezeit gelten soll, BAG Urt. v. 23.3.2017 – 6 AZR 705/15, BAGE 158, 349 = NZA 2017, 773.
609 dtv-ArbG Nr. 81.
610 Parallel ausgestaltet ist **§ 178 II 1, 3 SGB IX** (dtv-ArbG Nr. 47), wonach vor der Kündigung eines schwerbehinderten Menschen (**zusätzlich!**) die **Schwerbehindertenvertretung** anzuhören ist.
611 *Hromadka/Maschmann* ArbR I § 10 Rn. 71. Eine **Kündigung wegen** ständigen Schweißgeruchs und eines **ungepflegten Erscheinungsbildes** ist allerdings weder sittenwidrig noch willkürlich, ArbG Köln Urt. v. 25.3.2010 – 4 Ca 10458/09, BeckRS 2010, 67655 (www.nrwe.de).
612 BAG Urt. v. 6.11.2008 – 2 AZR 523/07 Rn. 28 ff., 40, BAGE 128, 238 = BeckRS 2009, 54562; BAG Urt. v. 15.12.2011 – 2 AZR 42/10 Rn. 47, BAGE 140, 169 = BeckRS 2012, 69831.

> **Hinweis:** Auf Kündigungen, die dem KSchG *nicht* unterliegen, wendet die Rspr. das AGG *unmittelbar* an![613]

> **Beispiele:** In Kleinbetrieben (→ **Rn. 268**) ist eine altersdiskriminierende Kündigung gem. § 134 BGB iVm § 7 I, §§ 1, 3 AGG unwirksam.[614]
> Die Kündigung einer Arbeitnehmerin, auf die das Kündigungsschutzgesetz noch keine Anwendung findet (→ **Rn. 269**), wegen der beabsichtigten Durchführung einer künstlichen Befruchtung (In-vitro-Fertilisation) und der damit einhergehenden Möglichkeit einer Schwangerschaft ist als unmittelbare Benachteiligung wegen des Geschlechts gem. § 134 BGB iVm § 7 I, §§ 1, 3 AGG unwirksam.[615]

Ein Verstoß gegen ein gesetzliches Verbot iSv § 134 BGB ist ferner zB gegeben, wenn einem Arbeitnehmer gekündigt werden soll, weil er in zulässiger Weise seine Rechte ausübt (§ 612a BGB – lesen!).[616]

- Überlegen Sie, welche Rechte des Arbeitnehmers in § 612a BGB gemeint sein können.
- In den einschlägigen Kommentierungen finden Sie unter anderem folgende Beispiele:

> **Beispiele:**[617] Antrag auf Altersteilzeit; Vollstreckung eines Weiterbeschäftigungsanspruchs; Teilnahme an einem Streik; Klage auf Entgeltfortzahlung, Kündigung.

In unserem Übungsfall 6 (→ Rn. 250) ist für derartige Beweggründe nichts ersichtlich. Da für eine ordentliche Kündigung an sich *kein Kündigungsgrund* erforderlich ist, könnte U gegenüber den Arbeitnehmern grundsätzlich eine »ordentliche Kündigung« aussprechen. Anders wäre dies jedoch zu beurteilen, wenn die betroffenen Arbeitsverhältnisse dem allgemeinen oder besonderen Kündigungsschutz unterlägen.

III. Allgemeiner Kündigungsschutz

Rechtsgrundlage des allgemeinen Kündigungsschutzes, der vornehmlich den Schutz des Arbeitnehmers vor dem Verlust seines Arbeitsplatzes bezweckt, ist das bereits mehrfach angesprochene Kündigungsschutzgesetz. **266**

Der Justitiar des U hat in unserem Fall daher zu prüfen, ob Vorschriften des Kündigungsschutzgesetzes der ordentlichen Kündigung der Arbeitnehmer entgegenstehen.

1. Anwendbarkeit des KSchG

Der Geltungsbereich des KSchG ergibt sich aus § 1 und § 23 KSchG. Lesen Sie davon **267** § 23 I 1 und (die recht unübersichtlich geratenen) S. 2, 3 sowie § 1 I KSchG! Danach ist das KSchG unter folgenden Voraussetzungen anwendbar:

---

613 BAG Urt. v. 19.12.2013 – 6 AZR 190/12 Rn. 22 ff., BAGE 147, 60 = BeckRS 2014, 66665.
614 BAG Urt. v. 23.7.2015 – 6 AZR 457/14 Rn. 28 ff., BAGE 152, 134 = BeckRS 2015, 70999.
615 BAG Urt. v. 26.3.2015 – 2 AZR 237/14 Rn. 32, BAGE 151, 189 = NJW 2015, 1899.
616 *Junker* GK ArbR Rn. 338 ff., 341; vgl. *Hromadka/Maschmann* ArbR I § 10 Rn. 68 ff.
617 Vgl. Palandt/*Weidenkaff* BGB § 612a Rn. 1.

5. Kapitel. Beendigung des Arbeitsverhältnisses

a) Mindestanzahl von Arbeitnehmern

268 Hinweis: Nur die §§ 4–7 und § 13 I 1 und 2 KSchG über die Klagefrist, die wir uns später[618] ansehen werden, gelten für alle Betriebe und Verwaltungen, also für *alle* Arbeitsverhältnisse.

Zur Anwendung der übrigen Vorschriften des hier interessierenden ersten Abschnitts des KSchG müssen in dem Betrieb gem. § 23 I 2 und 3 KSchG grundsätzlich mehr als zehn Arbeitnehmer beschäftigt sein.[619] Bei der Bestimmung der Betriebsgröße werden Teilzeitkräfte nur anteilig mitgezählt (§ 23 I 4 KSchG). Leiharbeitnehmer[620] sind zu berücksichtigen, wenn sie im Betrieb auf einem »in der Regel« (im Gesetzestext unterstreichen!) – uU im Lauf der Zeit durch verschiedene Leiharbeitnehmer nacheinander – besetzten Arbeitsplatz beschäftigt sind.[621]

Wegen der verwirrenden sprachlichen Fassung von § 23 I 2 und 3 KSchG (lesen Sie S. 3 mindestens zweimal!) sollten Sie den aktuellen Schwellenwert von idR »zehn oder weniger« Arbeitnehmern in S. 3 ebenfalls unterstreichen. Nur Arbeitsverhältnisse, die bis zum 31.12.2003 begonnen haben, sind für den alten Grenzwert des S. 2 von »fünf oder weniger« Arbeitnehmern beachtlich. Auf diese Weise bleibt es für Arbeitnehmerinnen und Arbeitnehmer in Kleinbetrieben mit bis zu zehn Beschäftigten, die nach der bis zum 31.12.2003 geltenden Fassung des § 23 KSchG Kündigungsschutz genossen haben, insoweit bei der alten Rechtslage. Neueinstellungen nach dem 31.12.2003 wirken sich allerdings nur beim neuen Schwellenwert des S. 3 aus, während für den des S. 2 allein Altarbeitsverhältnisse zu berücksichtigen sind.

Beispiel: Beschäftigte also ein Betrieb am 31.12.2003 regelmäßig sechs Arbeitnehmer und werden dort nach diesem Termin vier neue Dauerstellen geschaffen, verlieren die Altarbeitnehmer den allgemeinen Kündigungsschutz nach dem KSchG, sobald ein Altarbeitnehmer rechtswirksam entlassen wird. Sie kommen erst dann wieder in den Anwendungsbereich der Regeln über den allgemeinen Kündigungsschutz, wenn insgesamt mehr als zehn (Alt- und Neu-)Arbeitnehmer regelmäßig beschäftigt werden.

Für den Betrieb des U in Übungsfall 6 spielt dies alles keine Rolle, weil dort regelmäßig deutlich mehr als zehn Arbeitnehmer beschäftigt werden und deshalb das KSchG in jedem Fall Anwendung findet.

b) Arbeitsverhältnis von mehr als sechs Monaten Dauer

269 Dem Kündigungsschutz unterliegen gem. § 1 I KSchG nur solche Arbeitsverhältnisse, die länger als sechs Monate bestehen. Ist das nicht der Fall, ist die ordentliche Kündigung ohne die Einschränkungen des KSchG zulässig.

In unserem Übungsfall 6 (→ Rn. 250) muss der Justitiar die einzelnen Arbeitsverträge daraufhin überprüfen.

---

618 → Rn. 284.
619 Auf die in **§ 14 I KSchG** genannten Personen (zB Vorstandsmitglieder einer Aktiengesellschaft) findet der erste Abschnitt ebenfalls keine Anwendung; es handelt sich nicht um Arbeitnehmer. Zu **§ 14 II KSchG** s. → Rn. 286a.
620 → Rn. 102a.
621 BAG Urt. v. 24.1.2013 – 2 AZR 140/12, NZA 2013, 726, Rn. 11 ff.; s. dazu zB *Ramstetter/Hartmann* AuA 2013, 410.

2. Soziale Rechtfertigung der ordentlichen Kündigung

Nach § 1 I KSchG ist eine *arbeitgeberseitige* ordentliche Kündigung unwirksam, wenn sie *sozial ungerechtfertigt* ist. Lesen Sie dazu § 1 II 1 KSchG! 270

- Wann ist eine Kündigung danach *nicht* »sozial« ungerechtfertigt?
▶ Um die Kündigung sozial rechtfertigen zu können, muss sich der Arbeitgeber darauf berufen können, dass die Kündigung eines Arbeitnehmers entweder »personenbedingte«, »verhaltensbedingte« oder »betriebsbedingte« Gründe hat.

a) Personenbedingte Kündigungsgründe

Ein personenbedingter Kündigungsgrund liegt vor, wenn der Arbeitnehmer nicht mehr in der Lage ist, künftig die geschuldete Arbeitsleistung vertragsgerecht zu erbringen, weil seine persönlichen Fähigkeiten und Eigenschaften (verschuldensunabhängig, dh auch ohne Verstoß gegen arbeitsvertragliche Pflichten) dazu nicht mehr ausreichen.[622] 271

- Wann könnte dies etwa der Fall sein? Überlegen Sie, bevor Sie weiterlesen!
▶ Typische *Beispiele* hierfür sind mangelnde körperliche oder geistige Eignung, dauernde krankheits- oder altersbedingte Arbeitsunfähigkeit uÄ, sofern keine andere Einsatzmöglichkeit des Arbeitnehmers besteht.

b) Verhaltensbedingte Gründe

Ein verhaltensbedingter Kündigungsgrund liegt bei vertragswidrigem Verhalten des Arbeitnehmers vor. Das ist zB der Fall, wenn dieser Haupt- oder Nebenpflichten aus dem Arbeitsvertrag in vorwerfbarer Weise verletzt. 272

> **Hinweis:** Bevor wegen eines verhaltensbedingten Grundes gekündigt werden kann, muss grundsätzlich zunächst eine Abmahnung[623] ausgesprochen werden!

Die Kündigung kommt regelmäßig erst dann in Betracht, wenn sich das Verhalten trotz der Abmahnung wiederholt.

- Überlegen Sie selbst, welche Gründe es für verhaltensbedingte Kündigungen geben kann, bevor Sie weiterlesen!
▶ Beispiele finden Sie in den Kommentierungen zum KSchG.

> Hier einige **Beispiele:** davon: Häufige Schlechtleistung der Arbeit, wiederholte Unpünktlichkeit, Störung des Betriebsfriedens, wiederholte Arbeitsverweigerung,[624] Nichtbeachtung von Rauch- und/oder Alkoholverboten am Arbeitsplatz, Empfang und Versendung privater E-Mails sowie Surfen im Internet[625] trotz eines *eindeutigen* entgegenstehenden Verbots oder intensive Privatnutzung des Internets auch ohne ausdrückliches Verbot insbesondere dann, wenn der Arbeitnehmer auf pornografische Inhalte zugreift.[626]

Dazu muss man wissen, dass ein Arbeitgeber – ebenso wie ein absolutes Alkoholverbot oder die vollständige Untersagung der privaten Internetnutzung – erforderlichen- 273

---

622 Vgl. ErfK/*Oetker* KSchG § 1 Rn. 99 mwN; MüKoBGB/*Hergenröder* KSchG § 1 Rn. 123.
623 Dazu ausführlicher schon → **Rn. 175 ff.**
624 Ein **Leistungsverweigerungsrecht** kann sich insbes. aus § 14 AGG, beim Verstoß gegen Arbeitsschutzvorschriften aus **§ 273 I BGB** oder – bei ausstehenden Lohnzahlungen – aus **§ 320 BGB** ergeben. In diesen Fällen ist die Arbeitsverweigerung zulässig und berechtigt daher nicht zur Kündigung.
625 BAG Urt. v. 7.7.2005 – 2 AZR 581/04, BAGE 115, 195 = BeckRS 2005, 43997.
626 BAG Urt. v. 31.5.2007 – 2 AZR 200/06, NJW 2007, 2653; vgl. außerdem *Hromadka/Maschmann* ArbR I § 10 Rn. 185–190.

falls auch ein *allgemeines* Rauchverbot anordnen kann.[627] Ein generelles Rauchverbot im Freien lässt sich aber nicht mit dem Gesundheitsschutz der Nichtraucher begründen. Auch ein Rauchverbot mit dem Ziel, Arbeitnehmer von gesundheitsschädlichen Gewohnheiten abzubringen, überschreitet die Regelungskompetenz des Arbeitgebers.[628]

c) Betriebsbedingte Gründe

274 Ein betriebsbedingter Grund liegt vor, wenn es aufgrund einer *unternehmerischen Entscheidung*[629] zum *Wegfall* mindestens *eines Arbeitsplatzes* kommt. Die Ursache dafür kann in außerbetrieblichen Gründen oder innerbetrieblichen Faktoren liegen. Ob dringende betriebliche Erfordernisse den Wegfall des Arbeitsplatzes und die damit verbundene Kündigung unumgänglich machen, richtet sich nach den objektiven Verhältnissen im Zeitpunkt des Zugangs (§ 130 I 1 BGB, → Rn. 259) der Kündigungserklärung.[630] Fällt noch während der laufenden Kündigungsfrist der Kündigungsgrund weg, weil zB statt der ursprünglich beabsichtigten Betriebsstilllegung ein Betriebsübergang erfolgt, steht dem Arbeitnehmer grundsätzlich ein aus § 242 BGB herzuleitender Wiedereinstellungsanspruch zu.[631]

275
- Machen Sie sich selbst Gedanken darüber, was *außer- oder innerbetriebliche Ursachen* für eine betriebsbedingte Kündigung sein könnten, bevor Sie weiterlesen!
- ▷ Vergleichen Sie diese nun mit den nachfolgenden Beispielen.

Beispiele für die außer- oder innerbetrieblichen Ursachen einer betriebsbedingten Kündigung können sein: Andauernde Absatzschwierigkeiten, Kreditverweigerungen, Rohstoff- oder Energiemangel oder Rationalisierungsmaßnahmen, Produktionsumstellungen, Stilllegung bestimmter Betriebsabteilungen.

- Aus welchem Grund könnte danach in Übungsfall 6 (→ Rn. 250) eine Kündigung der Arbeitnehmer durch den Arbeitgeber »sozial gerechtfertigt« sein?
- ▷ Dass die betroffenen Arbeitnehmer nicht mehr in der Lage wären, die geschuldete Arbeitsleistung vertragsgerecht zu verbringen, ist nicht ersichtlich. Da ihnen auch kein Verstoß gegen den Arbeitsvertrag vorzuwerfen ist, sind personen- oder verhaltensbedingte Gründe für die Kündigung nicht gegeben. In Betracht kommen lediglich betriebsbedingte Gründe. U hat wegen des Auftragsmangels (= *äußerer Umstand*) beschlossen (= *Unternehmerentscheidung*), eine Fertigungsstraße still zu legen. Dadurch kommt es zum *Wegfall* von zehn Arbeitsplätzen.

---

627 Dies ergibt sich aus **§ 5 I der Arbeitsstättenverordnung** (ArbStättV), der folgenden Wortlaut hat: »Der Arbeitgeber hat die erforderlichen Maßnahmen zu treffen, damit die nicht rauchenden Beschäftigten in Arbeitsstätten wirksam vor den Gesundheitsgefahren durch Tabakrauch geschützt sind. Soweit erforderlich, hat der Arbeitgeber ein allgemeines oder auf einzelne Bereiche der Arbeitsstätte beschränktes Rauchverbot zu erlassen.«. Soweit die Tätigkeit zwingend mit **Kontakt zu rauchendem Publikum** verbunden ist, schränkt § 5 II ArbStättV die Schutzpflicht des Arbeitgebers allerdings ein. Instruktiv dazu BAG Urt. v. 10.5.2016 – 9 AZR 347/15, NZA 2016, 1134.
628 BAG Urt. v. 19.1.1999 – 1 AZR 499/98, BAGE 90, 316 =) NJW 1999, 2203.
629 Sie ist gerichtlich **nicht** auf ihre **sachliche Rechtfertigung** oder ihre **Zweckmäßigkeit zu überprüfen**. Dies gilt selbst dann, wenn sich das Unternehmen zu einer Fremdvergabe von Tätigkeiten entscheidet, durch die mehreren ordentlich nicht mehr kündbaren Arbeitsverhältnissen die Grundlage entzogen wird, s. BAG Urt. v. 22.11.2012 – 2 AZR 673/11 = BeckRS 2013, 68824.
630 BAG Urt. v. 27.2.1997 – 2 AZR 160/96, BAGE 85, 194 = NJW 1997, 2257.
631 BAG Urt. v. 4.12.1997 – 2 AZR 140/97, BAGE 87, 221 = NJW 1998, 2379; s. dazu auch BAG Urt. v. 19.10.2017 – 8 AZR 845/15, BAGE 160, 337 = NZA 2018, 436, Rn. 15 f. mwN.

Die Voraussetzungen für betriebsbedingte Kündigungen liegen somit im Hinblick auf zehn Arbeitsplätze an sich vor.
- ■ Was aber könnte bei dieser Kündigung fraglich sein?
- ▶ Fraglich erscheint, ob gerade den zehn von U ausgewählten Arbeitnehmern gekündigt werden darf.

3. Sozialwidrigkeit von Kündigungen im Einzelfall

Die Frage, ob eine Kündigung »an sich« zulässig wäre, ist nur die erste Stufe der Prüfung nach dem KSchG. Wie bei der außerordentlichen Kündigung (→ **Rn. 251 ff.**) ist auch bei der Überprüfung der Sozialwidrigkeit einer ordentlichen Kündigung zu fragen, ob der an sich geeignete Grund gerade in dem *speziellen Einzelfall* die Kündigung rechtfertigt.[632]   276

a) Prognoseprinzip

Die Kündigungsgründe sind zukunftsbezogen. Sie bilden den Anlass, das Arbeitsverhältnis für die Zukunft zu beenden und sollen nicht Vorfälle in der Vergangenheit sanktionieren. Daher ist die Kündigung nur dann wirksam, wenn das Arbeitsverhältnis durch den gegebenen Grund auch in der Zukunft beeinträchtigt wird.[633]   277

In unserem Fall (Übungsfall 6 → Rn. 250) sind die Beschäftigungsmöglichkeiten für zehn Arbeitnehmer wegen der Schließung der Fertigungsstraße auf unabsehbare Dauer entfallen, sodass dieses Erfordernis erfüllt ist.

b) Ultima-ratio-Prinzip

Eine Kündigung ist nur dann rechtmäßig, wenn alle anderen milderen Mittel ausgeschöpft sind. Sie ist also nur als letztes Mittel (»ultima ratio«) zulässig.[634] Der ultima-ratio-Grundsatz ist in § 2 II Nr. 2 SGB III[635] angesprochen, wonach die Arbeitgeber vorrangig durch betriebliche Maßnahmen die Inanspruchnahme von Leistungen der Arbeitsförderung (zB Arbeitslosengeld) sowie die Entlassung von Arbeitnehmern vermeiden sollen.[636] Man kann ihn auch aus dem Wortlaut des § 1 II 1 KSchG herauslesen, da »dringende« betriebliche Gründe vorliegen bzw. die Gründe eine Kündigung »bedingen«, diese also unausweichlich erscheinen lassen müssen.[637]   278

Als *mildere Mittel* kommen insbesondere eine Versetzung oder eine **Änderungskündigung** in Betracht. Auch mit einer Änderungskündigung beendet der Arbeitgeber zwar das ursprüngliche Arbeitsverhältnis, er bietet jedoch zugleich dem Arbeitnehmer die Fortsetzung des Arbeitsverhältnisses zu geänderten Arbeitsbedingungen an (s. § 2 KSchG – lesen!). So ist beispielsweise dem für stehende Tätigkeiten nicht mehr einsetzbaren Facharbeiter mit der Kündigung die frei gewordene Stelle eines Pförtners anzubieten.

Im Übungsfall 6 (→ Rn. 250) hat U die Fertigungsstraße dauerhaft stillgelegt und es sind keine anderweitigen Beschäftigungsmöglichkeiten ersichtlich.

---
632 Vgl. *Hromadka/Maschmann* ArbR I § 10 Rn. 155.
633 Vgl. *Junker* GK ArbR Rn. 363.
634 *Hromadka/Maschmann* ArbR I § 10 Rn. 164; MüKoBGB/*Hergenröder* KSchG § 1 Rn. 93.
635 **dtv-ArbG Nr. 42.**
636 ErfK/*Oetker* KSchG § 1 Rn. 74.
637 Vgl. die Darstellung bei *Junker* GK ArbR Rn. 364.

c) Interessenabwägung und Sozialauswahl
aa) Interessenabwägung

279 Bei der verhaltens- und der personenbedingten Kündigung hat ferner eine umfassende Abwägung der Interessen zu erfolgen. Die berechtigten Interessen des Arbeitgebers an der Beendigung des Arbeitsverhältnisses müssen den Auswirkungen des Arbeitsplatzverlustes gegenübergestellt werden. Auf Arbeitnehmerseite ist vor allem die Dauer der bisherigen Beschäftigung und ihr störungsfreier Verlauf in der Vergangenheit von Bedeutung. Hat jemand lange Jahre gute Dienste geleistet, müssen daher ganz erhebliche Beeinträchtigungen auf Arbeitgeberseite vorliegen, damit die Kündigung im Einzelfall gerechtfertigt sein kann.[638]

> **Hinweis:** Bei der betriebsbedingten Kündigung kommt eine Interessenabwägung allerdings nicht in Betracht. Denn anderenfalls müsste der Arbeitgeber, der seinen Betrieb stilllegt, uU Arbeitnehmer weiterbeschäftigen, obwohl für diese kein Arbeitsplatz mehr vorhanden ist.

bb) Sozialauswahl

280 Stattdessen hat der Arbeitgeber bei einer an sich gerechtfertigten betriebsbedingten Kündigung denjenigen Arbeitnehmer zu ermitteln, der auf das Arbeitsverhältnis am wenigsten angewiesen ist.[639] . Dies ergibt sich daraus, dass nach § 1 III KSchG (S. 1 davon lesen!) eine betriebsbedingte Kündigung auch dann sozial ungerechtfertigt ist, wenn der Arbeitgeber bei der Auswahl des zu Kündigenden die Dauer seiner *Betriebszugehörigkeit*, das *Lebensalter*,[640] seine *Unterhaltspflichten* und eine eventuell bestehende *Schwerbehinderung* nicht oder nicht ausreichend berücksichtigt hat. Miteinander verglichen werden müssen jeweils nur diejenigen Arbeitnehmer, die gegeneinander ausgetauscht werden können. Ausnahmsweise bleiben Arbeitnehmer (vor allem sog. »Leistungsträger«) bei der Sozialauswahl außer Betracht, wenn deren Weiterbeschäftigung im berechtigten betrieblichen Interesse liegt (§ 1 III 2 KSchG).[641]

In unserem Fall muss daher der Justitiar die Verhältnisse der dreißig für die Kündigung in Betracht kommenden Arbeitnehmer miteinander vergleichen. Ob den vorgesehenen zehn Arbeitnehmern gekündigt werden kann, richtet sich nach ihrer sozialen Schutzwürdigkeit im Vergleich zu den übrigen zwanzig.

- Bei welchem Arbeitnehmer könnte hier vor allem eine besondere soziale Schutzwürdigkeit vorliegen?
- Insbesondere im Fall des A ist eine hohe soziale Schutzwürdigkeit gegeben. Ihm dürfte nicht gekündigt werden, wenn sich unter den übrigen 29 Arbeitnehmern solche befinden, die noch nicht so lange im Betrieb arbeiten und die deutlich jünger sind.

Da der Sachverhalt unseres Übungsfalls über die Verhältnisse der anderen für eine Kündigung vorgesehenen Arbeitnehmer nichts aussagt, kann hierzu keine abschließende Entscheidung getroffen werden.

---

638 *Junker* GK ArbR Rn. 367, 370.
639 BAG Urt. v. 27.4.2017 – 2 AZR 67/16, BAGE 159, 82 = NZA 2017, 902, Rn. 15.
640 Die darin liegende **Benachteiligung Jüngerer** ist nach § 10 S. 1, 2 AGG **gerechtfertigt**, BAG Urt. 6.11.2008 – 2 AZR 523/07, BAGE 128, 238 = NZA 2009, 361 (s. insbes. Rn. 43 ff.); **Regelaltersrentenberechtigte** sind allerdings deutlich **weniger schutzbedürftig** als Arbeitnehmer, die noch keine Altersrente beanspruchen können, BAG Urt. v. 27.4.2017 – 2 AZR 67/16, BAGE 159, 82 = NZA 2017, 902. Zum Verhältnis AGG-Kündigungsschutz lesen Sie ggf. nochmals → **Rn. 265**.
641 Dazu *Löwisch* NZA 2003, 289; *Löwisch* BB 2004, 155.

> **Merken** sollten Sie sich, dass die sog. »Dominotheorie« vom BAG[642] aufgegeben wurde: Ein Fehler bei der Auswahl eines Arbeitnehmers zieht nicht (mehr) automatisch die Unwirksamkeit aller Kündigungen wegen fehlerhafter Sozialauswahl nach sich.

IV. Betriebsübergang

Wird ein Betrieb oder Betriebsteil durch Rechtsgeschäft an einen neuen Inhaber veräußert, geht die Arbeitgeberstellung mit Übernahme des Betriebs auf den Betriebsnachfolger über. Gemäß § 613a I 1 BGB tritt der neue Betriebsinhaber in die Rechte und Pflichten des Arbeitgebers gegenüber den Arbeitnehmern aus den im Zeitpunkt des Übergangs bestehenden Arbeitsverhältnissen ein (*Einzelrechtsnachfolge*) – vgl. § 613a I 1 BGB (lesen!). 281

Der **Begriff des Betriebs**[643] ist hier aus Gründen des Arbeitnehmerschutzes weit auszulegen. Allerdings stellt allein die *Funktionsnachfolge*, dh die bloße Fortführung von einzelnen Aufgaben eines Betriebs durch ein anderes Unternehmen (zB Reinigungsarbeiten), noch keinen Betriebsübergang iSv § 613a BGB dar.[644] Es muss sich vielmehr weiterhin um dieselbe »*wirtschaftliche Einheit*« handeln und zudem die für ihren Betrieb verantwortliche natürliche oder juristische Person wechseln.[645]

Bei der Bestimmung der **wirtschaftlichen Einheit** sind nicht nur Aspekte von Bedeutung, die der potentielle Betriebsübernehmer beeinflussen kann. Nach der Rspr. kann auch eine *vom Auftraggeber vorgegebene Verpflichtung* zur Übernahme von Betriebsmitteln einen Betriebsübergang auslösen.[646]

> **Beispiel:** So wurde angesichts der Verpflichtung zur Zubereitung von Speisen in der Küche eines Krankenhauses bei Neuvergabe eines Bewirtschaftungsvertrages die Nutzung der *Räumlichkeiten* und des gestellten *Inventars* für den Übergang einer Krankenhauskantine als *ausschlaggebend* erachtet.[647]

Auch wenn der übertragene Betriebsteil seine organisatorische Selbstständigkeit nicht bewahrt, sondern in die Strukturen des Erwerbers integriert wird, kann die »wirtschaftliche Einheit« fortbestehen.[648]

> **Beispiel:** Übernimmt die von einem Krankenhaus gegründete Service GmbH sämtliche Reinigungskräfte des Krankenhauses, um diese zur Verrichtung derselben Tätigkeiten im Wege der Arbeitnehmerüberlassung an das Krankenhaus »zurückzuentleihen«, kann die wirtschaftliche Einheit erhalten bleiben.[649]

---

642 BAG Urt. v. 9.11.2006 – 2 AZR 812/05, BAGE 120, 137 = BeckRS 2007, 44059.
643 Vgl. zum **allgemeinen Betriebsbegriff** außerhalb des Anwendungsbereichs von 613a BGB → **Rn. 49**.
644 BAG Urt. v. 13.11.1997 – 8 AZR 295/95, BAGE 87, 115 = NJW 1998, 1885; EuGH Urt. v. 11.3.1997 – C-13/95, Slg 1997, I-1259-1277 – ECLI:EU:C:1997:141 – Ayse Süzen, sowie zB EuGH Urt. v. 19.10.2017 – C-200/16, NZA 2017, 1379 Securitas; EuGH Urt. v. 24.1.2002 – C-51/00, Slg 2002, I-969-1006 = ECLI:EU:C:2002:48 – Temco.
645 BAG Urt. v. 25.1.2018 – 8 AZR 309/16, BAGE 161, 378 = NZA 2018, 933.
646 Bei der Vergabe von öffentlichen Aufträgen im Schienenpersonenverkehr kann (bzw. soll) gem. § 131 III GWB eine Personalübernahme entspr. § 613a BGB von der Vergabestelle angeordnet werden.
647 EuGH Urt. v. 20.11.2003 – C-340/01, ECLI:EU:C:2003:629 = DB 2003, 2654 – Carlito Abler; ähnlich BAG Urt. v. 13.6.2006 – 8 AZR 271/05, NJW 2007, 106; BAG Urt. v. 15.2.2007 – 8 AZR 431/06, BAGE 121, 289 = BeckRS 2007, 44910.
648 EuGH Urt. 12.2.2009 – C-466/07, ECLI:EU:C:2009:85 = NJW 2009, 2029 – Klarenberg.
649 BAG Urt. v. 21.5.2008 – 8 AZR 481/07, NZA 2009, 144.

Wird anschließend ein konzernfremdes Unternehmen mit den Reinigungs- und Serviceaufgaben betraut, kommt dementsprechend ein Betriebsübergang von dem Krankenhaus auf das konzernfremde Unternehmen in Betracht, obwohl der Krankenhausbetreiber nicht Vertragspartner der Arbeitnehmer ist.[650]

> **Hinweis:** Während einerseits eine Zustimmung der Arbeitnehmer zum Betriebs- bzw. Arbeitgeberwechsel nicht erforderlich ist, ist andererseits eine Kündigung durch den Arbeitgeber wegen des Betriebsübergangs gem. § 613a IV 1 BGB unwirksam.

282 Eine Zustimmung des Arbeitnehmers zum Betriebsübergang ist nicht erforderlich, er hat jedoch ein **Widerspruchsrecht** (»Kein Arbeitnehmer braucht sich gegen seinen Willen mit dem Betrieb verkaufen zu lassen«). § 613a V BGB legt fest, dass die betroffenen Arbeitnehmer vor einem Betriebsübergang in Textform (§ 126b BGB) unterrichtet werden müssen. Sie können sodann nach § 613a VI BGB dem Übergang des Arbeitsverhältnisses innerhalb eines Monats nach Zugang der Unterrichtung widersprechen.[651] Um vor voreiligen Erklärungen zu schützen, ist der Widerspruch schriftlich (§ 126 BGB) zu erklären (Warnfunktion).

Der Widerspruch hat zur Folge, dass das Arbeitsverhältnis mit dem alten Arbeitgeber fortbesteht. Dieser hat jedoch seinen Betrieb veräußert und verfügt daher uU nicht mehr über die Möglichkeit, den Arbeitnehmer zu beschäftigen. Er kann dann das Arbeitsverhältnis gem. § 1 II 1 KSchG betriebsbedingt kündigen. Da dem Arbeitnehmer ohne den Widerspruch gegen den Betriebsübergang nicht gekündigt worden wäre, steht das Kündigungsverbot *wegen* des Betriebsübergangs gem. § 613a IV 1 BGB[652] der Wirksamkeit der Kündigung nicht entgegen.[653]

Handelt es sich bei der Betriebsnachfolge um eine *Gesamtrechtsnachfolge* (zB durch Erbfall gem. § 1922 BGB), gilt § 613a BGB (mangels *rechtsgeschäftlicher* Veräußerung des Betriebs) nicht, sondern der Nachfolger tritt *kraft Gesetzes* »automatisch« in alle Rechte und Pflichten des bisherigen Betriebsinhabers ein.[654]

V. Besonderer Kündigungsschutz

283 Unter bestimmten gesetzlichen Voraussetzungen sind bei an sich zulässigen Kündigungen Kündigungseinschränkungen zu beachten. So haben Sie bereits das Kündigungsverbot des § 17 I MuSchG sowie das Verbot der Kündigung wegen Betriebsübergangs nach § 613a IV 1 BGB kennen gelernt. Des Weiteren ist die Kündigung unter Umständen unzulässig gegenüber Mitgliedern eines Betriebsrats (oder einer Personalvertretung) gem. § 15 KSchG und § 103 BetrVG, gegenüber schwerbehinderten Menschen (§§ 168–175,

---

650 Vgl. EuGH Urt. v. 21.10.2010 – C-242/09, ECLI:EU:C:2010:625 = NJW 2011, 439 – Albron Catering; EuGH Urt. v. 7.8.2018, C-472/16, ECLI:EU:C:2018:646 = NZA 2018, 1123 – Sigüenza.
651 Bei **fehlerhafter Unterrichtung** beginnt die Frist nicht zu laufen, doch kann die langjährige widerspruchslose **Weiterarbeit** zur **Verwirkung** des Widerspruchsrechts führen, wenn grundlegende Informationen in Textform gegeben wurden, BAG Urt. v. 24.8.2017 – 8 AZR 265/16, BAGE 160, 70 = NZA 2018, 168.
652 Ein **Aufhebungsvertrag** kann wegen **Umgehung von § 613a BGB** gem. § 134 BGB nichtig sein, wenn er nicht auf das **endgültige Ausscheiden** des Arbeitnehmers aus dem Betrieb gerichtet ist, BAG Urt. v. 25.10.2012 – 8 AZR 572/11, BeckRS 2013, 65736.
653 Zur Abgrenzung zu einer Kündigung aus anderen Gründen s. auch EuGH Urt. v. 7.8.2018, C-472/16, ECLI:EU:C:2018:646 = NZA 2018, 1123 – Sigüenza.
654 Für Unternehmensumwandlungen, die sich im Wege der Gesamtrechtsnachfolge vollziehen, findet § 613a I, 4–6 BGB gem. § 324 UmwG (**dtv-ArbG Nr. 83**) Anwendung.

178 II 3 SGB IX[655]) und gegenüber Arbeitnehmern, die Elternzeit (§ 18 BEEG[656]), Pflegezeit (§ 5 PflegeZG[657]) oder Familienpflegezeit (§ 2 III FPfZG[658] iVm § 5 PflegeZG) beanspruchen. Bei sog. »Massenentlassungen« gelten die §§ 17 ff. KSchG[659].

Dies nur zur Information! Die Vorschriften »müssen« Sie jetzt nicht unbedingt lesen!

VI. Rechtsschutz des Arbeitnehmers

Gegen eine unzulässige Kündigung kann der Arbeitnehmer *innerhalb von drei Wochen* nach Zugang (§ 130 I 1 BGB) der schriftlichen Kündigung eine *»Kündigungsschutzklage«* beim Arbeitsgericht erheben, § 4 S. 1 KSchG (lesen!). Dies gilt nicht nur dann, wenn der Arbeitnehmer sich gegen eine sozial ungerechtfertigte Kündigung iSd KSchG wendet, sondern bei jeder Kündigung. Versäumt der Arbeitnehmer die Frist, gilt auch eine an sich unwirksame arbeitgeberseitige[660] Kündigung gem. § 7 KSchG als von Anfang an wirksam. Bei allen Kündigungen, sogar bei außerordentlichen oder sittenwidrigen Kündigungen (§ 13 I 2, III KSchG), werden Mängel der Kündigung damit bei nicht rechtzeitiger Klageerhebung geheilt!

284

Eine Ausnahme davon ergibt sich allerdings aus dem Wortlaut des § 4 KSchG: Die Klagefrist beginnt nur dann zu laufen, wenn *schriftlich* gekündigt wurde. Die Fiktionswirkung des § 7 KSchG greift also nicht, wenn die Formanforderungen der §§ 623, 126 BGB verletzt wurden.

VII. Weiterbeschäftigungsanspruch

Eine wirksame ordentliche Kündigung beendet das Arbeitsverhältnis mit Ablauf der Kündigungsfrist. Ob sie wirksam oder unwirksam war, steht endgültig aber erst mit dem rechtskräftigen Abschluss des Kündigungsschutzprozesses fest. In der Schwebezeit kann zugunsten des Arbeitnehmers der **betriebsverfassungsrechtliche Weiterbeschäftigungsanspruch** gem. § 102 V 1 BetrVG (lesen!) begründet sein. Er setzt voraus, dass in dem Betrieb ein Betriebsrat besteht und dieser einer ordentlichen Kündigung frist- und formgerecht aus den in § 102 III BetrVG genannten Gründen widersprochen hat. Ist dies der Fall, kann der Arbeitnehmer nach Erhebung einer

285

---

655 Zur erforderlichen **Anhörung der Schwerbehindertenvertretung** vor einer Kündigung s. auch → Rn. 264.
656 dtv-ArbG Nr. 58.
657 dtv-ArbG Nr. 26.
658 dtv-ArbG Nr. 27.
659 Eine nicht gem. § 17 I 1 KSchG wirksam erstattete **Massenentlassungsanzeige** führt zur Nichtigkeit der Kündigung gem. § 134 BGB und ist von den Gerichten **von Amts wegen zu berücksichtigen**, BAG Urt. v. 13.12.2012 – 6 AZR 5/12, BeckRS 2013, 67924; BAG Urt. v. 22.11.2012 – 2 AZR 371/11, NZA 2013, 845. Sie betrifft gem. § 17 I 2 KSchG alle vom Arbeitgeber veranlassten Beendigungsgründe, auch Eigenkündigungen oder **Aufhebungsverträge** (BAG Urt. v. 19.3.2015 – 8 AZR 119/14, BeckRS 2015, 70521) sowie Beschäftigte mit Sonderkündigungsschutz (zB im **Mutterschutz** oder in Elternzeit) auch bei erst späterer Kündigung, wenn die Zulässigkeitserklärung für die Kündigung (§ 18 I 4, 5 BEEG, § 16 II 1 MuSchG) innerhalb der 30-Tage-Frist beantragt wurde, BVerfG Beschl. v. 8.6.2016 – 1 BvR 3634/13, NZA 2016, 939. Kündigungen sind grundsätzlich wirksam, wenn die **Anzeige vor Zugang der Kündigung** bei der Arbeitsagentur eingeht, BAG Urt. v. 21.8.2019 – 6 AZR 459/18. S. zum Ganzen zB *Seidel/Wagner* BB 2018, 692; *Spelge* EuZA 2018, 67.
660 Auf die **Eigenkündigung** eines Arbeitnehmers finden die §§ 4, 7 KSchG keine Anwendung, BAG Urt. v. 21.9.2017 – 2 AZR 57/17, BAGE 160, 221 = NZA 2017, 1524.

5. Kapitel. Beendigung des Arbeitsverhältnisses

Kündigungsschutzklage vom Arbeitgeber die Weiterbeschäftigung zu unveränderten Bedingungen bis zum Abschluss des Rechtsstreits verlangen.

In anderen Fällen kommt während eines Kündigungsschutzprozesses nur der von der Rspr.[661] entwickelte »**allgemeine Weiterbeschäftigungsanspruch**« in Betracht. Er besteht, wenn die Interessen des Arbeitnehmers an der Weiterbeschäftigung die des Arbeitgebers an der Nichtbeschäftigung überwiegen. Dies wird nur angenommen, wenn es sich entweder um eine ganz *offensichtlich unwirksame* Kündigung handelt (zB wurde der Betriebsrat unbestritten nicht nach § 102 I BetrVG angehört) oder aber nach *Obsiegen* des Arbeitnehmers im *arbeitsgerichtlichen Kündigungsschutzprozess* in erster Instanz für die weitere Dauer des Verfahrens.[662]

VIII. Aufhebungsvertrag

286 Nach dem Grundsatz der Vertragsfreiheit kann ein Arbeitsverhältnis einvernehmlich nicht nur begründet, sondern – schriftlich (§ 623 BGB!) – auch wieder aufgehoben werden (vgl. § 311 I BGB). Da die Beendigung des Arbeitsverhältnisses hier (auch) auf eine Willensentscheidung des Arbeitnehmers zurückgeht, finden – genau wie bei einer Kündigung durch den Arbeitnehmer – die Kündigungsschutzvorschriften keine Anwendung.

Ein Aufhebungsvertrag kann für beide Seiten vorteilhaft sein. Der Arbeitnehmer erhält zumeist eine Abfindung und scheidet ungekündigt aus dem Arbeitsverhältnis aus, was die Chancen auf eine Folgebeschäftigung erhöht. Der Arbeitgeber muss sich nicht an die Kündigungsschutzbestimmungen halten und kann somit die Unsicherheit eines Kündigungsschutzprozesses vermeiden; deshalb ist er auch oft bereit, dem Arbeitnehmer den Kündigungsschutz mit einer Abfindung zu entgelten, ihm diesen also praktisch »abzukaufen«.

Auch wenn der Vertrag außerhalb von Geschäftsräumen geschlossen wurde, ergibt sich kein Widerrufsrecht gem. § 355, § 312g iVm § 312 I BGB.[663] Der Arbeitgeber darf vor Abschluss des Vertrages allerdings keine psychische Drucksituation schaffen, die eine freie und überlegte Entscheidung des Arbeitnehmers erheblich erschwert.[664] Bei einem solchen Verstoß gegen das »**Gebot fairen Verhandelns**« als arbeitsvertragliche Nebenpflicht ist der Arbeitnehmer gem. §§ 249 I, 280 I, 611a I so zu stellen, als hätte er den Aufhebungsvertrag nicht geschlossen und das Arbeitsverhältnis besteht fort.

> **Beispiel:** Der Arbeitgeber sucht einen erkrankten Arbeitnehmer überraschend in dessen Wohnung auf und nutzt dessen krankheitsbedingte Schwäche bewusst zum Abschluss eines Aufhebungsvertrages aus.[665]

---

661 BAG Beschl. v. 27.2.1985 – GrS 1/84, BAGE 48, 122 = BeckRS 9998, 150642.
662 Bei Interesse: *Hromadka/Maschmann* ArbR I § 10 Rn. 347 ff.; *Junker* GK ArbR Rn. 393; *Preis* ArbR I § 69 VI 2.
663 Dies ergibt sich aus der Gesetzgebungsgeschichte, s. BAG Urt. v. 7.2.2019 – 6 AZR 75/18, BeckRS 2019, 1651; s. bereits → Rn. 60.
664 Eine **Anfechtung des Aufhebungsvertrags** nach § 123 I Alt. 2 BGB wegen widerrechtlicher Drohung kommt in Betracht, wenn der Arbeitgeber mit der **Androhung einer Kündigung** zum Abschluss des Aufhebungsvertrages gedrängt hat, obwohl ein verständiger Arbeitgeber eine solche Kündigung in dieser Situation nicht ernsthaft in Erwägung ziehen durfte, s. BAG Urt. v. 27.11.2003 – 2 AZR 135/03, NZA 2004, 597.
665 BAG Urt. v. 7.2.2019 – 6 AZR 75/18, BeckRS 2019, 1651.

Der Aufhebungsvertrag kann auch erst im Rahmen eines Rechtsstreits über die Wirksamkeit einer Kündigung als sog. *Prozessvergleich* geschlossen werden.[666]

IX. Abwicklungsvertrag und Abfindungsanspruch nach Kündigung

Setzt der Arbeitnehmer seine Unterschrift unter einen Aufhebungsvertrag und wird er dadurch arbeitslos, hat er seine Arbeitslosigkeit mit der Unterschriftsleistung selbst herbeigeführt. Jede aktive Beteiligung an der Beendigung des Arbeitsverhältnisses wird grundsätzlich mit einer sog. »*Sperrzeit*« von 12 Wochen sanktioniert, in der der Arbeitslose kein Arbeitslosengeld erhält (vgl. §§ 148 I Nr. 4, 159 I Nr. 1, III SGB III).[667] Früher meinte man, diese Folge durch Abschluss eines Abwicklungsvertrags umgehen zu können. Im Unterschied zu einem Aufhebungsvertrag wird der **Abwicklungsvertrag** erst *nach* zugegangener Kündigung zur Abwicklung des bereits gekündigten Arbeitsverhältnisses geschlossen.[668] Bei rein rechtlicher Betrachtung führt er somit das Ende des Arbeitsverhältnisses nicht herbei. Das BSG[669] hat sich auf diese feinsinnige Unterscheidung nicht eingelassen und stellt – wie gesagt – allein darauf ab, ob sich der Arbeitnehmer tatsächlich *aktiv* an der Beendigung seines Beschäftigungsverhältnisses beteiligt. Dies ist auch beim Abwicklungsvertrag regelmäßig der Fall, weil der Arbeitnehmer dabei vertraglich auf die Geltendmachung seines Kündigungsschutzes verzichtet und so einen wesentlichen Beitrag zur Herbeiführung seiner Beschäftigungslosigkeit leistet.

286a

Unschädlich ist es aber, wenn der Arbeitnehmer seine **Kündigung** rein **passiv hinnimmt**, selbst wenn ihm für diesen Fall eine Abfindung versprochen wurde. Eine Variante des bloß passiven Vorgehens hat der Gesetzgeber in § 1a KSchG (lesen!) ausdrücklich geregelt. Danach *kann* der Arbeitgeber eine betriebsbedingte Kündigung mit dem Angebot einer Abfindung verbinden. Der Arbeitnehmer, der innerhalb der dreiwöchigen Klageerhebungsfrist keine Kündigungsschutzklage erhebt, erwirbt einen *gesetzlichen* Anspruch auf die Abfindung. Wegen der gesetzlich geregelten Höhe der Abfindung (s. § 1a II KSchG)[670] und der sperrzeitneutralen Wirkung kann diese gesetzliche Regelung einen Anreiz auf die Arbeitsvertragsparteien ausüben, sich nicht auf die Unwägbarkeiten eines Kündigungsschutzprozesses einzulassen: Dass man sich vor Gericht und auf hoher See allein in Gottes Hand befindet, haben Sie sicher schon einmal gehört …

Ein Abfindungsanspruch ergibt sich ferner bei einem **Auflösungsantrag** des Arbeitnehmers, falls er mit seiner Kündigungsschutzklage zwar Erfolg hat, ihm aber die Fortsetzung des Arbeitsverhältnisses nicht zuzumuten ist (§ 9 I 1, § 10 KSchG). Der Arbeitgeber kann die Auflösung des Arbeitsverhältnisses gegen Abfindung beantragen, wenn Gründe vorliegen, die eine den Betriebszwecken dienliche weitere Zusammenarbeit zwischen Arbeitgeber und Arbeitnehmer nicht erwarten lassen (§ 9 I 2, § 10 KSchG).[671]

---

666 Bei Interesse: *Junker* GK ArbR Rn. 425 ff.
667 dtv-ArbGG Nr. 42. S. zum Ganzen zB *Kokemoor* SozR Rn. 354 ff.; *Kroeschell* jM 2016, 30.
668 Vgl. *Bauer/Preis/Schunder* NZA 2003, 704 (705).
669 BAG Urt. v. 18.12.2003 – B 11 AL 35/03 R, BSGE 92, 74 = BeckRS 2004, 40811.
670 Auch wenn ein Arbeitnehmer **nach oder vor** einer drohenden betriebsbedingten **Kündigung** einen **Aufhebungsvertrag** mit einer Abfindung abschließt, die sich im Rahmen des § 1a KSchG hält, steht ihm damit ein wichtiger Grund zur Seite, der eine Sperrzeit ausschließt, BSG Urt. v. 2.5.2012 – B 11 AL 6/11 R, NZS 2012, 874. Eine Abfindung gem. § 1a KSchG führt zudem **nicht** zum **Ruhen** des Arbeitslosengeldanspruchs gem. **§ 158 SGB III**, vgl. BSG Urt. v. 8.12.2016 – B 11 AL 5/15 R, BeckRS 2016, 117029.
671 ZB nach **bewusst wahrheitswidrigen Aussagen** in einem Kündigungsschutzprozess, s. BAG Urt. v. 24.5.2018 – 2 AZR 73/18, NZA 2018, 1131.

5. Kapitel. Beendigung des Arbeitsverhältnisses

Bei leitenden Angestellten ist ein solcher Antrag des Arbeitgebers auch ohne Begründung möglich (§ 14 II 2 KSchG).[672]

Hinweis: Leitende Angestellte genießen deshalb nach dem KSchG keinen Bestands-, sondern nur einen Abfindungsschutz.[673] Notieren Sie § 14 II 2 KSchG neben § 9 I 2 KSchG!

Lesen Sie zur »Beendigung von Arbeitsverhältnissen« die Zusammenfassung auf der folgenden Übersicht 11, in der zur Kurzinformation auch Beendigungsgründe aufgeführt sind, die in diesem Rahmen »aus Rationalisierungsgründen« nicht besprochen wurden!

286b **Zur Übung und Vertiefung:**

Klausurfall 2d (vgl. Vorwort!)

Gwendolin ist als Verwaltungsangestellte bei dem Handarbeitszubehörunternehmen Woll-Lust AG beschäftigt. Nach der bei der Woll-Lust AG bestehenden Gleitzeitregelung sind die Angestellten verpflichtet, ein Zeiterfassungsgerät zu bedienen.

Das Aufstehen am Wochenbeginn bereitet Gwendolin stets besonders große Probleme. Als sie am Montag erst um 9.00 Uhr ins Büro kam, betätigte sie sicherheitshalber die Stechuhr nicht, um ihre prekäre Gleitzeitsituation nicht unnötig weiter zu verschärfen. Nachdem sie sich vergewissert hatte, dass sie zwischen 8.00 und 9.00 Uhr im Büro noch nicht vermisst worden war, erklärte sie dem Personalleiter am Nachmittag, dass sie bereits um 8.00 Uhr im Büro gewesen sei, jedoch versehentlich vergessen habe, die Stechuhr zu betätigen.

Am Dienstagmorgen bestellt der Personalleiter Gwendolin zu Arbeitsbeginn in sein Büro und eröffnet ihr in einem ruhigen und sachlichen Gespräch, dass sie am Montag um 9.00 Uhr beim Betreten des Büros beobachtet worden sei und er ihr deswegen außerordentlich kündigen könne. Dies sei Gwendolin auch bekannt, da sie – was zutreffend ist – vor einigen Wochen wegen Unregelmäßigkeiten bei der Gleitzeiterfassung abgemahnt worden sei. Da er kein Unmensch sei, biete er ihr den Abschluss eines Aufhebungsvertrags an, der sogar eine Abfindung in Höhe von 10.000 EUR für sie vorsehe. Wenn sie die Kündigung vermeiden wolle, müsse sie allerdings das großzügige Angebot sofort annehmen. Sodann legt er den Vertragstext schriftlich fest und unterschreibt ihn. Da Gwendolin sich nicht zu helfen weiß, setzt sie notgedrungen ihre Unterschrift ebenfalls unter den Vertrag.

Der nächste Tag beginnt für Gwendolin mit der Nachricht ihrer Frauenärztin, dass sie bereits im zweiten Monat schwanger ist. Umgehend eilt sie in das Personalbüro der Woll-Lust AG. Dort teilt sie dem Personalleiter mit, dass sie sich in anderen Umständen befinde und deshalb den Aufhebungsvertrag anfechte. Sie sei unzulässig zum Abschluss des Aufhebungsvertrags genötigt worden und habe sich zudem in Unkenntnis ihrer Schwangerschaft und des sich daraus ergebenden besonderen Mutterschutzes befunden. Außerdem sei der Aufhebungsvertrag schon allein deshalb unwirksam, weil man ihr keine Bedenkzeit und auch kein Widerrufsrecht eingeräumt habe.

Wie ist die Rechtslage? (Bearbeitungszeit: 120 Minuten)

Ausformulierter Lösungsvorschlag:
▶ Siehe *Kokemoor/Kreissl* ArbR I Fall 11, Rn. 154.[674]

---

672 Wohl vor allem, um anglo-amerikanischen **Banken** im Zuge des **Brexits** einen Umzug nach Deutschland zu erleichtern, findet die Regelung auch auf **Spitzenverdiener** bedeutender Institute Anwendung, die keine leitenden Angestellten sind, s. § 25a Va KWG idF des Art. 8 Brexit-Steuerbegleitgesetz v. 25.3.2019, BGBl. 2019 I 357; dazu zB *Bonanni* ArbRB 2019, 79; *Düwell* jurisPR-ArbR 18/2019 Anm. 1.
673 *Hromadka/Maschmann* ArbR I § 10 Rn. 140.
674 **Kurzhinweise zur Lösung:** 1) Aufhebungsvertrag (vgl. § 311 I BGB) geschlossen. Keine Umgehung (§ 134 BGB) von § 17 I MuSchG, kein unbilliges Drängen (§ 138 I BGB), kein Verstoß gegen das Gebot fairen Verhandelns. 2) Keine Anfechtung gem. § 119 I Alt. 1 BGB, da nur Rechtsfolgenirrtum und auch nicht gem. § 123 I Alt. 2 BGB, da Drohung angesichts grds. bestehender Kündigungsmöglichkeit gem. § 626 I BGB nicht widerrechtlich. 3) Ein vertragliches Widerrufsrecht wurde nicht vereinbart und lässt sich hier auch nicht mit § 242 BGB begründen.

IX. Abwicklungsvertrag und Abfindungsanspruch nach Kündigung

Übersicht 11

Beendigung des Arbeitsverhältnisses	287

Das Arbeitsverhältnis ist ein auf Dauer angelegtes Schuldverhältnis. Es kann also nicht durch einmaligen Austausch von Leistungen (wie zB ein Kaufvertrag) beendet werden, sondern erst beim Vorliegen besonderer ...

Beendigungsgründe			
Kündigung			Sonstige
außerordentliche	ordentliche		1. Befristeter Arbeitsvertrag: Zeitablauf (§§ 620 I, III, 15 I, II TzBfG)
§ 626 BGB	Voraussetzungen	§§ 620–625 BGB	
1. Wichtiger Grund (§ 626 I BGB) 2. Kündigungs- erklärungsfrist (§ 626 II BGB: zwei Wochen Ausnahme: § 174 V SGB IX	1. Einhaltung der Kündigungsfrist (§ 622 BGB) 2. Ggf.: Soziale Rechtfertigung nach § 1 KSchG • »personenbedingt« • »verhaltensbedingt« • »betriebsbedingt«		2. Aufhebungsvertrag (§§ 397 II, 311 I BGB) 3. Anfechtung (§§ 119, 123 BGB) 4. Gerichtliche Entscheidung (§§ 9, 12, 16 KSchG) 5. Tod des Arbeitnehmers (vgl. § 613 S. 1 BGB)
			Keine Beendigungsgründe ...
3. Schriftliche Kündigungserklärung (§§ 623, 126 I BGB) (Zugang nach §§ 130 ff. BGB) 4. Anhörung des Betriebsrats (§ 102 I BetrVG) 5. Kein Kündigungsverbot (zB § 17 I MuSchG, § 2 I, § 15 KSchG, §§ 168 ff. SGB IX, § 18 BEEG, § 5 PflegeZG)			... sind zB: 1. Abwicklungsvertrag 2. Erreichung des Rentenalters (vgl. § 41 SGB VI) 3. Tod des Arbeitgebers 4. Insolvenz des Arbeitgebers (vgl. § 113 InsO) 5. Betriebsübergang (§ 613 a BGB)
Rechtsschutz			
Kündigungsschutzklage			
§ 13 I 2 KSchG →	§§ 4, 7 KSchG		

Literatur zu Vertiefung (5. Kapitel, Rn. 246–287): *Alpmann* und *Schmidt* ArbR I Rn. 416 ff.; *Aufterbeck*, Die verhaltensbedingte Kündigung als Einfallstor für BGB AT-Klassiker, JuS 2017, 15; *Bauer/ Günther*, Kündigung wegen beleidigender Äußerungen bei Facebook – Vertrauliche Kommunikation unter Freunden?, NZA 2013, 67; *Bayreuther*, Der neue Kündigungsschutz schwerbehinderter Arbeitnehmer nach § 95 II SGB IX, NZA 2017, 87; *Bepler*, Arbeitsrechtliche Sonderwege im bezahlten Fußball, jM 2016, 105, 151; *Bonanni*, Lockerung des Kündigungsschutzes für Risikoträger, ArbRB 2019, 79; *Brox/Rüthers/Henssler* ArbR Kap. 7; *Dütz/Thüsing* ArbR § 9; *Dzida*, Social Media als Kündigungsgrund, ArbRB 2016, 240; *Fischinger*, Fortgeschrittenenklausur – Zivilrecht: Immer Ärger mit dem Arbeitsrecht, JuS 2012, 531; *Gaul/Schmidt-Lauber*, Die ordnungsgemäße Anhörung vor Verdachtskündigung, ArbRB 2012, 18; *Grimm/Freh*, Wichtige Neuerungen im Schwerbehindertenrecht, ArbRB 2017, 16; *Hanau/Adomeit* ArbR J.; *Herbert/Oberrath*, Beherrschung und Verwendung der deutschen Sprache bei

Durchführung und Beendigung des Arbeitsverhältnisses, DB 2010, 391; *Hofer/Grimm*, Die Änderungskündigung, JA 2019, 486; *Hromadka/Maschmann* ArbR I § 10; *Husemann*, Der Schutz der Arbeitnehmer bei einem Betriebsübergang, JURA 2016, 472; *Jakobs/Krois*, Schwerpunktbereichsklausur – Arbeitsrecht: Diskriminierende Kündigung und Videoüberwachung, JuS 2010, 228; *Jacobs/Krois*, Schwerpunktbereichsklausur – Arbeitsrecht: Kündigungsschutz und europäisches Arbeitsrecht – Flexibler Personaleinsatz?, JuS 2016, 150; *Junker*, Der identitätswahrende Übergang einer wirtschaftlichen Einheit als Voraussetzung des Betriebsübergangs, EuZA 2019, 45; *Junker* GK ArbR § 6; *Junker* Fälle ArbR Fall 7, 8, und 9; *Klein*, Der Kündigungsschutz schwerbehinderter Arbeitnehmer nach dem Bundesteilhabegesetz, NJW 2017, 852; *Kokemoor*, Vom Merseburger Bier und der Wiederentdeckung der Teleologie im arbeitsrechtlichen Befristungsrecht, GS Wörlen, 2013, 492 ff.; *Kort*, Kündigungsrechtliche Fragen bei Äußerungen des Arbeitnehmers im Internet, NZA 2012, 1321; *von Koppenfels-Spies*, (Original-)Referendarexamensklausur – Zivilrecht: Familien- und Arbeitsrecht (ua § 670 BGB analog, § 104 I SGB VII, Druckkündigung), JuS 2018, 467; *Kroeschell*, Aufhebungsverträge und Sperrzeit, jM 2016, 30; *Lembke*, Die Verdachtskündigung in Rechtsprechung und Praxis, RdA 2013, 82; *Löwisch/Caspers/Klumpp* ArbR §§ 17–19; *Overkamp*, Der Aufhebungsvertrag aus arbeitsrechtlicher Sicht, jM 2017, 64; *Pallasch*, Befristung und Kündigung von Schauspielerverträgen, RdA 2019, 61; *Payrhuber*, Die Genehmigungsfähigkeit von ohne Vertretungsmacht erklärten Kündigungen, JuS 2018, 222; *Plum*, Die Kündigung von (mutmaßlichen) »Gefährdern« wegen Sicherheitsbedenken, NZA 2019, 497; *Preis* ArbR I §§ 55–72; *Reichold* ArbR § 10 sowie dazu Fälle 6 und 7; *Scheid/Klinkhammer*, Kündigung wegen beleidigender Äußerungen des Arbeitnehmers in sozialen Netzwerken, ArbRAktuell 2013, 6; *Schmidt*, Eine schöne Bescherung und andere Vorfälle (individualarbeitsrechtliche Übungsklausur), JURA 2015, 188; *Schubert*, Betriebsübergang und Funktionsnachfolge – eine Abgrenzung im Gerichtsverbund, ZESAR 2019, 153; *Schulte*, Neues zur Befristung wegen der Eigenart der Arbeitsleistung gem. § 14 I 2 Nr. 4 TzBfG, ArbRB 2018, 93; *Seidel/Wagner*, Aktuelle Probleme bei der Massenentlassungsanzeige, BB 2018, 692; *Spelge*, Die Massenentlassungsanzeige – Vom Schattendasein zum Hot Spot des Kündigungsschutzrechts, EuZA 2018, 67; *Temming*, Der arbeitsrechtliche Kündigungsschutz: Zwischen Bestandsschutzkonzeption und Abfindungsrealität, RdA 2019, 102; *Waltermann* ArbR §§ 15–19; *Zöllner/Loritz/Hergenröder* ArbR §§ 22–26.

Exkurs (Zur »Wiederholung«):

288 Bevor wir uns dem dritten Teil des Buchs, dem »Kollektiven Arbeitsrecht« zuwenden, möchten wir Ihnen Gelegenheit geben, das, was Sie im zweiten Teil, »Individuelles Arbeitsrecht«, gelesen haben, genüsslich zu wiederholen! Das individuelle Arbeitsrecht wird generalisierend schlicht auch als »Arbeitsvertragsrecht« bezeichnet. In dessen Mittelpunkt steht ...

> **»Der Abschluss des Arbeitsvertrags!**
>
> Was für den Vertragsschluss gilt allgemein,
> ist für den Arbeitsvertrag nicht zu fein.
> Das BGB ist anzuwenden
> auch auf den Arbeiter mit rauhen Händen.
> Drei Ausnahmen sind jedoch zu merken,
> dafür das Gedächtnis ist zu stärken.
>
> Die Abschlussfreiheit wird zunehmend kleiner,
> die Grundrechtszone dafür reiner.
> Im öffentlichen Dienst soll es nach Eignung und Leistung gehen,
> auch wenn wir dieses selten sehen.

IX. Abwicklungsvertrag und Abfindungsanspruch nach Kündigung

Der Beste hat die Konkurrentenklage,
ein Mittel gegen Ämterpatronage.[1]

Auch das Fragerecht ist zunehmend beschränkt,
damit die Persönlichkeit nicht sei gekränkt.
Auf unzulässige Arbeitgeberfragen
braucht man die Wahrheit nicht zu sagen.
Man hat sogar ein Recht zur Lüge,
weil mancher die Wahrheit nicht vertrüge.
Erhebliches darf der Arbeitgeber erforschen,
die schwachen Stellen und die morschen.
Aber nur was arbeitsplatzrelevant,
wird ihm von Rechts wegen bekannt.[2]
Der Datenschutz feiert Triumphe hier
und stoppt zu große Wissbegier.

Indes: vor Übertreibung ist zu warnen,
lasst Euch nicht von Modischem umgarnen.
Der alte Schiller hat schon gesagt,
ich wiederhol es unverzagt:
»Drum prüfe, wer sich ewig bindet,
Ob sich das Herz zum Herzen findet.
Der Wahn ist kurz, die Reu ist lang.«[3]
Für die Ehe war dieser Spruch gemacht,
an das Arbeitsverhältnis noch nicht gedacht.
Heute bindet dies aber stärker als die Ehen,
dies müsste jetzt auch Schiller sehen.
Auch hier ist Prüfung angezeigt,
ob man sich werde recht geneigt.
Drum seid mit dem Datenschutz nicht zu eng
und mit dem Fragerecht nicht zu streng.

Die Schwangerschaftsfrage war bisher erlaubt[4],
der Antwort wurde dann geglaubt.
Nun ruft es aber von vielen Seiten,
das müsse ernstlich man bestreiten.
Denn hier gehe es doch um das Geschlecht,
und dies zu diskriminieren, sei nicht recht[5].
Andere erkennen dies nicht an,
geht es doch nicht um Frau und Mann,
sondern um schwanger oder nicht,
darauf sei § 611 a [*BGB* aF; jetzt: § 7 I AGG]
nicht erpicht[6].

Wird auf eine zulässige Frage gelogen,
die Karte des § 123 [BGB] ist gezogen.
Ist die Anfechtung danach erlaubt,
schlägt sie die WE[7] aufs Haupt.
In der Regel ex nunc ist ihre Wirkung dann,
an eines kann sie nämlich nicht heran.
Soweit die Arbeit ist geschehen,
das Arbeitsverhältnis bleibt bestehen[8].
Zu Unrecht wird es genannt dann 'faktisch[675]',
denn es besteht im Recht und nicht nur praktisch.

---

1 BVerfGE 39, 334 = NJW 1975, 1641; BAG NJW 1976, 1708; 1981, 71; 1982, 2396; *Hanau/
Adomeit* ArbR F III 2.

---

675 → **Rn. 91 f.**

5. Kapitel. Beendigung des Arbeitsverhältnisses

2 BAG 7.6.1984 AP Nr. 26 zu § 123 BGB; BAG 19.5.1983, AP Nr. 25 zu § 123.
3 »Das Lied von der Glocke«, in: Schiller: Sämtliche Werke, Horenausgabe, München, Leipzig 1910, 17. Band, 43 (45).
4 BAG 22.9.1961, AP Nr. 15, § 123 = NJW 1962, 74.
5 ArbG München, 6.9.1984, DB 1984, 2519.
6 LAG Frankfurt, 8.2.1985, DB 1985, 1648.
7 WE = Willenserklärung.
8 BAG 29.8.1984, AP Nr. 27, § 123; BAG 16.9.1982, AP Nr. 23, § 123.«

Diese Fußnoten 1–8 sind die Originalverweise des Gedichtverfassers (in JA 1985, S. I)

289 Wenn Sie *Wörlen/Metzler-Müller*, »BGB AT – Einführung in das Recht und Allgemeiner Teil des BGB« gelesen haben, wovon wir hoffnungsfroh ausgehen (vgl. Vorwort), haben Sie erfahren, dass es unter den Juristen eine erstaunliche Anzahl von hochkarätigen Dichtern[676] gibt, oder umgekehrt (= unter den Dichtern eine erstaunliche Anzahl von Juristen)! Schiller (wenn auch nicht examiniert, da er »Wichtigeres« zu tun hatte: während seiner »Lehr-, Wander- und Meisterjahre« studierte er außer Jura unter anderem auch Geschichte und Philosophie und verwendete bekanntlich viel Zeit damit, seine dabei gesammelten Erfahrungen und Gedanken in Prosa und Reimen für die Nachwelt festzuhalten) gehörte dazu; Goethe war Volljurist und Minister; auch Gottfried Keller, E.T.A. Hoffmann (Namen, die Sie vielleicht nicht kennen bzw. »kennen müssen« – vgl. § 122 II BGB! –) und Ludwig Thoma (Er »war ein guter Jurist und auch sonst von mäßigem Verstande«!)[677] ... Das zuvor abgedruckte Gedicht entstammt der Feder eines (bisher) unbekannten Dichters, doch umso bekannteren Juristen: *Peter Hanau!* In »seinem« Lehrbuch (vgl. Literaturverzeichnis: *Hanau/Adomeit* ArbR) war es lange Zeit nicht zu finden, stattdessen an sehr versteckter Stelle: in den Umschlag- bzw. Anzeigenseiten eines JA-Heftes aus dem Jahre 1985 auf Seite I (die in dem gebundenen Jahresband nicht erscheint ...).

Zwischenzeitlich wurde das Gedicht aktualisiert und in das Lehrbuch aufgenommen, zusammen mit zahlreichen weiteren »Arbeitsrecht-Gedichten«.[678]

Exkurs Ende

---

676 Vgl. zu diesem Thema auch *Grimm*, Von der Poesie im Recht (1816), Neudruck 1972; außerdem: *Beaumont*, Gesetz und Recht – In Vers und Reim, NJW 1989, 372 f. und: Vom Amtsschimmel zum Pegasus – Die Sprache des Rechts in Vers und Reim, NJW 1990, 1969.
677 Lesenswert dazu auch LAG Baden-Württemberg Beschl. v. 24.5.2007 – 9 Ta 2/07, BeckRS 2007, 45252.
678 *Hanau/Adomeit* ArbR Rn. 649 sowie ferner Rn. 446, 516, 559, 562, 604, 618, 683, 719, 720, 727, 787, 848, 1015 und 1052.

3. Teil. Kollektives Arbeitsrecht

Vorbemerkung

Alle arbeitsrechtlichen Regelungen beziehen sich unmittelbar oder mittelbar auf das Arbeitsverhältnis. Eine konsequente isolierte Betrachtung des individuellen und des kollektiven Arbeitsrechts ist nicht möglich. So haben Sie sicherlich bemerkt, dass bisweilen schon Ausdrücke wie »Tarifvertrag« oder »Betriebsrat« gefallen sind. Beides sind Begriffe, die grundsätzlich dem »kollektiven Arbeitsrecht« zuzuordnen sind.

290

Teilgebiete des kollektiven Arbeitsrechts sind das Koalitionsrecht, das Tarifvertragsrecht, das Arbeitskampfrecht sowie das Betriebsverfassungs- und das Mitbestimmungsrecht.

Das individuelle Arbeitsrecht befasst sich vor allem mit dem *Einzel*arbeitsvertrag und den Beziehungen des *einzelnen* Arbeitnehmers zu seinem Arbeitgeber und seinen Kollegen. Auch für das kollektive Arbeitsrecht bleibt der einzelne Arbeitsvertrag selbstverständlich die Grundlage des Verhältnisses zwischen Arbeitgeber und Arbeitnehmer. Allerdings betrachtet es in erster Linie die *Rechtsbeziehungen der Arbeitnehmer als Kollektiv* zum einzelnen Arbeitgeber oder zu mehreren Arbeitgebern als Kollektiv und zu den Parteien des einzelnen Arbeitsvertrags. Vor allem den zwischen Betriebsrat und Unternehmer ausgehandelten *Betriebsvereinbarungen* und den zwischen Gewerkschaft und Arbeitgeberverband oder einem einzelnen Arbeitgeber vereinbarten *Tarifverträgen* kommt dabei eine besondere Rolle zu, da in ihnen die Rahmenbedingungen für die Arbeitsverhältnisse in den Betrieben vorgegeben werden. Der Unterschied zu den Vereinbarungen des individuellen Arbeitsvertrags besteht in erster Linie darin, dass die in Betriebsvereinbarungen und Tarifverträgen enthaltenen Arbeitsbedingungen nicht jeweils zwischen dem Arbeitgeber und *jedem* Arbeitnehmer *einzeln* vereinbart werden müssen, sondern wie Gesetze auf die einzelnen Arbeitsverhältnisse einwirken.

291

1. Kapitel. Koalitionsrecht

I. Begriff und Bedeutung der Koalition

292 Unter »Koalition« im arbeitsrechtlichen Sinn versteht man eine »Vereinigung« von Arbeitnehmern oder Arbeitgebern, die sich zur Wahrung und Förderung der Arbeits- und Wirtschaftsbedingungen zusammengeschlossen hat.

- ■ Welche verfassungsrechtliche Vorschrift dieses Recht für jedermann und alle Berufe gewährleistet, sollten Sie aus der »Einführung«[679] noch behalten haben!?
- ▶ Die »allgemeine« Vereinigungsfreiheit, nach der hier allerdings nicht gefragt ist, ist in Art. 9 I GG garantiert; die arbeitsrechtliche *Koalitionsfreiheit* folgt aus Art. 9 III 1 GG (nochmals lesen!), der sich zu einer Art »Magna Charta« des kollektiven Arbeitsrechts entwickelt hat.[680]

Koalitionen sind nach der Rspr. des BVerfG[681] nur solche Vereinigungen, die auf Dauer angelegt sind, auf privatrechtlicher Grundlage beruhen, eine körperschaftliche Verfassung haben, freiwillig und überbetrieblich begründet wurden sowie eine demokratische Willensbildung vorsehen.

Koalitionen sind »tariffähig«, können einen rechtmäßigen »Arbeitskampf« auslösen und dürfen ihre Mitglieder vor den »Arbeitsgerichten« vertreten – alles Begriffe, die Sie im Folgenden noch etwas näher kennen lernen werden.

- ■ Wie die Koalitionen (auch: Sozialpartner, soziale Gegenspieler) auf Arbeitnehmer- und Arbeitgeberseite heißen, sollte Ihnen (zumindest aus den Medien) bekannt sein! (Überlegen, bevor Sie weiterlesen!)
- ▶ Auf der Arbeitnehmerseite bestehen (Einzel-) Gewerkschaften, auf der Arbeitgeberseite hat man sich zu Arbeitgeberverbänden zusammengeschlossen.

II. Gewerkschaften und Arbeitgeberverbände

293 Vertreter dieser beiden Gruppen handeln, wie angedeutet, die Bedingungen für die Arbeitsverhältnisse ihrer Mitglieder aus, die dann in »Tarifverträgen« festgeschrieben werden. Die Entwicklung des (im folgenden Kapitel behandelten) Tarifvertragsrechts hängt untrennbar zusammen mit der Entwicklung der

1. Gewerkschaften

294 Gewerkschaften sind die sozialpolitischen Organisationen der Arbeitnehmer. Im Gegensatz zu den Arbeitgeberverbänden sind Gewerkschaften zumeist aus historischen Gründen als *nichtrechtsfähige Vereine* organisiert.

Die Bildung von Gewerkschaften war eine Folge der eingangs[682] kurz erwähnten Industrialisierung Mitte des 19. Jahrhunderts als Ergebnis der Erkenntnis, dass die

---

679 → Rn. 21.
680 Vgl. *Zöllner* ZfA 1991, 713 f. Die »Magna Charta« sollte Ihnen noch aus Ihrem Geschichtsunterricht bekannt sein = Englisches »Grundgesetz« von 1215, in dem der König dem Adel grundlegende Freiheitsrechte einräumte und »vertrauensvolle Zusammenarbeit« anbot ...
681 BVerfGE 18, 18 (28) = NJW 1964, 1267.
682 → **Rn. 11.**

II. Gewerkschaften und Arbeitgeberverbände

Arbeitsbedingungen der Arbeitnehmer durch kollektive Regelungen in Form von Tarifverträgen wirksamer und nachhaltiger verbessert werden konnten als durch individuelle Absprachen.

Bevor wir auf das »Tarifvertragsrecht« eingehen, sollten Sie noch einige Fakten und Zahlen zu den Gewerkschaften kennen:

- Versuchen Sie zu schätzen, wie viele Arbeitnehmer (in %) in Gewerkschaften organisiert sind!
- Die Zahlen finden Sie in Fußnote[683]!

Wichtigste Dachorganisation der Gewerkschaften ist der **Deutsche Gewerkschaftsbund (DGB)** mit 6 Mio. Mitgliedern. Die Strukturen des DGB haben sich in den vergangenen Jahren durch Konzentrationstendenzen erheblich verändert. Waren bis 1995 noch 16 Einzelgewerkschaften im DGB zusammengeschlossen, verblieben neben den großen Industriegewerkschaften Metall (**IG Metall**, 2,3 Mio. Mitglieder) und Bergbau, Chemie und Energie (**IG BCE**, 630.000 Mitglieder) sowie der Vereinigten Dienstleistungsgewerkschaft e.V. (**ver.di**, 2 Mio. Mitglieder) nur noch fünf »kleinere« DGB-Gewerkschaften: die Industriegewerkschaft Bauen-Agrar-Umwelt (IG BAU, 250.000 Mitglieder), die Eisenbahn- und Verkehrsgewerkschaft (EVG; 190.000 Mitglieder), die Gewerkschaft Erziehung und Wissenschaft (GEW, 280.000 Mitglieder), die Gewerkschaft Nahrung-Genuss-Gaststätten (NGG, 200.000 Mitglieder) sowie die Gewerkschaft der Polizei (GdP, 190.000 Mitglieder).[684]

295

Im März 2001 fusionierte die bis dahin außerhalb des DGB stehende Deutsche Angestellten-Gewerkschaft (DAG) zusammen mit vier DGB-Gewerkschaften (ÖTV, HBV, DPG und IG Medien) zur Vereinigten Dienstleistungsgewerkschaft e.V. (ver.di). Ende 2010 verschmolzen die Gewerkschaft Deutscher Bundesbahnbeamten und Anwärter (GDBA; bis dahin im dbb organisiert) mit der DGB-Gewerkschaft TRANSNET zur Eisenbahn- und Verkehrsgewerkschaft e.V. (EVG) unter dem Dach des DGB.

296

Mit dem DGB konkurrieren der **Deutsche Beamtenbund** (»beamtenbund und tarifunion – dbb«; 1,3 Mio. Mitglieder, darunter rund 380.000 Arbeitnehmerinnen und Arbeitnehmer)[685] als gewerkschaftlicher Dachverband von Gewerkschaften vor allem des öffentlichen Dienstes sowie der **Christliche Gewerkschafts-Bund** (CGB). Er verfügt bundesweit über ca. 280.000 Mitglieder,[686] die sich auf 14 Einzelgewerkschaften verteilen (unter ihnen »DHV – Die Berufsgewerkschaft« sowie die Christliche Gewerkschaft Metall – CGM).[687]

Aufgrund der geringen Mitgliederzahlen wird die Tariffähigkeit der christlichen Gewerkschaften immer wieder – vor allem von den DGB-Gewerkschaften – infrage ge-

---

683 Ca. **18%** bei abnehmender Tendenz: 2018 ca. **6,6 Mio.** von 37 Mio. Arbeitnehmern – vgl. die Angaben bei → Rn. 3 sowie die unten angegebenen Mitgliedszahlen der Gewerkschaften; wegen der Mitgliedschaft von Rentnern und Arbeitslosen liegt der reale Organisationsgrad unter diesem Wert, s. *Junker* GK ArbR Rn. 484.
684 S. die Angaben des DGB für 2018 unter www.dgb.de/uber-uns/dgb-heute/mitgliederzahlen.
685 Vgl. die Angaben des dbb im Internet unter www.dbb.de/der-dbb.html und www.dbb.de/teaserdetail/artikel/dbb-mit-11500-neuen-mitgliedern.html.
686 Vgl. die Angaben des CGB im Internet: www.cgb.info/aktuell/aktuelles.html.
687 Vgl. zum Ganzen *Junker* GK ArbR Rn. 484 ff.; *Hromadka/Maschmann* ArbR II § 12 Rn. 64 ff.; *Preis* ArbR II § 86 f.

stellt. Das BAG hat die CGM im Jahr 2006 als tariffähige Gewerkschaft anerkannt, weil sie durch den Abschluss von zahlreichen Tarifverträgen hinreichend unter Beweis gestellt hat, dass sie als Tarifvertragspartei von der Arbeitgeberseite wahr- und ernst genommen wird.[688] Die Tariffähigkeit der ebenfalls im CGB organisierten »medsonet«, einer Vereinigung von Arbeitnehmern in allen Bereichen des Gesundheitswesens und der sozialen Dienste, sowie der Christlichen Gewerkschaft für Kunststoffgewerbe und Holzverarbeitung (GKH) wurde hingegen von der Rspr. mit Blick auf deren fehlende soziale Mächtigkeit verneint.[689] Sehr fraglich erscheint auch die Tariffähigkeit der für den kaufmännischen sowie verwaltenden Bereich zuständigen »DHV – Die Berufsgewerkschaft e.V. (DHV)«.[690]

Die von drei christlichen Gewerkschaften gebildete *Tarifgemeinschaft* Christlicher Gewerkschaften für Zeitarbeit und Personalserviceagenturen (CGZP) konnte als Spitzenorganisation *selbst* keine Tarifverträge schließen, weil sie mit der Arbeitnehmerüberlassung nur für einen Teil des Organisationsbereichs ihrer Mitglieder zuständig war.[691]

In Konkurrenz zu den Einzelgewerkschaften des DGB treten ferner seit einigen Jahren verstärkt die streikmächtigen *Spartengewerkschaften* (**GDL**, **Vereinigung Cockpit**, **UFO**, **Marburger Bund**), die nur einzelne Berufe oder Berufsgruppen vertreten und auf die wir im Zusammenhang mit der Tarifzuständigkeit[692] noch eingehen werden.

2. Arbeitgeberverbände

297 Arbeitgeberverbände sind die sozialpolitischen Organisationen der Unternehmerschaft. Sie sind vor allem als Industrieverbände in Form von rechtsfähigen Vereinen organisiert.[693] In der Bundesrepublik Deutschland gibt es ca. 6.500 Arbeitgeberverbände!

Dachverband ist die *Bundesvereinigung der Deutschen Arbeitgeberverbände* (**BDA**), der etwa 1 Mio. Betriebe mit etwa 20 Mio. Arbeitnehmern angehören.[694] Nicht identisch mit den Arbeitgeberverbänden, wenngleich sie vielfach mit diesen zusammenarbeiten, sind die unter dem *Bundesverband der deutschen Industrie* (**BDI**) zusammengefassten Wirtschaftsverbände, die nicht sozialpolitische, sondern wirtschaftspolitische Interessen der Unternehmer vertreten und die (wie die BDA) im Gegensatz zu den einzelnen Arbeitgeberverbänden (und Arbeitgebern) keine Tarifverträge abschließen. Soweit einige Fakten und Zahlen zu den Koalitionen, die Sie sich mit der zusammenfassenden Übersicht 12 zu diesem Kapitel nochmals einprägen können.

---

688 BAG Beschl. v. 28.3.2006 – 1 ABR 58/04, NZA 2006, 1112.
689 BAG Beschl. v. 5.10.2010 – 1 ABR 88/09, NZA 2011, 300; BAG Beschl. v. 11.6.2013 – 1 ABR 33/12, BeckRS 2013, 70878; LAG Hamburg Beschl. v. 21.3.2012 – 3 TaBV 7/11, BeckRS 2013, 72934; s. dazu *Greiner* NZA 2011, 825.
690 S. BAG Beschl. v. 26.6.2018 – 1 ABR 37/16, NZA 2019, 188.
691 Sie ist nicht als Spitzenorganisation iSv § 2 III TVG anzusehen, s. BAG Beschl. v. 14.12.2010 – 1 ABR 19/10, NZA 2011, 289. Dazu auch → **Rn. 304**.
692 → **Rn. 305**.
693 Näheres bei *Hromadka/Maschmann* ArbR II § 12 Rn. 69 ff.; vgl. ferner www.arbeitgeber.de.
694 BDA, 60 Jahre BDA, 2009, 8.

Übersicht 12

Einordnung des kollektiven Arbeitsrechts	298

Das kollektive ArbR beschäftigt sich mit dem Arbeitnehmer als Mitglied eines **Kollektivs**.
Gegenstand des kollektiven Arbeitsrechts sind nicht die zwischen den einzelnen Arbeitgebern und Arbeitnehmern vereinbarten Arbeitsbedingungen, sondern vor allem die durch die **Koalitionen** *(Gewerkschaften und Arbeitgeberverbände)* in Tarifverträgen und die **Betriebspartner** *(Unternehmen und Betriebsrat)* in Betriebsvereinbarungen ausgehandelten Rahmenbedingungen für die Arbeitsverhältnisse in den Betrieben und Unternehmen.

Koalitionsrecht	299

Begriff:
Unter Koalitionen versteht man privatrechtliche Vereinigungen von Arbeitgebern oder Arbeitnehmern.
Ziel der Koalition:
Wahrung und Förderung der Arbeits- und Wirtschaftsbedingungen (vgl. Art. 9 III GG).
Mitgliedschaft in der Koalition:
Recht der Mitgliedschaft in einer Koalition folgt ebenso aus Art. 9 III GG (Koalitionsfreiheit) wie das Recht, einer Koalition fernzubleiben oder aus ihr auszutreten.

Einige Fakten und Zahlen zu den Koalitionen	300

Dachverband der Gewerkschaften:
Im *Deutschen Gewerkschaftsbund (DGB)* sind acht Einzelgewerkschaften zusammengeschlossen. Rund 90% (= 6 Mio.) der etwa 6,6 Mio. (= ca. 18% aller Arbeitnehmer) gewerkschaftlich organisierten Arbeitnehmer werden durch den DGB vertreten.
Dachverband der Arbeitgeberverbände:
Der Bundesvereinigung der Deutschen Arbeitgeberverbände e.V. (BDA) gehören ca. 6.500 Arbeitgeberverbände an. Sie vertritt etwa 1 Mio. Betriebe mit ca. 20 Mio. Arbeitnehmern.

Literatur zur Vertiefung (1. Kapitel, Rn. 290–297): *Alpmann und Schmidt* ArbR II Rn. 1 ff.; *Brox/Rüthers/Henssler* ArbR Kap. 8; *Däubler* Ratgeber 2. Kap.; *Deinert*, Tariffähigkeit, Tarifeinheit und Mindestlohn, AuR 2016, 444; *Deinert*, Arbeitsrechtliche Herausforderungen einer veränderten Gewerkschaftslandschaft, NZA 2009, 1176; *Dütz/Thüsing* ArbR § 11; *Greiner*, Der GKH-Beschluss – Evolution oder (erneute) Revolution der Rechtsprechung zur Tariffähigkeit? NZA 2011, 825; *Hanau/Adomeit* ArbR C. I.; *Hromadka/Maschmann* ArbR I § 12; *Junker* GK ArbR § 7; *Kluth*, Die Vereinigungs- und Koalitionsfreiheit gem. Art. 9 GG, JURA 2019, 719; *Löwisch/Caspers/Klumpp* ArbR § 22; § 5; *Preis* ArbR II §§ 75–79; 80–87; *Reichold* ArbR § 11; *Waltermann* ArbR §§ 23–24; *Zöllner/Loritz/Hergenröder* ArbR § 9.

2. Kapitel. Tarifvertragsrecht

301 | **Übungsfall 7**

Der 57-jährige Xaver Anzinger (A) ist seit fast 20 Jahren in dem Papier verarbeitenden Betrieb der Firma Alois Beyhl (B) als Kraftfahrer beschäftigt und Mitglied der Vereinigten Dienstleistungsgewerkschaft e.V. (ver.di).[695] Im Betrieb geht das Gerücht um, dass die Firma B beabsichtige, Personaleinsparungen vorzunehmen. A befürchtet, davon betroffen zu werden und wendet sich deshalb an den Vertrauensmann der Gewerkschaft ver.di. Dieser teilt ihm mit, dass zwischen der Gewerkschaft ver.di sowie dem Arbeitgeberverband der Papier verarbeitenden Industrie, dem auch die Firma B angehört, unlängst eine schriftliche »Allgemeine Vereinbarung zum Schutz der Arbeitsplätze« getroffen wurde, in der es unter anderem heißt: »Einem Arbeitnehmer, der das 52., aber noch nicht das 67. Lebensjahr überschritten hat und der dem Betrieb mindestens fünf Jahre angehört, kann nur noch aus wichtigem Grund gekündigt werden.«

A möchte wissen, ob er mit seiner Entlassung rechnen muss.

Nachdem Sie im vorigen Kapitel schon erfahren haben, dass Tarifverträge von Gewerkschaften und einzelnen Arbeitgeberverbänden (auch: einzelnen Arbeitgebern!)[696] geschlossen werden, wollen wir anhand dieses Falls die wichtigsten Voraussetzungen für das Vorliegen eines Tarifvertrags betrachten sowie etwas über seinen Inhalt und Aufbau erfahren.

302
- Welche Rechtsfolge würde eintreten, sofern die Regelung der »Allgemeinen Vereinbarung ...« wirksam und A somit davon betroffen ist? (Überlegen Sie! Fall gegebenenfalls nochmals genau lesen!)
  ▶ Da A die altersmäßigen und zeitlichen Voraussetzungen der Regelung erfüllt, wäre eine ordentliche Kündigung nach §§ 620 II, 622 BGB nicht möglich! In Betracht käme nur eine außerordentliche Kündigung nach § 626 BGB.

Als »wichtiger Grund« für eine Kündigung nach § 626 BGB sind Personaleinsparungsmaßnahmen grundsätzlich nicht anzuerkennen. Sofern die »Allgemeine Vereinbarung« auch für A gilt, hätte er also keine Entlassung zu befürchten.

Die betreffende Regelung der »Allgemeinen Vereinbarung« könnte auf das Arbeitsverhältnis des A Anwendung finden, wenn es sich dabei um eine Rechtsnorm eines Tarifvertrags handeln würde (vgl. § 4 I TVG).

Lesen Sie zunächst § 4 I 1 TVG[697]. Zu prüfen ist also insbesondere, ob es sich bei der »Allgemeinen Vereinbarung« um einen Tarifvertrag handelt.

---

695 Papier verarbeitende Betriebe gehörten früher zur Zuständigkeit der »IG Medien – Druck und Papier«, die inzwischen (→ **Rn. 296**) in »ver.di« aufgegangen ist.
696 *Nicht von der BDA!*
697 **dtv-ArbG Nr. 72.**

I. Voraussetzungen für das Vorliegen eines wirksamen Tarifvertrags

> **Prüfungsschema** 302a
> **Wirksamkeit eines Tarifvertrags:**[698]
> (1) **Vertragsabschluss**
>   (a) **Einigung** (materielle Voraussetzung)
>   (b) **Schriftform**, § 1 II TVG (formelle Voraussetzung)
> (2) **Vertragsparteien**
>   (a) **Tariffähigkeit**, § 2 TVG (materielle Voraussetzung)
>   (b) **Tarifzuständigkeit** (formelle Voraussetzung)
> (3) Beachtung der **Grenzen der Tarifautonomie**, Art. 9 III GG

1. Vertragsabschluss

Wie jeder Vertrag kommt auch der Tarifvertrag nur zustande, wenn zwei sich deckende Willenserklärungen vorliegen, dh Angebot und Annahme (= Punkt 1a des Prüfungsschemas). 303

- Welche allgemeinen Vorschriften für das Zustandekommen eines Vertrags gelten, wissen Sie hoffentlich noch!?
▶ Antwort: Fußnote[699]!

Wer in unserem Fall das Angebot gemacht hat und wer es angenommen hat, können wir aus dem Sachverhalt nicht ersehen. Jedenfalls steht fest, dass eine der Parteien, sei es der Arbeitgeberverband oder die Gewerkschaft ver.di, ein Angebot gemacht hat und dass dieses von der anderen Partei angenommen wurde. Anderenfalls wäre es nicht zu einer *Vereinbarung* gekommen! Auch eine »Vereinbarung« kann als Tarifvertrag zu bewerten sein, wenn sie der Sache nach als solcher anzusehen ist.[700]

In formeller Hinsicht ist zu beachten, dass Tarifverträge gem. § 1 II TVG der **Schriftform** bedürfen (= Punkt 1b des Prüfungsschemas)!

Diese Form wurde im Übungsfall bei der »Allgemeinen Vereinbarung« eingehalten.

2. Tariffähigkeit und Tarifzuständigkeit der Vertragsparteien

Die **Tariffähigkeit** der Vertragsparteien (= Punkt 2a des Prüfungsschemas) ergibt sich aus § 2 TVG, insbesondere aus Abs. 1 (lesen!). 304

- Ist diese Voraussetzung für unseren Fall erfüllt?
▶ Die Gewerkschaft ver.di ist eine Gewerkschaft, der Arbeitgeberverband der Papier verarbeitenden Industrie eine Vereinigung von Arbeitgebern.

Daneben ist auch der einzelne Arbeitgeber, ob er organisiert ist oder nicht, tariffähig. Sogenannte »Spitzenorganisationen« können gem. § 2 II TVG (lesen!) Tarifverträge

---

698 Ausführlicheres Schema bei *Hamann/Siemes/Kokemoor* ArbR II Rn. 17.
699 §§ 145 ff. BGB! – Vgl. *Wörlen/Metzler-Müller* BGB AT Rn. 287 ff.
700 BAG Urt. v. 7.6.2006 – 4 AZR 272/05, AP Nr. 37 zu § 1 TVG; BAG Urt. v. 14.4.2004 – 4 AZR 232/03, BAGE 110, 164 (171) = BeckRS 2004, 41577; BAG Urt. v. 5.11.1997 – 4 AZR 872/95, BAGE 87, 45 (56) = BeckRS 1997, 30002168.

abschließen, wenn sie eine entsprechende Vollmacht der ihnen angeschlossenen Verbände haben (was bei der BDA – → Rn. 297 – grundsätzlich nicht der Fall ist). Nach § 2 III TVG können sie auch selbst Partei eines Tarifvertrages sein, wenn der Abschluss von Tarifverträgen zu ihren satzungsmäßigen Aufgaben gehört.[701] Ein Arbeitgeberverband kann in seiner Satzung auch eine Mitgliedschaft »ohne Tarifgebundenheit« (»*OT-Mitgliedschaft*«) vorsehen mit der Folge, dass diese Mitglieder an Tarifabschlüsse nicht gebunden werden.[702]

305 Neben der Tariffähigkeit muss auch die formale **Tarifzuständigkeit** der Parteien gegeben sein (= Punkt 2b des Prüfungsschemas → Rn. 302). Das bedeutet, dass sie nur für Regelungen von Arbeitsverhältnissen zuständig sind, die in ihren sachlichen und räumlichen Aufgabenbereich fallen.

Im Einzelnen ergeben sich Zuständigkeiten aus den Satzungen der jeweiligen Berufsverbände. Kompetenzstreitigkeiten werden dadurch vermieden, dass die meisten Gewerkschaften nach dem »*Industrieverbandsprinzip*« organisiert sind.[703] Das bedeutet einerseits, dass die Einzelgewerkschaften für alle Arbeitnehmer ihres Industriezweigs zuständig sind, auch wenn diese branchenuntypische Berufe ausüben. So ist zB die IG Metall nicht nur für die Metallberufe zuständig, sondern sie vertritt auch das Küchenpersonal der Betriebskantinen in metallverarbeitenden Unternehmen. Anderseits darf aufgrund dessen eine nach dem Industrieverbandsprinzip organisierte Gewerkschaft keinen Tarifvertrag für die Angehörigen eines anderen Industriezweigs schließen.

In jüngerer Zeit haben einige kleinere, nach dem *Berufsverbandsprinzip* organisierte sog. »Spartengewerkschaften« durch eigene Tarifabschlüsse von sich reden gemacht. Zu nennen sind hier insbesondere die Piloten-»Vereinigung Cockpit« (VC), die »Unabhängige Flugbegleiter Organisation« (UFO)[704], die Ärztegewerkschaft »Marburger Bund« und die »Gewerkschaft Deutscher Lokomotivführer« (GDL). Sie nehmen nur die Interessen der in ihnen zusammengeschlossenen Berufsgruppe wahr[705] und ihre Tarifverträge *konkurrieren* (dazu sogleich bei → Rn. 315!) insbesondere mit denen der DGB-Gewerkschaften.

> **Hinweis:** Sofern ein (Klausur-)Sachverhalt keinen besonderen Hinweis enthält, kann man von einer satzungsmäßigen Zuständigkeit nach dem Industrieverbandsprinzip als Normalfall ausgehen.

---

701 Die **CGZP** (→ Rn. 296) **ist nicht als Spitzenorganisation** iSv § 2 III TVG anzusehen, s. BAG Beschl. v. 14.12.2010 – 1 ABR 19/10, NZA 2011, 289. Die von ihr geschlossenen Tarifverträge waren daher unwirksam; die betroffenen Leiharbeiter konnten rückwirkend »Equal Pay« (→ **Rn. 102a**) fordern (BAG Urt. v. 23.3.2011 – 5 AZR 7/10, BAGE 137, 249 = BeckRS 2011, 73839; BAG Urt. v. 13.3.2013 – 5 AZR 954/11, NZA 2013, 680) und die Sozialversicherungsträger höherer Sozialversicherungsbeiträge, BSG Urt. v. 16.12.2015 – B 12 R 11/14 R.

702 Die Satzung selbst muss dann aber ausschließen, dass OT-Mitglieder Einfluss auf tarifpolitische Entscheidungen nehmen können, BAG Urt. v. 21.1.2015 – 4 AZR 797/13, NZA 2015, 1521. **Handwerksinnungen** (= mögliche Tarifpartner gem. § 54 Abs. 3 Nr. 1 HandwerksO) können keine Mitgliedschaft ohne Tarifbindung anbieten, BVerwG Urt. v. 23.3.2016 – 10 C 23.14, NZA 2016, 779.

703 *Brox/Rüthers/Henssler* ArbR Rn. 649.

704 Zur **Gewerkschaftseigenschaft der UFO** s. BAG Beschl. v. 14.12.2004 – 1 ABR 51/03, BAGE 113, 82 = BeckRS 2005, 41141.

705 Zur Vertiefung s. zB *Preis* ArbR II § 85.

3. Inhalt des Tarifvertrags, Grenzen der Tarifautonomie

a) Schuldrechtlicher Teil

306

Gemäß § 1 I TVG (lesen!) regelt der Tarifvertrag zunächst die Rechte und Pflichten der Tarifvertragsparteien und unterscheidet sich damit nicht grundsätzlich vom (schuldrechtlichen) Einzel-Arbeitsvertrag. Dieser schuldrechtliche (auch: obligatorische) Teil des Tarifvertrags enthält also keine »Rechtsnormen«[706], sondern vertragliche Vereinbarungen, deren Verletzung zB schuldrechtliche Ansprüche auf Erfüllung, Schadensersatz, Unterlassung oder eine fristlose Kündigung zur Folge haben kann.

Die beiden wichtigsten schuldrechtlichen Pflichten sind die »*Friedenspflicht*« und die »*Durchführungs-*« bzw. »*Einwirkungspflicht*«.

Die **Friedenspflicht**[707] trifft beide Parteien und dient der Wahrung des Arbeitsfriedens. Sie hat zum Inhalt, dass während der Laufzeit eines Tarifvertrags keine erneuten Verhandlungen über denselben Gegenstand mithilfe eines Arbeitskampfes[708] erzwungen werden können (»*relative Friedenspflicht*«).

> **Hinweis:** Durch Absprachen der Parteien ist eine Erweiterung der Friedenspflicht dahingehend möglich, dass ohne gegenständliche Begrenzung *jegliche* Kampfmaßnahmen während der Dauer des Tarifvertrags verboten sind (»*absolute Friedenspflicht*«).

Die **Durchführungs-** bzw. **Einwirkungspflicht** besagt, dass die Tarifvertragsparteien für das tarifmäßige Verhalten ihrer Mitglieder und für die Durchführung tariflicher Abreden durch die Mitglieder zu sorgen haben.[709]

b) Normativer Teil

Nach § 1 I TVG (nochmals lesen!) enthält der Tarifvertrag ferner »**Rechtsnormen**«, die

307

- den *Inhalt*, den *Abschluss* oder die *Beendigung von Arbeitsverhältnissen* sowie
- *betriebliche* und *betriebsverfassungsrechtliche* Fragen ordnen können.

Die Wirkung dieses normativen Teils des Tarifvertrags legt § 4 I 1 TVG (lesen!) fest:

Die Rechtsnormen des Tarifvertrags regeln **unmittelbar** und **zwingend** (in der Wirkungsweise also wie ein – nicht dispositives – Gesetz) die einzelnen Arbeitsverhältnisse zwischen den Mitgliedern der Tarifvertragsparteien.[710]

Im Einzelnen unterscheidet man Inhaltsnormen, Abschlussnormen, Beendigungsnormen, Betriebsnormen, betriebsverfassungsrechtliche Normen sowie Normen über gemeinsame Einrichtungen der Tarifvertragsparteien.[711]

- ▪ Welcher in § 1 I und § 4 I TVG angesprochene Regelungsbereich wird von der »Allgemeinen Vereinbarung« in unserem Übungsfall erfasst? (Überlegen Sie!)
- ▶ Da es um die Frage der Kündigung von bestimmten Arbeitnehmern geht, geht es um die »Beendigung von Arbeitsverhältnissen«!

---

706 *Wörlen/Metzler-Müller* BGB AT Rn. 4 ff., 13.
707 Mehr dazu zB bei *Hromadka/Maschmann* ArbR II § 14 Rn. 34 ff.
708 Dazu mehr im nächsten Kapitel, → **Rn. 319 ff**.
709 *Dütz/Thüsing* ArbR Rn. 564.
710 *Brox/Rüthers/Henssler* ArbR Rn. 673.
711 Einzelheiten und Bsp. dazu finden Sie zB bei *Brox/Rüthers/Henssler* ArbR Rn. 674 ff.

Somit sind in unserem Fall die Voraussetzungen für das Vorliegen eines Tarifvertrags erfüllt.

c) Aufbau von Tarifverträgen

308 Tarifvertragswerke sind häufig in mindestens zwei Teile unterteilt, in einen *Manteltarifvertrag* und einen *Lohn- bzw. Gehaltstarifvertrag*:

Der **Manteltarifvertrag** enthält vor allem Bestimmungen über die Gehaltsgruppen und über die Eingruppierung, außerdem über verschiedene Zulagen, über tarifliche Sonderzahlungen sowie über Bezüge im Krankheitsfall, über Arbeitszeit, Urlaub, Kündigungsfristen und Kündigungsschutz.

Der **Gehaltstarifvertrag** regelt die Gehälter in den jeweiligen Gruppen in ihrer genauen Höhe, die Auszubildendenvergütungen, das Mindesteinkommen von Außendienstangestellten, die Verantwortungs- und Sozialzulagen der Höhe nach sowie die Spesen. Die Laufzeit von Gehalts- oder Lohntarifverträgen beträgt idR ein Jahr, die von Manteltarifverträgen meist drei Jahre.

d) Grenzen der Tarifautonomie

309 Die Befugnis der Tarifvertragsparteien, gem. § 4 I 1 TVG im normativen Teil des Tarifvertrags in eigener Zuständigkeit (»autonom«) Rechtsnormen mit unmittelbarer und zwingender Wirkung gegenüber den tarifgebundenen Arbeitnehmern und Arbeitgebern erlassen zu können, ergibt sich aus der in Art. 9 III GG garantierten Tarifautonomie. Diese wird begrenzt durch die ebenfalls von Art. 9 III GG geschützte *negative Koalitionsfreiheit* der sog. *Außenseiter*, die gerade nicht in eine Gewerkschaft eintreten wollen. Unzulässig sind daher tarifliche Regelungen, die in ihrer Wirkung einem (unzulässigen) Vertrag zulasten Dritter entsprechen, weil sie etwa den Arbeitgeber verpflichten, nur Gewerkschaftsmitglieder einzustellen *(***Absperrklauseln***)* oder ausschließlich Gewerkschaftsmitgliedern bestimmte Vergünstigungen oder Mehrleistungen zu gewähren **(qualifizierte Differenzierungsklauseln)**.[712] Zulässig sind hingegen **einfache Differenzierungsklauseln**, bei denen die Mitgliedschaft in einer bestimmten Gewerkschaft zwar Tatbestandsmerkmal ist, die es andererseits dem Arbeitgeber aber nicht verbieten, die Vergünstigungen auch Außenseitern zu gewähren.[713]

Weitere Grenzen der Tarifautonomie werden durch sonstiges höherrangiges Recht bestimmt, sofern dieses nicht dispositiv[714] ist. Höherrangiges Recht gegenüber dem normativen Teil eines Tarifvertrags ist zB das BGB.

Da das BGB selbst in § 624 den Ausschluss der ordentlichen Kündigung zulässt, bewegt sich die Regelung der »Allgemeinen Vereinbarung« in unserem Übungsfall im Rahmen der Tarifautonomie und ist somit zulässig (= zu Punkt 3 des Prüfungsschemas → Rn. 302).

---

712 Vgl. BAG Beschl. v. 29.11.1967 – GrS 1/67, BAGE 20, 175 = BeckRS 1967, 31153920.
713 BAG Urt. v. 18.3.2009 – 4 AZR 64/08 Rn. 31 ff., 34 ff., BAGE 130, 43 = BeckRS 2009, 62107. S. dazu zB *Junker* GK ArbR Rn. 471 ff.; *Pallasch* ArbR § 28 I 4 b. Es ist grds. auch möglich, zwischen **verschiedenen Gruppen von Gewerkschaftsmitgliedern** (solchen, die vor einem Stichtag Gewerkschaftsmitglied waren und später eingetretenen) zu differenzieren, BAG Urt. v. 15.4.2015 – 4 AZR 796/13 Rn. 47, BAGE 151, 235 = BeckRS 2015, 68179. Verfassungsrechtlich ist dies unbedenklich, s. BVerfG Beschl. v. 14.11.2018 – 1 BvR 1278/16, NZA 2019, 112.
714 Dazu *Wörlen/Metzler-Müller* BGB AT Rn. 283 ff.

II. Individualrechtliche Ansprüche aus Tarifverträgen

> **Prüfungsschema** 310
> **Individualrechtlicher Anspruch aus einem Tarifvertrag:**[715]
> (1) **Arbeitsverhältnis im Geltungsbereich** eines wirksamen Tarifvertrages
> (2) **Bindung** der Arbeitsvertragsparteien **an den Tarifvertrag**
>   (a) **Tarifgebundenheit** gem. § 3 TVG oder
>   (b) **Nachwirkung** eines abgelaufenen Tarifvertrags (§ 4 TVG) oder
>   (c) Arbeitsvertragliche **Bezugnahmeklausel**
> (3) **Keine vorgehende Regelung**
>   (a) **Günstigkeitsprinzip** (§ 4 III TVG)
>   (b) **Tarifkollision** (§ 4a TVG)
> (4) **Erfüllung der Tatbestandsvoraussetzungen** der Tarifnorm

1. Bindung der Arbeitsvertragsparteien an den Tarifvertrag

Nach alledem handelt es sich in unserem Fall bei der »Allgemeinen Vereinbarung 311 zum Schutze der Arbeitsplätze« also um einen wirksamen Tarifvertrag. Zu prüfen bleibt, ob A mit einer Entlassung rechnen muss oder ob dem B aufgrund dieses Tarifvertrages die Möglichkeit einer ordentlichen Kündigung verwehrt ist.

Da A schon seit fast 20 Jahren bei B als Kraftfahrer beschäftigt ist, besteht ein **Arbeitsverhältnis** zwischen A und B, das dem **Geltungsbereich** der »Allgemeinen Vereinbarung zum Schutze der Arbeitsplätze« unterliegt (= Prüfungsschema Punkt 1). Fraglich ist aber, ob B gegenüber A an diese tarifliche Regelung **gebunden** ist (= Prüfungsschema Punkt 2).

Tarifverträge können innerhalb ihres Geltungsbereichs grundsätzlich nur Wirkung gegenüber »*Tarifgebundenen*« entfalten (Ausnahmen: §§ 3 II, 5 IV TVG – lesen!). Wer tarifgebunden ist, ist durch den Gesetzgeber bestimmt: Tarifgebunden sind gem. § 3 I TVG (lesen!) die **Mitglieder der Tarifvertragsparteien** bzw. der einzelne Arbeitgeber, der mit der Gewerkschaft einen Tarifvertrag geschlossen hat. Auf Arbeitnehmerseite sind demnach nicht alle Arbeitnehmer der Unternehmen der Branche, sondern nur die Mitglieder der jeweiligen Gewerkschaft tarifgebunden!

Es kommt in der Praxis sehr häufig vor, dass auch mit nichttarifgebundenen Arbeitnehmern (»*Außenseitern*«) die Geltung des für den Betrieb verbindlichen Tarifvertrages *im Arbeitsvertrag* vereinbart wird. In diesem Fall gilt der Tarifvertrag *nicht normativ* (was das bedeutet, haben Sie eben bei → Rn. 307 gelesen!), sondern nur aufgrund dieser arbeitsvertraglichen Abrede, die als **Bezugnahmeklausel** bezeichnet wird.[716]

■ Was könnte dahinter stecken, wenn sich ein Arbeitgeber zu einem solchen – für ihn eigentlich nachteiligen – Schritt entschließt? Überlegen Sie!

---
715 Ausführlicheres Schema bei *Hamann/Siemes/Kokemoor* ArbR II Rn. 48.
716 Ausführlich dazu *Hromadka/Maschmann* ArbR II § 13 Rn. 252 ff. ein instruktiver Beispielsfall findet sich bei *Junker* GK ArbR Rn. 539 ff.

▶ Damit will der Arbeitgeber idR die nichttarifgebundenen Arbeitnehmer den tarifgebundenen gleichstellen,[717] um keine Anreize für einen Gewerkschaftsbeitritt zu schaffen und um innerhalb des Betriebs einheitlich vorgehen zu können.

312 Ferner kann das Bundesministerium für Arbeit und Soziales durch **Allgemeinverbindlichkeitserklärung** die normative Wirkung eines Tarifvertrages auf nicht tarifgebundene Arbeitnehmer und Arbeitgeber erstrecken (§ 5 IV TVG). Dazu muss die Allgemeinverbindlicherklärung im öffentlichen Interesse geboten erscheinen und Einvernehmen mit dem paritätisch mit Arbeitgeber- und Gewerkschaftsvertretern besetzten Tarifausschuss bestehen (§ 5 I TVG).[718] Nach dem *Arbeitnehmer-Entsendegesetz* (AEntG)[719] kann daneben die Geltung *tariflicher* Mindestlöhne und anderer Arbeitsbedingungen auch durch *Rechtsverordnung* auf Arbeitnehmer aller Branchen (§§ 4 I, II, 10 f. AEntG) ausgedehnt werden. Erfasst werden dabei nicht nur aus dem Ausland entsandte Arbeitnehmer (§ 3 AEntG), sondern auch regelmäßig im Inland Beschäftigte (§§ 1, 7 I, 7a I, 8 I AEntG – lesen!).[720]

Diese Regelungen und die auf ihrer Grundlage festgesetzten *Branchenmindestlöhne* gehen den Regelungen des MiLoG über den *allgemeinen* Mindestlohn vor, soweit sie die Höhe des allgemeinen Mindestlohns nicht unterschreiten (§ 1 III MiLoG[721]).

313 Nach Ablauf eines Tarifvertrags entfalten seine Normen noch tarifliche **Nachwirkung**. Obwohl die Tarifvertragsparteien vorübergehend keine mehr sind (sich »gelöst« haben), wirken die Normen des Tarifvertrags bis zum Abschluss neuer Vereinbarungen – zeitlich unbegrenzt[722] – weiter (§ 4 V TVG).

> **Hinweis:** »Ohne Wirkung keine Nachwirkung!« Die Nachwirkung erfasst nur Arbeitsverhältnisse, für die der Tarifvertrag zuvor iSv § 4 I TVG unmittelbar und zwingend gegolten hat. Sie betrifft nicht Arbeitsverhältnisse, die erst im Nachwirkungszeitraum begründet werden oder Arbeitnehmer, die der Gewerkschaft erst in dieser Zeit beigetreten sind.[723]

Nachwirkende Tarifnormen sind nicht mehr zwingend, sondern *dispositiv*. Daher kann von ihnen nunmehr durch einzelvertragliche Abreden unter Durchbrechung des Günstigkeitsprinzips (dazu sogleich bei → Rn. 315!) auch zu ungunsten des Arbeitnehmers abgewichen werden.[724]

314 ■ Prüfen Sie nun, ob die »Tarifgebundenheit« in unserem Übungsfall vorliegt!

---

717 BAG Urt. v. 5.7.2017 – 4 AZR 867/16, BAGE 159, 351 = NZA 2018, 47. Bei Unklarheiten bleibt wegen § 305c II BGB der (dynamische) Verweis auf den Tarifvertrag (in seiner jeweiligen Fassung) auch nach einem **Austritt** aus dem **Arbeitgeberverband** (BAG Urt. v. 8.4.2007 – 4 AZR 652/05, BAGE 122, 74; BAG Urt. v. 22.10.2008 – 4 AZR 793/07, BAGE 128, 185) oder nach einem **Betriebsübergang** maßgeblich (BAG Urt. v. 29.8.2007 – 4 AZR 767/06, BAGE 124, 34); die über § 613a I BGB erzeugte Bindung des Betriebserwerbers **verstößt nicht gegen Unionsrecht**, BAG Urt. v. 30.8.2017 – 4 AZR 95/14, BAGE 160, 87 = NZA 2018, 255.
718 Dies gilt gleichermaßen auch für die Allgemeinverbindlichkeitserklärung nach § 5 Ia TVG, s. BAG Beschl. v. 21.3.2018 – 10 ABR 62/16, BAGE 162, 166 = AP Nr. 40 zu § 5 TVG.
719 dtv-ArbG Nr. 74. Zur Umsetzung der reformierten EU-Entsenderichtlinie zum 30.7.2020 s. www.bmas.de/DE/Presse/Meldungen/2019/eckpunkte-entsendegesetz-erschienen.html sowie *Klein/Schneider* SR 2019, 72.
720 Darüber hinaus enthält § 3a AÜG eine Befugnis zum Erlass von **Mindestlohnverordnungen für Leiharbeitnehmer**.
721 dtv-ArbG Nr. 73; s. dazu → **Rn. 195**.
722 BAG Urt. v. 15.10.2003 – 4 AZR 573/02, BAGE 108, 114.
723 BAG Urt. v. 27.9.2017 – 4 AZR 630/15, BAGE 160, 273 = NZA 2018, 177, Rn. 24.
724 Vgl. ausf. *Dütz/Thüsing* ArbR Rn. 597.

II. Individualrechtliche Ansprüche aus Tarifverträgen

▶ Da A Mitglied der Gewerkschaft »ver.di« ist und B Mitglied des Arbeitgeberverbandes der Papier verarbeitenden Industrie, liegen die Voraussetzungen von § 3 I TVG vor.

Unerheblich ist dabei, dass A nicht unmittelbar in der Papierverarbeitung, sondern als Kraftfahrer tätig ist. Denn eine bestimmte Gewerkschaft ist für *alle* in dem betreffenden Industriezweig tätigen Arbeitnehmer zuständig, gleichgültig, welche Arbeit der Beschäftigte im Einzelnen verrichtet (Schlagwort: »Ein Betrieb, eine Gewerkschaft«).

■ **Verständnisfrage:** Aus welchem tarifrechtlichen Prinzip lässt sich dieser »Schlagwortgrundsatz« herleiten? (Nachdenken!)
▶ Die Antwort steht oben → Rn. 305!⁷²⁵

2. Vorgehende abweichende Regelungen

Nach alledem handelt es sich in unserem Fall bei der »Allgemeinen Vereinbarung zum Schutze der Arbeitsplätze« um einen Tarifvertrag, der für das Arbeitsverhältnis zwischen A und B aufgrund der bestehenden beiderseitigen Tarifbindung grundsätzlich Geltung beansprucht. Es können im Einzelfall jedoch *abweichende Regelungen* (= Punkt 3 im Prüfungsschema → Rn. 312) bestehen, die dem Tarifvertrag vorgehen. Für individualrechtliche Vereinbarungen kann sich dies insbesondere aus dem *Günstigkeitsprinzip* (§ 4 III TVG) ergeben, für abweichende tarifliche Regelungen aus den Regeln über die *Tarifkollision* (§ 4a TVG). Für die Lösung unseres Falles ist beides allerdings nicht von Bedeutung, da dort weder eine günstigere Individualvereinbarung noch eine abweichende tarifliche Regelung ersichtlich ist. 315

Das **Günstigkeitsprinzip** besagt, dass vom Tarifvertrag abweichende einzelvertragliche Vereinbarungen nur zulässig sind, soweit sie eine für den Arbeitnehmer günstigere Regelung enthalten als der Tarifvertrag selbst.⁷²⁶ Lesen Sie dazu § 4 III TVG⁷²⁷!

Fällt ein Betrieb in den Geltungsbereich *verschiedener* Tarifverträge, ist zu unterscheiden. Da es um das Verhältnis verschiedener Tarifnormen zueinander geht, findet das Günstigkeitsprinzip keine Anwendung. Sind für *ein und dasselbe* Arbeitsverhältnis nach Geltungsbereich, Tarifgebundenheit und Tarifzuständigkeit mehrere Tarifverträge einschlägig, spricht man von **Tarifkonkurrenz**. Im diesem Fall gilt der *Grundsatz der Tarifeinheit*, dh es gilt nur *ein* Tarifvertrag. Der speziellere Tarifvertrag verdrängt in diesem Fall den sachferneren. 316

▮ **Beispiel:** Der Arbeitgeber ist als Mitglied eines Arbeitgeberverbandes an einen Verbandstarifvertrag gebunden und vereinbart später mit derselben Gewerkschaft einen Haustarifvertrag.⁷²⁸ Der speziellere Haustarifvertrag verdrängt hier den allgemeineren Verbandstarifvertrag.

Überschneiden sich hingegen die Geltungsbereiche nicht inhaltsgleicher Tarifverträge *verschiedener* Gewerkschaften (zB GDL – EVG; DGB-Gewerkschaft – Christliche

---

725 »Industrieverbandsprinzip«!
726 Dabei hat ein »**Sachgruppenvergleich**« der Regelungen zu erfolgen, die in einem inneren, sachlichen Zusammenhang stehen. Bei einem Vergleich verschieden langer Arbeitszeiten ist daher zumindest das dem gegenüberstehende Entgelt in den Vergleich einzubeziehen, BAG Urt. v. 12.12.2012 – 4 AZR 328/11, AP Nr. 122 zu § 1 TVG, Rn. 46 mwN; BAG Urt. v. 15.4.2015 – 4 AZR 587/13, BAGE 151, 221 Rn. 34 ff. = BeckRS 2015, 68178.
727 Die Norm findet auch Anwendung bei einer Kollision zwischen **normativ** geltenden und aufgrund **arbeitsvertraglicher Bezugnahme** (→ Rn. 311) anwendbaren Tarifvorschriften, BAG Urt. v. 10.12.2014 – 4 AZR 503/12, BAGE 150, 184 Rn. 41 = BeckRS 2015, 69782; BAG Urt. v. 12.12.2018 – 4 AZR 123/18, NZA 2019, 543.
728 BAG Urt. v. 19.11.2014 – 4 AZR 761/12, BAGE 150, 97 Rn. 28 = BeckRS 2015, 67088.

2. Kapitel. Tarifvertragsrecht

Gewerkschaft), spricht das Gesetz von »**kollidierenden Tarifverträgen**«. In diesem Fall gilt grundsätzlich[729] der Tarifvertrag der Gewerkschaft, die die *meisten Mitglieder*[730] in diesem Betrieb hat (s. § 4 II 2 TVG).

> **Beispiel:** Sowohl die GDL als auch die EVG schließen jeweils mit der Deutschen Bahn einen Tarifvertrag ab, der für Zugbegleiterinnen und -begleiter gelten soll. Hier verdrängt der Tarifvertrag der im Betrieb mitgliederstärkeren Gewerkschaft den der mitgliederschwächeren.

Die Regelung wurde im Jahr 2015 durch das Tarifeinheitsgesetz[731] eingeführt, nachdem das BAG seit 2010 davon ausging, dass es in derartigen Fällen einer sog. *Tarifpluralität* in einem Betrieb zu einer Geltung verschiedener Tarifverträge *nebeneinander* für unterschiedliche Arbeitsverhältnisse kommen konnte.[732]

317 Für die Lösung unseres Falles spielt dies – wie bereits festgestellt – keine Rolle. Damit der tarifgebundene A aber den Schutz der tariflichen Einzelregelung für sich in Anspruch nehmen kann, muss noch geklärt werden, ob er die **konkreten Voraussetzungen** der Regelung zum Kündigungsschutz erfüllt (= Punkt 4 im Prüfungsschema → Rn. 312)!

- Prüfen Sie, ob das zutrifft!
- ▶ A hat als 57-jähriger das 52. Lebensjahr vollendet, das 67. jedoch noch nicht erreicht und ist auch länger als fünf Jahre im Betrieb tätig. Somit gilt die Vorschrift der »Allgemeinen Vereinbarung« auch für ihn.

Eine ordentliche Kündigung hat A daher nicht zu befürchten.

Lesen Sie nun die Zusammenfassung auf Übersicht 13 (nächste Seite) und dann gegebenenfalls etwas aus der ...

Literatur zur Vertiefung (2. Kapitel, Rn. 301–318): *Bittner*, Lohnt der Gewerkschaftsbeitritt?, JURA 2003, 560 (Klausurfall zur Thematik »*Tarifvertrag – Betriebsübergang – Günstigkeitsprinzip*«); *Brox/Rüthers/Henssler* ArbR Kap. 9; *Däubler* Ratgeber 3. Kap.; *Däubler/Heuschmid*, Tarifverträge nur für Gewerkschaftsmitglieder?, RdA 2013, 1; *Dütz/Thüsing* ArbR § 12; *Eylert/Frieling*, Examensrelevante Grundlagen des Tarifvertragsrechts, JuS 2017, 106; *Fischer*, Das betriebliche Vertretensein von Gewerkschaften und seine gerichtliche Feststellung, NZA-RR 2016, 225; *Giesen/Rixen*, Tarifeinheits-Reparaturgesetz: Was regelt der neue § 4a II 2 TVG?, NZA 2019, 577; *Giesen*, Von der Tarifeinheit zur Tarifpluralität zur Tarifeinheit – eine Zwischenbilanz, ZfA 2019, 40; *Gräf*, Tarifpluralität und Tarifeinheit nach Betriebs(teil)übergang, NZA 2016, 327; *Greiner/Pionteck*, Aktuelle Rechtsentwicklung der arbeitsvertraglichen Bezugnahme auf Kollektivverträge, SR 2019, 45; *Hanau/Adomeit* ArbR C., II.; *Höpfner*, 100 Jahre Tarifvertragsordnung, ZfA 2019, 108; *Hromadka/Maschmann* Bd. 1 § 13; *Junker* GK ArbR § 8; *Löwisch/Caspers/Klumpp* ArbR § 23; *Löwisch*, Tarifeinheit nur auf Antrag, NZA 2015, 1369; *Preis* II §§ 88–107; *Reichold* ArbR § 12 sowie dazu Fall 9; *Schleusener*, Zustandekommen und Kündigung von Tarifverträgen – Stellvertretung bei Tarifvertragsschluss – Kündigung von mehrgliedrigen Tarifverträgen (Examensklausur), JURA 2006, 714; *Seidler/Leder/Lunk*, Die tarifvertragliche und schuldrechtliche Besserstellung von Gewerkschaftsmitgliedern, RdA

---

[729] Der **Minderheitstarifvertrag bleibt anwendbar**, sofern die Interessen der davon erfassten Arbeitnehmer beim Mehrheitstarifvertrag nicht ernsthaft berücksichtigt wurden, s. **§ 4a II 2 HS 2 TVG** sowie zuvor BVerfG Urt. v. 11.7.2017 – 1 BvR 1571/15 u.a., NZA 2017, 915.

[730] Im arbeitsgerichtlichen Verfahren gem. § 99 ArbGG genügt es, wenn die Mitgliederzahl **gegenüber einem Notar offengelegt** wird, der dann eine öffentliche Urkunde über die Mitgliederzahl ausstellt (§ 58 III ArbGG), s. dazu ErfK/*Franzen* TVG § 4a Rn. 3.

[731] Gesetz v. 3.7.2015, BGBl. 2015 I 1130. S. dazu BVerfG Urt. v. 11.7.2017 – 1 BvR 1571/15 u.a., NZA 2017, 915, wodurch es zur Änderung von § 4a II 2 HS 2 TVG durch Art. 4f des Qualifizierungschancengesetzes v. 18.12.2018, BGBl. 2018 I 2651, kam.

[732] BAG Urt. v. 7.7.2010 – 4 AZR 549/08, NZA 2010, 1068; BAG Beschl. v. 23.6.2010 – 10 AS 2/10, NZA 2010, 778; BAG Beschl. v. 27.1.2010 – 4 AZR 549/08 (A), NZA 2010, 645.

2015, 399; *Siegfanz-Strauß*, »Boni« für Gewerkschaftsmitglieder – Feste Grundsätze statt Einzelfalljudikatur, RdA 2015, 266; *Stöhr*, Einführung in das Tarifvertragsrecht, JA 2016, 168; *Vielmeier*, Tarifeinheit und Rechte der Konkurrenzgewerkschaft, NZA 2015, 1294; *Waltermann* ArbR §§ 25–28; *Weber/Gräf*, Schwerpunktbereichsklausur – Arbeitsrecht: Betriebsverfassungs-, Tarifvertrags- und Arbeitskampfrecht, JuS 2013, 633; *Zöllner/Loritz/Hergenröder* ArbR §§ 34–40.

Übersicht 13 318

Tarifvertragsrecht		
I.	**Materielle Voraussetzungen für den Tarifvertrag**	
1. 2.	*Vertragsschluss* durch Angebot und Annahme (§§ 145 ff. BGB) *Tariffähigkeit der Parteien* (§ 2 I TVG)	
	Gewerkschaft	Arbeitgeberverband oder einzelner Arbeitgeber
3.	Inhalt eines Tarifvertrags	
	Schuldrechtlicher Teil	Normativer Teil
	Rechte und Pflichten der Tarifvertragsparteien (§ 1 I Hs. 1 TVG)	Unmittelbar und zwingend geltende Rechtsnormen (§ 4 I 1 TVG)
	zB • relative oder absolute Friedenspflicht • Einwirkungs- und Durchführungspflicht	• Inhalt, Abschluss und Beendigung von Arbeitsverhältnissen • betriebliche oder betriebsverfassungsrechtliche Fragen (§§ 1 I Hs. 2 und 4 I 1 TVG)
	Zweiteilung	Manteltarifvertrag Lohn- bzw. Gehaltstarifvertrag
II.	**Formelle Wirksamkeitsvoraussetzungen**	
	Schriftform (§ 1 II TVG)	*Tarifzuständigkeit* (Satzungen)
III.	**Tarifautonomie (Art. 9 III GG):** Regelungsbefugnis der Tarifvertragsparteien findet ihre Grenzen in der negativen Koalitionsfreiheit der »Außenseiter« und in sonstigem höherrangigen Recht (zB BGB)	
IV.	**Tarifgebundenheit (§ 3 I TVG):** Mitglieder der Tarifvertragsparteien	
V.	**Günstigkeitsprinzip (§ 4 III TVG):** Abweichende einzelvertragliche Vereinbarungen nur zugunsten von Arbeitnehmern	
	Prüfungshinweis für Klausuren: Wenn eine Regelung eines insgesamt auf seine Wirksamkeit überprüften Tarifvertrags für einen einzelnen tarifgebundenen Arbeitnehmer gelten soll, muss dieser auch die konkreten Voraussetzungen der speziellen Regelung erfüllen!	

3. Kapitel. Arbeitskampfrecht

I. Grundgedanken

319 Sofern sich die Tarifvertragsparteien beim Aushandeln von Tarifvertragsbedingungen nicht einigen können, kann es zu einem »Arbeitskampf« kommen. Das Recht zur Ergreifung von Arbeitskampfmaßnahmen wird aus Art. 9 III GG hergeleitet.

Ansonsten ist das »Arbeitskampfrecht« im Gesetz nicht geregelt, sodass sich auch nirgendwo eine Legaldefinition des Begriffs »Arbeitskampf« findet. In einzelnen Gesetzen, in denen bisweilen *Folgen* des Arbeitskampfs behandelt werden, werden der Begriff des »Arbeitskampfs« sowie die Mittel des Arbeitskampfs als bekannt vorausgesetzt, so zB in den § 25 KSchG, §§ 36 III, 100, 160 SGB III, § 174 VI SGB IX, § 11 V AÜG, § 2 I Nr. 2 ArbGG (diese Vorschriften müssen Sie jetzt *nicht* unbedingt lesen). Die arbeitsrechtliche Ausgestaltung des Arbeitskampfrechts beruht daher überwiegend auf *Richterrecht*[733] und ist äußerst vielfältig. Wir werden uns in dem engen Rahmen dieses Grundrisses weitgehend nur mit den wichtigsten Arbeitskampf*mitteln*, insbesondere ihrer Rechtmäßigkeit und ihren Folgen, befassen.

320 Die arbeitskampfrechtlichen *Mittel* der (Tarifvertrags-) Parteien (vgl. § 2 I TVG), um auf die Gegenseite Druck auszuüben, sollten Ihnen – teilweise zumindest – aus den Medien bekannt sein!

- Welche Arbeitskampfmittel kennen Sie? (Überlegen Sie, bevor Sie weiterlesen!)
- ▶ Je nachdem, welche Partei ein Arbeitskampfmittel einsetzt, um bestimmte Forderungen durchzusetzen, kommt insbesondere ein *Streik* oder eine *Aussperrung* in Betracht.

321 Zumindest der »**Streik**« ist Ihnen beim Nachdenken sicher eingefallen! So erzeugen die wiederkehrenden Streiks bei dem Internet-Versandhändler Amazon seit 2013 ein großes mediales Echo. Vor allem aber die von Streiks geprägten Tarifkonflikte im Verkehrsbereich unter Beteiligung der Spartengewerkschaften[734] Vereinigung Cockpit, UFO und GDL rücken wegen der Störungen des Bahn- oder Flugbetriebs immer wieder ins öffentliche Bewusstsein. Auch in der Metall verarbeitenden Industrie kam es hin und wieder zu Aufsehen erregenden Streiks. Interessant dabei ist, dass bei den größten Arbeitskämpfen entgegen der landläufigen Meinung weniger die Entgeltforderungen im Vordergrund standen. Meist waren es Forderungen nach *verbesserten sonstigen Arbeitsbedingungen,* die auf den Widerstand der Arbeitgeber stießen: So ging es schon bei dem langen Streik der schleswig-holsteinischen Metallarbeiter (24.10.1956–14.2.1957) nicht um eine konkrete Lohnerhöhung, sondern um die Einführung der Lohnfortzahlung im Krankheitsfall. 1978 streikten die Arbeitnehmer im Raum Nordwürttemberg/Nordbaden, um den Abschluss eines Tarifvertrags zum Schutz gegen Rationalisierungsmaßnahmen infolge des technischen Fortschritts durchzusetzen. 1990 kam es nach langen ergebnislosen Verhandlungen zwischen der »IG Metall« und dem »Gesamtverband der metallindustriellen Arbeitgeberverbände« (kurz: »Gesamtmetall«) über eine erneute Arbeitszeitverkürzung doch noch zu einem Tarifabschluss ohne den schon erwarteten großen Arbeitskampf. Im Jahr 2007 gab es

---

733 → Rn. 26.
734 → Rn. 310.

längere Arbeitsniederlegungen von Beschäftigten der Telekom, die sich gegen die geplante Auslagerung von rund 50.000 Beschäftigten in neue Gesellschaften unter dem Namen T-Service wehrten, bei denen für weniger Geld länger gearbeitet werden sollte.

Obwohl in der Bundesrepublik Deutschland Arbeitskämpfe im Vergleich zu anderen Ländern (insbesondere Griechenland, Frankreich und Italien) relativ selten sind, wird es angesichts von Interessengegensätzen immer wieder zu Auseinandersetzungen kommen.

Obwohl wir soeben festgestellt haben, dass das Arbeitskampfrecht weitgehend *Richterrecht* ist, sucht man eine klare Definition des Begriffs »Arbeitskampf« in der Rspr. des BAG vergeblich. Unter **Arbeitskampf** ist jedenfalls die *Ergreifung von kollektiven, wirtschaftlichen Druck erzeugenden Maßnahmen durch die Arbeitnehmer- oder Arbeitgeberseite* zu verstehen, *um ein bestimmtes Ziel zu erreichen.*[735] Der Arbeitskampf »muss« – wie es das BAG[736] formuliert hat – »in unserem freiheitlichen Tarifvertragssystem als *ultima ratio* (letztes Mittel) zum Ausgleich sonst nicht lösbarer tariflicher Konflikte möglich sein«.

322

Die Mittel des Arbeitskampfes sollen und dürfen nur eingesetzt werden, wenn alle Verständigungsmöglichkeiten erschöpft sind.

II. Streik

1. Begriff

▪ Wie würden Sie den Begriff des Streiks definieren? Versuchen Sie es, bevor Sie weiterlesen!

323

▶ Unter *Streik*[737] versteht man die *gemeinsame, bewusste und planmäßige Verweigerung der vertraglich geschuldeten Arbeit einer größeren Zahl von Arbeitnehmern zur Durchsetzung bestimmter Forderungen* bzw. zur Erreichung eines bestimmten Kampfziels. Er stellt eine Maßnahme zur Störung des Arbeitsfriedens dar, um regelmäßig eine Verbesserung der Arbeits- und/oder Entgeltbedingungen zu erreichen und ist das wichtigste Arbeitskampfmittel auf der Arbeitnehmerseite.

2. Rechtmäßigkeit des Streiks

a) Ablauf des Tarifvertrags

Solange ein Tarifvertrag nicht abgelaufen ist, besteht für die Tarifvertragsparteien die *Friedenspflicht*[738], dh, während dieser Zeit ist ein Arbeitskampf und somit auch ein Streik unzulässig.

324

---

735 Vgl. *Brox/Rüthers/Henssler* ArbR Rn. 741.
736 BAG Urt. v. 10.6.1980 – 1 AZR 822/79, BAGE 33, 140 = NJW 1980, 1642; BAG Urt. v. 10.6.1980 – 1 AZR 168/79, BAGE 33, 185 = NJW 1980, 1653; BAG Urt. v. 10.6.1980 – 1 AZR 331/79, BAGE 33, 195 = NJW 1980, 1653.
737 Als **Mutterland des Streiks** gilt **Großbritannien**, wo dieser Begriff entstanden ist: »to strike work« (»Arbeit streichen«).
738 Dazu bereits → **Rn. 306**.

b) Durchsetzung wirtschaftlicher Ziele

325 Das Streikziel muss grundsätzlich durch eine tarifvertragliche Vereinbarung erreichbar sein. Geht es um die Abmilderung der wirtschaftlichen Nachteile aus einer Betriebsänderung (§§ 111, 112 BetrVG), die an sich Sache der Betriebspartner (Arbeitgeber und Betriebsrat) ist, liegen diese Voraussetzungen vor, weil diese Punkte auch durch die Tarifpartner geregelt werden können.[739] Obwohl der von einem *Unterstützungsstreik* (Streik zur Unterstützung eines Arbeitskampfes in einem anderen Tarifgebiet) betroffene Arbeitgeber die Streikforderung nicht selbst erfüllen kann, sind nach neuerer Rspr. auch derartige Streiks prinzipiell vom Schutzbereich des Art. 9 III GG erfasst. Allerdings sind sie nur zulässig, wenn sie auch verhältnismäßig (= zur Erreichung des Kampfziels geeignet, erforderlich und angemessen) sind.[740]

Rechtswidrig ist übrigens ein Streik von Beamten,[741] die, wie wir wissen, nicht zu den »Arbeitnehmern« zählen.

c) Gewerkschaftlicher Streik

326 Der Streik muss *gewerkschaftlich organisiert* sein. Sog. »wilde Streiks« einzelner Arbeitnehmer sind rechtswidrig. Ein Streik erfordert kollektives Handeln.

d) Beachtung des Verhältnismäßigkeitsgrundsatzes

327 Der Streik muss immer das letzte mögliche Mittel zur Durchsetzung der angestrebten Ziele sein (vgl. oben: »ultima ratio«).

> **Hinweis:** Im Zusammenhang mit dem Verhältnismäßigkeitsgrundsatz ist anzumerken, dass die Gewerkschaft unter Wahrung streikrechtlicher Kampfregeln die freie Wahl treffen kann zwischen einem »Vollstreik«, von dem sofort alle Betriebe eines Industriezweigs innerhalb eines Tarifbezirkes betroffen sind, und dem für die Arbeitgeberseite etwas milderen »Schwerpunktstreik«, durch den nur einzelne Betriebe in Schlüsselpositionen betroffen werden.

In dieser Reihenfolge sollte man die Rechtmäßigkeitsprüfung eines Streiks auch in einer Klausur vornehmen.

e) Warnstreik

327a Gewisse Besonderheiten hinsichtlich des Verhältnismäßigkeitsgrundsatzes ergeben sich bei Warnstreiks. Sie richten sich gegen stockende Tarifvertragsverhandlungen und sind nicht primär auf abschließende Regelungen gerichtet. Unter dem Stichwort der »neuen Beweglichkeit« hat diese verhandlungsbegleitende Streikform ganz erhebliche praktische Bedeutung erlangt. Sie muss zwar grundsätzlich ebenfalls das Ultima-Ratio-Prinzip beachten. Doch sieht das BAG in der Erklärung des Warnstreiks zugleich eine konkludente Erklärung des Scheiterns der Verhandlungen zu den bisherigen Bedingungen[742] und erachtet den Verhältnismäßigkeitsgrundsatz damit beim Warnstreik regelmäßig als gewahrt.[743]

---

739 BAG Urt. v. 24.4.2007 – 1 AZR 252/06, BAGE 122, 134 = BeckRS 2007, 46149.
740 BAG Urt. v. 19.6.2007 – 1 AZR 396/06, BAGE 123, 134 = BeckRS 2007, 46352.
741 BVerfG Urt. v. 12.6.2018 – 2 BvR 1738/12, NJW 2018, 2695; BVerwG Beschl. v. 26.2.2015 – 2 B 6/15, NZA 2015, 505; BVerwG Urt. v. 27.2.2014 – 2 C 1/13, BVerwGE 149, 117 = BeckRS 2014, 50276; vgl. dazu *Spitzlei/Schneider* JA 2019, 9.
742 BAG Urt. v. 21.6.1988 – 1 AZR 651/86, BAGE 58, 364 = NJW 1989, 57.
743 Dazu ausf. *Preis* ArbR II § 117 III 1b).

3. Rechtsfolgen des Streiks
a) Rechtmäßiger Streik
Während der Dauer eines rechtmäßigen Streiks *ruhen* die Rechte und Pflichten aus dem Arbeitsverhältnis, obwohl das Arbeitsverhältnis rechtlich fortbesteht. Die Teilnahme an einem rechtmäßigen Streik ist – auch für Nicht-Gewerkschaftsmitglieder – keine Arbeitsvertragsverletzung, aus der der Arbeitgeber Ansprüche herleiten könnte.

328

Umgekehrt ist vor allem die Pflicht des Arbeitgebers zur Entgeltzahlung während des Streiks aufgehoben (= »*suspendiert*«), dh, der Arbeitgeber ist vorübergehend von seiner Gegenleistungspflicht befreit.

▪ Mit welcher schuldrechtlichen Vorschrift würden Sie diese Befreiung von der Gegenleistung begründen? (Nachdenken!)
▶ Der Streik bewirkt nicht nur eine »Störung des Arbeitsfriedens«, sondern zugleich eine Störung der Arbeits*leistung,* die weder von einzelnen Arbeitnehmern noch vom Arbeitgeber zu vertreten ist. Die Antwort heißt daher: § 326 I 1 BGB!

Der Fortfall des Entgeltanspruchs wird für den gewerkschaftlich organisierten Arbeitnehmer durch gewerkschaftliche Streikunterstützung kompensiert.

Nimmt ein arbeitswilliger Arbeitnehmer nicht am Streik teil, verliert er dennoch seinen Entgeltanspruch, wenn sein Arbeitgeber ihn als Folge des Streiks nicht mehr beschäftigen kann oder den Betrieb stilllegt. Das Risiko, aufgrund eines Streiks seine Arbeit und seinen Lohn zu verlieren, fällt grundsätzlich in die Sphäre des Arbeitnehmers (= »Lehre vom Arbeitskampfrisiko«).[744]

b) Rechtswidriger Streik
Ein rechtswidriger Streik,[745] der von der Gewerkschaft geführt wird, kann vertragliche und außervertragliche Schadensersatz- sowie Unterlassungsansprüche der Arbeitgeberseite gegen die Gewerkschaft und den einzelnen teilnehmenden Arbeitnehmer, zB aus § 280 I BGB oder §§ 823, 826, 831 BGB sowie aus § 1004 BGB, begründen.[746]

329

Gegenüber den teilnehmenden Arbeitnehmern kommt darüber hinaus eine Kündigung in Betracht.

---

744 Auch die Verpflichtung zur **Entgeltfortzahlung im Krankheitsfall** gem. § 3 I EFZG besteht im Arbeitskampf nur, wenn der Arbeitnehmer ohne seine Erkrankung Anspruch auf Lohn gehabt hätte, s. zB LArbG Mainz Urt. v. 26.7.2012 – 10 Sa 137/12, BeckRS 2012, 74967.
745 Auch wenn ein Streik nur in einigen von mehreren Punkten die in einem Tarifvertrag vereinbarte Friedenspflicht verletzt, ist er **insgesamt rechtswidrig** und verpflichtet bei schuldhaftem Verhalten die Gewerkschaft zum Schadensersatz aus § 280 I BGB und § 823 I BGB, BAG Urt. v. 26.7.2016 – 1 AZR 160/14, BAGE 155, 347 = NZA 2016, 1543.
746 Bei Streikmaßnahmen der Fluglotsen (= Gewerkschaft der Flugsicherung) gegen die Deutsche Flugsicherung GmbH **fehlt** es gegenüber **kampfunbeteiligten**, drittbetroffenen Arbeitgebern (= Fluggesellschaften) regelmäßig an der für § 823 I BGB erforderlichen **Betriebsbezogenheit eines Eingriffs** in deren Gewerbebetrieb, BAG Urt. v. 25.8.2015 – 1 AZR 754/13, BAGE 152, 240 Rn. 38 = BeckRS 2015, 73362. Bei dem schuldrechtlichen Teil eines Tarifvertrags handelt es sich insoweit regelmäßig auch **nicht** um einen Vertrag mit **Schutzwirkung zugunsten von Dritten**, BAG Urt. v. 25.8.2015 – 1 AZR 875/13, BAGE 152, 260 Rn. 43 = BeckRS 2015, 73362.

3. Kapitel. Arbeitskampfrecht

Die gleichen Ansprüche richten sich an den/die Arbeitnehmer allein, wenn es sich um einen »wilden«, *nicht* gewerkschaftlich organisierten Streik handelt. Da es sich im letzteren Fall bei der Nichtleistung der Arbeit während des rechtswidrigen Streiks um vom Arbeitnehmer zu vertretende (teilweise) Unmöglichkeit handelt, kann zudem § 280 I und III iVm § 283 BGB Anspruchsgrundlage für den Arbeitgeber sein.

329a Zur Übung und Vertiefung:

> **Klausurfall 1e (vgl. Vorwort!): Streik und Arbeitsverweigerung**
> ▶ Standort: Streikrecht, Arbeitsverweigerung
>
> Die sächsische IG Metall hat zum Streik für die tarifliche 31-Stunden-Woche in der sächsischen Metallindustrie aufgerufen. Arbeitnehmer Rudi Ratlos, der in einem sächsischen Metallverarbeitungsbetrieb arbeitet, aber nicht Mitglied der Gewerkschaft ist, möchte sich dem Streik anschließen. Er will wissen, ob es ein Kündigungsgrund ist, wenn er sich dem Streik anschließt und nicht zur Arbeit geht, und ob er während seiner Teilnahme am Streik vom Arbeitgeber oder von der Gewerkschaft oder von der Agentur für Arbeit Zahlungen erhält. Außerdem interessiert ihn, ob auch eine Blockade der Einfahrt zum Betriebsgelände vom Streikrecht gedeckt ist. Bitte beantworten Sie diese Fragen mit einer kurzen Begründung.
>
> Zudem hat Ratlos einige Fragen bezüglich der Pflicht seines Arbeitgebers, ihm Lohn zu zahlen. Der alleinerziehende Ratlos fehlte nämlich erstmals in seiner neunjährigen Betriebszugehörigkeit drei Wochen lang, weil er sein erkranktes Kind pflegen musste. Der Arzt hatte bescheinigt, dass das siebenjährige Kind für diesen Zeitraum der Pflege bedarf. Kurz darauf fehlte Ratlos sieben Wochen lang, weil nun seine Großmutter schwer erkrankt war und er sich um sie kümmerte, da sie keine anderen Angehörigen mehr hat.
>
> Aber auch im nächsten Monat stand er seinem Arbeitgeber nicht jeden Tag zur Verfügung, denn die Maschine, an der er arbeitet, wurde umgebaut. Deshalb hatten die Betriebsmechaniker die Schutzvorrichtungen an der Maschine abgebaut, damit sie besser hantieren konnten. Ratlos weigerte sich, während der zwei Tage, an denen die Schutzvorrichtungen fehlten, an der Maschine zu arbeiten, obwohl ihn sein Arbeitgeber dazu anwies, da es keine anderen Tätigkeiten im Unternehmen gab, die Ratlos in dieser Zeit hätte erledigen können. Sein Arbeitgeber weigert sich, Ratlos für die betreffenden Tage sein Gehalt zu zahlen.
>
> Ratlos meint, dass ihm sehr wohl ein Lohnanspruch zustehe. Wie ist die Rechtslage?
>
> **Ausformulierter Lösungsvorschlag:**
> ▶ Siehe *Gruber* Standardfälle ArbR Fall 7.[747]

III. Aussperrung

330 Die Aussperrung ist das traditionelle Gegenmittel der Arbeitgeber zum Streik.

Aussperrung ist eine planmäßige Ausschließung mehrerer Arbeitnehmer durch einen oder mehrere Arbeitgeber von der Arbeit unter Verweigerung der Entgeltzahlung.

Die Aussperrung kommt in zwei grundsätzlichen Formen vor:

---

747 **Kurzhinweise zur Lösung:** 1) Nichtmitglieder dürfen an gewerkschaftlich organisiertem Streik teilnehmen. Arbeitsvertragliche Hauptpflichten suspendiert, daher kein Lohn. Wegen Neutralitätspflicht des Staates kein Arbeitslosen- oder Kurzarbeitergeld (§§ 160 I 1, 100 I SGB III). Streikgeld nur für Gewerkschaftsmitglieder. Betriebsblockade durch Streikrecht nicht gedeckt. 2) Wegen §§ 275 III, 326 I 1 BGB grds. kein Lohn, aber § 616 BGB wegen Erkrankung des Kindes. 3) Maximalzeitraum für § 616 BGB bei Pflege der Großmutter überschritten. 4) Anspruch nach § 615 S. 3 BGB, da Leistungsverweigerungsrecht gem. § 273 I BGB iVm § 3 I ArbSchG.

1. Abwehraussperrung

Die Abwehraussperrung als Reaktion auf einen rechtmäßigen oder rechtswidrigen Streik ist nach der Rspr. des BAG aus Gründen der Arbeitskampfparität grundsätzlich zugelassen.[748]

331

a) Rechtmäßigkeit

Für die Rechtmäßigkeit der Abwehraussperrung hat das BAG in einer Vielzahl von Entscheidungen Grundsätze aufgestellt, die sich wie folgt zusammenfassen lassen:[749]

332

(1) Vorliegen eines Streiks,
(2) Organisation durch Arbeitgeberverband,
(3) Keine »selektive Aussperrung« *nur* der Gewerkschaftsmitglieder[750] und
(4) Verhältnismäßigkeit.

b) Rechtsfolgen

Wie bei einem Streik sind die Rechte und Pflichten aus dem Arbeitsverhältnis suspendiert *(suspendierende Aussperrung)*.

333

Nur ausnahmsweise wird bei einem lang andauernden Streik für die Arbeitgeberseite auch die Möglichkeit einer das Arbeitsverhältnis wie eine Kündigung auflösenden Aussperrung *(lösende Aussperrung)* in Betracht kommen können.[751]

2. Angriffsaussperrung

Durch die Angriffsaussperrung wird der Arbeitskampf von der Arbeitgeberseite eröffnet. Die Angriffsaussperrung, die der Verschlechterung der bestehenden Entgelt- und Arbeitsbedingungen der Arbeitnehmer dienen soll, ist in der Praxis noch nicht vorgekommen, sodass wir nicht näher darauf eingehen.

334

IV. Betriebsstilllegung, Streikbruchprämien

Inzwischen hat die schlichte Betriebsstilllegung die Abwehraussperrung weitgehend verdrängt, seit das BAG[752] 1994 den Arbeitgebern dieses defensive, aber sehr effektive Arbeitskampfmittel zubilligte. Das Gericht befand, dass der Arbeitgeber nicht verpflichtet sei, einen bestreikten Betrieb oder Betriebsteil soweit wie möglich aufrechtzuerhalten. Er kann daher dem Streik nachgeben und den Betrieb für die Dauer des Streiks ganz stilllegen, auch wenn er diesen theoretisch aufrechterhalten könnte.[753] Durch die Anerkennung als Arbeitskampfmittel suspendiert die Stilllegung die bei-

334a

---

748 Wie bereits erwähnt (→ **Rn. 19**), ist **Art. 29 V der Verfassung des Landes Hessen**, der die Aussperrung generell für rechtswidrig erklärt, insoweit nichtig, BAG Urt. v. 26.4.1988 – 1 AZR 399/86, BAGE 58, 138 = NJW 1989, 186.
749 Vgl. *Alpmann und Schmidt* ArbR II Rn. 150 f.
750 Dh: Keine (nach Art. 9 III 2 GG unzulässige) Bevorzugung von Arbeitnehmern, die nicht einer Gewerkschaft angehören!
751 IdR wird sie sich aber als unverhältnismäßig erweisen, s. *Pallasch* ArbR § 29 II 2c.
752 BAG Urt. v. 22.3.1994 – 1 AZR 622/93, BAGE 76, 196 = NJW 1995, 477.
753 Eine arbeitskampfbedingte **Betriebsstilllegung** setzt allerdings voraus, dass die betriebliche Tätigkeit des Arbeitgebers weder von diesem selbst noch von einem von ihm beauftragten **Drittunternehmen** ausgeführt wird, BAG Urt. v. 13.12.2011 – 1 AZR 495/10, NZA 2012, 995 Rn. 20.

derseitigen Rechte und Pflichten aus dem Arbeitsverhältnis. Der Arbeitgeber gerät daher nicht in Annahmeverzug und hat auch nicht das Risiko des Arbeitsausfalls gem. § 615 S. 1, 3 BGB zu tragen, sondern die arbeitswilligen Arbeitnehmer verlieren ihren Entgeltanspruch.[754]

Will ein bestreikter Arbeitgeber Produktionsausfälle vermeiden, kann er auch versuchen, den **Betrieb** trotz des Streiks **aufrecht zu erhalten** und streikende Arbeitnehmer durch Zahlung einer Streikbruchprämie zur Weiterarbeit zu bewegen.[755]

V. Boykott, Flashmob

335 Es gibt keinen festen Katalog von Arbeitskampfmitteln. Neben Streik und Aussperrung zählt traditionell der *Boykott* zu den Arbeitskampfmitteln der Arbeitnehmerseite. Darunter versteht man die Ablehnung von Vertragsschlüssen mit der Gegenseite, die mit einem entsprechenden Aufruf dazu auch an Dritte einhergehen kann. Für seine Rechtmäßigkeit gelten die Voraussetzungen für den Streik und die Aussperrung entsprechend.

Als neuere Arbeitskampfmittel sind streikbegleitende *Flashmob-Aktionen* speziell im Einzelhandel auf den Plan getreten. Es handelt sich dabei um kurzfristige Aufrufe (zB durch Massen-SMS oder WhatsApp an einen ausgewählten Personenkreis) zur Streikunterstützung durch koordinierte und gezielte Störungen in bestimmten Betrieben durch regelwidriges Verhalten (zB Kassenblockaden durch massenhaften Einkauf von Cent-Artikeln oder durch Befüllen von Einkaufswagen, die an der Kasse oder anderswo in den Verkaufsräumen stehen gelassen werden).[756] Dies ist nach der Rspr. zulässig, wenn der Grundsatz der Verhältnismäßigkeit gewahrt bleibt und der Arbeitgeberseite wirksame Verteidigungsmöglichkeiten (Ausübung des Hausrechts, vorübergehende Betriebsschließung) zur Verfügung stehen.[757]

Die Mittel des Arbeitskampfes verdeutlicht die folgende Übersicht 14!

---

[754] S. dazu *Preis* ArbR II § 113 IV 5.
[755] BAG Urt. v. 14.8.2018 – 1 AZR 287/17, NZA 2019, 100.
[756] Vgl. dazu ErfK/*Linsenmaier* GG Art. 9 Rn. 277b.
[757] BAG Urt. v. 22.9.2009 – 1 AZR 972/08, NJW 2010, 631.

Übersicht 14

Mittel des Arbeitskampfs			336
Arbeitskampf ist die Ergreifung von kollektiven, wirtschaftlichen Druck erzeugenden Maßnahmen durch die Arbeitnehmer- oder Arbeitgeberseite, um ein bestimmtes gemeinsames Ziel zu erreichen. Die auf beiden Seiten Beteiligten müssen potentielle Tarifvertragsparteien (vgl. § 2 I TVG) sein.			

Streik	Aussperrung	Sonstige Arbeitskampfmittel
Begriff: Bewusste, planmäßige Verweigerung der vertraglich geschuldeten Arbeit einer größeren Anzahl von Arbeitnehmern	*Begriff:* Planmäßige Ausschließung mehrerer Arbeitnehmer von der Arbeit durch Arbeitgeber ohne Entgeltzahlung	zB Boykott, streikbegleitender Flashmob, Streikbruchprämien, Betriebsstilllegung bei Streik (kein fester Katalog von Arbeitskampfmitteln)
Ziel: Verbesserung der Arbeits- und Entgeltbedingungen	*Ziel:* Verwirklichung arbeitspolitischer Zwecke; Streikabwehr	
Rechtmäßigkeit: (1) Tarifvertrag muss abgelaufen sein (Friedenspflicht) (2) Erreichbarkeit des Ziels durch Tarifvertragsvereinbarung (= keine politischen Ziele!) (3) Gewerkschaftliche Organisation (sonst: »wilder Streik«) (4) Verhältnismäßigkeit (= Streik als letztes Mittel = »ultima ratio«)	*Rechtmäßigkeit:* (1) Streik (2) Organisation durch Arbeitgeberverband (3) Keine Beschränkung der Aussperrung auf Gewerkschaftsmitglieder (4) Verhältnismäßigkeit	*Rechtmäßigkeit:* Entsprechend Streik und Aussperrung; dabei besondere Bedeutung der Verhältnismäßigkeit und der Verteidigungsmöglichkeiten der Gegenseite
Rechtsfolge: Ruhen der Rechte und Pflichten von Arbeitnehmer und Arbeitgeber = Suspendierung des Arbeitsverhältnisses	*Rechtsfolge:* Suspendierung des Arbeitsverhältnisses: Ruhen der Rechte und Pflichten	./. (bei Betriebsstilllegung keine Entgeltzahlungspflicht)

VI. Sonderproblem: Auswirkungen eines Schwerpunkt- bzw. Fernstreiks

337 Beim Schwerpunktstreik werden, wie bereits angedeutet, nicht alle, sondern nur einige Betriebe eines Wirtschaftszweigs bestreikt. Dies kann jedoch auch für nicht bestreikte Betriebe erhebliche Folgen haben, die der nächste Übungsfall verdeutlicht. Der Fall soll nicht nur dazu dienen, Ihr bereits erlangtes arbeitsrechtliches Wissen noch zu vertiefen, sondern dieses zugleich praktisch (gutachtlich) anzuwenden.

> **Übungsfall 8**
>
> Das Unternehmen A stellt Holzbretter her, die an die Möbelfabrik B geliefert werden. Den Stoff für Polstermöbel erhält B von der Firma C. Als in der Holz- und Textilindustrie Tarifkonflikte ausbrechen, ruft die Gewerkschaft Schwerpunktstreiks aus. B wird nicht bestreikt, muss aber vorübergehend die Produktion einstellen, weil A bestreikt wird und keine Holzbretter mehr liefert und C aus dem gleichen Grunde keinen Stoff mehr liefert. Die Betriebe A, B und C fallen in den Anwendungsbereich des umkämpften Tarifvertrags. Alle Unternehmen gehören demselben Arbeitgeberverband an.
>
> Kann der in der Produktionsabteilung der B beschäftigte Arbeitnehmer D Fortzahlung seines Lohns verlangen?

Für sein Verlangen benötigt D eine Anspruchsgrundlage.

- ■ Aus welcher Vorschrift ergibt sich der Entgeltanspruch des Arbeitnehmers für seine Arbeit?
- ▶ Grundsätzlich sicherlich aus § 611a II BGB.
- ■ Was ist aber (außer einem wirksamen Arbeitsvertrag) die Voraussetzung dafür, dass dieser Anspruch begründet ist?
- ▶ D müsste seine Arbeitsleistung erbringen!

Gerade daran fehlt es: D verlangt »Lohn ohne Arbeit«.

338 Allerdings kennt das Arbeitsrecht Normen, aufgrund derer »Lohn ohne Arbeit« zu gewähren ist.[758]

- ■ Suchen Sie daher nach einer Norm, nach der D seinen Lohn auch ohne Arbeit erhalten könnte. Nehmen Sie dazu Übersicht 7 (→ Rn. 138) zu Hilfe, Stichwort »Befreiung von der Arbeitspflicht« ...
- ▶ Hier könnte ein Anspruch wegen Annahmeverzugs des Arbeitgebers oder eines vom Arbeitgeber zu tragenden Risikos des Arbeitsausfalls (§ 615 S. 1, 3 BGB) in Betracht kommen.

Handelt es sich hier um einen

1. Annahmeverzug des Arbeitgebers?

339 ■ Zur Wiederholung: Wo sind die Voraussetzungen für den Annahmeverzug des Gläubigers geregelt?
- ▶ Antwort: Fußnote [759]!
- ■ Welche Voraussetzungen müssen danach erfüllt sein?

---

758 Vgl. Übersicht 7 (→ **Rn. 138**).
759 **In den §§ 293 ff. BGB** – falls nicht mehr gewusst, lesen Sie nochmals → **Rn. 127**; s. ferner *Wörlen/Metzler-Müller* SchuldR AT Rn. 243 ff.

VI. Sonderproblem: Auswirkungen eines Schwerpunkt- bzw. Fernstreiks

▶ Damit der Gläubiger nach § 293 BGB in Annahmeverzug kommt, ist Voraussetzung, dass der Schuldner seine Leistung, hier also die Arbeit, angeboten und der Gläubiger die angebotene Leistung nicht angenommen hat.

Annahmeverzug setzt an sich voraus, dass die Leistung noch möglich ist, also keine Unmöglichkeit eingetreten ist.

■ Was geschieht jedoch, wenn die Arbeitszeit versäumt wurde?
▶ Versäumte Arbeit ist regelmäßig nicht nachholbar (sog. Fixschuldcharakter der Arbeit)[760]! Es liegt also grundsätzlich ein Fall der Unmöglichkeit vor.

Ein Arbeitnehmer, dem seine Arbeitsleistung unmöglich oder unzumutbar geworden ist (§ 275 I, III BGB), verliert seinen Entgeltanspruch prinzipiell gem. § 326 I 1 Hs. 1 BGB – »ohne Arbeit kein Lohn«.

Eine Ausnahme von diesem Grundsatz enthält § 615 BGB. Die Vorschrift des § 615 BGB geht den §§ 275 I, 326 BGB als speziellere Norm vor. Die Regeln des Annahmeverzugs verdrängen § 326 BGB dabei aber nicht, sondern ergänzen diese Bestimmung: 340

> **Hinweis:** Wird dem Arbeitnehmer die geschuldete Arbeitsleistung unmöglich, bestimmt sich die Rechtsfolge für seinen Vergütungsanspruch nach § 615 BGB, wenn sich der Arbeitgeber bei Eintritt der Unmöglichkeit im Annahmeverzug befindet, ansonsten nach § 326 II 1 Alt. 1 BGB (dazu → Rn. 115 ff.).[761]

> **Folge:** Liegen die Voraussetzungen des Annahmeverzugs bei Eintritt der Unmöglichkeit zB wegen § 297 BGB nicht vor, kann der Vergütungsanspruch durch § 326 II BGB aufrechterhalten werden.

§ 615 S. 1 BGB enthält insofern eine Spezialregelung für den Fall der *Annahmeunwilligkeit* des Arbeitgebers: Der Schuldner bietet seine Arbeitsleistung an, der Arbeitgeber als Gläubiger *nimmt sie jedoch nicht an, obwohl er* dies *könnte*.

■ Liegt hier ein Fall des Annahmeverzugs vor?
▶ Mangels gegenteiliger Hinweise im Sachverhalt ist davon auszugehen, dass D seine Arbeitsleistung B zumindest konkludent angeboten hat und B diese konkludent nicht angenommen hat. Allerdings scheitert ein Lohnanspruch des D aus § 611a II iVm § 615 S. 1 BGB daran, dass B die Arbeit von D nicht annehmen kann, da sie aufgrund des Materialmangels für ihn wirtschaftlich sinnlos wäre. § 615 S. 1 BGB regelt jedoch nur die Annahme*unwilligkeit* des Arbeitgebers.

Bei Annahme*unfähigkeit* des Arbeitgebers und der Unzumutbarkeit der Annahme ist hingegen § 615 S. 3 BGB anzuwenden. Auch diese Vorschrift geht den §§ 275 I, 326 BGB als speziellere Norm vor.

Zu prüfen ist also, ob § 615 S. 3 iVm § 611a II BGB für D als Anspruchsgrundlage in Betracht kommt.

2. Vom Arbeitgeber zu tragendes Betriebsrisiko?

Nach § 615 S. 3 BGB gelten die Sätze 1 und 2 des § 615 BGB entsprechend »in den Fällen, in denen der Arbeitgeber das Risiko des Arbeitsausfalls trägt«. Aus der amtlichen Überschrift ergibt sich, dass damit das sog. *Betriebsrisiko* des Arbeitgebers 341

---
760 S. Kapitel 3 (→ **Rn. 110 ff.**).
761 BAG Urt. v. 23.9.2015 – 5 AZR 146/14, BAGE 152, 327 Rn. 22 = BeckRS 2016, 65926; BAG Urt. v. 18.11.2015 – 5 AZR 814/14, NJW 2016, 2359 Rn. 52.

gemeint ist. Damit hat der Gesetzgeber die von der Rspr. entwickelte Lehre vom Betriebsrisiko in § 615 S. 3 BGB gesetzlich verankert.[762] Sie dient dazu, eine interessengerechte Lösung für die Entgeltzahlungspflicht bei unverschuldeten Arbeitsstörungen oder -unterbrechungen zu finden. Unter dem **Betriebsrisiko** versteht man das Entgeltzahlungsrisiko bei Annahmeunfähigkeit infolge betrieblicher Störungen (zB Maschinenschäden, Material- oder Stromausfall, Naturkatastrophen, Betriebsstilllegung aufgrund öffentlich-rechtlicher Anordnung), das grundsätzlich den Arbeitgeber trifft. Der Arbeitgeber trägt also das Risiko für den Ausfall der Arbeit, auch wenn er die Ursache dafür nicht zu vertreten hat.[763] Ebenfalls zu tragen hat der Arbeitgeber nach der Betriebsrisikolehre das sog. **Wirtschaftsrisiko**: Die Arbeit bleibt technisch zwar möglich, jedoch wäre eine Fortsetzung des Betriebs wegen Auftrags- oder Absatzmangels wirtschaftlich sinnlos. In diesen Fällen eines Arbeitsausfalls kann der Arbeitnehmer, der seine Arbeitsleistung anbietet, weiterhin die vereinbarte Vergütung gem. § 611a II BGB verlangen, ohne zu einer Nachleistung verpflichtet zu sein.

Die Anwendung der Lehre vom Betriebsrisiko stellt Studierende in der Fallbearbeitung vor allem dann vor besondere Schwierigkeiten, wenn es um »Störungen des Arbeitsverhältnisses« infolge von Arbeitskampfmaßnahmen (sog. »**Arbeitskampfrisiko**«) geht. Aus diesem Grund wurde diese Lehre noch nicht oben im vierten Kapitel bei den »Leistungsstörungen«, sondern erst an dieser Stelle dargestellt.

a) Voraussetzungen

342 Die Lehre vom Betriebsrisiko ist unter folgenden Voraussetzungen anwendbar:
(1) Es muss ein **Arbeitsverhältnis** bestehen.
(2) Es muss eine **Betriebsstörung** vorliegen.
Die Gründe, weshalb die Belegschaft nicht beschäftigt werden kann, müssen in einer Störung im betrieblichen Bereich liegen. Typische Fälle der Betriebsstörungen sind zB Abbrennen von Fabrikanlagen, Stromausfall, Versagen von Maschinen usw.
(3) Die Betriebsstörung darf **weder** vom **Arbeitnehmer noch** vom **Arbeitgeber zu vertreten** (Maßstab: § 276 I 1 BGB!) sein.
(4) **Kein Ausschluss** der Anwendbarkeit durch Arbeitsvertrag (zB Schlechtwetter im Baugewerbe: Arbeitgeber hat das Risiko freiwillig übernommen und zahlt Schlechtwettergeld, ohne dass gearbeitet wird).

b) Rechtsfolgen

343 (1) **Grundsätzlich** trägt der **Arbeitgeber** das Betriebsrisiko. *Begründung:* Da nach den Prinzipien unserer Wirtschaftsordnung der Arbeitgeber den Betrieb organisiert und leitet und vor allem die Erträge der im Betrieb geleisteten Arbeit erhält, muss er auch die Verantwortung für Betriebsstörungen und damit verbundene Arbeitsausfälle tragen. Ebenfalls zu tragen hat der Arbeitgeber das *Wirtschaftsrisiko*, dass die Arbeit technisch zwar möglich bleibt, eine Fortsetzung des Betriebes wegen Material- oder Auftragsmangels jedoch wirtschaftlich sinnlos wäre.

---

762 BAG Urt. v. 23.9.2015 – 5 AZR 146/14, BAGE 152, 327 Rn. 22 = BeckRS 2016, 65926; BAG Urt. v. 18.11.2015 – 5 AZR 814/14, NJW 2016, 2359 Rn. 52.
763 Vgl. Palandt/*Weidenkaff* BGB § 615 Rn. 21.

(2) Von diesem Grundsatz gibt es *zwei* **Ausnahmen:**
   (a) Sofern die **Existenz** des Betriebs **gefährdet** ist, müssen sich die Arbeitnehmer eine Entgeltkürzung gefallen lassen oder uU ganz auf Entgelt verzichten (die Anforderungen der Rspr. an eine Existenzgefährdung sind sehr hoch und wurden bislang noch in keinem praktischen Fall bejaht!).
   (b) Geht die Störung (zumindest mittelbar) auf einen *rechtmäßigen* **Arbeitskampf** zurück, ist die *Lehre von* der Verteilung des *Arbeitskampfrisikos* anzuwenden.

c) Anwendung der Betriebsrisikolehre

Prüfen wir nun die Voraussetzungen für die Anwendbarkeit der Lehre vom Betriebsrisiko in unserem Fall:

(1) Ein Arbeitsverhältnis liegt vor!
(2) Betriebsstörung: Wenn kein Material von den Zulieferfirmen geliefert wird, können im Betrieb der B keine Möbel hergestellt werden. Aufgrund des im Betrieb fehlenden Materials ist es nicht möglich, die Arbeitnehmer sinnvoll zu beschäftigen. Die Ursache dieser Störung liegt also im betrieblichen bzw. wirtschaftlichen Verantwortungsbereich der B.
(3) Die Störung ist weder vom Arbeitgeber B noch vom Arbeitnehmer D zu vertreten.
(4) Ein vertraglicher Ausschluss der Anwendbarkeit der Lehre vom Betriebsrisiko ist nicht ersichtlich.

An sich würden somit die Rechtsfolgen dieses Rechtsinstituts eingreifen. Für den praktisch seltenen Fall einer Existenzgefährdung des Betriebs der B gibt der Sachverhalt keine Anhaltspunkte. Jedoch geht der Arbeitsausfall darauf zurück, dass die Firmen A und C *bestreikt* wurden und deshalb kein Holz und kein Stoff an B geliefert wurde. Wäre ein Arbeitgeber in derartigen Fällen nach den Grundsätzen der Betriebsrisikolehre stets zur Weiterzahlung des Entgelts verpflichtet, könnten die Kräfteverhältnisse im Arbeitskampf zum Nachteil der Arbeitgeber beeinflusst werden. Arbeitsausfälle infolge rechtmäßiger Arbeitskämpfe sind daher unter Berücksichtigung der Besonderheiten der Lehre von der Verteilung des Arbeitskampfrisikos zu beurteilen.

3. Verteilung des Arbeitskampfrisikos

Früher lastete die Rspr. (schon des Reichsgerichts und später auch des Reichsarbeitsgerichts sowie des BAG)[764] Betriebsstörungen grundsätzlich der Seite an, in deren Gefahrenkreis bzw. Sphäre die Betriebsstörung ihre Ursache hatte (sog. *Sphärentheorie*). Man ging davon aus, dass ein Streik stets in die Risikosphäre der Arbeitnehmer fällt und unterschied auch nicht, ob der Streik im eigenen Betrieb oder in einem anderen Betrieb stattfand: Da der Streik nun einmal in der Sphäre der Arbeitnehmer liege, müsse die gesamte Arbeitnehmerschaft solidarisch für streikbedingte Betriebsstörungen einstehen.

Nach heutiger Auffassung des BAG[765], dessen frühere Rspr. von der Literatur heftig kritisiert wurde, ist der Gedanke der Solidarität aller Arbeitnehmer nicht als alleiniges Abgrenzungskriterium geeignet, um eine Ausnahme von der grundsätzlichen Entgeltzahlungspflicht des Arbeitgebers nach der Betriebsrisikolehre zu rechtfertigen. An-

---

764 Seit RGZ 106, 272 ff. – Kieler Straßenbahner-Entscheidung.
765 BAG Urt. v. 8.2.1957 – 1 AZR 338/55, BAGE 3, 346 = NJW 1957, 687; BAG Urt. v. 25.7.1957 – 1 AZR 194/56 und Urt. v. 24.1.1958 – 1 AZR 132/57, AP Nr. 3 und 4 zu § 615 BGB »Betriebsrisiko«.

3. Kapitel. Arbeitskampfrecht

stelle des Solidaritätsgedankens ist heute vielmehr der Gedanke der **Arbeitskampfparität** zu berücksichtigen.

346 Müsste der Arbeitgeber eines **unmittelbar arbeitskampfbetroffenen Betriebs** die arbeitswilligen Arbeitnehmer auch dann bezahlen, wenn deren Beschäftigung aufgrund eines Streiks für ihn unmöglich oder wirtschaftlich sinnlos ist, würden sich die Streikwirkungen verstärken. Es käme zu einer Verschiebung im Kräfteverhältnis zwischen der streikenden Gewerkschaft und der Arbeitgeberseite, die Arbeitskampfparität würde zum Nachteil der Arbeitgeberseite beeinflusst. Innerhalb des bestreikten Betriebs entfällt daher grundsätzlich nach der Lehre vom Arbeitskampfrisiko der Entgeltanspruch auch der arbeitswilligen Arbeitnehmer.

Schwieriger zu beurteilen sind die **Fernwirkungen** eines Arbeitskampfes: Durch einen *Streik in einem anderen Betrieb* wird die Beschäftigung von Arbeitnehmern in einem nicht bestreikten Betrieb unmöglich oder wirtschaftlich sinnlos. Die Lohnansprüche der durch den Streik nur mittelbar betroffenen Arbeitnehmer in *Drittbetrieben* entfallen nur, wenn Fernwirkungen dieses Streiks das Kräfteverhältnis der arbeitskampfführenden Parteien beeinflussen können.

347 ■ Was bedeutet das für unseren Fall? (Überlegen Sie!)
▶ Die Möbelfabrik B wird selbst nicht bestreikt. Auch bei B musste jedoch die Produktion eingestellt werden, weil A und C bestreikt wurden und deshalb keine Holzbretter und keine Stoffe mehr liefern konnten. Durch die Fernwirkungen der Streiks bei A und C wurde insofern die Beschäftigung von Arbeitnehmern auch bei B wirtschaftlich sinnlos. Fraglich ist, ob dadurch das Kräfteverhältnis der arbeitskampfführenden Parteien beeinflusst werden kann. Hier ist der umkämpfte Tarifvertrag auch in dem nur mittelbar betroffenen Betrieb der Möbelfabrik B anzuwenden und B gehört demselben Arbeitgeberverband wie A und C an, der den Arbeitskampf führt. Auf die tarifgebundenen Arbeitnehmer bei B wird daher der umkämpfte Tarifabschluss anzuwenden sein, sie werden also von dem Arbeitskampf profitieren. Müsste B infolge der mittelbaren Streikwirkungen Lohn zahlen, würde die *Arbeitgeberseite stärker betroffen* als bei einem unmittelbaren Streik bei B. *Die Arbeitskampfparität würde zum Nachteil der Arbeitgeberseite beeinflusst* und die streikführende Gewerkschaft könnte die Fernwirkung kampftaktisch ausnutzen. Nach dem Grundsatz der Arbeitskampfparität müssen daher in unserem Fall auch die Arbeitnehmer im Betrieb B das Risiko des Entgeltausfalls tragen. Es ergibt sich also kein Lohnanspruch für D.

4. Arbeitslosengeld für den streikenden Arbeitnehmer?

348 Grundsätzlich erscheint der Gedanke nicht abwegig, dass ein vom Streik betroffener (»mitgefangen – mitgehangen«[766]) arbeitswilliger Arbeitnehmer als »Arbeitsloser« Arbeitslosengeld bei Arbeitslosigkeit gem. § 136 I Nr. 1 SGB III[767] beanspruchen möchte.[768]

---

766 Vgl. *Simrock*, Die deutschen Sprichwörter (1846), Nachdruck 1995, Nr. 7044.
767 **dtv-ArbG Nr. 42**.
768 Bis zum sog. »*Franke*-Erlass« (benannt nach dem damaligen Präsidenten der Bundesanstalt [heute: »Bundesagentur«] für Arbeit in Nürnberg) 1984 wurde Arbeitnehmern in solchen Fällen tatsächlich Arbeitslosen- oder Kurzarbeitergeld (ca. 65% des Nettolohns) zugesprochen. Der Erlass bildete die Vorlage für die späteren gesetzlichen Regelungen im AFG 1986 sowie sodann im SGB III.

VI. Sonderproblem: Auswirkungen eines Schwerpunkt- bzw. Fernstreiks

Selbst wenn der betreffende Arbeitnehmer die Voraussetzungen der §§ 137 ff. SGB III (§§ zur Information überfliegen!) erfüllt, wird man den Gedanken angesichts der Zielsetzung der Arbeitsförderung durch das Sozialgesetzbuch und seines § 160 SGB III rasch verwerfen müssen.

Aufgrund der *Neutralitätspflicht des Staats bei Arbeitskämpfen* (§ 160 I 1 SGB III) ist die Zahlung von Entgeltersatzleistungen wie Arbeitslosengeld oder Kurzarbeitergeld (vgl. für Letzteres § 95 SGB III als Anspruchsgrundlage sowie § 100 I SGB III, der auf § 160 SGB III verweist) im Falle eines streikbedingten Arbeitsausfalls eingeschränkt. Ist der Arbeitnehmer durch einen (inländischen) Arbeitskampf, an dem er nicht beteiligt ist (→ Rn. 346: »Fernstreik«), an der Erbringung seiner Arbeitsleistung verhindert, so ist die Zahlung von Arbeitslosengeld gem. § 160 III SGB III (lesen!) ausgeschlossen, wenn er voraussichtlich von dem umkämpften Tarifvertrag zumindest mittelbar profitiert. Direkt vom Streik oder einer Aussperrung betroffene Arbeitnehmer erhalten gem. § 160 II SGB III (lesen) kein Arbeitslosengeld.

Die mit der Frage »Lohn ohne Arbeit« beim Streik auftauchenden Probleme sind auf der folgenden Übersicht 15 zusammengefasst! 349

Übersicht 15

Entgeltfortzahlung beim Streik	350
Die Vorschrift des § 615 BGB gewährt »Lohn ohne Arbeit« und geht den §§ 275 I, 326 BGB als speziellere Norm vor: § 615 S. 1 BGB enthält eine Spezialregelung für den Fall der Annahme*unwilligkeit* des Arbeitgebers, § 615 S. 3 BGB für die Annahme*unfähigkeit* und die Unzumutbarkeit der Annahme. Aus der amtlichen Überschrift des § 615 BGB ergibt sich, dass § 615 S. 3 BGB insbesondere das sog. *Betriebsrisiko* betrifft, das der Arbeitgeber zu tragen hat nach der ...	
Lehre vom Betriebsrisiko	351

Voraussetzungen

1. *Bestehen eines Arbeitsverhältnisses*
2. *Betriebsstörung* (zB Stromausfall, Versagen von Maschinen, auch: keine Lieferung von *bestreikten* Zulieferfirmen)
3. *Kein Vertretenmüssen* durch Arbeitgeber oder Arbeitnehmer (§ 276 I 1 BGB)
4. *Kein vertraglicher Ausschluss der Anwendbarkeit*

Rechtsfolgen

1. *Grundsatz:* Arbeitgeber trägt Betriebs- und Wirtschaftsrisiko (Begründung: Arbeitgeber zieht aus betrieblicher Arbeit Erträge und muss auch Risiko von Verlusten tragen).
2. *Ausnahmen* vom Grundsatz:
   a) Bei *Existenzgefährdung* des Betriebs Entgeltkürzung oder -streichung (selten!).
   b) **Lehre vom Arbeitskampfrisiko**: Bei Beeinflussung der *Arbeitskampfparität* kein Entgeltanspruch der Arbeitnehmer
      IdR gegeben bei:
      (1) Streik, der sich direkt gegen Arbeitgeber (Betriebsinhaber) richtet oder
      (2) Fernwirkungen eines Streiks in nicht bestreiktem *Drittbetrieb* bei koalitionspolitischer Verbindung (zB dieselbe Gewerkschaft und derselbe Arbeitgeberverband) oder wirtschaftlichen Abhängigkeiten.
      (3) Stilllegung des Betriebs im Streik

3. Kapitel. Arbeitskampfrecht

Literatur zu Vertiefung (3. Kapitel, Rn. 319–351): *Alpmann und Schmidt* ArbR II Rn. 102 ff.; *Bayreuther*, Der Dritte im Arbeitskampf – Schadensersatz Drittbetroffener und Auswirkungen von Streiks auf die Vertragsbeziehungen des Bestreikten mit Dritten, RdA 2016, 181; *Beckerle/Stolzenberg*, Kollektive Krankmeldungen – Rückkehr eines atypischen Kampfmittels?, NZA 2016, 1313; *Berg*, Arbeitskampf(recht) vor neuen Herausforderungen?, RdA 2019, 110; *Brox/Rüthers/Henssler* ArbR Kap. 10; *Däubler* Ratgeber 4. Kap.; *Dütz/Thüsing* ArbR § 13; *Fischinger/Monsch*, Tarifeinheitsgesetz und Arbeitskampf, NJW 2015, 2209; *Green*, Zur (fehlenden) Ersatzfähigkeit arbeitskampfbedingter Schäden bei Drittbetroffenen, NZA 2016, 274; *Greiner*, Atypische Arbeitskampfmittel und Kampfpluralität – Welche Verteidigungsmittel bleiben?, NJW 2010, 2977; *Hanau/Adomeit* ArbR C., III; *Hromadka/Maschmann* ArbR I § 14; *Jacobs*, Das neue Arbeitskampfrecht des Bundesarbeitsgerichts, ZfA 2011, 71; *Junker* GK ArbR § 9; *Klein*, Eine andere Verfassungsinterpretation ist möglich – Eine Bestandsaufnahme nach der mündlichen Verhandlung des BVerfG zum Streikrecht für Beamte, AuR 2018, 130; *Linsenmaier*, Tarifpluralität, Tarifkonkurrenz, Tarifeinheit – Folgen für das Arbeitskampfrecht, RdA 2015, 369; *Löwisch/Caspers/Klumpp* ArbR § 25; *Preis/Povedano Peramato*, Das Arbeitskampfrecht, AL 2018, 157; *Preis* ArbR II §§ 108–141; *Reichold* ArbR § 13 sowie dazu Fall 10; *Schwarze*, Kampfmittelfreiheit und bestehende Rechtsordnung im neuen Arbeitskampfrecht, ZfA 2018, 149; *Spitzlei/Schneider*, Die Heranziehung der EMRK in der juristischen Fallbearbeitung nach dem Vorbild der Rechtsprechung – dargestellt am Beispiel der Rechtsprechung zum Beamtenstreikrecht, JA 2019, 9; *Stöhr*, Einführung in das Arbeitskampfrecht, JA 2016, 283; *Waltermann* ArbR §§ 29–32; *Weber/Gräf*, Schwerpunktbereichsklausur – Arbeitsrecht: Betriebsverfassungs-, Tarifvertrags- und Arbeitskampfrecht, JuS 2013, 633; *Willemsen/Mehrens*, Neues zum »Blitzwechsel« in die OT-Mitgliedschaft und Unterstützungsstreiks, NZA 2013, 79; *Wittek*, Reaktionsmöglichkeiten des Arbeitgebers bei kollektiven Krankmeldungen, DB 2018, 2991; *Zöllner/Loritz/Hergenröder* ArbR §§ 41–44.

4. Kapitel. Betriebsverfassungsrecht

I. Überblick und Entwicklung

Das Betriebsverfassungsrecht regelt die *innerbetriebliche Zusammenarbeit* zwischen dem Arbeitgeber und seinen Arbeitnehmern. Es hat seine rechtliche Grundlage im Betriebsverfassungsgesetz. Das BetrVG regelt die Mitwirkung und vor allem *Mitbestimmung der Arbeitnehmer* in den Betrieben durch gewählte Betriebsräte. Das Betriebsverfassungsrecht wird daher häufig unter dem Oberbegriff »Mitbestimmungsrecht« abgehandelt. Die Mitbestimmung von Arbeitnehmern ist außer im BetrVG namentlich geregelt im MitbestG[769], das für die »Unternehmensmitbestimmung« in Großunternehmen eine Mitwirkung von Arbeitnehmervertretern an unternehmerisch-wirtschaftlichen Entscheidungsprozessen vorsieht. Speziell für »Unternehmen des Bergbaus und der Eisen und Stahl erzeugenden Industrie« gilt für die »Mitbestimmung der Arbeitnehmer in den Aufsichtsräten und Vorständen« das Montan-MitbestG[770]. Soweit das MitbestG und das Montan-MitbestG keine Anwendung finden, gilt für Kapitalgesellschaften mit mehr als 500 Arbeitnehmern das DrittelbeteiligungsG[771]. Schließlich ist in diesem Zusammenhang noch das SprAuG[772] zu nennen, das in seinem § 1 (nicht lesen!) für Betriebe mit mindestens zehn »leitenden Angestellten« die Einsetzung bzw. Wahl von sog. Sprecherausschüssen vorsieht.

352

Die Mitbestimmung der Arbeitnehmer unterteilt sich in zwei große Bereiche: Einerseits geht es um die *betriebliche Mitbestimmung*, die durch besondere Organe (Betriebsrat, Sprecherausschuss) ausgeübt wird. Andererseits ist die *Unternehmensmitbestimmung* betroffen, die eine Beteiligung der Arbeitnehmer innerhalb der »normalen« gesellschaftsrechtlichen Organe (vor allem durch Arbeitnehmervertreter im Aufsichtsrat[773]) des Unternehmens vorsieht (sog. *Integrationsmodell*)[774]. Bei europaweit tätigen Unternehmen ist ferner seit 1996 die Mitbestimmung in gemeinschaftsweit tätigen Unternehmen und Unternehmensgruppen nach dem Europäischen BetriebsräteG[775] zu beachten.

352a

Mit allen genannten speziellen Mitbestimmungsgesetzen werden wir uns allerdings nicht befassen, sondern uns auf das reine Betriebsverfassungsrecht beschränken. Das derzeit geltende BetrVG hat eine lange Tradition, auf die wir nur kurz eingehen können: Die Entwicklung der Betriebsverfassung ist eng verbunden mit der Entstehung der Gewerkschaften. Bereits im Rahmen der Beratungen der verfassungsgebenden Nationalversammlung über den Entwurf einer Gewerbeordnung (deren erste Fassung vom 21.6.1869 übrigens das älteste Gesetz ist, das sich mit dem Arbeitsverhältnis befasst) wurde 1848 unter anderem erwogen, sog. »Fabrikausschüsse« der Arbeitnehmer zu bilden. Das derzeit geltende BetrVG trat am 19.1.1972 in Kraft.

352b

---

769 dtv-ArbG Nr. 86.
770 dtv-ArbG Nr. 87.
771 dtv-ArbG Nr. 89.
772 dtv-ArbG Nr. 84 (vgl. dazu *Löwisch* SprAuG Vorbem. Rn. 1–10).
773 Bei börsennotierten Gesellschaften, die unter das MitbestG, das MontanMitbestG oder das MitbestErgG fallen, muss sich der Aufsichtsrat zu jeweils **mindestens 30%** aus **Frauen** und **Männern** zusammensetzen, § 96 II 1 AktG. Ausführlich zur »**Geschlechterquote**« *Hromadka/Maschmann* ArbR II § 15 Rn. 22a ff.
774 S. dazu zB *Preis* ArbR II §§ 142–144.
775 dtv-ArbG Nr. 85. Es wurde reformiert durch das 2. EBRG-ÄndG v. 14.6.2011 (BGBl. 2011 I 1050) und durch Bekanntmachung v. 7.12.2011 (BGBl. 2011 I 2650) neu gefasst.

4. Kapitel. Betriebsverfassungsrecht

353 Leitlinie des BetrVG ist der *Partnerschaftsgedanke* zwischen Arbeitgeber und Betriebsrat. Arbeitgeber und Betriebsrat sollen sich nicht in einer Konfrontation gegenüberstehen, sondern unter Beachtung der geltenden Tarifverträge *vertrauensvoll* miteinander und mit den im Betrieb vertretenen Gewerkschaften und Arbeitgeberverbänden zum Wohl der Arbeitnehmer und des Betriebs *zusammenarbeiten*. So sieht es das BetrVG jedenfalls in seinem § 2 I (lesen!) vor.

II. Geltungsbereich des Betriebsverfassungsgesetzes

1. Sachlicher Geltungsbereich

354 Nach § 1 I BetrVG (lesen!) werden (nur) in Betrieben mit in der Regel mindestens fünf Arbeitnehmern Betriebsräte gewählt. Das BetrVG findet also auf Kleinstbetriebe keine Anwendung, soweit es das Vorhandensein eines Betriebsrats voraussetzt.

Lesen Sie nun § 130 BetrVG! Aus dieser Vorschrift ergibt sich, dass das BetrVG nicht für den öffentlichen Dienst gilt, sondern nur für Betriebe der *Privatwirtschaft*. Für den öffentlichen Dienst gelten stattdessen »Personalvertretungsgesetze« (Bund, Länder), mit denen wir uns in diesem Rahmen nicht befassen werden. Auch Religionsgemeinschaften und ihre karitativen und erzieherischen Einrichtungen fallen nicht unter das BetrVG: Das ergibt sich aus dessen § 118 II (lesen!).[776]

Nach § 118 I BetrVG findet das BetrVG ferner auf sog. »*Tendenzbetriebe*« (politische Parteien, Gewerkschaften, Presse usw.) keine Anwendung, *soweit* die Eigenart des Unternehmens oder Betriebs dem entgegensteht. Dies kommt nur in Betracht, wenn gegenüber einem *Tendenzträger* (zB einer Redakteurin einer Tageszeitung, nicht aber dem Reinigungspersonal) eine *tendenzbezogene Maßnahme* (zB Kündigung wegen des Inhalts eines Artikels, nicht wegen häufiger Verspätungen) ergriffen werden soll. Bloße Informations- oder Anhörungsrechte des Betriebsrats sind zudem »tendenzneutral« und daher immer anwendbar.

2. Persönlicher Geltungsbereich

355 Der persönliche Geltungsbereich des BetrVG ergibt sich mittelbar aus § 5 I BetrVG (lesen!). Weil diese Vorschrift an den im Arbeitsrecht entwickelten Arbeitnehmerbegriff anknüpft, wird deutlich, dass das BetrVG vor allem die Vertretung der Arbeitnehmer geregelt sehen will. Welche Personen nicht unter den Arbeitnehmerbegriff iSd BetrVG fallen, ergibt sich aus der Aufzählung in § 5 II BetrVG (lesen!).

Auch auf »leitende« Angestellte ist das BetrVG gem. seines § 5 III grundsätzlich nicht anwendbar,[777] soweit in diesem Gesetz nicht ausdrücklich etwas anderes bestimmt ist.

> **Hinweis:** Unterstreichen Sie sich hierzu in § 5 III BetrVG die Worte »*soweit in ihm nicht ausdrücklich etwas anderes bestimmt ist*« und schreiben Sie sich dazu an den Rand »§§ 105, 107 I 2 BetrVG«.

§ 105 BetrVG bestimmt, dass bei der Einstellung oder personellen Veränderung eines leitenden Angestellten der Betriebsrat rechtzeitig zu informieren ist, und § 107 I 2 BetrVG legt fest, dass leitende Angestellte auch Mitglieder sog. Wirtschaftsausschüsse von Betrieben sein können.

---

776 Zur Mitbestimmung kirchlicher Arbeitnehmer s. zB *Suttorp* AL 2018, 175.
777 Es gilt ggf. das eingangs erwähnte **SprAuG**.

III. Organe der Betriebsverfassung

Die wichtigsten Organe der Betriebsverfassung auf der Arbeitnehmerseite sind der Betriebsrat (gegebenenfalls ein »Gesamtbetriebsrat« oder »Konzernbetriebsrat«) und die Betriebsversammlung. **356**

1. Betriebsrat

Das BetrVG enthält keine Vorschrift, die zur Errichtung eines Betriebsrats *verpflichtet*. Aus § 1 I BetrVG folgt lediglich, dass in einem Betrieb mit der erforderlichen Anzahl von fünf wahlberechtigten und drei wählbaren Arbeitnehmern ein Betriebsrat gewählt werden kann. **357**

Macht die Belegschaft eines Betriebes von diesem Recht Gebrauch, so gelten für die Zusammensetzung und die Wahl des Betriebsrats die §§ 7 ff. BetrVG.

a) Wahlberechtigung, Wählbarkeit, Zusammensetzung und Amtszeit

Nach § 7 BetrVG sind alle Arbeitnehmer wahlberechtigt, die das 18. Lebensjahr vollendet haben, sowie Leiharbeitnehmer,[778] wenn sie länger als drei Monate im Betrieb eingesetzt werden. In den Betriebsrat wählbar sind gem. § 8 I 1 BetrVG alle wahlberechtigten Arbeitnehmer, die eine sechsmonatige Betriebszugehörigkeit vorweisen können. Die Zahl der Betriebsratsmitglieder ist in § 9 S. 1 BetrVG festgelegt und richtet sich nach der Anzahl der Arbeitnehmer des jeweiligen Betriebs (§ 9 lesen!). **358**

Auch durch die Beschäftigung von Leiharbeitnehmern fallen Betriebsratsaufgaben an. Nach § 9 BetrVG soll die Zahl der Betriebsratsmitglieder in einem angemessenen Verhältnis zur Zahl der Arbeitnehmer stehen, deren Interessen und Rechte der Betriebsrat zu wahren hat. Daher sind bei der für die Anzahl der zu wählenden Betriebsratsmitglieder maßgeblichen Belegschaftsstärke auch die in der Regel beschäftigten Leiharbeitnehmer mitzuzählen,[779] was inzwischen ausdrücklich in § 14 II 4 AÜG klargestellt wird (lesen! Unterstreichen Sie »sind Leiharbeitnehmer auch im Entleiherbetrieb zu berücksichtigen« und notieren Sie § 14 II 4 AÜG neben § 9 BetrVG!).

Hinweis: Es gilt damit der Grundsatz, dass Leiharbeitnehmer »wählen und zählen«.[780]

Den Zeitpunkt der Betriebsratswahlen legt § 13 I BetrVG fest: Danach finden Betriebsratswahlen alle vier Jahre (zuletzt im Jahr 2018) zwischen dem 1.3. und 31.5. statt.

b) Wahlverfahren

Wie die Wahl im Groben abzulaufen hat, regeln die §§ 14 ff. BetrVG. Gemäß § 14 I BetrVG wird der Betriebsrat in geheimer und unmittelbarer Wahl gewählt. Neben **359**

---

778 Da in privatrechtlichen Betrieben tätige **Beamte, Soldaten und Arbeitnehmer des öffentlichen Dienstes** gem. § 5 I 3 BetrVG als Arbeitnehmer »gelten« (Fiktion!), können auch sie – unabhängig von der Einsatzdauer – wählen und gewählt werden!
779 BAG Beschl. v. 13.3.2013 – 7 ABR 69/11 Rn. 21 ff., 28 ff., NZA 2013, 789, in Abkehr von der früheren Rspr. S. dazu zB *Ramstetter/Hartmann* AuA 2013, 410.
780 In Anlehnung an den Merksatz von *Hanau* RdA 2001, 65 ff. (68) zum früheren Recht, dass Leiharbeitnehmer »wählen, aber nicht zählen«.

dem in den §§ 14, 15 ff. BetrVG relativ detailliert geregelten regulären Wahlverfahren[781] besteht für kleinere Betriebe mit fünf bis fünfzig Arbeitnehmern ein vereinfachtes Wahlverfahren. Es ist in § 14a BetrVG normiert und kann auch in Betrieben mit 51–100 Arbeitnehmern zwischen Wahlvorstand und Arbeitgeber vereinbart werden (§ 14a V BetrVG).[782] Zu beiden Wahlverfahren enthält die Wahlordnung[783] weitere Regelungen. Auf Einzelheiten zum Ablauf der Wahl wollen wir aber in diesem Rahmen nicht näher eingehen. Es soll genügen, dass Sie wissen, wo Sie Vorschriften über das Wahlverfahren überhaupt finden können.

> **Hinweis:** Wichtig ist es in diesem Zusammenhang allerdings zu wissen, dass die **Wahl** des Betriebsrats **nicht beeinflusst oder behindert werden darf**. Das ergibt sich aus § 119 I Nr. 1 BetrVG, nach dem ein Verstoß gegen dieses Verbot empfindlich bestraft werden kann (lesen!).

Sofern bei der Wahl des Betriebsrats gegen wesentliche Wahlvorschriften verstoßen wird, ist die Wahl gem. § 19 I BetrVG (lesen!) vor dem Arbeitsgericht anfechtbar. Hat die Anfechtung Erfolg, so muss das Wahlergebnis korrigiert oder die Wahl wiederholt werden.

Die Kosten der Wahl trägt gem. § 20 III 1 BetrVG der Arbeitgeber.

c) Organisation und Geschäftsführung

360 Die regelmäßige Amtszeit des Betriebsrats beträgt gem. § 21 I 1 BetrVG *vier Jahre*. Nach § 26 I BetrVG wählt der Betriebsrat aus seiner Mitte einen Vorsitzenden und einen Stellvertreter. Einzelheiten über die Geschäftsführung und Organisation enthalten die §§ 26–41 BetrVG, auf die wir ebenfalls nicht ausführlich eingehen wollen.

Wichtiger als die Kenntnis formaler Einzelheiten hierzu zu haben, ist es zu wissen, welche Rechtsstellung dem Betriebsrat zukommt und welche Aufgaben er wahrzunehmen hat.

2. Rechtsstellung des Betriebsrats und seiner Mitglieder

361 Der Betriebsrat ist der gesetzliche Repräsentant der Arbeitnehmer eines Betriebs und nicht gesetzlicher Vertreter der Arbeitnehmer: Zwar übt er seine Beteiligungsrechte im Interesse der Belegschaft aus, doch handelt er dabei nicht in ihrem, sondern in eigenem Namen. Der Betriebsrat ist auch kein Gewerkschaftsorgan. Allerdings wird er bei der Wahrnehmung der spezifischen betrieblichen Interessen der Arbeitnehmer mit den im Betrieb vertretenen Gewerkschaften eng zusammenarbeiten. Dazu ist er vom Gesetz, wie Sie in § 2 I BetrVG gelesen haben, ausdrücklich aufgefordert (nochmals lesen!). Aus derselben Vorschrift haben wir auch den *Grundsatz der vertrauensvollen Zusammenarbeit* zwischen Arbeitgeber und Betriebsrat entnommen. Dieser Grundsatz wird vor allem in den §§ 74 ff. BetrVG konkretisiert, von denen Sie zunächst

---

[781] Bsp. für den Regelfall einer **Verhältniswahl** in Form der **Listenwahl** (§ 14 I BetrVG) und die Auszählung nach dem **d'Hondtschen Höchstzahlenverfahren** (§ 15 WahlO) bei *Haag* ArbR Kap. 20 (219 f.).
[782] Der **Koalitionsvertrag** von SPD, CDU und CSU (www.cdu.de/koalitionsvertrag-2018, Tz. 2327 ff.) sieht vor das vereinfachte Wahlverfahren für alle **Betriebe mit 5 bis 100** Wahlberechtigten verpflichtend zu machen und für Betriebe mit **101 bis 200** Wahlberechtigten eine Wahl zwischen dem vereinfachten und allgemeinen Wahlverfahren zu ermöglichen.
[783] **dtv-ArbG Nr. 82.**

§ 74 I und II BetrVG lesen müssen. Man spricht bei diesem aus § 2 I und § 74 I BetrVG folgenden Grundsatz auch von einer »*Kooperationsmaxime*«, die die »*Magna Charta*«[784] der Betriebsverfassung darstellt.

Wenn § 74 II BetrVG bestimmt, dass Maßnahmen des Arbeitskampfes zwischen Arbeitgeber und Betriebsrat unzulässig sind, so bedeutet dies: *absolute ständige Friedenspflicht!*

Arbeitnehmer, die Betriebsratsmitglieder sind, können unabhängig davon auch Aufgaben als Gewerkschaftsfunktionäre übernehmen. Das eine schließt das andere also nicht aus, wie sich aus § 74 III BetrVG ergibt (lesen!).

Zur persönlichen **Rechtsstellung des einzelnen Betriebsratsmitglieds** ist hinzuzufügen, dass seine Tätigkeit *ehrenamtlich*, dh (normalerweise!) unentgeltlich ist (§ 37 I BetrVG – lesen!). Allerdings soll ein Betriebsratsmitglied durch sein Engagement im Betriebsrat auch keine Nachteile erleiden. Es ist zB, soweit das zur Durchführung seiner Aufgaben erforderlich ist, von seiner Arbeit ohne Minderung des Arbeitsentgelts freizustellen (§ 37 II BetrVG). Ab einer Betriebsgröße von mindestens 200 Arbeitnehmern[785] sind Betriebsratsmitglieder sogar *vollständig* von der Arbeit *freizustellen* (§ 38 I BetrVG)! Schließlich genießen Betriebsratsmitglieder einen besonderen Kündigungsschutz. Aus § 15 I KSchG ergibt sich, dass die ordentliche Kündigung ausgeschlossen ist, und zwar auch noch während des ersten Jahres nach Ablauf der Amtszeit des Betriebsratsmitglieds. Die außerordentliche Kündigung eines Betriebsratsmitglieds bedarf gem. § 103 I BetrVG der Zustimmung des Betriebsrats. Auch eine Versetzung ist gem. § 103 III BetrVG nicht ohne Zustimmung des Betriebsrats möglich, wenn sie gegen den Willen des Betriebsratsmitglieds erfolgt und zum Verlust der Mitgliedschaft im Betriebsrat führen würde (§ 103 I–III BetrVG lesen!). Die Zustimmung kann, wie Sie in § 103 II BetrVG gelesen haben, gegebenenfalls durch das Arbeitsgericht ersetzt werden. 362

Bevor wir uns noch mit den einzelnen Aufgaben des Betriebsrats befassen, wiederholen Sie die wichtigsten Vorschriften des BetrVG, die wir bisher angesprochen haben, nochmals anhand der folgenden zusammenfassenden Übersicht 16.

---

784 → Rn. 292 Fn. 610.
785 **Leiharbeitnehmer** sind dabei **zu berücksichtigen**, → Rn. 358.

Übersicht 16

363 | **Betriebsverfassungsrecht**

- **Rechtsgrundlage:** BetrVG* vom 15.1.1972 (mit mehrfachen Änderungen)
- **Regelungsbereich:** Mitwirkung und Mitbestimmung der Arbeitnehmer in den Betrieben durch gewählte Betriebsräte (BR)
- **Leitlinie:** Partnerschaftsgedanke
  = vertrauensvolle Zusammenarbeit zwischen Arbeitgeber und Arbeitnehmern
  = § 2 I (»Kooperationsmaxime«)
- **Sachlicher Geltungsbereich** des BetrVG: nur für Betriebe der Privatwirtschaft; nicht: Öffentlicher Dienst (PersonalvertretungsGe) und Religionsgemeinschaften (§§ 130, 118 II); eingeschränkte Geltung in sog. »Tendenzbetrieben« (s. § 118 I);
  BR nur in Betrieben mit *mindestens fünf Arbeitnehmern*
- **Persönlicher Geltungsbereich:** § 5 I – für *Arbeitnehmer* eines Betriebs, im Einzelnen: § 5 II und III – Ausnahmen: §§ 105, 107 I 2 für leitende Angestellte
- **Organe der Betriebsverfassung:** BR, Betriebsversammlung, ggf. Gesamt- und Konzernbetriebsrat (→ Rn. 375 ff.)

364 | **Betriebsrat**

1. **Wahlberechtigung, Wählbarkeit, Zusammensetzung**
   Wahlberechtigt: alle Arbeitnehmer des Betriebs ab 18 Jahren sowie Leiharbeitnehmer bei Einsatzdauer von über drei Monaten (§ 7);
   wählbar: alle Wahlberechtigten mit mindestens sechsmonatiger Betriebszugehörigkeit (§ 8 I 1);
   Zahl der BR-Mitglieder: je nach Anzahl der Arbeitnehmer (§ 9);
   Wahlen: alle vier Jahre (§ 13 I).

2. **Wahlverfahren:** §§ 14 ff. sowie »Wahlordnung«; vereinfachtes Wahlverfahren für Kleinbetriebe, § 14a; Behinderung der Wahl ist Straftat (§ 119 I); Verstoß gegen Wahlvorschriften: Anfechtung der Wahl nach § 19; Kosten der Wahl trägt Arbeitgeber (§ 20 III 1).

3. **Organisation:** Amtszeit vier Jahre (§ 21 I 1); ein Vorsitzender + Stellvertreter
   Einzelheiten: §§ 26–41.

4. **Rechtsstellung des BR:** Gesetzlicher Repräsentant der Arbeitnehmer eines Betriebs, aber nicht »Vertreter« der Arbeitnehmer = BR handelt »im eigenen Namen«; auch nicht: »Organ« der Gewerkschaften.
   Zwischen Arbeitgeber und BR herrscht ständige, absolute Friedenspflicht (§ 74 II); Konkretisierung der »Kooperationsmaxime« in § 74 I!

5. **Rechtsstellung eines einzelnen BR-Mitglieds:**
   Unentgeltliches Ehrenamt (§ 37 I); Recht auf Freistellung (mit Lohn-/Gehaltsfortzahlung) zur Wahrnehmung seiner Aufgaben (§ 37 II); Besonderer Kündigungsschutz: nach § 15 KSchG ordentliche Kündigung ausgeschlossen, inklusive ein Jahr nach Ablauf der Amtszeit; außerordentliche Kündigung und Versetzung nur mit Zustimmung des BR (§ 103).

* Alle §§ ohne Bezeichnung auf dieser Übersicht sind solche des BetrVG.

3. Aufgaben des Betriebsrats

a) Allgemeine Aufgaben

Die Hauptaufgabe des Betriebsrats ist es, wie bereits angedeutet, Arbeitnehmer bei der Mitwirkung und Mitbestimmung im Betrieb zu repräsentieren. Welche *allgemeinen Aufgaben* der Betriebsrat in diesem Zusammenhang im Einzelnen wahrzunehmen hat, ist in § 80 BetrVG katalogartig bestimmt. Lesen Sie § 80 I BetrVG zur Information einmal durch; im Einzelnen soll nicht näher darauf eingegangen werden. *Weitere Aufgaben* des Betriebsrats ergeben sich aus einer Vielzahl von Normen des BetrVG, die im Wesentlichen auf der später (→ Rn. 377) folgenden Übersicht 17 zusammengestellt sind.

365

Nach § 86a BetrVG hat jeder einzelne Arbeitnehmer das Recht, dem Betriebsrat Themen zur Beratung vorzuschlagen. Wenn der Themenvorschlag von mindestens 5% der Arbeitnehmer unterstützt wird, muss der Betriebsrat darüber beraten.

b) Volle Mitbestimmung in sozialen Angelegenheiten

Prüfungsschema
Mitbestimmung in sozialen Angelegenheiten gem. § 87 I BetrVG:[786]

366

(1) Beachtung der **Grenzen** des Mitbestimmungsrechts
 (a) **Geltungsbereich** des BetrVG, insbesondere §§ 118, 130 BetrVG
 (b) Keine **gesetzliche** oder **tarifliche Regelung** (§ 87 I BetrVG)
(2) **Mitbestimmungstatbestand** gem. § 87 I Nr. 1–13 BetrVG
(3) **Ausübung** des Mitbestimmungsrechts
 (a) Betriebsabsprache
 (b) Betriebsvereinbarung (§ 77 BetrVG)

Besonders wichtig erscheint die *volle [auch: »echte« oder »paritätische« (= gleichberechtigte)] Mitbestimmung in sozialen Angelegenheiten* gem. §§ 87 ff. BetrVG, mit der sich deshalb der folgende Übungsfall 9[787] beschäftigt.

Übungsfall 9

Die Argus-Versicherung-AG (A) beabsichtigt, in ihren Betriebsräumen sog. Multimoment-Filmkameras einzusetzen. Diese Kameras liefern alle fünf Sekunden ein Bild. Auf Anfrage des Betriebsrats erklärt die Geschäftsleitung der A, dass die Kameras nicht dazu bestimmt seien, Verhalten oder Leistungen der Mitarbeiter des Versicherungsunternehmens zu überwachen. Die Kameras dienten vielmehr allein dem Zweck, Arbeitsablaufstudien und Untersuchungen über die Arbeitsplatzgestaltung durchzuführen. Folgerungen über das Verhalten und die Leistungen der Arbeitnehmer würden aus den Aufnahmen keinesfalls gezogen. Deshalb sollen die Kameras auch so eingerichtet werden, dass sie von den betroffenen Arbeitnehmern jederzeit und für beliebige Zeiträume ausgeschaltet werden können. Der Betriebsrat will wissen,

1) ob er die Aufstellung der Kameras verhindern kann,
2) ob er verlangen kann, dass die Kameras nur etwa ½ Stunde am Tag eingeschaltet werden,
3) wie Meinungsverschiedenheiten zwischen der Geschäftsleitung und dem Betriebsrat bezüglich dieser Fragen geklärt werden können,
4) welche Möglichkeiten bestehen, falls die Geschäftsleitung Maßnahmen trifft, die rechtlich unzulässig sind.

---

786 Ausführlicheres Schema bei *Hamann/Siemes/Kokemoor* ArbR II Rn. 128.
787 Nach BAG Beschl. v. 14.5.1974 – 1 ABR 45/73, NJW 1974, 2023; zu den (engen) Voraussetzungen, unter denen eine **Videoüberwachung** im Betrieb erfolgen darf, s. → **Rn. 204**.

367 Der Betriebsrat könnte die Aufstellung der Kameras verhindern, wenn er in dieser Angelegenheit ein volles Mitbestimmungsrecht hätte. Volle Mitbestimmung steht dem Betriebsrat, wie eben angedeutet, in »sozialen Angelegenheiten« gem. § 87 BetrVG zu. Wenn Sie diese Vorschrift aufschlagen, sehen Sie, dass dort ein ansehnlicher Katalog von Angelegenheiten aufgezählt ist, die den Betriebsrat zur Mitbestimmung berechtigen.

- Welche Ziffer dieses Katalogs kommt für unseren Fall wohl in Betracht? (Suchen Sie!)
▶ Antwort: Fußnote[788].

c) Grenzen des Mitbestimmungsrechts

368 Bevor man feststellen kann, ob der Betriebsrat ein volles Mitbestimmungsrecht in einer der in § 87 I BetrVG genannten Angelegenheit hat, muss gem. § 87 I 1 BetrVG grundsätzlich geprüft werden, ob in der betreffenden Angelegenheit nicht schon eine besondere gesetzliche Regelung oder eine tarifliche Regelung besteht (Schema → Rn. 366, (1)). Dies ist nach dem vorliegenden Sachverhalt nicht ersichtlich.

Ein Mittel zur Ausübung des Mitbestimmungsrechts des Betriebsrats ist eine »*Betriebsvereinbarung*«[789] mit dem Arbeitgeber (vgl. § 77 II BetrVG – lesen!). Ein *Verbot* betreffend den Inhalt von Betriebsvereinbarungen enthält § 77 III 1 BetrVG (lesen!). Eine Betriebsvereinbarung kann danach nicht über eine Angelegenheit getroffen werden, die üblicherweise in Tarifverträgen geregelt wird.

369 - Inwieweit unterscheiden sich die Beschränkungen für den Betriebsrat nach § 77 III und § 87 I 1 BetrVG? Sehen Sie sich den Wortlaut der Vorschriften nochmals ganz genau an!
▶ Für die *Regelungssperre* des § 77 III BetrVG reicht es bereits aus, dass Arbeitsbedingungen »*üblicherweise*« durch Tarifvertrag geregelt werden, während der *Tarifvorrang* nach § 87 I 1 BetrVG nur ausgelöst wird, soweit eine tarifliche Regelung »*besteht*«.

Nach der Rspr. des BAG[790] bildet § 77 III BetrVG aber im Bereich der spezielleren Vorschrift des § 87 BetrVG *keine zusätzliche Schranke* der Mitbestimmungsrechte: Der Tarifvorrang wird nur ausgelöst, soweit eine tarifliche Regelung »besteht«, also der jeweilige Tarifvertrag im Betrieb mit unmittelbarer und zwingender Wirkung gem. § 4 I TVG[791] gilt.

> **Hinweis:** Somit steht die Regelungssperre des § 77 III BetrVG einer Betriebsvereinbarung nicht entgegen, wenn ein Mitbestimmungsrecht des Betriebsrats nach § 87 I BetrVG gegeben ist.

Zu klären ist also, ob die Aufstellung der Kameras die Voraussetzungen von § 87 I Nr. 6 BetrVG erfüllt (Schema → Rn. 366, (2)).

- Was meinen Sie? Fallen die Multimoment-Kameras wohl unter diese Bestimmung?
▶ Zweifellos handelt es sich bei diesen Kameras um technische Einrichtungen, die eingeführt und angewendet werden sollen.

---

788 § 87 I Nr. 6 BetrVG!
789 Mehr dazu → Rn. 382 f.
790 BAG Beschl. v. 3.12.1991 – GrS 2/90, BAGE 69, 134; BAG Beschl. v. 22.3.2005 – 1 ABR 64/03, BAGE 114, 162 = BeckRS 2005, 42504.
791 → Rn. 307.

Fraglich erscheint indessen, ob sie dazu »*bestimmt*« sind, das Verhalten oder die Leistung der Arbeitnehmer zu überwachen.

- »Wie würden *Sie* entscheiden?« (Überlegen Sie!)
- Da die Geschäftsleitung ausdrücklich betont hat, dass die Kameras gerade nicht zu diesem Zweck bestimmt sind, könnte man meinen, dass die Voraussetzungen von § 87 I Nr. 6 BetrVG nicht erfüllt sind.

Das wäre richtig, wenn es bei dem Bestimmungszweck der technischen Einrichtung auf subjektive Zielsetzungen des Verwenders ankommen würde. Das BAG hat hierzu aber überzeugend entschieden, dass es auf den objektiven Bestimmungszweck ankommt.[792] 370

Besonders erwähnenswert erscheint folgende Formulierung aus dem genannten BAG-Urteil: »Die Verwendung solcher Filmkameras führt unabhängig von den ihrer Aufstellung zugrunde liegenden Absichten des Arbeitgebers kraft ihrer technischen Natur immer zu einer Überwachung von Maschine und Mensch … Die Möglichkeit der Auswertung der Bilder im Hinblick auf das Verhalten der Arbeitnehmer ist potentiell stets gegeben und nicht ausschließbar …«

Danach sind die Multimoment-Kameras *objektiv* zur Überwachung der Arbeitnehmer »bestimmt«. Somit hat der Betriebsrat bezüglich der Aufstellung der Kameras ein volles Mitbestimmungsrecht gem. § 87 I Nr. 6 BetrVG. 371

> **Hinweis:** Praktisch alle **Standard-Software-Programme** (einschließlich der des Microsoft Office-Pakets) zeichnen individualisierte oder individualisierbare Verhaltens- oder Leistungsdaten auf und sind idS **zur Überwachung »bestimmt«**. Ihre Einführung im Betrieb ist daher auch dann mitbestimmungspflichtig gem. § 87 I Nr. 6 BetrVG, wenn der Arbeitgeber die erfassten und festgehaltenen Verhaltens- oder Leistungsdaten gar nicht auswerten will![793]

Hier hat die objektive Eignung zur Überwachung zur Folge, dass die Geschäftsleitung die Kameras *ohne Einigung* mit dem Betriebsrat (gegebenenfalls durch Betriebsvereinbarung!) nicht aufstellen darf. Damit ist Frage 1 unseres Falls beantwortet und eigentlich auch schon Frage 2.

- Geben Sie die Antwort selbst!
- Aufgrund seines Mitbestimmungsrechts kann der Betriebsrat verlangen, dass die Kameras nur eine halbe Stunde eingeschaltet werden.

d) Einigung des Betriebsrats mit dem Arbeitgeber

Mitbestimmung bedeutet nicht, dass der Betriebsrat seinerseits durch sein Veto allein bestimmen kann (Schema → Rn. 366, (3)). Kommt eine Einigung zwischen Betriebsrat und Arbeitgeber nicht zustande, gilt § 87 II BetrVG (lesen!), dh, »**die Einigungsstelle**« hat zu entscheiden. Unterstreichen Sie dieses Wort in § 87 II BetrVG, notieren Sie »§ 76« am Rand und lesen Sie § 76 I BetrVG! 372

---

792 BAG Beschl. v. 14.5.1974 – 1 ABR 45/73, NJW 1974, 2023 f. Auch die Ermöglichung der Veröffentlichung **mitarbeiterbezogener Postings** auf der **Facebook-Seite** des Arbeitgebers ist aus diesem Grund mitbestimmungspflichtig, s. BAG Beschl. v. 13.12.2016 – 1 ABR 7/15 = BeckRS 2016, 113654.
793 BAG Beschl. v. 23.10.2018 – 1 ABN 36/18, AP Nr. 50 zu § 87 BetrVG 1972 Überwachung; BAG Beschl. v. 25.9.2012 – 1 ABR 45/11, NZA 2013, 275.

4. Kapitel. Betriebsverfassungsrecht

Sofern also für die Argus-AG keine ständige Einigungsstelle besteht, die stets von jeder Seite angerufen werden kann, müsste eine solche zur Beilegung der Meinungsverschiedenheiten gebildet werden (damit ist Frage 3 unseres Falls beantwortet). Der Spruch der Einigungsstelle ersetzt, wie Sie eben (in § 87 II 2 BetrVG!) gelesen haben, die Einigung zwischen Arbeitgeber und Betriebsrat.

373 ■ Welche Möglichkeit besteht wohl, wenn eine der beiden Seiten sich mit der Entscheidung der Einigungsstelle nicht zufrieden geben will? Was würden Sie als »Betriebsrat« tun, wenn Sie mit der Entscheidung nicht einverstanden wären?
▶ Sie würden, da Sie als Betriebsrat § 76 V 4 BetrVG kennen, das Arbeitsgericht anrufen!

Lesen Sie S. 4 (= letzter Satz) der genannten Vorschrift! Das Arbeitsgericht hat in diesem Fall zu prüfen, ob die Einigungsstelle bei ihrer Entscheidung ihr Ermessen überschritten hat. Eine Überschreitung der **Grenzen des Ermessens** iSv § 76 V 4 BetrVG ist zB anzunehmen, wenn die Einigungsstelle irrtümlich einen Ermessensspielraum angenommen hat, obwohl eindeutige gesetzliche, tarifliche oder betriebsverfassungsrechtliche Vorschriften (zB eine Betriebsvereinbarung) vorlagen. Unzulässig sind auch Entscheidungen, für die gar keine Regelungszuständigkeit der Einigungsstelle bestand, wenn also Regelungen getroffen wurden, die durch das entsprechende Mitbestimmungsrecht nicht gedeckt sind. So wäre zB eine dauerhafte Erfassung, Speicherung und Auswertung des Arbeitsverhaltens durch eine technische Überwachungseinrichtung iSv § 87 I Nr. 6 BetrVG während der gesamten Arbeitszeit unzulässig, weil sie das nach Art. 2 I iVm Art. 1 I GG geschützte Persönlichkeitsrecht der Arbeitnehmer missachtet.[794]

374 Beantworten wir schließlich noch die vierte Frage unseres Übungsfalls:
■ Welche rechtlichen Möglichkeiten bestehen, falls die Geschäftsleitung **Maßnahmen** trifft, die **rechtlich unzulässig** sind, dh falls sie die Kameras also trotz fehlender Einigung mit dem Betriebsrat aufstellt?
▶ Auch hier liegt es nahe, das Arbeitsgericht anzurufen! Die Möglichkeit dazu eröffnet § 23 III BetrVG (lesen!). Durch Beschluss des Arbeitsgerichts, eventuell verbunden mit der Androhung eines *Ordnungsgeldes*[795], könnte der Arbeitgeber also gezwungen werden, die verbotenerweise aufgestellten Kameras wieder zu beseitigen.

4. Betriebsversammlung

375 Gemäß § 42 I 1 BetrVG besteht die Betriebsversammlung aus den Arbeitnehmern eines Betriebs. Teilnahmeberechtigt sind ferner der Arbeitgeber (§ 43 II BetrVG) sowie Beauftragte der Gewerkschaft oder des Arbeitgeberverbands (§ 46 I BetrVG). Die Betriebsversammlung ist nicht öffentlich (§ 42 I 2 BetrVG) und dient in erster Linie der Information der Arbeitnehmer durch den Betriebsrat. Mindestens einmal in jedem Kalenderjahr muss der Arbeitgeber auf der Betriebsversammlung über das Personal- und Sozialwesen einschließlich des Stands der Gleichstellung von Frauen und Männern im Betrieb sowie der Integration der im Betrieb beschäftigten ausländischen Arbeitnehmer, über die wirtschaftliche Lage und Entwicklung des Betriebs und über den betrieblichen

---

[794] BAG Beschl. v. 25.4.2017 – 1 ABR 46/15, BAGE 159, 49 = NZA 2017, 1205, Rn. 18.
[795] Die Androhung von *Ordnungshaft* erlaubt die Vorschrift hingegen nicht, BAG Beschl. v. 5.10.2010 – 1 ABR 71/09, NZA 2011, 174.

III. Organe der Betriebsverfassung

Umweltschutz berichten. Die Betriebsversammlung ist dem Betriebsrat nicht übergeordnet, sondern kann ihm nur Anregungen geben (§ 45 S. 2 BetrVG).

5. Gesamt- und Konzernbetriebsrat

Der Vollständigkeit halber sei noch auf die §§ 47 ff. und 54 ff. BetrVG hingewiesen. Nach § 47 I BetrVG *ist* bei einem Unternehmen, das aus *mehreren Betrieben* mit Betriebsräten besteht, ein Gesamtbetriebsrat auf Unternehmensebene zu bilden. Durch Beschlüsse der einzelnen Gesamtbetriebsräte der *verschiedenen Unternehmen* eines Konzerns iSd § 18 I AktG *kann* ein Konzernbetriebsrat (§§ 54 BetrVG) errichtet werden. 376

Nach § 3 BetrVG ist es außerdem möglich, durch Tarifvertrag oder Betriebsvereinbarung abweichende Betriebsstrukturen zu schaffen. Vereinbart werden können beispielsweise Sparten- und Filialbetriebsräte oder unternehmenseinheitliche Betriebsräte.

Das Wichtigste zu den Organen der Betriebsverfassung und ihren Aufgaben ist in Übersicht 17 zusammengestellt:

Übersicht 17

Aufgaben und Beteiligungsrechte des Betriebsrats	
Allgemeine Aufgaben: vgl. im Einzelnen § 80 I Nr. 1–9.*	377
Mitbestimmung in sozialen Angelegenheiten – §§ 87 ff.: vgl. den ausführlichen Katalog in § 87 I Nr. 1–13.	
Mitbestimmung in personellen Angelegenheiten – §§ 92–105 a) §§ 92–95: Allgemeine personelle Angelegenheiten. b) §§ 96–98: Fragen und Förderung der Berufsbildung. c) *Personelle Einzelmaßnahmen* – §§ 99–105: insbesondere Zustimmungserfordernis bei Einstellungen, Ein- und Umgruppierungen, Versetzungen (§ 99) und vor allem zwingende Anhörung vor Kündigungen (§ 102 I).	
Mitbestimmung in wirtschaftlichen Angelegenheiten – §§ 106–113 a) Unterrichtung des BR durch Wirtschaftsausschuss des Unternehmens: §§ 106–110. b) Bei Betriebsänderungen: §§ 111–113. (Interessenausgleich: § 112 I 1; Sozialplan: § 112 I 2–4)	
Betriebsversammlung (§§ 42–46)	378
Besteht aus Arbeitnehmerschaft des Betriebs – § 42 I. Teilnahmeberechtigung des Arbeitgebers (§ 43 II) sowie von Beauftragten der Verbände (§ 46 I). *Zweck:* Information der Arbeitnehmer → Mindestens einmal im Jahr Berichterstattung durch Arbeitgeber Betriebsversammlung kann dem Betriebsrat Anregungen (keine Weisungen!) geben.	
Gesamtbetriebsrat (§§ 47 ff.)	379
Ist einzurichten bei einem Unternehmen, das aus mehreren Betrieben mit mehreren Betriebsräten besteht.	
Konzernbetriebsrat (§§ 54 ff.)	380
Kann durch Beschlüsse der Gesamtbetriebsräte der Unternehmen eines Konzerns errichtet werden.	

* §§ auf dieser Übersicht sind solche des BetrVG.

IV. Ausübungsformen der Mitbestimmung

1. Betriebsabsprache

381 Sowohl das Rechtsinstitut der Betriebsabsprache als auch die erwähnte Betriebsvereinbarung dienen dazu, in Mitbestimmungsfällen eine Einigung zwischen Arbeitgeber und Betriebsrat herbeizuführen. Die Betriebsabsprache ist im BetrVG nicht gesondert geregelt und bedarf keiner bestimmten Form, kann also auch mündlich erfolgen. Man bezeichnet sie auch als »Regelungsabrede« oder »betriebliche Einigung«, die nur eine schuldrechtliche Bindung der Parteien, dh zwischen Arbeitgeber und Betriebsrat (nicht gegenüber dem einzelnen Arbeitnehmer!), erzeugt.[796]

> **Typisches Beispiel:** Wegen der um 15.00 Uhr beginnenden Live-TV-Übertragung eines Sportereignisses soll die Arbeitszeit am Donnerstag *einmalig* um zwei Stunden verkürzt werden.

- Aus welcher Vorschrift ergibt sich hierzu ein Mitbestimmungsrecht des Betriebsrats? Überlegen Sie und bezeichnen Sie die Vorschrift genau (= Abs./Nr.)!
- ▶ Antwort: Fußnote[797]!

Hierzu genügt eine formlose Betriebsabsprache zwischen Betriebsrat und Arbeitgeber, die den Arbeitnehmern gegenüber aufgrund des Weisungsrechts des Arbeitgebers wirksam wird.

2. Betriebsvereinbarung

382 Soll eine Regelung dagegen auch unmittelbar für die Arbeitnehmer wirken, wie etwa in dem Multimoment-Kamera-Fall, muss die Einigung in Form einer *Betriebsvereinbarung* erfolgen.

Betriebsvereinbarungen können nicht nur in reinen Mitbestimmungsangelegenheiten, sondern in allen Angelegenheiten getroffen werden, für die der Betriebsrat zuständig ist. Unter einer Betriebsvereinbarung versteht man daher einen Vertrag zwischen Arbeitgeber und Betriebsrat über Angelegenheiten, die zum Aufgabenbereich des Betriebsrats gehören. Für die Betriebsvereinbarung enthält § 77 BetrVG einige wichtige Bestimmungen.

Lesen Sie zunächst § 77 II BetrVG!

- Worin besteht danach ein wesentlicher Unterschied zur Betriebsabsprache?
- ▶ Die Betriebsvereinbarung bedarf der *Schriftform* – ebenso wie der Tarifvertrag.

Als ranghöheres Recht geht das Tarifrecht Betriebsvereinbarungen grundsätzlich vor. Allerdings wäre es denkbar, dass günstigere Regelungen in Betriebsvereinbarungen nach dem tarifvertraglichen Günstigkeitsprinzip (§ 4 III TVG) tarifliche Regelungen verdrängen.

- Dass dem nicht so ist, ergibt sich aus Vorschriften, die wir bei den Grenzen der Mitbestimmung bereits angesprochen hatten – Sie wissen sicher noch aus welchen?

---

796 *Brox/Rüthers/Henssler* ArbR Rn. 995.
797 § 87 I Nr. 2 BetrVG!

IV. Ausübungsformen der Mitbestimmung

▶ Denken Sie nach, bevor Sie Fußnote[798] lesen!
■ Was gilt danach für das Verhältnis der Betriebsvereinbarung zum Tarifvertrag?
▶ Arbeitsbedingungen, die durch Tarifvertrag geregelt sind, können nicht Gegenstand einer Betriebsvereinbarung sein!

Man spricht dabei von einer *Sperrwirkung* des Tarifvertrags, die nur dann entfällt, **383** wenn der Tarifvertrag Betriebsvereinbarungen über bestimmte Angelegenheiten ausdrücklich zulässt. Besteht eine gültige Betriebsvereinbarung, so hat sie – genau wie der Tarifvertrag zwischen tarifgebundenen Arbeitnehmern und Arbeitgebern – für den Arbeitnehmer *normative* Wirkung, dh, sie gilt unmittelbar und zwingend (= § 77 IV 1 BetrVG – lesen!).

> **Hinweis:** Im Verhältnis zum Einzelarbeitsvertrag ist auch bei der Betriebsvereinbarung analog § 4 III TVG das Günstigkeitsprinzip anzuwenden.

■ Womit würden Sie die analoge Anwendung des TVG hier begründen? (Überlegen Sie!)
▶ Wenn eine einzelvertragliche für den Arbeitnehmer günstige Regelung schon gegenüber der stärkeren Norm des Tarifvertrags Vorrang hat, muss sie erst recht gegenüber der im Vergleich zum Tarifvertrag schwächeren Norm der Betriebsvereinbarung Vorrang haben!

Lesen Sie nun zur Wiederholung die folgende Übersicht 18!

Übersicht 18

Ausübungsformen der Mitbestimmung	
Betriebsabsprache	**384**
Ziel des Zusammenwirkens von Betriebsrat und Arbeitgeber im Rahmen der Mitbestimmung ist die Einigung. Soll die Einigung nicht unmittelbar für Arbeitnehmer, sondern nur zwischen Arbeitgeber und Betriebsrat wirken, genügt eine einfache *formlose Betriebsabsprache*. Bsp.: Einmalige Verlegung von Anfang und Ende der Arbeitszeit wegen TV-Übertragung. Gegenüber Arbeitnehmer wirkt Betriebsabsprache durch Weisung des Arbeitgebers.	
Betriebsvereinbarung (BV)	**385**
Die BV ist ein schriftlicher *Vertrag zwischen Arbeitgeber und Betriebsrat* über *Angelegenheiten, die zum Aufgabenbereich des Betriebsrats gehören.* • *Gesetzliche Grundlage:* § 77 BetrVG • BV entfaltet *Wirkungen unmittelbar und zwingend* (wie zB auch Tarifvertrag) für und gegen Arbeitnehmer – § 77 IV 1 BetrVG • *Schriftform* erforderlich – § 77 II BetrVG • Tarifvertrag geht BV vor = *Sperrwirkung des Tarifvertrags* gem. § 77 III • *Einzelvertragliche Vereinbarungen* sind *analog § 4 III TVG* zulässig, wenn für Arbeitnehmer *günstiger* als BV!	

---

[798] §§ **77 III und 87 I BetrVG** (falls nicht gewusst: nochmals lesen!).

4. Kapitel. Betriebsverfassungsrecht

Literatur zur Vertiefung (4. Kapitel, Rn. 352–385): *Alpmann und Schmidt* ArbR II Rn. 159 ff., 467 ff.; *Boemke*, Anforderungen an eine Betriebsvereinbarung über Kurzarbeit, JuS 2016, 846; *Brox/Rüthers/Henssler* ArbR Kap. 11; *Däubler*, Der erfolgreiche Betriebsrat, AiB 2011, 101; *Däubler* Ratgeber 5. Kap.; *Dütz/Thüsing* ArbR § 14; *Hamann*, Betriebsratsrechte beim Betriebsübergang, der betriebsrat 1/2011, 10; *Hanau/Adomeit* ArbR D.; *Herbert/Oberrath*, Betriebsrat und Sprache, NZA 2012, 1260; *Hromadka/Maschmann* ArbR I §§ 15, 16; *Junker* GK ArbR §§ 10, 11; *Junker* Fälle ArbR Fall 10, 11 und 12; *Kania*, Alles Wissenswerte zur Betriebsvereinbarung, AL 2018, 164; *Kohte/Liebsch*, Neuregelungen im Schwerbehindertenrecht – Stärkung der Schwerbehindertenvertretungen als Organ der Betriebsverfassung, AuR 2019, 4; *Krause*, Mitbestimmung bei Parkplatznutzung (Besprechung BAG v. 7.2.2012 – 1 ABR 63/10), JA 2013, 388; *Löwisch/Caspers/Klumpp* ArbR § 26; *Preis* ArbR II §§ 142–175; *Reichold* ArbR § 14; *Schiefer*, Kosten der Betriebsverfassung – Freistellung, Entgeltschutz, Kosten, Sachverständiger, Berater etc., DB 2019, 728; *Thüsing/Beden*, Betriebsratsarbeit 4.0: Die Betriebsratssitzung per Videokonferenz und die virtuelle Betriebsversammlung, BB 2019, 372; *Schiefer/Borchard*, Kosten des Betriebsrats, DB 2016, 770; *Schwarze*, Mitbestimmung bei der Pausengewährung – Annahmeverzug (Besprechung BAG v. 25.2.2015 – 1 AZR 642/13), JA 2015, 624; *Sommer*, CSR-Richtlinie und Betriebsverfassung, RdA 2016, 291; *Suttorp*, Zweite und Dritte Wege – Kirchliches kollektives Arbeitsrecht und Mitbestimmung kirchlicher Arbeitnehmer, AL 2018, 175; *Waltermann*, »Ablösung« arbeitsvertraglicher Zusagen durch Betriebsvereinbarung?, RdA 2016, 296; *Waltermann* ArbR §§ 33–36; *Weber/Gräf*, Schwerpunktbereichsklausur – Arbeitsrecht: Betriebsverfassungs-, Tarifvertrags- und Arbeitskampfrecht, JuS 2013, 633; *Zöllner/Loritz/Hergenröder* ArbR §§ 45–54.

4. Teil. Arbeitsgerichtsbarkeit

I. Allgemeines

Während das Prozess- bzw. Verfahrensrecht der ordentlichen Gerichtsbarkeit[799] durchweg in speziellen Lehrbüchern oder Grundrissen dargestellt ist, wird das arbeitsgerichtliche Verfahren in den meisten Werken über das *materielle* Arbeitsrecht mit abgehandelt. Diesem Brauch der Mehrheit folgt auch dieses Buch mit einem kurzen Überblick über die Arbeitsgerichtsbarkeit. **386**

II. Zuständigkeit der Arbeitsgerichte

1. Rechtswegzuständigkeit

Eine eigene, von der Zivilgerichtsbarkeit abgetrennte Gerichtsbarkeit für Arbeitssachen gibt es erst seit Schaffung des Arbeitsgerichtsgesetzes vom 23.12.1926.[800] Die Abgrenzung der Zuständigkeit der Arbeitsgerichte von der Zuständigkeit der sonstigen Zivilgerichte (insbesondere der Amts- und Landgerichte) sowie der Verwaltungs-, Sozial- und Finanzgerichte ist eine Frage des Rechtswegs und nicht eine Frage der sachlichen Zuständigkeit. **387**

Die Zulässigkeit des Rechtswegs zu den Gerichten in Arbeitssachen und zugleich deren sachliche Zuständigkeit ergibt sich aus den §§ 48, 2, 2a und 3 ArbGG.[801] Um festzustellen, ob eine Klage vor den Arbeitsgerichten zulässig ist, muss man den Katalog der dort genannten Rechtsstreitigkeiten überprüfen (lesen Sie dazu nur die Überschriften der §§ 2 und 2a!). Insbesondere sind die Arbeitsgerichte danach im *Urteilsverfahren* (→ Rn. 395) ausschließlich zuständig für alle bürgerlichen Rechtsstreitigkeiten zwischen Arbeitnehmern und Arbeitgebern aus dem Arbeitsverhältnis, seiner Entstehung, seiner Beendigung und sonstigen Anlässen, soweit sie im Zusammenhang mit dem Arbeitsverhältnis stehen. Die meisten *individualarbeitsrechtlichen* Streitigkeiten unterfallen der Zuständigkeit nach § 2 I Nr. 3a, b und e ArbGG.

§ 2a ArbGG bestimmt die Zuständigkeit im *Beschlussverfahren* (→ Rn. 396). Danach sind die Arbeitsgerichte insbesondere für betriebsverfassungsrechtliche Streitigkeiten zuständig (§ 2a I Nr. 1 ArbGG). Einen Fall einer solchen Streitigkeit, den des § 76 V 4 BetrVG, hatten wir bereits ausdrücklich angesprochen.

2. Örtliche Zuständigkeit

Für das Urteilsverfahren ergibt sich die örtliche Zuständigkeit der Arbeitsgerichte aufgrund von § 46 II 1 ArbGG aus der ZPO. **388**

Nach §§ 13, 12 ZPO wird der allgemeine Gerichtsstand einer beklagten Person durch den Wohnsitz bestimmt; daneben gibt es die besonderen örtlichen Zuständigkeiten

---

799 Dazu *Wörlen/Metzler-Müller* BGB AT Übersicht 4 (Rn. 30).
800 **ArbGG = dtv-ArbG Nr. 91.**
801 Vgl. dazu *Junker* GK ArbR Rn. 848 ff.

4. Teil. Arbeitsgerichtsbarkeit

für bestimmte Prozessgegenstände oder Klagearten. Mit § 48 Ia ArbGG wurde zum 1.4.2008 der besondere Gerichtsstand des Arbeitsortes eingeführt.

Für das Beschlussverfahren bestimmt § 82 ArbGG die Zuständigkeit des Arbeitsgerichts, in dessen Bezirk der Betrieb liegt.

III. Aufbau, Instanzen und Besetzung der Arbeitsgerichte

389 Die »Gerichte für Arbeitssachen«, wie sie in der Überschrift des § 1 ArbGG (lesen!) genannt werden, sind wie die Gerichte der meisten anderen Gerichtszweige in der Bundesrepublik **dreistufig** aufgebaut. Wie sich aus § 1 ArbGG ergibt, entscheiden in erster Instanz die 108 *Arbeitsgerichte*[802], in zweiter Instanz (Berufung) die *Landesarbeitsgerichte* (LAG) und in dritter Instanz (Revision) das *Bundesarbeitsgericht* (BAG).

Die Gerichte für Arbeitssachen sind mit den anderen Zivilgerichten eng verwandt. Beide Gerichtszweige entscheiden über bürgerlich-rechtliche Streitigkeiten. Dennoch sind die Gerichte für Arbeitssachen zur Entscheidung der ihnen zugewiesenen Rechtsstreitigkeiten ausschließlich zuständig.

390 Ähnlich wie die Sozialgerichte sind die Gerichte in Arbeitssachen in allen drei Instanzen mit *Berufsrichtern* und *ehrenamtlichen Richtern* aus den Kreisen der Arbeitnehmer und Arbeitgeber besetzt (§ 6 ArbGG – lesen!). In der ersten Instanz, also beim **Arbeitsgericht** (§§ 14–31 ArbGG), heißen die einzelnen Entscheidungsgremien (Spruchkörper) *Kammern*. Jede Kammer besteht aus einem Berufsrichter, dem Vorsitzenden, und je einem ehrenamtlichen Richter aus dem Kreise der Arbeitnehmer und Arbeitgeber. Die Berufsrichter werden auf Vorschlag der obersten Landesbehörde (idR Arbeits- oder Justizministerium) nach Beratung mit einem Ausschuss bestellt, der sich aus Vertretern von Gewerkschaften, Arbeitgeberverbänden und der Arbeitsgerichtsbarkeit des jeweiligen Bundeslandes zusammensetzt (§ 18 I und II ArbGG). Die ehrenamtlichen Richter werden von Gewerkschaften und Arbeitgeberverbänden des Landes auf Listen vorgeschlagen und von der obersten Landesbehörde (oder von der von der Landesregierung durch Rechtsverordnung beauftragten Stelle) auf die Dauer von fünf Jahren berufen (§ 20 ArbGG).

391 Gegen das Urteil eines Arbeitsgerichts im *Urteilsverfahren*[803] kann grundsätzlich (unter den Voraussetzungen des § 64 II ArbGG = Zulassung durch das Arbeitsgericht, Wert des Beschwerdegegenstandes über 600 EUR oder Rechtsstreitigkeit über das Bestehen, das Nichtbestehen oder die Kündigung eines Arbeitsverhältnisses) *Berufung* vor dem **LAG** erhoben werden. Im *Beschlussverfahren*[804] ist gegen den Beschluss des Arbeitsgerichts grundsätzlich die *Beschwerde* zum LAG gegeben (§§ 87 ff. ArbGG).

392 LAG gibt es in jedem Bundesland, in Bayern zwei (München und Nürnberg) und in Nordrhein-Westfalen drei (Düsseldorf, Köln und Hamm). Im Einzelnen: LAG Baden-Württemberg in Stuttgart, LAG Bremen, LAG Hamburg, Hessisches LAG in Frankfurt a. M., LAG Mecklenburg-Vorpommern in Rostock, LAG Niedersachsen in Hannover, LAG Rheinland-Pfalz in Mainz, LAG Saarland in Saarbrücken, LAG

---

802 Vgl. www.bmjv.de/SharedDocs/Downloads/DE/PDF/Anzahl_der_Gerichte_des_Bundes_und_der_Laender.html sowie www.saarland.de/dokumente/dienststelle_arbeitsgerichte/Info_Struktur reform_LAG.pdf.
803 → Rn. 395.
804 → Rn. 396.

Sachsen in Chemnitz, LAG Sachsen-Anhalt in Halle, LAG Schleswig-Holstein in Kiel, das Thüringer LAG in Erfurt sowie das gemeinsame LAG der Länder Berlin und Brandenburg mit Sitz in Berlin. Auch die Spruchkörper der Landesarbeitsgerichte heißen *Kammern* und bestehen ebenfalls aus einem Berufsrichter, dem Vorsitzenden, und je einem ehrenamtlichen Richter aus den Kreisen der Arbeitnehmer und Arbeitgeber. An der Spitze des LAG steht ein Präsident. Im Einzelnen gelten die §§ 33–39 ArbGG. Während die Parteien vor dem Arbeitsgericht den Prozess in *erster Instanz selbst* führen können, müssen sie sich vor dem *LAG* und vor dem *BAG* durch Rechtsanwälte oder Verbandsvertreter *vertreten lassen* (vgl. § 11 I, II Nr. 4, 5 ArbGG).

Das **BAG** hat seinen Sitz in Erfurt (§ 40 I ArbGG) und entscheidet im *Urteilsverfahren* gem. § 72 ArbGG über *Revisionen* gegen Berufungsurteile der LAG, soweit die Revision vom LAG oder durch Beschluss des BAG selbst zugelassen ist. Entsprechendes gilt im *Beschlussverfahren* hinsichtlich der *Rechtsbeschwerde* zum BAG gegen Beschlüsse der LAG (§§ 92 ff. ArbGG). Wurde der Anspruch einer Partei auf rechtliches Gehör verletzt, kann bei an sich unanfechtbaren Entscheidungen aller Instanzen eine sog. *Anhörungsrüge* gem. § 78a ArbGG erhoben werden. **393**

Organisation und Zusammensetzung des BAG und seiner Senate sind in den §§ 40–45 ArbGG geregelt. Es besteht aus dem Präsidenten bzw. der Präsidentin sowie aus der erforderlichen Anzahl von Vorsitzenden Richtern, von berufsrichterlichen Beisitzern sowie ehrenamtlichen Richtern, die je zur Hälfte aus den Kreisen der Arbeitnehmer und der Arbeitgeber entnommen werden (§ 41 I ArbGG).

Schließlich gibt es beim BAG, wie Sie bereits gelesen haben, noch den »*Großen Senat*«, der aus 16 Richtern besteht, nämlich der Präsidentin, je einem Berufsrichter der Senate, in denen die Präsidentin nicht den Vorsitz führt, sowie je drei ehrenamtlichen Richtern aus Kreisen der Arbeitnehmer und der Arbeitgeber (§ 45 V ArbGG). Der Große Senat ist, wie wir am Beispiel der Rechtsprechungsentwicklung zur Haftung des Arbeitnehmers gesehen haben, zuständig für Entscheidungen über Fragen von grundsätzlicher Bedeutung, oder er entscheidet, wenn einer der derzeit *zehn Senate* des BAG von der Entscheidung eines anderen Senats abweichen will (§ 45 II und IV ArbGG). **394**

IV. Verfahrensarten

1. Urteilsverfahren

Das Urteilsverfahren ist geregelt in den §§ 46–79 ArbGG. Gemäß § 46 I ArbGG findet es in den in § 2 I–IV ArbGG bezeichneten bürgerlichen Rechtsstreitigkeiten Anwendung (→ Rn. 387). Im Wesentlichen gelten die Vorschriften der ZPO (s. § 46 II ArbGG). Ohne in diesem Rahmen auf die Einzelheiten eingehen zu können, ist festzuhalten, dass auch im arbeitsgerichtlichen Urteilsverfahren die *Dispositionsmaxime* sowie der *Verhandlungs- und Beibringungsgrundsatz* gelten.[805] Das Gericht ermittelt nicht von Amts wegen (= nicht von sich aus), sondern Kläger und Beklagter müssen Anträge stellen und begründen. Es beachtet auch nur solche Tatsachen, die von den Parteien vorgetragen werden. **395**

---

805 S. zu den Einzelheiten zB *Hromadka/Maschmann* ArbR II § 21 Rn. 5/ ff.

4. Teil. Arbeitsgerichtsbarkeit

Besonderheiten gegenüber dem Verfahren vor den allgemeinen Zivilgerichten ergeben sich jedoch daraus, dass das arbeitsgerichtliche Verfahren dem Arbeitnehmer als der potentiell schwächeren Partei entgegen kommt. So ist das *Kostenrisiko* des Klägers (der im Arbeitsrecht zumeist der Arbeitnehmer sein wird) deutlich *reduziert*. Zum einen sind die Gerichtsgebühren um 20% niedriger als in der Zivilgerichtsbarkeit,[806] zum anderen besteht in der ersten Instanz kein Anspruch der obsiegenden Partei auf Erstattung der Kosten für einen Rechtsanwalt oder anderen Prozessbevollmächtigten (§ 12a I 1 ArbGG).[807] Ferner ist der Arbeitsgerichtsprozess durch eine Beschleunigung des Verfahrens gekennzeichnet und in besonderem Maße auf eine gütliche Einigung ausgerichtet (vgl. § 57 II ArbGG sowie die Vorbemerkung zu Teil 8 des GKG-Kostenverzeichnisses[808]). Schließlich ist der eigentlichen mündlichen Verhandlung zwingend eine *Güteverhandlung* (§ 54 ArbGG) vorgeschaltet, die bei Kündigungsschutzklagen innerhalb von zwei Wochen nach Klageerhebung stattfinden soll (§ 61a II ArbGG). In diesem Rahmen kann auch vor einen nicht entscheidungsbefugten *Güterichter* verwiesen werden, der alle Methoden der Konfliktbeilegung einschießlich der Mediation (→ Rn. 396a) einsetzen kann (§ 54 VI ArbGG).

2. Beschlussverfahren

396 Das Beschlussverfahren regeln die §§ 80–98 ArbGG. Es ist in der Praxis vor allem für Streitigkeiten über betriebsverfassungsrechtliche Fragen von Bedeutung (s. zum Beschlussverfahren im Einzelnen die Aufzählung in § 2a I ArbGG).

Während im Urteilsverfahren eine Streitigkeit der »Parteien« (Kläger und Beklagter = zumeist Arbeitnehmer und Arbeitgeber) zu entscheiden ist, geht es im Beschlussverfahren um »*Beteiligte*« (Antragsteller und Antragsgegner = insbesondere Arbeitgeber und Betriebsrat, vgl. § 10 Hs. 2, § 83 III ArbGG). Anders als im Urteilsverfahren hat das Arbeitsgericht im Beschlussverfahren den Sachverhalt *von Amts wegen* zu ermitteln (Untersuchungsgrundsatz, § 83 I 1 ArbGG). Eine Güteverhandlung ist möglich, aber nicht zwingend vorgeschrieben (§ 80 II aE ArbGG) und es werden keine Gerichtskosten erhoben (§ 2 II GKG).

Seinen Namen trägt das Beschlussverfahren, weil es nicht durch ein Urteil, sondern durch einen Beschluss entschieden wird (§ 84 ArbGG). Dieser steht seiner Funktion nach aber dem Urteil im Urteilsverfahren gleich.

V. Mediation

396a Nach den Änderungen des ArbGG durch das Gesetz zur Förderung der Mediation und anderer Verfahren der außergerichtlichen Konfliktbeilegung[809] kann das Gericht sowohl im Urteils- als auch im Beschlussverfahren eine *Mediation* oder ein anderes Verfahren der außergerichtlichen Konfliktbeilegung vorschlagen und – wenn der Vorschlag von beiden Seiten aufgegriffen wird – während der Durchführung das Ruhen

---

806 Vgl. Teil 1 mit Teil 8 der Anlage 1 (zu § 3 II) zum GKG (**dtv-ArbG Nr. 93**).
807 Bei einer **Vertretung durch eine Gewerkschaft** oder einen Arbeitgeberverband sind gem. § 12a II ArbGG bei der Berechnung eines Kostenausgleichs Kosten wie bei einer Vertretung durch einen Rechtsanwalt anzusetzen.
808 GKG, Anlage 1 (zu § 3 II).
809 Gesetz v. 21.7.2012, BGBl. 2012 I 1577.

V. Mediation

des gerichtlichen Verfahrens anordnen (§§ 54a, 80 II 2 ArbGG). Unter Mediation ist dabei ein vertrauliches und strukturiertes Verfahren zu verstehen, in dem die Parteien bzw. Beteiligten mithilfe einer oder mehrerer unabhängiger und neutraler Personen ohne Entscheidungsbefugnis (*Mediatoren*) freiwillig und eigenverantwortlich eine einvernehmliche Beilegung ihres Konflikts anstreben (vgl. § 1 MediationsG).

Lesen Sie nun die folgenden Übersichten 19 und 20 (→ Rn. 397 und → Rn. 398) und lösen Sie dann

Zur Übung und Vertiefung: 396b

Klausurfall 1f (vgl. Vorwort!): Der Arbeitsgerichtsprozess
▶ Standort: Arbeitsgerichtsbarkeit, Weisungsrecht des Arbeitgebers
Fatima ist Muslimin und arbeitet als Verkäuferin in einem Kaufhaus in einer hessischen Kleinstadt. Vier Monate nach Beginn des Arbeitsverhältnisses teilt sie ihrem Arbeitgeber mit, ihre religiösen Vorstellungen hätten sich gewandelt; sie werde bei ihrer Tätigkeit künftig ein Kopftuch tragen, da der Islam ein Auftreten in der Öffentlichkeit ohne Kopftuch verbiete. Ihr Arbeitgeber, der 90 Beschäftigte, aber keinen Betriebsrat hat, lehnt dies ab. Er befürchtet, dass eine kopftuchtragende Verkäuferin in einer ländlichen Gegend einen Umsatzrückgang zur Folge haben würde, kann aber keine Beweise für die Richtigkeit der Vermutung erbringen. Nachdem Fatima bei ihrer Auffassung bleibt, kündigt er ihr schriftlich unter Einhaltung der vertraglichen Kündigungsfrist.
Fatima will sich gegen die Kündigung gerichtlich zur Wehr setzen. Sie möchte von Ihnen wissen, über wie viele Gerichtsinstanzen dieser Prozess maximal gehen kann. Bitte nennen Sie die Gerichte, vor denen dieser Prozess bis zur endgültigen Entscheidung verhandelt werden kann, wobei zu unterstellen ist, dass die entscheidende Rechtsfrage des Prozesses von grundsätzlicher Bedeutung ist und bislang noch nicht höchstrichterlich geklärt wurde.
Fatima möchte ferner wissen, ob sie für den Prozess einen Anwalt braucht und ob sie dann, wenn sie den Prozess nur bis zur ersten Instanz führt, ein geringes oder ein hohes finanzielles Risiko eingeht und welche Kosten auf sie zukommen, wenn sie alle Instanzen ausschöpft und dann den Prozess in letzter Instanz verliert. Nennen Sie die Art der Kosten ohne konkrete Angabe der jeweiligen Höhe.
Außerdem interessiert Fatima, ob ihre Klage Aussicht auf Erfolg hat. Nehmen Sie zur Begründetheit der Klage Stellung!
Ausformulierter Lösungsvorschlag: ▶ Siehe *Gruber* Standardfälle ArbR Fall 4.[810]

---

810 **Kurzhinweise zur Lösung:** 1) Rechtswegeröffnung gem. § 2 ArbGG. Berufung gegen Urteil des Arbeitsgerichts zum LAG, Revision zum BAG (§§ 1, 64 II, 72 II ArbGG). Nach Rechtswegerschöpfung ggf. Verfassungsbeschwerde (Art. 93 I Nr. 4a GG, §§ 90 ff. BVerfGG). 2) Vertretung durch Anwalt oder Gewerkschaftsvertreter erst ab zweiter Instanz erforderlich (s. § 11 I, II ArbGG). 3) In erster Instanz trägt jede Seite Anwaltskosten selbst (§ 12a I ArbGG) sowie die unterliegende Partei die Gerichtskosten (§ 46 II ArbGG iVm §§ 91 ff. ZPO), in zweiter und dritter Instanz auch Anwaltskosten der Gegenseite (§§ 64 VI, 72 V ArbGG iVm § 91 ZPO). 4) KSchG nicht anwendbar, da noch keine 6 Monate beschäftigt. Klage dennoch begründet wegen §§ 612a, 134 BGB iVm Art. 4 GG. Vgl. ferner → **Rn. 21**.

Übersicht 19

397

Arbeitsgerichtsbarkeit

Gesetzliche Grundlage: Arbeitsgerichtsgesetz (ArbGG)*

Zuständigkeit der Arbeitsgerichte

Sachliche Zuständigkeit	Örtliche Zuständigkeit
Ausschließliche Zuständigkeit insbes. für: → Bürgerliche Rechtsstreitigkeiten zwischen Arbeitnehmer und Arbeitgeber aus dem Arbeitsverhältnis (§ 2 I Nr. 3a) → Betriebsverfassungsrechtliche Streitigkeiten (§ 2a I Nr. 1) → Besondere Zuständigkeiten aufgrund von Spezialnormen (zB § 76 V 4 BetrVG)	→ Nach § 46 II 1 grundsätzlich nach ZPO-Vorschriften; zB gem. §§ 13, 12 ZPO = Wohnsitz des Beklagten → Nach § 48 Ia der Arbeitsort → Nach § 82 Gerichtsbezirk, in dem der Betrieb liegt

Aufbau, Instanzen und Besetzung der Arbeitsgerichte

Grundsätzliche Besetzung: § 6
→ Berufsrichter und ehrenamtliche Richter (Letztere je zur Hälfte aus Kreisen der Arbeitnehmer und Arbeitgeber)

Drei Instanzen: (vgl. Übersicht 20)	ArbG (§§ 14–31)	LAG (§§ 33–39)	BAG (§§ 40–45)
Spruchkörper:	*Kammern* 1 Berufsrichter 2 ehrenamtliche	*Kammern* 1 Berufsrichter 2 ehrenamtliche	*Senate* 3 Berufsrichter 2 ehrenamtliche *Für besondere Fälle:* *Großer Senat* (§ 45) 10 Berufsrichter 6 ehrenamtliche
Instanzielle Zuständigkeit:	Erste Instanz bei Streitigkeiten nach §§ 2, 2a	Berufungen und Beschwerden gegen Entscheidungen von Arbeitsgerichten (§§ 64, 87)	Revisionen und Rechtsbeschwerden gegen LAG-Entscheidungen (§§ 72, 92)
Prozessvertretung:	nicht erforderlich, aber möglich (§ 11 I, II)	Anwalt *oder* Verbandsvertreter (§ 11 II Nr. 4, 5)	Anwalt *oder* Verbandsvertreter (§ 11 II Nr. 4, 5)

Verfahrensarten

Urteilsverfahren (§§ 46–79)	Beschlussverfahren (§§ 80–98)

* Alle §§ ohne Bezeichnung auf dieser Übersicht sind solche des ArbGG.

Übersicht 20

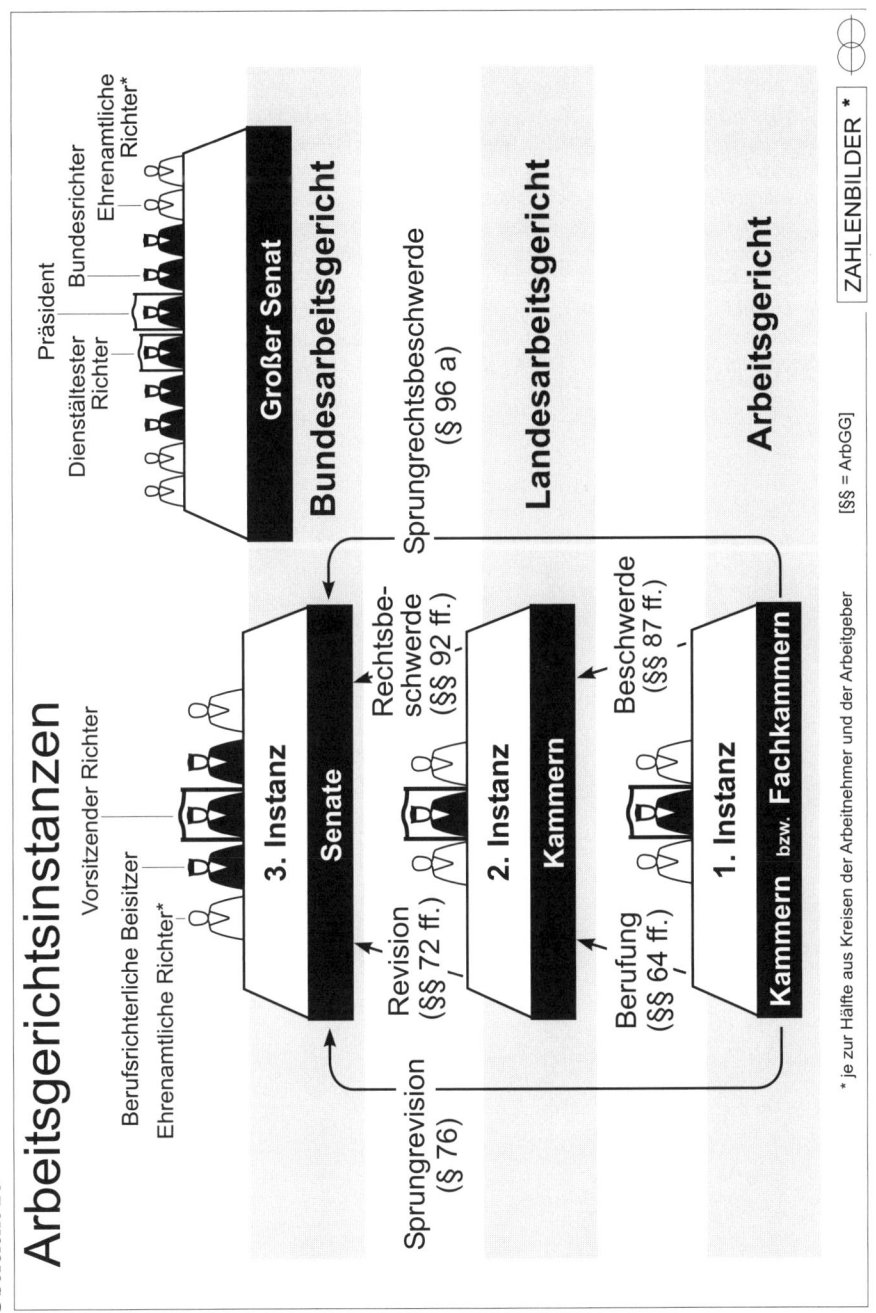

4. Teil. Arbeitsgerichtsbarkeit

Literatur zur Vertiefung (4. Teil, Rn. 386–398): *Alpmann und Schmidt* ArbR I Rn. 174 ff.; *Bergwitz*, Der besondere Gerichtsstand des Arbeitsortes, § 48 Ia ArbGG, NZA 2008, 443; *Brox/Rüthers/ Henssler* ArbR Kap. 12; *Däubler* Ratgeber 23. Kap.; *Dütz/Thüsing* ArbR § 15; *Feldmann/ Schuhmann*, Überflüssiges »Schleppnetz«? – Zum Streitgegenstand der Kündigungsschutzklage, JuS 2017, 214; *Grotmann-Höfling*, Die Arbeitsgerichtsbarkeit 2017 im Lichte der Statistik, AuR 2018, 560; *Hanau/ Adomeit* ArbR K.; *Heinzelmann*, Musterfeststellungsklagen auch im Arbeitsrecht?, ArbRAktuell 2018, 597; *Hromadka/Maschmann* ArbR I § 21; *Junker* GK ArbR § 12; *Kerwer*, Die Arbeitsgerichtsbarkeit, JuS 1999, 250; *Künzl*, Der Gerichtsstand des regelmäßigen Arbeitsortes (§ 48 Ia ArbGG), ArbRAktuell 2009, 59; *Löwisch/Caspers/Klumpp* ArbR § 30; *Müller*, Der elektronische Rechtsverkehr im arbeitsgerichtlichen Verfahren, NZA 2019, 11; *Preis* ArbR II §§ 176–184; *Reichold* ArbR §§ 5 und 6; *Ricken*, Annahmeverzug und Prozessbeschäftigung während des Kündigungsrechtsstreits, NZA 2005, 323; *Vetters*, Kündigungsprozesse richtig führen – häufige Fehler aus Sicht eines Instanzrichters, NZA 2005, 64; *Waltermann* ArbR §§ 39–40; *Zöllner/Loritz/Hergenröder* ArbR §§ 55 f.

Sachregister

(Die Zahlen beziehen sich auf die Randnummern.)

Abfindungsanspruch 286a
Abmahnung 110, 175 ff.
Abrufarbeit 107
Absperrklauseln 309
Abtretungsverbot 201, 245
Abwehraussperrung 331 ff.
Abwicklungsvertrag 286a
AGG 78a, 238
AGG, Kündigung 265, 280
Akkordlohn 196 f.
Alkoholverbot am Arbeitsplatz 272 f.
Allgemeine Geschäftsbedingungen 62a
Allgemeines Persönlichkeitsrecht 21, 204, 206, 231, 233
Allgemeinverbindlichkeitserklärung 312
Altersgrenze 238, 287
Änderungskündigung 278
Anfechtung 67, 82 ff., 247 f., 287
– von Arbeitsverträgen 82 ff., 97, 287
– von Aufhebungsverträgen 286, 286b
– von Betriebsratswahl 359
– wegen arglistiger Täuschung 80, 84 f.
– wegen Eigenschaftsirrtums 86
– wegen widerrechtlicher Drohung 286, 286b
Anfechtungsgrund 84, 97
Angemessenheitskontrolle 62a
Angestellte(r) 43, 56 ff., 61
– leitende(r) 71, 106, 286a, 355
Angriffsaussperrung 334
Annahmeunfähigkeit 340, 350
Annahmeunwilligkeit 340, 350
Annahmeverzug des Arbeitgebers 127, 138, 338 ff.
Arbeit
– Art und Weise 48, 100, 181
– auf Abruf 107
– Entgeltlichkeit 45, 61
– fremdbestimmte 3, 47, 61
– geistige 57, 61
– körperliche 57 f., 61
– Ort 102, 127, 181
– selbständige 46 s., 61
– unselbständige 46 f., 61
– weisungsgebundene 38, 48, 61
– Zeit 103 ff., 181
Arbeiter 43, 56 ff., 61
Arbeitgeber 3, 59 f., 61, 183, 194 ff.
– Begriff 59, 61
Arbeitgeberverbände 293, 297, 300
– OT-Mitgliedschaft 304
Arbeitnehmer 3, 35 ff., 61
– Art der Vergütungszahlung 53, 61
– Begriff 35 ff., 48 ff., 61

– Bezeichnung der Tätigkeit 52, 61
– Eingliederung in den Betrieb 49, 61
– Fremdbestimmtheit 38
– Konzentrierung der Arbeitskraft 50, 61
– Lohnsteuer und Sozialversicherungsbeiträge 36, 54
– Weisungsgebundenheit 38, 48, 61
Arbeitnehmerähnliche Personen 55, 61
Arbeitnehmerdatenschutz 66, 204
Arbeitnehmer-Entsendegesetz 312
Arbeitnehmerhaftung 147 ff., 154 ff., 162 ff., 191
Arbeitnehmerschutzrecht 4
Arbeitnehmerüberlassung 102a
Arbeitnehmerüberlassungsvertrag 102a
Arbeitsausfall 114, 136, 341
Arbeitsförderung 278
Arbeitsfreistellung 135
– Beschäftigungsverbot 77, 135
Arbeitsgericht 284, 386 ff., 397 f.
– ausschließliche Zuständigkeit 397
– Besetzung 389 ff., 397
– Gerichtskosten 395 f.
– Güteverhandlung 395
– Kammern 390, 392, 397
– örtliche Zuständigkeit 388, 397
– Prozessvertretung 392, 397
– Rechtswegzuständigkeit 387
– sachliche Zuständigkeit 387, 397
– Senate 393, 397
– Urteil 391, 395
Arbeitsgerichtsbarkeit 55, 386 ff., 397 f.
Arbeitsgerichtsgesetz 387 ff., 397
Arbeitsgerichtsinstanzen 389 ff., 398
Arbeitsgerichtsverfahren 386 ff., 395 f., 397 f.
– Beschlussverfahren 387, 393, 396 f.
– Gerichtsstand 388, 397
– Urteilsverfahren 388, 393, 395, 397
Arbeitsgesetzbuch der DDR 18
Arbeitsgesetze 19 ff.
Arbeitskampf 292, 319 ff., 344 ff.
– Begriff 322
– Friedenspflicht 324
– Kampfparität 331, 345, 347, 351
– Mittel 320 ff., 336
Arbeitskampfmittel 320 ff., 336
Arbeitskampfparität 331, 345, 347, 351
Arbeitskampfrecht 9, 26, 319 ff.
Arbeitskampfrisiko 341, 344 ff., 351
Arbeitskollege 140, 191
– Schadensersatzansprüche 184 ff., 191
Arbeitsleistung 45, 59, 127
  Annahmeverzug des Arbeitgebers 127

209

Sachregister

- Art 99 f.
- betriebliche Störung 136, 138, 342, 345
- ordnungsgemäße 99
- Ort 99, 127
- Streik 328
- Unmöglichkeit 108 ff., 339
- Zeit 99

Arbeitslohn (-entgelt) 61
Arbeitslosengeld 278, 348
Arbeitslosenquote 3
Arbeitslose 348
Arbeitsmündigkeit 94
Arbeitspflicht 99 ff., 181
- Befreiung 113 ff., 136, 138, 337
- Fixschuldcharakter 110, 339
- vorübergehende Verhinderung 113, 136

Arbeitsplatz
- Alkoholverbot 272 f.
- Rauchverbot 272 f.

Arbeitsrecht 1 ff.
- Bedeutung 2, 9
- Begriff 2
- Entstehung 10 ff.
- Geschichte 10 ff.
- in der früheren DDR 15, 17 f.
- internationales 20, 27 ff., 32 ff.
- individuelles 9, 35 ff.
- kollektives 8 f., 18, 34, 290 ff., 298
- Rechtsquellen (rechtliche Grundlagen) 16 ff., 34
- supranationales 27 f.
- System 9

Arbeitsschutz 11
Arbeitsschutzrecht 8, 11, 34
Arbeitsunfähigkeit 118 ff.
- Anzeige- und Nachweispflicht 118
- Beendigung 125
- Beweislast 119
- durch Alkohol-, Drogenabhängigkeit 123
- durch Verschulden Dritter 124
- Verschuldensmaßstab 120 ff.

Arbeitsunfähigkeitsbescheinigung 118
Arbeitsunfall 183 ff., 193
- Begriff 183 ff., 193
- Haftung des Arbeitgebers 193
- Haftung von Arbeitnehmern 193
- Haftungsausschluss für Arbeitgeber 185, 193
- Haftungsausschluss für Arbeitnehmer 189 f.

Arbeitsverhältnis
- Beendigung 125, 246 ff., 287
- Beendigungsgründe 247 ff., 287
- befristetes 26, 249, 287
- Entstehung 62 ff., 97
- faktisches 91 f.
- Suspendierung 328, 336
- wirksames 89

Arbeitsverhinderung 108, 113, 140
Arbeitsvertrag 38 ff., 61 ff.
- Abschluss 62 ff.
- Anfechtung 66, 82 ff., 97, 247 f.
- befristeter 249
- fehlerhafter 91
- Kündigung 66 ff., 97, 250 ff.
- Mängel 67 ff., 87 ff.
- Muster 63
- Nichtigkeit 62, 87 ff.
- Vertragsanbahnung 64 ff., 97

Arbeitsvertragsrecht 7, 9, 34
Arbeitsvertragsrichtlinien 43
Arbeitsverweigerung 256, 272
Arbeitszeit 28, 103 ff.
- Arbeitsruhe 103
- Arbeitsschutz 103
- gesetzliche Regelungen 107
- Nachtarbeit 103
- Ruhepausen 103, 105
- Sonn- und Feiertagsruhe 103, 105
- Überarbeit 106
- Überstunden 106

Arbeitszeitgesetz 103 ff.
Arbeitszeugnis 209 ff.
- einfaches Zeugnis 213
- Formerfordernisse 215
- Führung 218 ff.
- Gefälligkeitszeugnis 219
- Grundlagen 210 f.
- Inhalt 216 ff.
- Leistungen 218 ff., 223
- qualifiziertes Zeugnis 214
- Rechtsfolgen bei Unrichtigkeit 231 ff.
- Wahrheitspflicht 219
- Zeugnisfloskeln 223 f.
- Zeugnissprache 222 ff.

arglistige Täuschung 84 f.
ärztliche Bescheinigung 118
Aufgaben des Betriebsrats 360, 365 ff.
- allgemeine Aufgaben 360, 365 ff.
- Einigung mit Arbeitgeber bei Streitigkeiten 372
- Mitbestimmungsrecht 366 ff., 377, 381 ff.

Aufhebungsvertrag 60, 62a, 286 f.
Aufklärungspflicht des Arbeitgebers 64
Auslandsentsendung 195
Auflösungsantrag 286a
Aufrechnung 201
Aufrechnungsverbot 201, 245
Auftrag 45
Aufsichtsrat
- Unternehmensmitbestimmung 352a
- Geschlechterquote 352a

Ausbeutung 96
Ausbildungslehrgang 138
Ausfallzeiten (Mutterschutz) 135
Ausgleichsklausel 62a

Sachregister

Auskunftsanspruch Entgelt 238
Auslandserkrankung 119
Ausschlussklausel 60
Ausschlussfristen 62a, 128a, 257, 304
außergerichtliche Konfliktbeilegung 396a
Aussperrung 320, 330 ff., 336, 348
- Abwehraussperrung 331 ff.
- Angriffsaussperrung 334
- auflösende 333
- Begriff 330, 336
- Rechtmäßigkeit 332, 336
- Rechtsfolgen 333, 336
- suspendierende 333
- Ziel 336
Außenseiter 309, 311
Auszubildende 117

BAG 16, 159, 389, 393, 397
Banker-Boni 198
Basiselterngeld 135
Basiszinssatz 60
BEA 237
Beamte 40 ff., 61, 325
Beendigung des Arbeitsverhältnisses 125, 246 ff., 287
- Anfechtung 287
- Aufhebungsvertrag 62a, 287
- gerichtliche Entscheidung 287
- Tod Arbeitnehmer 287
- Zeitablauf 287
Beendigungsformel 228
Befreiung von der Arbeitspflicht 108 ff., 181
Befristung 249
Befristungskontrollklage 249
Beibringungsgrundsatz 395
Belästigung 204a, 238
Benachteiligung, unangemessene 62a, 198
Benachteiligungsverbot 77, 78a, 238
beredtes Schweigen 218
Bereicherungsansprüche 95
Bereitschaftsdienst 103 f., 195
Berufsfreiheit 21
Berufsverbandsprinzip 310
Berufsverbände 300
Berufung 389, 397
Beschäftigungsverbot (Mutterschutz) 138
Beschlussverfahren 391
Beschwerde 391, 397
Bestandsschutz 286a
Bestechung 143
betriebliche Übung 198
Betriebsabsprache 381
- Begriff 381
- formlose 384
- Regelungsabrede 381, 384
- Ziel 384
Betriebsbuße 175, 179

Betriebsrat 138, 353, 357 ff., 363 f., 377 ff.
- absolute Friedenspflicht 361
- Amtszeit 360
- Anfechtung der Wahl 359, 346
- Anhörung vor Kündigung 264
- Aufgaben 360, 365 ff.
- Einigung mit Arbeitgeber 372 ff.
- Einigungsstelle 372 f.
- Kooperationsmaxime 361, 364
- Kosten der Wahl 359, 364
- Mitbestimmungsrecht 366 ff., 377, 381 ff.
- Organisation und Geschäftsführung 360, 364
- Rechtsstellung 360 ff., 364
- Vorsitzender und Stellvertreter 360, 364
- Wählbarkeit 357, 364
- Wahlberechtigung 357 f., 364
- Wahlverfahren 358 f., 364
- Zahl der Mitglieder 358, 364
- Zusammenarbeit mit Arbeitgeber 361, 364
- Zustimmung bei Kündigung 362
Betriebsratsmitglied
- außerordentliche Kündigung 362
- ehrenamtliche Tätigkeit 362, 364
- Freistellungsanspruch 362, 364
- Kündigungsschutz 362, 364
- Rechtsstellung 362, 364
Betriebsrisiko 136, 171, 341 ff., 350
- Lehre vom ... 328, 341 ff., 351
- Arbeitskampfrisiko 344 f.
- Existenzgefährdung des Betriebs 343 f.
- Rechtsfolgen 343
- Voraussetzungen 342
Betriebsstörungen 136, 138, 342, 345
Betriebstreue 62a, 198
Betriebsübergang 281 ff., 287
- Einzelrechtsnachfolge 281
- Funktionsnachfolge 281
- Gesamtrechtsnachfolge 282
- Widerspruchsrecht 282
Betriebsvereinbarung 24, 291, 368 ff., 382 f., 385
- Begriff 382, 385
- Günstigkeitsprinzip 383
- Regelungssperre 383, 385
- Schriftform 382, 385
- und Arbeitsvertrag 383, 385
- und Tarifvertrag 382 ff.
Betriebsverfassung 352 ff.
- Betriebsrat 357 ff.
- Betriebsversammlung 363
- Organe 356 ff., 363
Betriebsverfassungsgesetz 352 ff., 363
- Arbeitnehmerbegriff 355
- Leitlinie 355
- persönlicher Geltungsbereich 355, 363
- Regelungsbereich 352, 363
- Regelungssperre 369

211

Sachregister

- sachlicher Geltungsbereich 354, 363
Betriebsverfassungsrecht 9, 307, 352 ff., 363
- Entwicklung 352 ff.
Betriebsversammlung 375, 378
Beweislast 151
Beweislastumkehr 119
Bezugnahmeklausel 311
Bildungsurlaub 138
blaumachen 145
Bonusmeilen 144
Boykott 335, 336
Branchenmindestlohn 312
Brexit, Spitzenverdiener bei Banken 286a
Brückenteilzeit 107a

CGZP 297, 304

Dankes- und Schlussformel 229
Datenschutz 66, 204, 176, 237
Dauervertretung 249
Dauerschuldverhältnis 110
DDR 18
- Arbeitsgesetzbuch 18
Detektiv 204
Diebstahl 256
Dienstvertrag 44 ff., 61
Differenzierungsklauseln 309
Differenzvergütung, Anspruch auf 195
Direktionsrecht 100
Diskriminierungsverbot 78a
Dispositionsmaxime 395
Dritter Weg 43
Drittes Geschlecht (AGG) 78a, 78b
Drohung mit Kündigung 286, 286b
Durchführungspflicht 306, 317

Eigenkündigung 284
Eingliederung in den Betrieb 49
Einmalbedingungen 60, 62a
Einwirkungspflicht 306, 317
Einzelarbeitsvertrag 24
Einzelgewerkschaft 295 f., 300
Elterngeld 135
Elternzeit 135, 138, 283
Entfristungsklage 62a, 249
Entgeltanspruch 95, 138, 337
- Fortfall bei Streik 328
Entgeltarten 195 ff.
Entgeltfortzahlung 117 ff., 138
- Dauer 125
- Höhe 126
Entgeltfortzahlungsgesetz 113, 117 ff.
Entgeltfortzahlungspflicht
- Berechnung der Frist 125
Entgeltschutz 201, 245
Entgelttarifvertrag 308, 317
Entgelttransparenzgesetz 238
Entgeltumwandlung 208

Entgeltzahlung 111, 194 ff., 245, 328
- Ort 194, 199, 245
- Zeit 194, 200, 245
Entgeltzahlungspflicht 194, 245
- Befreiung 112, 202, 245
Entgeltzahlungsanspruch 115
Entleiher (Arbeitgeber) 102a
Entsendung aus dem Ausland 312
Equal-Pay Grundsatz 102a
Erfassung der täglichen Arbeitszeit 104
Erfüllung durch Leistung 247
Erfüllungsgehilfe 116
Erwerbspersonen 3, 55
Europäisches Unionsrecht 19, 30 ff.
- mittelbare Anwendbarkeit 30 f.
- unmittelbare Anwendbarkeit 30 f.
- unmittelbare Drittwirkung 30 f.
Europäische Union 30 f.
Europäische Gesellschaften 352a
Existenzgefährdung des Betriebs 343, 351

Fahrlässigkeit 116, 121 f., 162 ff.
- grobe 122, 146, 163, 165
- leichteste 146, 163, 165
- mittlere 146, 163, 165
Fahrten zu Kunden 195
Familienangehörige 43
Familienpflegezeit 135a, 283
faktisches Arbeitsverhältnis 91 f.
Feiertag 114, 138
Fernstreik 337 ff.
Festgehalt 52
Fixschuld 110, 339
Flashmob 335
Flüchtlingsintegrationsmaßnahmen 42
Formmangel 96
Formulararbeitsvertrag 62a
Fragebogen 75 f.
Fragerecht des Arbeitgebers 66 ff., 77 ff., 97
- Recht des Arbeitnehmers zur Lüge 66 ff., 73, 97
- Zulässigkeit von Fragen 66 ff., 70 ff.
Frauenarbeitsschutz 19
Frauenquote im Aufsichtsrat 352a
Freiberufliche(r) 46
Freie(r) Mitarbeiter 47, 52, 100
Freiwilligkeitsvorbehalt 62a, 198
Friedenspflicht 306, 324
- absolute 306, 361
- relative 306
Fristsetzung 113

Gebot fairen Verhandelns 286, 286b
Gefahrgeneigte Arbeit 154, 172
Gehalt 196
- festes 61
Gehaltstarifvertrag 308, 317
Gehorsamspflicht 100

Geldlohn 195a
geltungserhaltende Reduktion 62a
Gendiagnostikgesetz 79
Generelle Gefahrgeneigtheit 154
Gentest 79
Gerichtsbarkeit 389 ff.
Gerichtsgebühren 395
Gerichtsstand 388
geringwertige Vermögensdelikte 256
Gesamtbetriebsrat 376, 379
Gesamtvereinbarung 20, 24
Gesamtzusage 198
Geschäftsfähigkeit 62, 93 ff.
– beschränkte 93 ff.
– fehlende 93 ff.
– partielle 93
Geschäftsgeheimnis 141
Geschlechterquote Aufsichtsrat 352a
Gesellschaft des bürgerlichen Rechts 59
Gesetze
– formelle 23
– materielle 23
Gesundheitsschutz 103
Gewerkschaft 9, 293 f., 300, 317
– Arten 295 f.
– Mitgliederzahlen 300
Gewerkschaftszugehörigkeit 71, 97
Gewissensfreiheit 21
Gewohnheitsrecht 20, 25
Glaubensfreiheit 21
Gleichbehandlungspflicht 25, 198, 238
Gleichberechtigung
– von Frau und Mann 21, 238
Gleichheitsgrundsatz 26, 238
Gleichstellungsklauseln 311
Gratifikation 198
Grundgesetz 21 f.
Grundsatz der vertrauensvollen Zusammenarbeit 361
Günstigkeitsprinzip 315, 318
Güterichter 395
Gütetermin 395 f.

Haftung bei unrichtiger Zeugniserteilung 231 ff.
Haftungsbeschränkung 147 ff., 154 ff., 162 ff.
Haftungsbeschränkung des Arbeitnehmers 147 ff., 154 ff., 162 ff., 191
– betriebliche Tätigkeit 153, 161, 191
– Dreiteilung des Haftungsmaßstabs 162, 191
– Verschuldungsgrad 155 ff., 191
Haftungsfreistellung 171
Hauptleistungsabrede 62a
Heimarbeiter 55, 61
Hinterlegung 247
Homeoffice 55

Individualarbeitsrecht 9, 35 ff.
Industriegewerkschaft 295
Industrieverbandsprinzip 305, 314
Informationelle Selbstbestimmung 21, 66
Inhaltskontrolle 60, 62a
Insolvenz des Arbeitgebers 201
Institutioneller Rechtsmissbrauch 249
Integrationsmodell 352a
Interessenabwägung 279
Internationales Privatrecht 32
Internetnutzung
– verbotene 272
– »Googeln« von Bewerberdaten 66
Intimsphäre von Arbeitnehmern 75

Jahresurlaub 128a

KAPOVAZ 107
Karenzentschädigung 142
Kettenbefristung 249
Keylogger 204
Kirchliches Arbeitsrecht 43
Koalition 292
Koalitionsfreiheit 21, 71
– negative 311
Koalitionsrecht 9, 292 ff., 299
Kollektives Arbeitsrecht 9, 13, 24, 290 ff., 298
Kollektivvereinbarung(en) 20, 24, 34
kollidierende Tarifverträge 316
Kontrolle (offen, verdeckt, stichprobenartig) 204
Konfliktbeilegung, außergerichtliche 396a
Konzentrierung der Arbeitskraft 50
Konzernbetriebsrat 379
Kooperationsmaxime 361
Krankengeld 125
– wegen Erkrankung eines Kindes 113, 135a
Krankenvergütung 125
Krankheit von Arbeitnehmern 117 ff., 138
– unverschuldet 117 ff., 138
– verschuldet 120 ff.
Kündigung 67 ff., 97, 113, 182, 250 ff., 287
– Anhörung des Betriebsrats 264
– außerordentliche 80, 97, 251, 287
– Berücksichtigung sozialer Gesichtspunkte 276 ff.
– betriebsbedingte 274 f., 287
– Drohung mit 286, 286b
– Form 252, 259, 287
– fristgerechte 80
– fristlose 69, 97, 257
– geringwertige Vermögensdelikte 256
– Kündigungserklärungsfrist 287
– Kündigungsfrist 260 ff., 287
– Kündigungsschutz 80 f., 287
– Kündigungsverbot 80 f., 97, 283

213

Sachregister

- ordentliche 69, 80, 258 ff., 287
- personenbedingte 271, 287
- Rechtsschutz von Arbeitnehmern 284 ff.
- soziale Rechtfertigung der ordentlichen Kündigung 270 ff.
- Sozialwidrigkeit 276 ff.
- Unwirksamkeit 265
- verhaltensbedingte 272, 287
- wichtiger Grund 97, 253 ff., 287

Kündigungserklärung 252, 259, 287
Kündigungserklärungsfrist 257, 287
Kündigungsfristen 69, 97, 260 ff., 287
- Fristbeginn 260 ff.
- Fristende 261 ff.
- gesetzliche 261 f.
- vertragliche 263

Kündigungsgrund 69, 74, 253 ff., 271 ff., 287
Kündigungsschutz 80 f., 266 ff., 284 ff.
- besonderer 283, 362
- Anwendbarkeit des KSchG 267 ff., 284
Kündigungsschutzklage 62a, 284 f., 287
Kündigungsschutzprozess 286a
Kündigungsverbot 80 f., 97, 283
- absolutes 80 f.
Kurzarbeit 107, 348
Kurzarbeitergeld 348
Kurzzeitverhinderung
- pflegebedingte 135a

LAG 389, 391 ff., 397
Leiharbeit 102a
Leiharbeitnehmer 102a, 268
Leiharbeitsverhältnis 102a
Leistung an Erfüllungs statt 247
Leistungsausschluss 111
Leistungsstörungsrecht 108, 341
Leistungsverweigerungsrecht 272
Lohn ohne Arbeit 113 ff., 138, 245, 337, 350 f.
Lohnanspruch 95, 138, 337
- Fortfall bei Streik 328
Lohnarten 195 ff.
Lohnausfallprinzip 126
Lohnkürzung 343
Lohnpfändung 201
- Pfändungsgrenzen 201, 245
Lohnrisiko 341
Lohnwucher 96
Lohnzuschläge 198, 245

Magna Charta 292, 361
Mankoabrede 173
- vertragliche 174
Mankohaftung 172 ff.
- Beweislast 174
Manteltarifvertrag 308, 317
Massenentlassung 283
Masseverbindlichkeiten 201
Mediation 396a

medsonet 296
Menschenwürde 21, 76
Minderjährige 94 f.
Minderjährigenschutz 95
Mindestlohn 195, 312
Mindestlohngesetz 195, 312
Mitbestimmung(srecht) 9, 352
- Ausübungsformen 381 ff.
- des Betriebsrats 366 ff., 377
- Grenzen 368 ff.
Mobbing 204a
Moslem 21
Muslimin 78a, 396b
Mutterschaftsgeld 135
Mutterschutz 77, 80, 97, 135, 138

Nachweisgesetz 62
Nachwirkung von Tarifnormen 313
Naturallohn 195a
Nebenpflichten des Arbeitgebers 203 ff., 242 ff.
- Altersversorgung 208, 245
- Aufklärungspflichten 64, 97
- bei Vertragsanbahnung 64 ff.
- Beschäftigungspflicht 206, 245
- Fürsorgepflicht 116, 203, 245
- Gleichbehandlungspflicht 25, 198, 245
- Obhutspflichten 64, 97
- Schutzpflichten 203 ff.
- Sorgfaltspflicht 116
- Urlaubsgewährung 207, 245
- Verletzung 242 ff.
- Zeugniserteilung 209, 245
Nebenpflichten des Arbeitnehmers 139 ff., 181 f.
- allgemeine Treuepflicht 139, 181
- bei Vertragsanbahnung 64 ff.
- Mitteilungspflicht 64, 97, 140, 181
- Rücksichtnahme 97, 181
- Unterlassung von Schmiergeldannahme 143, 181
- Unterlassung von Wettbewerb 142, 181
- Verletzung 180, 182
- Verschwiegenheitspflicht 141, 181
Nebentätigkeit 50, 141
Nichtraucherschutz 273
Normenvertrag 24

Öffentliches Recht 7, 9
Ordnungshaft 374
Organspende, Entgeltfortzahlung nach 117
»Ossi«, Diskriminierung als 78a
Ost-West-Differenzierung 238
OT-Mitgliedschaft 304

Parteizugehörigkeit 78a
Partnermonate (Elternzeit) 135
Personalakte 176 f., 204, 245

Personalvertretungsgesetze 354
Personengesellschaft
- teilrechtsfähige 59
Persönlichkeitsrecht
- allgemeines 21, 66, 76, 204
Pfändungsfreigrenzen 201
Pfandbon-Entscheidung 256
Pflegezeit 135a, 283
Pflegeunterstützungsgeld 113, 135a
Pflichtverletzung 143 ff., 148 ff., 182, 231 ff., 239 ff.
Pflichtverletzungen von Arbeitnehmern 143 ff., 148 ff., 182, 191
- Arbeitspflicht 110 ff., 144 ff.
- Nichtleistung der Arbeit 144 ff., 182
- Schadensersatzanspruch von Arbeitgebern 145
- Schädigung durch Dritte 168 ff., 182
- Schlechtleistung 144, 146, 182
Pflichtverletzungen von Arbeitgebern 231 ff., 239 ff.
- Arbeitsunfall 244
- Beschäftigungspflicht 243
- Entgeltzahlungspflicht 240 f.
- Nebenpflichten 231 ff.
- Rechtsfolgen 239 ff.
Primärrecht der EU 30
Privatrecht 7, 9
- internationales 32
Probezeit 263
Prognoseprinzip 277
Prozessvertretung 392, 397
Psychologische Tests 76

Rauchverbot am Arbeitsplatz 272 f.
Recht zur Lüge 66 ff., 73, 97
Recht
- germanisches 11
- römisches 11
Rechtsbeschwerde 397
Rechtsmissbrauch, institutioneller 249
Rechtsnormen 23
Rechtsverordnung(en) 20, 23
Reduktion
- geltungserhaltende 62a
Regelungssperre 369
Regress 169 ff.
Reisezeiten 195
Rentnerbeschäftigung 249
Revision 389, 397
Richter 390, 397
- Berufsrichter 390, 397
- ehrenamtliche 390, 397
Richterrecht 20, 26, 34, 319
Rom I-Verordnung 32
Rücktritt 113

Satzung 20, 24, 34

Sachleistungen 195a
Schadensersatz
- Anspruch Arbeitgeber gegen Arbeitnehmer 95, 144 f., 148 ff., 191
- Anspruch Arbeitnehmer gegen Arbeitgeber 184 ff., 231 ff.
- Ausschluss 185 ff.
- wegen Pflichtverletzung 148 ff., 191, 231 ff.
Schadensgeneigte Arbeit 154
Scheinselbstständigkeit 52
Schmerzensgeld 184, 234
Schmiergeld 143
Schriftform 249, 252, 303
Schuldnerverzug 144
Schwangerschaft 77 ff., 97
- verkehrswesentliche Eigenschaft 86
Schwangerschaftsabbruch 122
Schweigen
- beredtes 218
Schwerbehinderung 78, 97
Schwerbehindertenvertretung, Anhörung vor Kündigung 264
Schwerpunktstreik 327, 337 ff.
Scientology-Organisation 78a
Sekundärrecht 30
Selbstbestimmung, informationelle 21, 66
Selbstständige Arbeit 46 ff.
Senat 394, 397 f.
- großer 394
Sittenwidriger Lohn 96
Sonderurlaub 108
Sondervergütung 143, 198
Sonderzahlung 62a, 198, 308
Sozialauswahl 280
Sozialpartner 292
Sozialversicherung 12, 124, 185
Sozialversicherungsrecht 56
Sozialwidrigkeit 276 ff.
Sperrwirkung 383
Sperrzeit 286a
Sphärentheorie 345
Spitzenorganisation 304
Sprungrechtsbeschwerde 398
Sprungrevision 398
Stalking 204a
Stellvertretung 62
Stichtagsklausel 198
Störung der Arbeitsleistung 328
Störung der Geschäftsgrundlage 110
Störung des Arbeitsfriedens 328
Störung des Arbeitsverhältnisses 191, 341
Streik 137 f., 320 f., 323 ff., 336
- Arbeitslosengeld 348
- Begriff 323, 336
- Fernstreik 337 ff.
- Fernwirkungen 346 f., 351
- gewerkschaftlich organisiert 326, 329, 336
- Kündigungsrecht 329

Sachregister

- Lohnfortzahlung 350 f.
- Rechtsfolgen 328 f., 336
- rechtmäßiger 137 f., 324 ff., 328, 336
- rechtswidriger 329
- Schadensersatzansprüche 329
- Schwerpunktstreik 327
- streikbegleitender Flashmob 335
- suspendierende Wirkung 328, 336
- ultima ratio 327, 336
- Unterstützungsstreik 325
- Vollstreik 327
- Warnstreik 321
- wilder 326, 336
- Ziel 325, 336

Streikabwehr 334a, 336
Streikbruchprämie 334a
Stückakkord 196
Stundenlohn 196
Supranationales Arbeitsrecht 28
Suspendierung des Arbeitsverhältnisses 328, 336

Tarifautonomie 309, 318
Tarifeinheit(sgesetz) 316
Tariffähigkeit 292, 304, 317
Tarifgebundenheit 311 ff.
Tarifkonkurrenz 316
Tarifkollision 316
Tarifpluralität 316
Tarifvertrag 24, 199, 291, 301 ff., 317
- Ablauf 316, 324
- Aufbau 308
- Auflösung 316
- Durchführungspflicht 306, 317
- Einwirkungspflicht 306, 317
- Friedenspflicht 306, 317
- formelle Voraussetzungen 317
- Gehaltstarifvertrag 308, 317
- Günstigkeitsprinzip 315 f., 318
- Inhalt 305 ff., 317
- Lohntarifvertrag 308
- Manteltarifvertrag 308, 317
- materielle Voraussetzungen 303 ff., 317
- Nachwirkung 313
- normativer Teil 307, 317
- Satzungen 310, 317
- Schriftform 303
- schuldrechtlicher Teil 306, 317
- Sperrwirkung 383
- Stichtagsklausel 198
- Tariffähigkeit 304
- Tarifgebundenheit 311 ff.
- Tarifzuständigkeit 305, 315
- Vertragsabschluss 303
- Vertragsparteien 304, 317
- Wirkung 316 ff.

Tarifvertragsrecht 9, 301 ff.
Tarifvorrang 369

Tarifzuständigkeit 305, 315
Täuschung 79
- arglistige 79
- bei Einstellungsgespräch 79
Teilrechtsfähige Personengesellschaft 59
Teilzeitarbeit 107a
- Rechtsanspruch auf 107a
- allgemeiner Rechtsanspruch auf zeitlich begrenzte 107a
- besondere Rechtsansprüche auf zeitlich begrenzte 135, 135a
Tendenzbetrieb 43, 354
Testverfahren 76
Textform 60
Tod des Arbeitgebers 287
Tod des Arbeitnehmers 287
Treu und Glauben 139
Treuepflicht 139

Überarbeit 106
Überstunden 106
Ultima-ratio-Prinzip 278, 327, 336
Unfallversicherung 183, 188
Unionsrecht 30 f.
Unmöglichkeit der Arbeitsleistung 108 ff., 138, 245, 339
- vom Arbeitgeber zu vertretende 111, 115 ff., 138
- vom Arbeitnehmer zu vertretende 110 ff., 138, 144
- weder vom Arbeitgeber noch vom Arbeitnehmer zu vertretende 108 ff., 138
Unselbstständige Arbeit 46 f., 61
Unternehmer
- Begriff 60 f.
Unternehmensmitbestimmung 352a
Unterschlagung geringwertiger Sachen 256
Unterstützungsstreik 325
Unzumutbarkeit (der Arbeitsleistung) 108
Urlaub 36 ff., 128 ff., 138
- Abgeltung 130 f., 132
- Bildungsurlaub 138
- Erholungszweck 131
- Mindestumfang 128a f.
- Rechtsnatur 128a
- Sonderurlaub 138
- Teilurlaub 132
- Übertragbarkeit 130 f.
- Urlaubsentgelt 133 f.
- Urlaubsgeld 133 f., 198
- Urlaubszweck 128a
- Wartezeit 132
- Zeitpunkt 130 f.

Urlaubsanspruch 36 ff., 128a, 132
Urlaubsentgelt 133 f.
- Pfändbarkeit 133
Urlaubsgeld 133 f.
Urteilsverfahren 388, 393, 395, 397

Verbraucher 60 ff., 62a
Verbraucherverträge 60 ff., 62a
Verdachtskündigung 256 f.
Verdienstausfall 64
Vereinigungsfreiheit 21
Verfahrensarten 395 ff., 397
Verfahrensprozessrecht 34, 387 ff.
Vergütungszahlung 53
Verhältnismäßigkeitsgrundsatz 327, 336
Verhandeln, Gebot fair zu 286, 286b
Verhandlungsgrundsatz 395
Vermögensverhältnisse 72
Verkehrswesentliche Eigenschaft 86
Verleiher (Arbeitgeber) 102a
Verrichtungsgehilfe 184
Verschulden 116, 151 ff.
Versetzung 278
Versetzungsklausel 62a
Vertrag
– gegenseitiger 98
Vertragsanbahnung 64 ff.
Vertragsstrafe 62a
Vertretungsmacht
– fehlende, des Arbeitgebers 88 ff.
Verzugszinsen 60
Verzugskostenpauschale 60
Videoüberwachung 204
Vollstreik 327

Vorstellungskosten
– Ersatz von 64, 97
Vorstrafen von Arbeitnehmern 70, 73, 97

Warnstreik 321, 327a
Weihnachtsgeld 198, 198a
Weisungsgebundenheit 38, 48
Weisungsrecht des Arbeitgebers 100
Weiterbeschäftigungsanspruch 285
Werktag 114, 129
Werkvertrag 44 f., 61
Wettbewerbstätigkeit 142
Wettbewerbsverbot 142
Whistleblowing 141
Widerrufsvorbehalt 62a
Wirtschaftsrisiko 136, 341, 351

Zahlungsverweigerungsrecht 145
Zahngold 144
Zeitakkord 196
Zeitarbeit 102a
Zeitlohn 196
Zeugnis 209 ff.
Zeugnisarten 212 ff.
Zufriedenheitsskala 223 ff.
Zugang 259
Zurückbehaltungsrecht 240
Zwangsgeld 374